Voir, croire, savoir

Voir, croire, savoir

Les épistémologies de la création chez
Gustave Flaubert

Édité par
Pierre-Marc de Biasi, Anne Herschberg Pierrot
et Barbara Vinken

DE GRUYTER

Gedruckt mit finanzieller Unterstützung der Deutschen Forschungsgemeinschaft

DFG Deutsche Forschungsgemeinschaft

ISBN 978-3-11-055502-8
e-ISBN [PDF] 978-3-11-029492-7
e-ISBN [EPUB] 978-3-11-039382-8

Library of Congress Cataloging-in-Publication Data
A CIP catalog record for this book has been applied for at the Library of Congress.

Bibliografische Information der Deutschen Nationalbibliothek
Die Deutsche Nationalbibliothek verzeichnet diese Publikation
in der Deutschen Nationalbibliografie; detaillierte bibliografische Daten
sind im Internet über http://dnb.dnb.de abrufbar.

© 2017 Walter de Gruyter GmbH, Berlin/München/Boston
Dieser Band ist text- und seitenidentisch mit der 2015 erschienenen gebundenen Ausgabe.
© Coverabbildung: Hieronymus Bosch, La tentation de Saint Antoine, Museu Nacional de Arte Antiga, Photographer: Luisa Oliveira, Direção-Geral do Património Cultural / Arquivo de Documentação Fotográfica (DGPC/ADF)
Satz: Johanna Boy, Brennberg
Druck und Bindung: CPI books GmbH, Leck

♾ Gedruckt auf säurefreiem Papier
Printed in Germany

www.degruyter.com

Avant-Propos

Les contributions rassemblées dans ce volume sont issues d'une collaboration entre des équipes de recherche du CNRS, de l'ENS Paris et de l'Université de Munich sur « Flaubert et les pouvoirs de l'image », projet subventionné par l'ANR et la DFG. L'objectif est de dégager, dans l'œuvre de Flaubert, l'existence d'un paradigme visuel dont l'importance fondamentale et les implications n'ont pas encore été pleinement élucidées par la recherche jusqu'à présent. Reflétant l'inflation et la corruption des images, l'industrialisation du visuel et la perte de l'aura, cherchant à redéfinir le jeu entre le réel et l'imaginaire, attentive aux anomalies et aux pathologies de la représentation, la théorie de l'image que construit Flaubert semble anticiper les grands débats sur l'image qui vont se développer au cours des XXe et XXIe siècle. Une étude approfondie de cette théorie permet donc d'ouvrir une nouvelle perspective sur le développement des relations entre textes et images dans la pensée et la création à l'époque contemporaine.

Opposant texte et image, lisibilité et visibilité, Flaubert met en scène une concurrence et une antinomie entre médias. Ainsi, selon Flaubert, loin de sanctifier les « correspondances » qui attesteraient une connivence native entre le mot et l'image, l'écriture doit-elle travailler à démasquer et annuler le pouvoir illusoire et idolâtrique des images. Mettant au jour ce nouveau statut dialectique entre texte et image, les articles de ce volume visent à une relecture de la poétique flaubertienne à travers les questions suivantes : quel est l'impact du savoir iconographique sur le texte et sa genèse ? Comment l'écriture saisit-elle le statut spécifique de l'image afin de créer une nouvelle compréhension du visible et, de là, un nouvel ordre de l'imaginaire écrit ? A quelle nouvelle théorie de l'image cette double initiative épistémologique donne-t-elle naissance ? Comment définir la place de cette écriture théorique dans l'œuvre de Flaubert ?

Les différentes contributions sont classées en trois sections. La première traite la problématique du voir, de la vision et de l'imagination qui est inextricablement liée à la fonction de l'image au sein du texte (cf. I Rapports texte-image). La deuxième section porte sur la représentation, ses bases symboliques, métaphoriques et mythologiques ainsi que ses limites et apories (cf. II Problèmes de la représentation). Consacrée aux domaines du « croire » et du « savoir », la dernière section reflète le rapport de Flaubert au religieux et à la théologie d'une part, au positivisme et à la critique rationaliste d'autre part (cf. III Épistémologies).

De ces études, il ressort que l'intérêt de Flaubert pour les religions et la mythologie autant que ses recherches dans le domaine des sciences de la Nature ou de la métaphysique doivent être compris comme un véritable travail théorique, indissociable de son œuvre d'écrivain, qui donnent à la question de l'image un rôle décisif pour mesurer non seulement la dimension novatrice de son écriture littéraire mais également sa portée critique dans l'interprétation des nouvelles relations conflictuelles que la civilisation technique institue entre culture visuelle et culture écrite. C'est ainsi que le paradigme visuel de la poétique flaubertienne jette une nouvelle lumière sur les domaines de l'art, de la philosophie, la théologie et les sciences du XIXe siècle, ouvrant un vaste champ de recherche que ce travail collaboratif a seulement commencé à explorer.

Table des matières

Avant-Propos —— V

I : Rapports texte-image

Pierre-Marc de Biasi
Flaubert : une théorie de l'image —— 3

Jacques Neefs
La pluralité des dieux, dans le monde de *Salammbô* —— 31

Gesine Hindemith
L'iconicité : une stratégie textuelle dans *L'Éducation sentimentale* —— 47

Barbara Vinken
« Comme une idole des îles Sandwich » — L'iconographie mariale dans *L'Éducation sentimentale* —— 59

Cornelia Wild
L'écriture de la mélancolie. Dürer et Flaubert —— 85

II : Problèmes de la représentation

Philippe Dufour
Du symbole à la métaphore : Max Müller, Michel Bréal et Edward B. Tylor —— 103

Paule Petitier
Michelet et la prose symbolique —— 115

Francisco González
Les décombres de l'aura : Flaubert face à l'émergence du kitsch —— 131

Mary Orr
Le rôle du cochon dans la *Tentation* : animal fantastique, mise en abyme, ou *adynaton* classique ? —— 151

Barbara Vinken
Re-marqué : révélation illuminée contre écriture noire —— 165

III : Épistémologies

Jörg Dünne
L'« insensibilité révoltante » du corps humain. L'éducation expérimentale dans *Bouvard et Pécuchet* —— 185

Anne Herschberg Pierrot
***Bouvard et Pécuchet* et la critique rationaliste** —— 201

Helmut Pfeiffer
Les illusions naturelles de la conscience. Flaubert et l'épistémologie du positivisme —— 219

Dagmar Stöferle
Grands spirituels ou grands sots ? Les modèles de Port-Royal selon Sainte-Beuve et Flaubert —— 247

Françoise Gaillard
Les Dieux ont faim, les Dieux ont soif. Flaubert ou le sacrifice sans sacré —— 263

Gisèle Séginger
Alfred Maury : la genèse des symboles religieux —— 279

Notice biobibliographique —— 295

I : **Rapports texte-image**

Pierre-Marc de Biasi
Flaubert : une théorie de l'image

Peut-on parler d'une dimension « théorique » ou « épistémologique », ou même « philosophique », dans l'œuvre de Flaubert ? Si oui, quel serait le statut de ce domaine de compétence ? Au regard des textes publiés de son vivant, Flaubert est reconnu comme un écrivain de premier plan – romancier, maître de la prose française, poète même si l'on veut bien admettre que son écriture relève souvent de la poésie en prose – mais il n'est ni philosophe, ni historien, ni même théoricien de la littérature. Ses principes lui interdisaient d'ajouter, en préface ou en postface de ses œuvres, le moindre métadiscours sur l'esthétique ou le sens de son travail et, malgré le projet, plusieurs fois évoqué, de rédiger un ouvrage vengeur d'histoire critique, il n'a finalement jamais publié d'essais, si ce n'est un roman critique inachevé – *Bouvard et Pécuchet* – qui interroge sur le mode de la dérision les processus du savoir et de la pensée, et un texte de réflexion autobiographique – la *Préface* aux *Dernières Chansons* de Louis Bouilhet – qui contient en effet d'importantes remarques sur son esthétique mais qui reste bref et très allusif. Ce serait trop peu pour parler de théorie si, derrière les quatre ou cinq mille pages de son œuvre de jeunesse et de maturité, il n'y avait les cinq mille pages de la *Correspondance*, la riche série des *Carnets* et l'immense réserve des notes et manuscrits rédactionnels, au total entre vingt et trente mille pages de recherches et de documentations sur les sujets le plus divers. Croisés avec le texte des œuvres proprement dites et les multiples dossiers de notes de lecture, les innombrables jugements et réflexions que l'on trouve dans le corpus des lettres et des carnets peuvent être perçus comme un véritable chantier intellectuel, parfaitement documenté, à travers lequel se constitue non seulement une sorte de doctrine de la création, en acte et *in progress*, mais aussi de véritables propositions théoriques dont les notions, souvent inédites et originales, finissent par faire système comme s'il s'agissait en effet d'une pensée philosophique attentive à sa propre cohérence épistémologique. L'idée, qui a pu prévaloir chez certains critiques littéraires, eux-mêmes peu enclins à la philosophie, que Flaubert « n'avait pas la tête philosophique » n'est pas tenable. On publie pratiquement chaque année de nouvelles notes autographes attestant que Flaubert avait non seulement lu, mais travaillé, annoté, mis en fiches des corpus de philosophie de premier plan comme ceux de Hegel, Kant ou Spinoza. Pendant la préparation et la rédaction du chapitre « philosophie » de *Bouvard et Pécuchet*, il est vrai que Flaubert parle de ses indigestions de métaphysique, mais remarquons qu'à la même occasion, il est fier de pouvoir dire qu'il vient de relire in extenso tout l'œuvre de Spinoza, et pour la troisième fois de sa vie ! En dehors d'un petit cercle de spécialistes, qui a lu trois fois intégralement Spinoza ? On peut donc parler à bon droit d'une compétence théorique et philosophique chez Flaubert, visiblement formée dans un dialogue permanent avec l'histoire des religions et des sciences ainsi qu'avec quelques grands corpus parmi lesquels, à titre d'exemples, ceux de Platon, Spinoza, Leibniz, Vico, Schopenhauer, Victor Cousin, Renan. Et c'est également à bon droit que l'on peut revendiquer, à côté de la figure consensuelle d'un Flaubert grand romancier moderne, la stature d'un Flaubert penseur ou même explicitement d'un Flaubert philosophe à la manière dont Sade, Diderot, Nietzsche ou Paul Valéry peuvent être considérés à part entière comme des acteurs originaux mais effectifs de la pensée philosophique.

Éclectisme et praxis

Existe-t-il une « théorie » des images chez Flaubert et, si oui, de quelle nature serait cette théorie ? Il me semble qu'il ne s'agit pas d'une théorie empruntée à la tradition de la rhétorique, ou de la philosophie classique ou encore de l'histoire des religions, ni d'une théorisation qui trouverait sa source dans une réflexion sur les avancées contemporaines en matière de savoirs techniques et scientifiques, que ces savoirs relèvent des sciences de la Nature ou de ce que nous appellerions aujourd'hui les sciences de l'homme et de la société. Aucun de ces domaines n'est privilégié aux dépens des autres pour constituer un parti pris théorique hégémonique mais aucun n'est véritablement absent de la réflexion qu'il cherche à construire, à son usage propre, pour comprendre les processus qui agissent au cœur de l'image et pour se constituer ce qu'il faut bien appeler une « théorie » de la vision. C'est donc, sans exclusive, à l'ensemble de ces domaines d'investigation que Flaubert accorde une place dans son enquête, en essayant de percevoir d'un domaine à l'autre, ce qui se joue en termes d'analogie et de synergie, mais en restant attentif à ce que son expérience personnelle – sa vie, ses goûts, ses aversions, ses voyages, ses façons de voir, son « métier », etc. – a pu lui apprendre et qui ne se trouve dans aucune théorie préexistante.

Il ne s'agit pas à proprement parler d'éclectisme, même au sens positif que lui avait donné son ami Victor Cousin, alias le Philosophe, chez qui il a d'ailleurs puisé quelques éléments de sa philosophie esthétique. Il s'agirait plutôt d'une pratique théorique assez pragmatique, prête, comme l'éclectisme de Cousin, à emprunter ses éléments à des horizons de pensée très différents, mais en faveur d'un « système » à vocation personnelle qui ne cherche nullement à se faire connaître publiquement ou à agir sur la scène philosophique autrement que de manière implicite par le truchement des œuvres. S'il existe donc – et pas seulement au sujet de l'image – une philosophie et une épistémologie flaubertiennes, c'est sous la forme d'une recherche ininterrompue : une recherche à très large spectre – de l'Antiquité à l'époque contemporaine – y compris dans des cultures non occidentales, une des caractéristiques de la pensée encyclopédiste et de la méthode de Flaubert étant d'exclure l'exclusion et de relativiser le privilège accordée à la culture européenne. Mais l'universalité de l'investigation a pour réciproque le caractère strictement personnel du projet : les notions constitutives de cette épistémologie résultent d'un examen rationnel et aussi exempt que possible de tout préjugé, mais aussi d'un jugement personnel à la fois subjectif et souverain. Quant aux critères dominants de ce jugement, ils résident pour Flaubert dans l'intelligibilité pratique des processus de création qui sont au centre de sa praxis d'écrivain et dans la compatibilité des concepts avec les éléments déjà constitués de sa poétique.

Pour en parler, Flaubert évite les mots de théorie ou de philosophie ; il appelle cela son « esthétique », son « parti pris », sa « façon de voir », parfois sa « doctrine » ou encore son « système ». Il s'agit bien d'une pratique théorique qui contient tous les éléments (connaissance, éthique, politique) d'une philosophie qu'il construit pour l'exercice même de son existence, pour mettre en accord sa pensée, ses valeurs et sa « manière spéciale de vivre ». Et c'est au cœur de cette philosophie, en cohérence rigoureuse avec sa morale et sa politique, que se constitue, pièce à pièce, cette théorie de la création et de la connaissance qu'il conçoit comme une épistémologie et comme une méthode, mais surtout comme une exigence de recherche personnelle, comme un devoir de savoir. Cette investigation ininterrompue, Flaubert s'y oblige avec passion comme à une nécessité spéculative pour l'exercice même de son art, dans le but de mettre en accord le quotidien de son travail et les principes généraux de son projet et de son œuvre, mais sans la moindre ambition d'imposer sa « doctrine » à qui que ce soit autrement qu'à travers son écriture littéraire, c'est-à-dire dans un tout autre champ que le discours philosophique, là où la théorie n'est ni donnée pour telle, ni visible en tant que telle. Et c'est en cela que la pensée de Flaubert n'entre pas au sens propre dans la logique du discours philosophique ou épistémologique : sa théorie, cohérente et unifiée, ne prétend nullement s'affronter aux autres théories dans l'arène philosophique ; elle a seulement pour vocation d'assurer à son dispositif personnel de création la pertinence et la cohésion d'une pensée à la fois strictement autonome, ouverte à tous les savoirs du monde et unifiée. Penser l'image est un des éléments de cet ensemble gnoséologique qui s'élabore tout au long de sa carrière d'écrivain et de penseur. Voyons comment sa théorisation de l'image cherche à concilier les apports de la pensée spéculative avec les différents principes de son esthétique, notamment à l'égard de quelques préceptes majeurs : la diversité des métaphores, le bien écrire, l'exigence de scénarisation, la complexification du point de vue, le refus de conclure et l'interdit de l'illustration.

Ronsard avec Leibniz

Quant à l'image rhétorique et littéraire, qui constitue évidemment le domaine le plus proche de son activité d'écrivain, Flaubert ne cache rien de ses goûts pour les classiques, d'Homère à Goethe, mais laisse souvent apparaître une attirance particulière pour Shakespeare et pour l'image vitaliste et colorée du XVIe siècle français : la Pléiade, l'Humanisme, la langue française moderne à l'état naissant, Rabelais, Montaigne. Ce sont les grands maîtres auprès desquels il s'agit en permanence, pour Flaubert, de se ressourcer et d'apprendre la force et la variété des images, notamment des métaphores.

> Il y a dans la poétique de Ronsard un curieux précepte : il recommande au poète de s'instruire dans les arts et les métiers, forgerons, orfèvres, serruriers, etc. pour y puiser des *métaphores*. C'est là ce qui vous fait, en effet, une langue riche et variée. Il faut que les phrases s'agitent dans un livre comme les feuilles dans une forêt, toutes dissemblables en leur ressemblance.
> (Lettre à Louise Colet, 7 avril 1854. C 1, 544)[1]

Notons, dans cette dernière comparaison des feuilles « toutes dissemblables », la discrète mais éloquente référence à Leibniz et au « principe des indiscernables ». Malgré leur apparente similitude, il n'y a pas, dit Leibniz, deux feuilles ni deux gouttes d'eau qui soient absolument identiques, à l'image de toute substance individuée. On n'a peut-être pas suffisamment aperçu ce que Flaubert doit à Leibniz à la fois dans sa définition de l'individuation et dans sa représentation des relations logiques, dans l'œuvre, entre les parties et le tout. A l'échelle de l'œuvre, chaque phrase, comme unité constitutive minimale, serait donc, pour Flaubert, semblable à la monade de Leibniz, un « point métaphysique » : un *point de vue* sur les points de vue, un « miroir vivant » du texte, une phrase communiquant avec toutes les autres phrases de l'œuvre, de la première à la dernière, à quelque distance qu'elle se situe vis-à-vis de ces autres phrases qui lui ressemblent et qui diffèrent d'elle. Toute phrase (comme tout point de vue, ou toute monade) est unique. Il n'y aura jamais deux phrases identiques. Une différence, même infinitésimale (indiscernable) doit les distinguer.

---

[1] Sous la mention « C », toutes les références à la *Correspondance* sont données dans l'édition en 5 volumes de la Bibliothèque de la Pléiade chez Gallimard, avec numéro du volume et pagination.

Buffon : l'art de dire ou de rendre

A la rhétorique de l'âge classique, à La Bruyère et La Fontaine surtout, Flaubert emprunte l'exigence de clarté et de distinction dans la représentation, la simplicité de l'image naturelle, mais aussi le sens de la mesure et de la réserve : le frein, la sourdine, la litote, l'euphémisme et la distance de la métonymie. Mais en termes de méthode de travail, et à mi-parcours entre le Classicisme et l'esprit du XVIIIe siècle, c'est certainement Buffon et les préceptes de son *Discours à l'Académie française* qui ont le plus profondément inspiré Flaubert, notamment pour théoriser le lien entre sensation, pensée et expression :

> Je crois que l'arrondissement de la phrase n'est rien. Mais que *bien écrire* est tout, parce que « bien écrire c'est à la fois bien sentir, bien penser et bien dire » (Buffon). Le dernier terme est donc dépendant des deux autres, puisqu'il faut sentir fortement, afin de penser, et penser pour exprimer. (...) Enfin je crois la Forme et le Fond deux subtilités, deux entités qui n'existent jamais l'une sans l'autre.
> (À George Sand, Paris, 10 mars 1876. C 5, 26)[2]

La formule de Buffon, dont on trouve trace plusieurs fois dans la *Correspondance* et que Flaubert rappelle ici à Sand entre guillemets, n'est pas donnée dans sa version exacte. La phrase originale est « Bien écrire, c'est tout à la fois bien penser, bien sentir, et bien rendre ». Voici le texte du paragraphe, très intéressant à considérer dans son entier :

> Bien écrire, c'est tout à la fois bien penser, bien sentir, et bien rendre ; c'est avoir en même temps de l'esprit, de l'âme, et du goût. Le style suppose la réunion et l'exercice de toutes les facultés intellectuelles : les idées seules forment le fond du style ; l'harmonie des paroles n'en est que l'accessoire, et ne dépend que de la sensibilité des organes. Il suffit d'avoir un peu d'oreille pour éviter les dissonances ; de l'avoir exercée, perfectionnée par la lecture des poètes et des orateurs, pour que mécaniquement on soit porté à l'imitation de la cadence poétique et des tours oratoires. Or jamais l'imitation n'a rien créé : aussi cette harmonie des mots ne fait ni le fond ni le ton du style, et se trouve souvent dans des écrits vides d'idées.[3]

Flaubert cite donc ce texte de mémoire en adaptant la pensée de Buffon à ses propres normes. La formulation « bien rendre » utilisée par Buffon voulait dire

---

2 Cette lettre, écrite quelques jours après la fin de la rédaction de *Saint Julien*, au moment où Flaubert prépare un nouveau conte, *Un Cœur simple*, qu'il entend dédier à sa destinataire, fait écho à celle que Flaubert avait écrite à Sand, quatre mois plus tôt, lorsqu'il se trouvait plongé dans l'écriture de *La Légende* : voir plus loin.
3 « Discours prononcé dans l'Académie française », 25 août 1753, in *Œuvres complètes de Buffon, augmentées par Cuvier*, Paris, Pillot, 1829, 1, p. 83–94.

« bien traduire oralement », « interpréter l'idée avec des mots mélodieux » comme le prouve la remarque qui suit sur « l'harmonie des paroles ». Mais, comme le montrera le paragraphe suivant du texte de Buffon, « bien rendre » renvoyait aussi à la métaphore picturale ou graphique du « bien représenter » : un goût assuré qui porte à choisir la bonne forme, à bien figurer par la qualité du « rendu » (pour le dessin du peintre ou de l'architecte). Flaubert y substitue le « bien dire », qui désigne exclusivement l'expressivité orale : le savoir parler, mais aussi l'euphonie mesurée par le test oral, par le gueuloir. Flaubert choisit en tout cas d'enfermer le propos dans la sphère du langage, en négligeant l'allusion à la plasticité.

Pour définir les trois actes fondamentaux du « bien écrire », Flaubert préfère donner le premier rang au « sentir » et le second au « penser », en inversant l'ordre proposé par Buffon. Il confirme d'ailleurs son idée d'une antériorité et d'une prééminence du « sentir » en parlant de la nécessité de « sentir *fortement* » comme condition préalable à l'enchaînement logique des opérations (1. sentir, 2. penser, 3. exprimer), le dernier terme (« bien dire, exprimer ») ne dépendant pas de celui qui le précède (penser) mais résultant des deux termes qui l'ont également rendu possible, comme si « sentir » et « penser », tout en s'enchaînant, continuaient à conserver leur compétence propre pour agir simultanément sur la faculté d'« exprimer ». Il serait abusif, sans doute, d'y voir de la part de Flaubert une adhésion aux théories matérialistes comme celle d'Helvétius (« penser, c'est sentir »), mais on peut au moins y reconnaître une certaine proximité avec l'empirisme de Locke, et surtout avec le sensualisme de Condillac. Or, ce n'est un secret pour personne, cette théorie sensualiste a explicitement été construite par Condillac contre le monadisme de Leibniz et comme un démenti formel du concept de substance chez Spinoza (*Éthique* 1). Comment Flaubert peut-il y souscrire alors qu'il admire Leibniz et se déclare inconditionnel de Spinoza ? C'est le secret de l'éclectisme flaubertien : au-delà des incompatibilités indépassables de l'histoire de la philosophie, l'écrivain entretient dans le cercle de son esprit un cénacle imaginaire où les pensées les plus farouchement hostiles peuvent coexister paisiblement en contribuant à édifier sa propre théorie.

Le « bien rendre » de Buffon pouvait être interprété en termes de plasticité du style. Flaubert ne retient pas l'idée. C'est d'autant plus inattendu que le passage cité du Discours à l'Académie est immédiatement suivi par quelques lignes, sur le principe de généralité, dont les propositions sont parfaitement en accord avec l'esthétique flaubertienne et qui se concluent précisément par une réflexion sur l'image comme substance même du « ton » sublime :

> Le ton n'est que la convenance du style à la nature du sujet ; il ne doit jamais être forcé ; il naîtra naturellement du fond même de la chose, et dépendra beaucoup du point de généralité auquel on aura porté ses pensées. Si l'on s'est élevé aux idées les plus générales, et

si l'objet en lui-même est grand, le ton paroitra s'élever à la même hauteur ; et si, en le soutenant à cette élévation, le génie fournit assez pour donner à chaque objet une forte lumière, si l'on peut ajouter la beauté du coloris à l'énergie du dessin, si l'on peut, en un mot, représenter chaque idée par une image vive et bien terminée, et former de chaque suite d'idées un tableau harmonieux et mouvant, le ton sera non seulement élevé, mais sublime.[4]

Dans la décomposition analytique des fonctions opératoires de l'art d'écrire, le « style », selon Buffon, est ce qui assure la réalisation textuelle du « bien rendre » (lui-même issu du « bien sentir » et du « bien penser ») : une médiation entre une formulation orale interne qui relève du « bien rendre » ou du « bien dire » et l'inscription définitive de cette formulation sous sa forme écrite, telle que devra le conquérir le travail rédactionnel. Le style est donc la faculté personnelle par laquelle l'écrivain transforme l'image virtuelle (acoustique, visuelle interne) de ce qu'il a conçu comme devant être dit ou rendu (« bien sentir » + « bien penser » = « bien rendre ») en une forme achevée et stabilisée par l'écriture. Bref, le style, c'est la faculté de « bien écrire », de rendre communicable ce que l'on cherche à dire en mobilisant simultanément les facultés de « bien sentir », « bien penser » et « bien rendre » pour aboutir à un texte qui permettra à son tour au lecteur de faire l'expérience du « bien penser » et du « bien sentir ».

Car, dans ce processus qui n'est autre que la genèse rédactionnelle, le but du « bien écrire » reste la justesse du « ton », c'est-à-dire l'exactitude et la beauté formelles de l'expression écrite telles qu'elles seront perçues – c'est-à-dire ressenties et pensées – par le lecteur. Il y a donc quelque chose dans l'accomplissement final de l'écriture qui doit être disposé pour que le mouvement de retour vers l'état natif du « bien rendre » soit offert au lecteur. C'est cette mobilité qu'exprime la notion polysémique de « ton », aussi spontanément interprétable au sens sonore (la voix intérieure, l'euphonie, l'harmonie musicale de la phrase) qu'en termes de couleur et de plasticité. Mais, lorsque Buffon précise que la qualité du ton dépend de l'adéquation (de la « convenance ») entre le style et la « nature du sujet », c'est bien vers la plasticité de l'image qu'il choisit de se tourner pour définir cette harmonie.

On y retrouve les idées de Flaubert : en se donnant un objet porté au plus haut point de généralité, le « ton » qui n'est autre que la « forme » « naît naturellement du fond même » de cet objet. Mais pour Buffon, tous ces préceptes peuvent finalement se synthétiser dans la figure de l'image parfaite : l'art du peintre. Dans la phase finale du « bien écrire », le travail du génie consistera à « soutenir » le ton, à accompagner cette élaboration formelle vers un maximum d'élévation (de

---

4 *Ibid.*

généralité) puis à travailler et enrichir les détails et l'ensemble de la représentation (« fournir assez ») pour lui assurer toute la plasticité requise pour en faire un chef-d'œuvre :

> (...) et si, en le soutenant à cette élévation, le génie fournit assez pour donner à chaque objet une forte lumière, si l'on peut ajouter la beauté du coloris à l'énergie du dessin, si l'on peut, en un mot, représenter chaque idée par une image vive et bien terminée, et former de chaque suite d'idées un tableau harmonieux et mouvant, le ton sera non seulement élevé, mais sublime.[5]

« Lumière », « coloris », « énergie du dessin », « image vive », « tableau harmonieux et mouvant » : on ne peut être plus clair dans l'analogie entre le sublime littéraire et l'art pictural. Flaubert, quant à lui, choisit de penser le littéraire dans sa spécificité : même s'il lui arrive d'utiliser les métaphores de la peinture et de théoriser la « plasticité » de l'image littéraire, c'est en veillant à éviter toute confusion entre les deux modes d'expression. L'histoire des formes a changé depuis Buffon. La grande peinture de l'âge classique était pour une large part inféodée à la littérature et au récit mythique ; la peinture de la seconde moitié du XIXe siècle est en train de s'en affranchir, Flaubert est un des premiers à en être conscient. Cent ans plus tôt, un théoricien de « l'art d'écrire » comme Buffon pouvait, sans risque de malentendu, se référer à l'art du peintre : la peinture avait pour vocation d'illustrer un texte. Ce n'est plus exactement le cas à l'époque où Flaubert cherche à penser l'image dans ses relations à l'imaginaire verbal : la peinture dite « réaliste » est en passe de conquérir son autonomie non seulement par rapport aux récits (mythiques, historiques) que le peintre était censé illustrer, mais également en prenant les plus grandes libertés vis-à-vis du modèle, de la mimésis et du référent, et en laissant de plus en plus clairement, en partage, à la nouvelle technique photographique le soin de reproduire la réalité. Pour Flaubert, le style et les procédures d'innovation suivent des voies entièrement différentes en littérature et dans les arts plastiques : chacun vit sa nouvelle liberté formelle en termes d'autonomie. Ses propres recherches sur la généralisation l'ont conduit à théoriser les concepts de « vague » et de « flou » comme une forme spécifiquement littéraire de la vérité représentative. S'il s'agit de penser l'image dans son processus de création, que chaque domaine d'expression fasse l'objet d'un examen propre : c'est dans ce que chaque art possède de plus spécifique que se trouve sa vérité, dans sa pulsion et son excès à être cet art à part entière, dans son obstination à n'être que lui en allant au-delà de lui-même. Rappelons la magnifique formule de 1860 :

---

5 *Ibid.*

> Les œuvres d'art qui me plaisent par-dessus toutes les autres sont celles où l'art *excède*.
> J'aime dans la peinture, la Peinture.
> (À Amédée Pommier, 8 septembre 1860. C 3, 111)

Flaubert emprunte donc à Buffon une part essentielle de sa réflexion sur les principes de l'écriture : plusieurs de ses propres préceptes en sont directement dérivés. Il conserve également, de ce modèle classique du XVIIIe siècle, une foi intacte dans la puissance irremplaçable de l'inspiration orale (le « bien rendre » qu'il traduit en « bien dire ») : le gueuloir sera l'instrument pour s'assurer que la phrase écrite possède toute la fluidité requise d'une langue parfaite, c'est-à-dire d'une langue qui se parle. Mais Flaubert abdique devant les analogies que Buffon établit entre l'art d'écrire et l'art de peindre car l'histoire des formes, selon lui, ne le permet plus.

Pour le reste, Flaubert semble concevoir l'esthétique des Lumières comme une école de rigueur, de rareté et d'exigence à l'égard des images : ce que la langue et la littérature du XVIIIe siècle lui enseignent, c'est surtout l'économie stricte des représentations et le minimalisme des images (les contes de Voltaire), la prééminence du rythme sur la figure (Montesquieu) et la puissance imaginaire de l'idée (Sade). Enfin, à l'idéal de sa propre génération romantique, et notamment à Chateaubriand, Byron, et par dessus tout à Hugo, Flaubert doit sa passion pour les mises en scène contrastées de l'ombre et de la lumière, pour la coexistence des contraires, la figurabilité des antinomies, la dialectique de l'oxymore.

Idolâtrie et iconoclasme

La réflexion sur la représentation est inséparable chez Flaubert d'une délibération sur les bouleversements techniques (papier industriel, photographie, rotative, héliogravure, presse illustrée) qui font entrer l'image dans l'ère de la production et de la consommation de masse : à la mort de Flaubert, les journaux hebdomadaires qui n'étaient diffusés, dans son enfance, qu'à quelques milliers d'exemplaires, ont laissé place à des quotidiens dont les tirages avoisinent le million d'exemplaires. A cet égard, les sentiments de Flaubert sont ambivalents. La possibilité de disposer d'un flux de plus en plus développé de références iconiques est ressenti comme une chance, mais aussi comme un double risque : celui de la vulgarité et celui d'une nouvelle idolâtrie. A l'image traditionnelle du peintre et du graveur, qui restait relativement rare, mais qui visait à l'excellence du chef-d'œuvre, ou qui pouvait émouvoir par sa naïveté (art populaire, Épinal), se substitue un monde pléthorique de simulacres plus ou moins réalistes où le pire rivalise avec le meilleur dans une logique quantitative qui n'est plus celle de l'art ou de l'artisanat mais celle de l'industrie (de « l'art industriel ») et du marché. A la différence de son ami Maxime Du Camp, photographe de la première heure et partisan inconditionnel des nouvelles technologies, Flaubert préfère juger du présent en prenant ses distances : en cherchant à mesurer les « progrès » à l'échelle de l'histoire longue, pour les confronter en amont à ce qui a déjà marqué l'histoire des civilisations, et en aval à ce que ces progrès pourraient engendrer dans l'avenir.

Pour ce qui concerne l'amont, sa réflexion ne se tient jamais très loin de ses recherches, à vrai dire permanentes, sur l'univers des mythes et l'histoire des religions et, à cet égard, se trouve traversée par des références fréquentes à la « querelle des images », au vaste débat entre idolâtrie et iconoclasme. Artistique ou mécanique, l'image, pour Flaubert, met en cause quelque chose de fondamental dans notre rapport à la croyance. Toute représentation par l'image pose la question de l'immanence et de la transcendance, de la foi dans le monde réel, de la confiance accordée à la réalité des référents et des formes, ou au contraire de leur mise en doute radicale comme mirages et duperies : chimères de la caverne platonicienne que la raison arithmétique doit dissiper, fantasmagories du Malin Génie que défie le cogito cartésien, ou productions sataniques qui méritent l'autodafé. Le charme de l'image, son usage, le goût de sa fabrication, de sa perception ou de son évocation, l'adhésion spontanée à son empire sont interprétables en termes d'idolâtrie. Ce culte de l'image a pour réciproque son aversion, la haine des représentations, leur rejet, l'iconoclasme. Au delà des répugnances philosophiques de Platon envers les simulacres, c'est le socle judéo-chrétien de la culture occidentale, et au-delà de lui, toute l'histoire du monothéisme, y compris islamique, qui paraît inséparable d'une exécration et d'un combat sporadique contre les séductions mensongères et mortifères de l'image. Judaïsme, Christianisme, Islam, iconoclasme byzantin des VIIIe et IXe siècle, Réforme protestante : la tradition et les métamorphoses des religions du Livre semblent avoir pour mot d'ordre commun l'interdit de toute représentation, tel qu'il se trouve formulé dans l'*Exode* :

> Tu ne te feras point d'image taillée, ni de représentation quelconque des choses qui sont en haut dans les cieux, qui sont en bas sur la terre, et qui sont dans les eaux plus bas que la terre. Tu ne te prosterneras point devant elles, et tu ne les serviras point ; car moi, l'Éternel, ton Dieu, je suis un Dieu jaloux, qui punit l'iniquité des pères sur les enfants jusqu'à la troisième et la quatrième génération de ceux qui me haïssent, et qui fait miséricorde jusqu'à mille générations à ceux qui m'aiment et qui gardent mes commandements.
> (*Exode* 20:4–6)

Cette dialectique de l'adoration et de l'aversion pour l'image est au cœur des réflexions de Flaubert dans ce qui a été « l'œuvre de toute une vie » : les trois rédactions de *La Tentation de saint Antoine* où il explore et donne précisément à

« voir » les arcanes de la croyance et toutes les formes de l'hérésie, aux prises avec la faculté de représentation. Mais un tel débat n'est en réalité absent d'aucune des œuvres de Flaubert : il est au contraire permanent dans ses récits sur la modernité (*Madame Bovary, L'Éducation, Bouvard et Pécuchet, Un cœur simple*) sous la forme d'une véritable mise en scène de l'idolâtrie contemporaine. La religion catholique, adoratrice des images pieuses, trouve dans les nouvelles applications de la *technè* moderne, des ressources infinies pour initier une nouvelle ère de l'idolâtrie. Ce que Léon Bloy en 1897 appellera le style « sulpicien » paraît à Flaubert une des retombées de cette idolâtrie qui menace de s'étendre, de la religion elle-même, à de nouvelles formes d'adorations religieuses : l'adoration de l'humanité par elle-même (le sentiment humanitaire et ses images édifiantes), une adoration fervente du moi, aussi universelle que strictement égocentrique, une emphase de l'égo et du désir d'être connu dont témoignent le culte des cartes de visite photographiques, la multiplication des portraits de l'auteur en frontispice des livres, la prolifération des personnalités à la mode sur les affiches, dans les magazines, etc.

Déviances psychiques

L'histoire personnelle de Flaubert, les singularités de sa vie et spécialement de sa santé, ses graves problèmes « nerveux », ses « crises » ont évidemment exercé une influence considérable sur sa façon de poser le problème de l'image comme symptôme. C'est évidemment pour des raisons privées et tout à fait intéressées qu'il se documente sur la question et qu'il se tient au courant de toutes les avancées de la science en ce domaine : il se sent menacé toute sa vie par le risque d'être terrassé par le retour des attaques subies en 1844 et 1845. Mais, son destin d'écrivain et de penseur ayant beaucoup à voir avec cette menace qu'il s'agit de juguler, c'est une question à laquelle il se consacre aussi pour des raisons effectivement épistémologiques. L'image « anormale » l'intéresse tout particulièrement : ce n'est pas de l'image « normale », mais au contraire des déviances de la vision, des dysfonctionnements de la représentation que peut résulter, selon lui, une évaluation claire des processus les plus profonds qui régissent le monde de l'image et de la figuration interne. La curiosité de Flaubert pour tout ce qui concerne les bizarreries ou les anomalies de l'expérience sensorielle et les expériences morbides de l'imaginaire (cauchemars, prémonitions, images obsessionnelles, hallucinations, phosphènes des « maladies nerveuses ») l'ont conduit, tout au long de sa carrière à s'intéresser à « l'image mentale » telle qu'elle est explorée et définie par la recherche contemporaine. Il s'informe de très près sur les travaux de son ami Alfred Maury, dans le champs des études sur les visions

« hypnagogiques »[6], mais il se documente aussi plus largement sur les théories expérimentales développées par la médecine psychiatrique du XIXe siècle, le traitement de la démence et les nouvelles sciences de la psychè qui donneront bientôt naissance à la psychanalyse freudienne.

Flaubert appelle de ses vœux l'émergence d'une véritable science de la psychè, capable de comprendre les pathologies, de prendre en charge des thérapies et de soigner les souffrances, mais dont la vocation serait aussi de fournir un véritable socle théorique à l'interprétation de l'imagerie mentale, à la connaissance des processus de formation du rêve et aux liens psychiques entre les mots et les images. Pour des raisons domestiques bien connues, Flaubert doute trop du monde médical pour croire que la solution viendra de la seule recherche clinique ou de la psychologie expérimentale. Il pense en revanche que ces questions qui hantent l'histoire millénaire des cultures pourraient trouver une réponse dans un champ de recherche qui parviendrait à penser l'image à la fois dans sa relation fonctionnelle au psychisme comme processus de formation mentale et dans sa relation mémorielle au légendaire comme processus de transmission culturelle. Flaubert ne pouvait pas prévoir la place centrale que Freud allait bientôt accorder aux mythes grecs dans sa métapsychologie, mais l'idée était visiblement dans l'air. Freud, qui a donc trente-six ans de moins que Flaubert, naît en mai 1856 quelques mois avant la sortie de *Madame Bovary* : il a vingt ans et s'apprête à rencontrer Joseph Breuer quand Flaubert achève *Saint Julien* en 1876. À la mort de l'écrivain en 1880, Freud a déjà travaillé sur le cas de l'hystérique « Anna O », mais il termine juste ses études en dévorant les ouvrages de Darwin et en se passionnant pour *L'Histoire de la civilisation grecque* de Burckhardt.

A cette date, cela fait une quarantaine d'années que Flaubert accumule les recherches sur les mythologies antiques et orientales, en suivant d'aussi près que possible les développements de leur interprétation scientifique contemporaine : c'est pour lui la source des sources. Sa théorie de l'image se construit dans la logique du discours mythographique sur l'émergence des légendes, notamment telles qu'elles sont étudiées par la philologie allemande. Avec quel profit le syncrétisme des légendes pieuses pourrait-il constituer un modèle pour l'élaboration d'un conte ? De quelle manière raconter les enfances d'un héros ? En quoi les sou-

---

6 Visions résultant d'un état de conscience spécifique, à mi-chemin entre celui de la veille et celui du sommeil, spécialement éprouvé pendant la première phase d'endormissement. Le terme « hypnagogique » a été créé en 1848 par Alfred Maury qui l'appliquait aux visions hallucinatoires qui ont lieu fréquemment dans cette période liminaire du sommeil : Alfred Maury, *Des hallucinations hypnagogiques ou erreur des sens dans l'état intermédiaire entre la veille et le sommeil* in Annales médico-psychologiques, 1848, tome XI, pp. 26–40. En ligne : http://www2.biusante.parisdescartes.fr/livanc/?cote=e90152x1848x01x26_40&p=2&do=page.

venirs de la première jeunesse relèvent-ils, à la manière d'un « roman familial » avant la lettre, de ces processus oniriques où l'image nous met en relation avec les zones les plus obscures de la psyché ? Ce sont quelques-unes des questions qui vont passionner Flaubert dans un projet comme celui de *Trois Contes* et particulièrement dans ce que *La Légende* contient de secrètement autobiographique.

Tous ces domaines – philosophique, scientifique, religieux – du discours sur la représentation, Flaubert a passé beaucoup de temps dans sa vie à les parcourir, à les approfondir et à y inventorier ce qu'il pouvait en tirer d'utile pour « penser » l'image : pour *bien penser* la représentation, pour penser avec exactitude ses composants, sa structure, son processus, mais dans l'objectif presque exclusif de *bien écrire*, dans le but d'élucider l'image comme la matière même – modèle et projet – de son écriture. C'est ce que Flaubert dira à son amie George Sand, comme on l'a vu en citant explicitement Buffon, avant d'aborder l'écriture *d'Un cœur simple* ; mais c'est déjà ce qu'il lui avait dit, quatre mois plus tôt en décembre 1875, sans citer ses sources, alors qu'il était plongé dans la rédaction de son « effervescente » *Légende de Saint Julien* :

> Je fais tout ce que je peux continuellement pour élargir ma cervelle, et je travaille dans la sincérité de mon cœur. (...) Je regarde comme très secondaire le détail technique, le renseignement local, enfin le côté historique et exact des choses. Je recherche par-dessus tout *la Beauté* (...) Enfin, je tâche de bien penser *pour* bien écrire. Mais c'est bien écrire qui est mon but, je ne le cache pas.
> (Lettre à George Sand, fin décembre 1875. C 4, 1000–1001)

Et voilà pourquoi, si Flaubert théorise l'image, s'il cherche à construire un système de pensée cohérent au sujet de la représentation, ce ne peut pas être en pratiquant l'importation d'une doctrine constituée, ni en adhérant à la croyance en un système conclusif, mais au contraire en croisant les savoirs sur l'image, en les combinant jusqu'à ce qu'ils deviennent capables de répondre à ses propres *requisits* : en les contraignant à l'épreuve d'un maximum de singularité (moi, ma façon de voir, qu'est-ce que l'image pour moi ?) et d'un maximum de généralité (l'œuvre, les autres, quel rôle l'image joue-t-elle si on la confronte aux exigences cardinales de l'art ?). Essayons d'interroger la conception flaubertienne de l'image en la rapportant aux préceptes mêmes du style et aux innovations techniques par lesquelles l'écrivain fonde une nouvelle poétique narrative.

Auctor chronocrator

Sans doute faudrait-il commencer par évoquer l'idée d'une relation native, ou structurale, entre les pouvoirs de l'image et l'exigence première chez Flaubert du

« plan », de la scénarisation initiale de tout projet littéraire. On sait que les genèses flaubertiennes commencent toujours par cet impératif catégorique du document matriciel (« Tout dépend du plan ») que Flaubert appelle, selon le vocabulaire des dramaturges, un « scénario » et sur lequel la rédaction se trouvera ordonnée. Quel rapport le scénario entretient-il avec l'image ? La réponse complète à cette question supposerait une enquête approfondie dans les manuscrits, mais ce que j'ai pu trouver dans les dossiers de genèse de *Trois Contes* et de *L'Éducation sentimentale* semble bien aller dans le sens d'une forte implication. Il y a quelque chose dans la phase pré-rédactionnelle qui implique chez Flaubert la capacité de « voir » : la possibilité de planifier à travers une rêverie dirigée, une aptitude à visualiser imaginairement une esquisse avancée des différents moments du récit comme s'il s'agissait d'une succession de tableaux vivants. Cette scénographie intérieure met en jeu les vertus synoptiques de l'image. Chaque grande séquence narrative est posée comme une entité homogène qui, en tant que telle, peut se percevoir sous la forme d'un tout, simultanément.

C'est *uno mentis ictu*, d'un seul coup d'esprit, que Dieu Chronocrator, gouverneur du Temps et maître des Solstices, transforme à son gré le temps en espace et peut s'y promener sans ressentir la moindre contrainte à l'égard du révolu ou de ce qui reste à advenir : pour lui, rien d'irréversible, tout s'étale dans l'éternité d'un égal présent. A son image, « visible nulle part » mais « présent partout »[7], c'est-à-dire agissant partout à la fois, l'auteur, selon Flaubert, se distingue par sa capacité à spatialiser la temporalité. Ce n'est évidemment pas un hasard si, dans les scénarios, la plupart des verbes sont conjugués au présent : présent de la didascalie, sans doute car le modèle théâtral est indiscutable, mais également présent de ce qui coexiste dans l'indéfiniment actuel de l'étendue, présent de la synchronie où tout ordre chronologique reste suspendu à la liberté sans limite du démiurge. A l'égard de ce texte matriciel qu'est le plan initial, le modèle pictural paraît d'autant plus clairement s'imposer que c'est bien en artiste plasticien que Flaubert travaille, se saisissant de longues durées narratives pour y disposer de loin en loin les indices de symétries et de dissymétries, les leitmotivs et les inversions, les homologies et les dissemblances, qu'il inscrit spatialement dans la mémoire du récit, comme le peintre place ici et là de part et d'autre de sa toile

---

[7] « — L'auteur, dans son œuvre, doit être comme Dieu dans l'univers, présent partout, et visible nulle part. L'Art étant une seconde nature, le créateur de cette nature-là doit agir par des procédés analogues : que l'on sente dans tous les atomes, à tous les aspects, une impassibilité cachée et infinie. L'effet, pour le spectateur, doit être une espèce d'ébahissement. Comment tout cela s'est-il fait ! doit-on dire ! et que l'on se sente écrasé sans savoir pourquoi. » (Lettre à Louise Colet, 9 décembre 1852, C 2, 204).

les touches d'ombre et de clarté qui vont donner son rythme et sa profondeur à l'ensemble de sa composition. Et ce qui est vrai de l'écriture scénaristique se confirme, à l'autre bout de la genèse, quand il s'agit pour l'écrivain de vérifier que la rédaction a bien rempli le cahier des charges de la structuration initiale. Au moment de procéder aux corrections définitives de toute la partie du texte qui vient d'être rédigée, c'est à nouveau d'un seul coup d'esprit que Flaubert voudrait pouvoir percevoir son texte simultanément dans sa totalité :

> Je suis en train de recopier, de corriger et raturer toute ma première partie de *Bovary*. Les yeux m'en piquent. Je voudrais d'un seul coup d'œil lire ces cent cinquante-huit pages et les saisir avec tous leurs détails dans une seule pensée.
> (Lettre à Louise Colet, 22 juillet 1852. C 2, 135)

Mais l'exigence ou le désir de « voir » n'est si insistant chez Flaubert, à tous les instants de la genèse de l'œuvre, que dans la mesure où il s'agit en réalité d'une relation première au projet même de l'œuvre. « Voir » s'impose à lui, comme un état de fait intérieur qui survient avant même que ne commence le travail effectif de rêverie propre à la scénarisation initiale. C'est ce que signifie, en août 1876, la très étrange formulation de ce « je vois » par lequel Flaubert cherche à faire comprendre à sa nièce Caroline son désir désormais irrésistible d'écrire « Hérodias » :

> Maintenant que j'en ai fini avec *Félicité*, *Hérodias* se présente et *je vois* (nettement, comme je vois la Seine) la surface de la mer Morte scintiller au soleil. Hérode et sa femme sont sur un balcon d'où l'on découvre les tuiles dorées du Temple. Il me tarde de m'y mettre et de piocher furieusement cet automne (...).
> (Lettre à Caroline, 17 août 1876. C 5, 100)

C'est Flaubert qui souligne le « je vois » : en-deçà des facultés de projection imaginaire et antérieurement au fantasme dirigé qu'il s'agira, selon son système, de mobiliser dans la phase préliminaire du plan, quelque chose, comme des visions internes constituées, « se présente » spontanément à lui. Les liens entre ce type d'image interne et ce que Flaubert théorise en matière d'intelligence et d'économie mémorielles, constituent, à coup sûr, un chapitre essentiel de sa théorie de l'image : la « mer Morte » qui scintille au soleil se rapporte directement aux souvenirs du voyage en Orient (août 1850) mais la réactivation au présent de ces souvenirs relève d'un jeu des facultés d'évocation spontané qui permet (ou prescrit) à Flaubert une continuité quasiment sensorielle entre le matériau mémoriel (l'image de la mer Morte) et la fiction elle-même (Hérode et sa femme sur un balcon). Aucun doute qu'une recherche approfondie s'impose sur cette faculté de « voyance » et sur la manière dont Flaubert en construit la théorie en termes d'anamnèse.

Point de vue photographique

Tout en revendiquant l'ubiquité divine à l'échelle de la conception, Flaubert problématise la figure de l'auteur et du narrateur omniscients en leur retirant une partie de leurs prérogatives au profit d'un dispositif qui délègue la position de regardeur, le « point de vue » narratif, aux personnages mêmes de la fiction. En principe, rien ne se donne à voir dans le récit sans l'interposition au moins implicite d'un regard, interne à la fiction, à travers lequel cela a pu être vu. Quelle relation l'image entretient-elle, pour Flaubert, avec ce qu'il institue dans l'art du roman en termes de « relativité des points de vue » ? Notons que le concept de « point de vue » n'apparaît le plus souvent dans la *Correspondance* qu'à travers l'expression « au point de vue de », au sens de « selon la façon de voir de » ou « sous le rapport de ». Si le syntagme nominal « point de vue » au singulier ou au pluriel, n'appartient pas au lexique habituel de Flaubert, la notion et son utilisation lui appartiennent bien en propre : l'écriture flaubertienne est en permanence attentive à l'angle de vue et aux cadrages des représentations. Il s'agit pour Flaubert des conditions même de possibilité de la représentation : tout dépend du point à partir duquel on voit ce que l'on voit. Dans les manuscrits de travail, pour préciser le « point de vue » qu'il veut adopter, il utilise le plus souvent le simple terme de « vue » qu'il caractérise par des repères (à partir de tel point, à travers l'œil de tel personnage) ou par un mode de représentation. En 1875, dans *Saint Julien* pour indiquer que la description du château des enfances devra être écrite, à partir d'un point légèrement surplombant, selon les règles de l'axonométrie qui permet de cumuler le point de vue zénithal de Dieu et celui, terrestre, de la perspective, c'est-à-dire le point de vue humain, il écrit : « vue – en pente et d'un seul coup d'œil comme un plan » (BnF, NAF 23 663 – 1, f°492). C'est le principe du point de vue « en partie double ». A cet égard, on doit d'ailleurs se demander comment la conception flaubertienne de la représentation s'articule avec la technique des « points de vue multiples » telle que Flaubert la met en œuvre dans *L'Éducation sentimentale* : la stratégie narrative par laquelle un même objet ou un même événement peut être vu différemment selon les personnages, (chacun voyant en fonction de son identité sociale, de sa psychologie, de sa position dans l'espace, etc.) en induisant dans le récit le principe d'une relativité généralisée des points de vue. Même en l'absence d'un terme nominalisé pour le désigner, tout démontre que Flaubert conceptualise la notion comme une des composantes essentielles de son écriture, et en faisant progresser ses ambitions assez nettement au fur et à mesure qu'il avance dans les œuvres de la maturité.

Cette question des points de vue a-t-elle été pensée par Flaubert au fil de la plume, face à la rédaction, dans un strict rapport à la nouvelle poétique romanesque qu'il s'agissait pour lui d'inventer ? Ou bien provient-elle dans son écriture d'une réflexion plus ancienne sur le visible et sa représentation ? Certes, Flaubert écrit depuis l'enfance et les *scolaria*, comme ses œuvres de jeunesse, lui ont donné plus d'une fois l'occasion de réfléchir sur la manière dont on construit une description. Mais avant de devenir une affaire de procédé narratif, le point de vue comme construction et projection plastiques, comme prise de conscience d'un rapport sélectif à l'espace visible se rapporte à l'expérience du cadrage, de la perspective et du point de fuite telle que la pratiquent les professionnels de l'image : traditionnellement le dessinateur et le peintre et, plus récemment, le photographe. Flaubert s'intéresse depuis toujours à la peinture. Il visite les musées, possède de nombreuses reproductions gravées, étudie de très près la composition des tableaux. Il dessine aussi, mais plutôt mal : rien à voir avec Victor Hugo. Son professeur de dessin Hyacinthe Langlois avait réussi à lui transmettre le goût des arts plastiques et de l'histoire de l'art, mais quant au coup de crayon, il avait complètement échoué.

Au cours de ses voyages, Flaubert préfère nettement prendre des notes écrites. Il dessine tout de même un peu dans ses carnets : rarement des monuments, mais des détails, des objets, des formes et surtout des sortes de panoramas, aux lignes très simplifiées (la silhouette d'une montagne, la courbe d'une baie, etc.). On trouve de nombreux relevés de ce type dans le *Carnet de voyage* n°10 consacré à son voyage de 1858 en Tunisie, pour les décors extérieurs de *Salammbô*. Voici, par exemple, le f°27 dont les notes ont été prises à partir des hauteurs de Sidi Bou Saïd, d'où l'on a une vue générale sur le golfe de Tunis :

> Du sommet du promontoire regardant le soleil (10 h. du matin), en face le Corbus, brun, vaporeux, la mer en face à droite a à gauche, bleue, le soleil y fait rouler des étoiles, à droite au fond le Zaghouan. des nuages sur le sommet de la Mamenlif qui a l'air en bronze rouge par la base, brun doré en-dessus. à droite trois anses dans une. » (indications autographes sur le croquis : « maison / St Louis / mer »).

A l'intérieur de ces panoramas, Flaubert prend parfois soin de délimiter les différents « plans » selon lesquels se dispose le paysage devant ses yeux, (en notant « 1er plan », « 2eme plan », « 3e plan », etc.) et souvent en précisant les couleurs de chaque ensemble.

Sur le dessin lui-même, ou en marge des tracés, Flaubert indique aussi assez souvent l'orientation de son panorama (Est-Ouest, vu du Sud vers le Nord, etc.) ainsi que le lieu où il se trouvait et la direction dans laquelle il regardait quand il réalisait son esquisse. Voici, à titre d'exemple, le croquis du f°61 pris sur la route qui mène de Dougga au Kef (indications autographes : « Au fond / 3e brumeux / 2e plan noir / 1er plan la plaine / 3e / 2e plan / versant sur lequel nous sommes. »)

S'agit-il d'un procédé de peintre ou de dessinateur ? Cela ressemblerait plutôt à des croquis de repérage avant tournage pour un film. Mais à défaut de cinéma il se pourrait bien que ce type de notation dessinée ait quelque chose à voir avec la technique dont le cinéma sera lui-même issu.

Quelle que soit son aversion clairement exprimée (mais plus ou moins feinte) pour la photographie, Flaubert se distingue de la plupart des écrivains de son époque par une connaissance anticipée de cette nouvelle technique : il a eu la chance de la découvrir avant tout le monde grâce à son ami Maxime Du Camp, pendant le voyage qu'ils ont fait ensemble en Égypte et au Moyen-Orient. En fait, la prise de vue photographique n'a aucun secret pour lui. Il l'a observée pratiquement tous les jours, pendant près d'un an, entre octobre 1849 et septembre 1850.[8]

La mission photographique de Maxime l'oblige à de perpétuelles prises de vue et manipulations, et dès leur séjour au Caire, alors qu'ils préparent leur remontée du Nil, il est entendu que Maxime, sans renoncer à prendre des notes, va enregistrer le voyage en images tandis que Gustave tiendra un journal de bord dans ses calepins de voyage. Dans leur chambre de l'Hôtel du Nil, dont une partie, séparée par un mur de refend, a été transformée en labo photo, chacun se débrouille avec les moyens du bord :

> J'écris sur une table carrée, garnie d'un tapis vert, éclairé par deux bougies et puisant mon encre dans un pot à pommade (...) — J'entends derrière le refend le jeune Maxime qui fait ses dosages photographiques.
> (À Louis Bouilhet. Le Caire, 1er décembre 1849. C 1, 537)

Pendant le voyage, les « dosages » et les obligations techniques de Maxime ne laissent pas le choix à Gustave. Bon gré mal gré, il apprend à connaître les réalités de la photographie, non seulement en regardant faire son compagnon, mais souvent aussi en lui donnant un coup de main, en expérimentant la technique comme assistant, les mains dans le cambouis, ou plutôt dans les sels de nitrate :

> Depuis ma dernière lettre d'Esneh, partie le 26 avril, je n'ai rien de nouveau à te dire, si ce n'est que j'ai tous les doigts noircis de nitrate d'argent, pour avoir aidé mon associé, hier, à Herment, dans ses travaux photographiques.
> (À sa mère. Thèbes, amarrés au rivage de Louqsor, 3 mai 1850. C 1, 618–619)

---

[8] Du Camp s'était fait attribuer par l'Académie des Inscriptions et Belles Lettres, la mission officielle de photographier les monuments égyptiens. Il n'est pas allé au-delà de ses obligations contractuelles. Dès que la section égyptienne du voyage a été terminée et que les deux compagnons se sont retrouvés au Liban, il s'est débarrassé de son encombrant matériel (appareil calotype fabriqué sur mesure pour être transportable), en renonçant à photographier la suite du voyage : Liban, Palestine, Turquie, Grèce et Italie... On peut évidemment le regretter : « Maxime a lâché la photographie à Beyrouth. Il l'a cédée à un amateur frénétique : en échange des appareils, nous avons acquis de quoi nous faire à chacun un divan *comme les rois n'en ont pas* : dix pieds de laine et soie brodée d'or ! Je crois que ce sera chic ! » (À sa mère. Rhodes, 7 octobre 1850. C 1, 697).

Flaubert ne semble pas y avoir vraiment pris goût avec le temps, il s'en plaint plutôt et garde une certaine incompréhension devant la « rage de photographier » de son ami. Mais à défaut d'être devenu amateur, il n'en a pas moins appris le métier, aussi bien pour la chimie que pour ce qui nous intéresse ici : la prise de vue. Tandis qu'il note, dans son calepin de voyage, l'aspect du monument pharaonique qu'il a sous les yeux, Maxime installe son appareil et prend un cliché du même monument, souvent à deux pas de Gustave, à partir du même « point de vue ». L'un fixe l'image avec des mots sous forme de phrases télégraphiques, l'autre avec de la lumière sous forme de clichés. Mais une fois son cliché enregistré, Maxime à son tour, doit prendre note, bien scrupuleusement, de la légende, précise et circonstanciée, qui devra accompagner la reproduction de l'image : le lieu, le nom du monument, l'angle de vue, la date. Depuis ce voyage, Flaubert sait ce qu'est une chambre, une optique, un point de vue, un cadrage, un temps de pose, une plaque, un négatif papier, un tirage. Et il apprend tout cela au moment même où il cherche la formule de ce qui finira, à son retour d'Orient, par donner le projet de *Madame Bovary*. Car en 1850, si la photographie n'en est qu'à ses premiers débuts publics, Flaubert, quant à lui, n'en est pas encore aux prolégomènes de sa carrière d'écrivain. Ce que sa poétique en formation peut précisément avoir gagné à ce contact direct avec la photographie, ce que l'expérience de cette technique elle-même naissante peut lui avoir apporté avant la rédaction de *Madame Bovary*, c'est ce qu'il nous reste encore à découvrir. Mais il y a fort à parier que, malgré ses réserves à l'égard du procédé photographique, la leçon d'Égypte n'ait pas été pour Flaubert sans conséquence, au cours des mois et des années qui vont suivre, sur sa façon de reformuler les questions de représentation, de réalité et de point de vue.

L'impersonnalité

On sait que l'impersonnalité (ne jamais laisser apercevoir son opinion personnelle) n'est pas un concept purement privatif, ni un précepte simplement soustractif qui se résumerait à l'anéantissement des opinions individuelles de l'auteur : il s'agit bien de procéder à l'évidement et à l'évitement du moi égotiste, mais en faveur d'un processus d'écriture qui n'a pour but que de faire toute sa place à l'autre, au lecteur. Une représentation impersonnelle est celle dans laquelle l'auteur se sera fait suffisamment petit ou absent pour que son lecteur puisse s'y installer, s'y sentir chez lui, comme si c'était lui-même qui voyait ou ressentait la chose sous cette forme. Si la représentation impersonnelle est selon Flaubert la seule qui soit légitime, c'est dans la mesure où son ouverture, sa disponibilité sémantique, son absence de normativité et de contingence individuelles offrent au lecteur le loisir d'en faire l'objet même de son propre point de vue, et le cas échéant, l'objet d'une délibération intérieure, ou même d'un débat : l'occasion d'en discuter le sens, les raisons et les conséquences, avec d'autres qui ne voient pas forcément la chose de la même façon. A l'opposé de la formulation close et fermée que l'assertion égotiste propose, sans attendre d'autre réponse que l'adhésion, l'énoncé impersonnel contient non seulement l'hypothèse heuristique d'une insuffisance, d'un sens qui reste à construire et d'une réflexion déléguée au lecteur, mais, au-delà même de ce passage de relai individuel, le principe d'un espace discursif, d'une sorte de forum virtuel où le lecteur, désormais investi de la responsabilité du sens, se trouvera porté à en discuter les enjeux et les raisons avec d'autres, avec ses semblables. Est-ce que cela ne ressemble pas de très près à ce que nous sommes habitués à penser, depuis l'esthétique kantienne, comme la sociabilité même de l'œuvre d'art ? L'image plastique, comme la représentation impersonnelle rêvée par Flaubert, a pour vocation de devenir la médiation d'un échange esthétique : une énigme pour la langue, une question qui sollicite les avis, un sujet de conversation, un lieu d'échange où se pratique le lien désintéressé du jugement de goût, l'enjeu d'une controverse où s'affirment les chances d'une communauté élective, d'un « nous » fondé sur l'intelligence des formes et la religion de l'art.

Le refus de conclure

Il n'en va pas autrement, semble-t-il, si l'on considère un autre précepte cardinal de Flaubert : le refus de conclure. Si l'on excepte le cliché dénaturé de la propagande ou de l'endoctrinement, qui n'est en fait qu'un texte transposé, l'image par nature contient une sorte d'antidote au conclusif. Dans sa dimension spontanément polysémique, l'image en elle-même semble pouvoir susciter les interprétations les plus diverses et même les plus contradictoires. Sans l'orientation restrictive que peut lui imposer la prescription d'un titre, d'une légende ou d'un écrit qui lui serait associé, l'image se trouve livrée à tous les possibles du sens : pour l'imagination du regardeur, c'est un espace projectif presque infini dans lequel le moindre détail secondaire peut devenir le centre de son attention en donnant à l'ensemble une nouvelle signification. S'il s'agit d'un chef-d'œuvre, chacune de ses composantes plastiques pourra tour à tour relancer la curiosité du regard vers de nouvelles pistes et de nouvelles découvertes, en offrant à l'œil nomade une multitude d'itinéraires possibles, des chemins de traverse, des « voies principales et voies secondaires » selon la belle formule de Paul Klee : l'image postule et laisse ressentir l'unité d'un sens sur lequel repose toute la composition mais qui ne se trouve localisable ni en son centre ni à sa périphérie, ni en aucune de ses parties.

L'image qui mobilise la mémoire et sollicite les chaînes associatives de la rêverie, et qui fait émerger les significations sans totalisation possible, ne constitue-t-elle pas, à l'égard de l'œuvre littéraire, un modèle pour penser l'herméneutique sans fin d'une lecture qui serait un permanent démenti à la possibilité de conclure ?

Mais, on le sait, pour Flaubert, ce respect pour la puissance non conclusive de l'image rencontre aussi son désaveu le plus cinglant dans l'aversion qu'il porte à l'image illustrative. Asservie aux mots dont elle est censée traduire visuellement la signification, l'illustration se renverse en une négation de l'infini interprétatif pour y substituer une sorte de forclusion du rêve : un brusque figement de ce qui était fluide dans le texte, une minéralisation, une fossilisation de ce qui était vivant, une version unilatérale et exclusive de ce qui s'offrait comme une partition ouverte à toutes les interprétations. Si la représentation plastique peut donc à bon droit passer pour un modèle de non conclusivité, ce n'est qu'à la condition de rester purement image, dégagée de toute inféodation à l'écrit et libérée de toute relation concurrentielle au texte. La question souvent mentionnée mais, au fond, encore assez peu analysée dans ses implications, du « refus de l'illustration », mériterait d'être entièrement revisitée à la lumière de cette théorie flaubertienne de l'image, notamment à travers la notion cardinale de « flou » et de « vague » que Flaubert utilise, de manière originale, aussi bien pour disqualifier la démarche illustrative que pour accréditer un nouvel idéal d'exactitude en matière de représentation, qu'il s'agisse de texte ou d'image.

À partir de *Salammbô*, et à la suite de ses repérages en Tunisie de 1858, apparaît chez Flaubert une théorie du « flou » qui vient problématiser la définition scientifique de l'exactitude visuelle. Il s'agit pour lui de briser la fausse évidence des images optiquement justes par un trouble de la focalisation. Pour qu'une image soit pertinente et exacte, il faut parfois qu'elle renonce entièrement à sa précision, à ce que le photographe appellerait sa mise au point. La chaleur intense du désert par exemple fait vibrer les lignes, induit des visions, produit des mirages. La vérité visible du mirage est incontestable, mais elle est aussi plus belle et plus grande, plus émouvante que ce dont elle est la déformation. Flaubert s'arrange dans l'écriture pour que la focale permette cet effet de vague, pour installer le flou au centre de la représentation et avec la certitude d'être par là plus exact et plus vrai. Il le fait en connaissance de cause : parce qu'il en a été personnellement témoin en Égypte, au Moyen-Orient et au Maghreb. Mais il ne s'agit pas seulement pour lui d'un simple respect pour les singularités paradoxales de l'expérience visuelle : bien au-delà de la fidélité à son expérience sensorielle, ce qu'il pressent, c'est qu'au cœur du flou il y a quelque chose de caché qui ressemble à une forme plus haute de l'exactitude. On se trouve ici devant un paradoxe dont Flaubert a tenté de penser la puissance et la portée en envisageant tous ses développements possibles, comme pour le cas de la relation dialectique entre le blanc et le noir. Au point le plus flou du flou, quelque chose d'aussi net et translucide que le cristal devient assez clair et distinct pour susciter le mot exact qui permettra de formuler la représentation dans sa vérité.

Le refus de l'illustration

Le refus de l'illustration est au cœur de ce que la problématique de l'image peut susciter comme interrogation radicale vis-à-vis de la question du style. Il ne s'agit pas seulement, pour Flaubert, du refus, par ailleurs bien réel et souvent réaffirmé, que l'on dépose le long de sa prose imprimée des images qui seraient censées traduire visuellement quelques moments clés du récit. Pour Flaubert, il s'agit d'abord, de manière pronominale et réfléchie, de refuser dans sa propre écriture tout ce qui pourrait relever d'une procédure illustrative. C'est l'« illustration » au sens où, aujourd'hui même, un cinéaste engagé comme Amos Gitaï, par exemple, explique qu'il ne veut pas tourner de plans ni faire de films qui seraient l'illustration d'une thèse ou d'une opinion politique, fût-elle la plus sincère et la plus juste des thèses ou des opinions. Film ou roman, une œuvre d'art digne de ce nom ne s'autorise que d'elle-même et ne peut légitimement se mettre au service d'aucun autre message que celui qu'elle forme en tant qu'œuvre d'art. C'est la théorie de l'autonomie telle que la définit Flaubert. Dans la conception et la rédaction de ses fictions, Flaubert se garde de toute attitude qui consisterait à faire dépendre la fiction narrative d'une signification qui lui serait préalable ou extérieure. Une telle démarche illustrative, pratiquée par toute une génération de romanciers à succès, peut devenir le secret de la réussite immédiate : de nombreuses œuvres contemporaines vont à la rencontre du public en développant une littérature « à message » faite pour être littéralement décodée. Le roman met en scène une fiction qui illustre une situation ou un événement emprunté à l'actualité mondaine (récit à clé, récit de circonstance), des *topoï* appartenant au consensus majoritaire (lieu commun, préjugé, cliché, stéréotype, idée reçue, bon sentiment) ou, au contraire, pour la littérature engagée, en pariant sur un public moins large mais captif, des thématiques idéologiques convenues dans lesquelles se reconnaissent les sympathisants d'un « parti » ou d'une « tendance » (récit édifiant, roman à thèse, fiction à moralité politique ou social). Outre que le procédé repose sur la logique même de la Bêtise, participe de sa nuisance et contribue à l'alimenter, une telle écriture illustrative, pour Flaubert, se condamne à un succès aussi dérisoire qu'éphémère : elle est par nature promise à la forclusion. Avant d'être un rejet de l'image décorative infligée au texte, le refus de l'illustration est donc d'abord ce refus de prendre pour objet de l'écriture une configuration de sens préexistante que le texte littéraire, réduit à l'état d'exemplification, transposerait en narration. Mais, bien entendu, le refus de l'illustration, tel que Flaubert l'a théorisé, concerne l'image plastique assignée à un texte, la coexistence – conflictuelle et intenable – de deux modes de représentation appliqués au même objet.

On trouve dans la *Correspondance* de nombreuses réflexions qui se rapportent explicitement à la question : les plus célèbres et les plus radicales, de juin 1862, sont contemporaines de la publication de *Salammbô*, mais il existe, dans la *Correspondance* et dans les *Carnets*, plusieurs autres déclarations qui complexifient l'analyse de Flaubert, notamment, pendant la rédaction de *L'Éducation sentimentale* sur l'incompatibilité des modes d'expression et, jusqu'en 1879, sur la dialectique de l'illustration et du document, pour le projet d'une nouvelle édition de *La Légende de Saint Julien*. Cette abondance de prises de position prouve qu'il s'agit, dans la théorie flaubertienne, d'une réflexion cardinal et continue qui n'a cessé de se confirmer et de se transformer au cours de sa carrière. Il s'agit au total d'un vrai dossier qui mérite une investigation approfondie et entièrement renouvelée à la lumière de l'ensemble des propositions théoriques qui s'y rapportent. L'espace me manque ici pour mener à bien cette analyse ; je m'y emploierai plus tard. Bornons-nous à quelques remarques sur le problème tel qu'il est formulé en 1862. Voici le premier texte :

> Jamais, moi vivant, on ne m'illustrera, parce que la plus belle description littéraire est dévorée par le plus piètre dessin. Du moment qu'un type est fixé par le crayon, il perd ce caractère de généralité, cette ~~ressemblance~~ concordance avec mille objets connus qui font dire au lecteur : « J'ai vu cela » ou « Cela doit être ». Une femme dessinée ressemble à une femme, voilà tout. L'idée est dès lors fermée, complète, et toutes les phrases sont inutiles, tandis qu'une femme écrite fait rêver à mille femmes. Donc ceci étant une question d'esthétique, je me refuse formellement à toute espèce d'illustration.
> (à Jules Duplan, 12 juin 1862. C 3, 231–232)

L'image plastique, réalisée par un dessinateur, un peintre ou un graveur, – fût-il un artiste de premier plan – brise inexorablement l'infini chaînage du sens que l'expression écrite s'est évertuée à rendre praticable sans totalisation possible. À l'ambition littéraire de l'œuvre « ouverte » et de son incomplétude, de ses zones de « non finito » offertes à la créativité du lecteur, l'illustration substitue le caractère « fermé » et « complet » d'une option unilatérale (c'est le choix personnel de l'artiste) et univoque (une forme parmi cent autres possibles est donnée pour l'unique vérité de la représentation) : un seul chaînage de sens est désormais praticable pour le lecteur, celui induit par la contingence des choix fixés dans l'image. Selon Flaubert, l'ascendant spontanément hégémonique de l'image sur le psychisme est tel que la représentation graphique la plus indigente « dévore » la description verbale la plus évocatrice. L'image s'impose dans sa prégnance structurale comme un tout synchronique, suffisant et saturé. La phrase, qui est une entité temporelle et qui exige le travail du déchiffrement et de l'interprétation, n'y résiste pas. Une fois établie la coexistence du texte et de l'illustration, le principe même de l'imaginaire littéraire est bloqué : les phrases deviennent « inutiles ».

La généralité du « type » tel que le conçoit et l'élabore l'image littéraire consiste, dit Flaubert, dans « cette ~~ressemblance~~ concordance avec mille objets connus qui font dire au lecteur : « J'ai vu cela » ou « Cela doit être » ». Pourquoi Flaubert, qui écrit d'abord « ressemblance », corrige en « concordance » ? Plusieurs hypothèses sont possibles, mais le plus probable, c'est qu'il ait cherché à éviter d'introduire un équivalent mental de l'image plastique (ressemblance comme similarité visuelle des formes) dans ce qu'il veut dire au sujet des processus de reconnaissance. Très souvent, dans la *Correspondance* comme dans les *Carnets*, lorsqu'il se réfère à une réussite incontestable de la représentation littéraire, Flaubert emploie cette formule de l'aparté ou du monologue intérieur (« ce qui fait dire : « J'ai vu cela » ou « Cela doit être ») qui est censée mimer l'étonnement et l'admiration du lecteur. Qu'est-ce que le lecteur admire ? Qu'est-ce qui l'étonne ? Non pas une ressemblance entre deux images – l'image mémorielle qu'il aurait dans l'esprit, et celle qu'il découvre en lisant – car il faudrait alors postuler qu'il y a *une* image dans le texte qui ressemble à *une* autre image que le lecteur porterait en lui. Or, ce n'est pas *une* représentation qui habite le lecteur, ce sont des multitudes de traces mémorielles (« mille objets ») qui se composent à la fois d'images plus ou moins nettes, mais aussi d'une multitude de souvenirs sensoriels associés (tactiles, olfactifs, auditifs, gustatifs etc.) qui refont surface au contact de la représentation littéraire. Et, du côté du texte, le « cela » qui suscite le « j'ai vu cela » ne désigne précisément pas l'unicité d'une image, mais une infinité de réalisations possible du « cela », sa pluralité virtuelle, sa capacité à intégrer aussi bien toute une gamme des variantes visuelles qu'une foule non dénombrable d'évocations sensorielles. Dans ces mystérieux accords entre le texte et la mémoire du lecteur, dont Proust après Flaubert fera l'objet même de l'écriture littéraire, ce qui se joue ce sont en effet les chances d'une « concordance » beaucoup plus qu'une simple « ressemblance ».

Il n'est évidemment pas non plus indifférent que Flaubert choisisse l'exemple de « la femme » : le cas est topique puisque l'illustration s'emploie habituellement à donner une image séduisante de l'héroïne du récit, en l'occurrence la jeune Salammbô, dont le texte ne nous laisse aucun doute sur le fait qu'elle réunit tous les avantages imaginables du corps désirable ; le montrer fait partie du cahier des charges de l'illustrateur. Mais, précisément, cet exemple, à la fois caractéristique et banal, permet aussi à Flaubert de suggérer en quoi la dimension libidinale, pulsionnelle et strictement privée de la représentation doit être prise en considération pour éclairer les enjeux du débat. Le désir, l'imaginaire érotique, le goût personnel et l'histoire privée de chaque lecteur, ses penchants, ses prédilections, ses aversions, etc. se trouvent convoqués dans la lecture. L'image littéraire doit pouvoir y répondre en permettant que l'objet de la représentation se reconfigure à chaque fois, sur mesure, au plus près des fantasmes et des aspirations de celui qui interprète le texte. Chaque lecteur doit pouvoir former en toute liberté une image *sui generis* qui lui est propre, en jouant sur les sollicitations les plus secrètes de sa mémoire, selon la « concordance » que Flaubert appelait de ses vœux. Mais de quelle vertu la représentation littéraire tient-elle cette capacité à s'accorder à mille mémoires différentes ? C'est ce que Flaubert, s'adressant au même correspondant trois jours plus tard, chercher à préciser, si l'on peut dire, par le concept de « vague ».

> Quant aux illustrations, m'offrirait-on cent mille francs, je te jure qu'il n'en paraîtra pas *une*. Ainsi il est inutile de revenir là-dessus. Cette idée seule me fait entrer en *phrénésie*. Je trouve cela *stupide*, surtout à propos de *Carthage*. — Jamais, jamais ! Plutôt rengainer le manuscrit indéfiniment au fond de mon tiroir. Donc, voilà une question scindée (...)
> Mais la persistance que Levy met à me demander des illustrations me fiche dans une fureur *impossible à décrire*. Ah ! Qu'on me le montre, le coco qui me fera le portrait d'Hannibal ! — Et le dessin d'un fauteuil carthaginois ! Il me rendra bien service. Ce n'était guère la peine d'employer tant d'art à laisser tout dans le vague, pour qu'un pignouf vienne démolir mon rêve par sa précision inepte. *Je ne me connais plus* et je t'embrasse tendrement. Hindigné, faoutre ! »
> (à Jules Duplan, 15 juin 1862. C 3, 226)

Passons sur l'indignation de Flaubert, le procès en « stupidité » qu'il intente à l'image illustrative, et son persiflage sur le coco capable de faire le dessin d'un fauteuil carthaginois. Reste la question de fond : « Ce n'était guère la peine d'employer tant d'art à laisser tout dans le vague, pour qu'un pignouf vienne démolir mon rêve par sa précision inepte. » Que le « pignouf » s'appelle Eugène Delacroix ou Gustave Moreau ne changerait rien à l'affaire : par la force des choses, son illustration prendrait la forme d'une représentation plastique achevée dont les contours, la composition et chacun des détails s'imposeraient à l'esprit du lecteur comme s'il s'agissait de la réalité visible, ou avec un ascendant encore supérieur. Mais, d'autant plus nuisible que plus réussi en tant qu'image, d'autant plus inepte qu'il est plus exact dans sa précision visuelle et sa pertinence plastique, ce simulacre, par sa seule présence, constituerait un démenti et un principe de destruction fatal pour tout ce que visait le texte : « faire rêver », but ultime de l'art selon Flaubert[9]. Son exaspération se sent ici dans le possessif « pour qu'un

---

[9] « Ce qui me semble, à moi, le plus haut dans l'Art (et le plus difficile), ce n'est ni de faire rire, ni de faire pleurer, ni de vous mettre en rut ou en fureur, mais d'agir à la façon de la nature, c'est-à-

pignouf vienne démolir *mon* rêve ». Car avant de devenir celui du lecteur, le « rêve » que forme l'écrivain est l'enjeu même du style et de la rédaction : élaborer une représentation instable et aux contours suffisamment indéfinis pour contenir mille figures possibles grâce à la magie du « vague ». Ce que l'illustration, dans sa « mise au point » inepte, détruit irrévocablement, c'est le flou en tant que processus constitutif de l'image en train de se former, tel que les ressources verbales permettent de le créer et de le maintenir comme processus d'accommodation. Tout l'effort de l'écriture vise ce mirage et ce miracle de l'incertain. Non pas l'image toute constituée comme le propose ou l'impose l'illustration, mais l'émergence, l'apparition, la fragile structure d'accueil de l'image en formation : une épiphanie imminente dont l'esprit du lecteur est chargé de matérialiser et de percevoir la forme.

La théorie de Flaubert ne fonde en exigence radicale le refus de l'illustration que dans la mesure où son projet est de donner toute sa place et toute son efficience à l'image comme processus de l'écriture elle-même, comme effet de la plasticité verbale : l'irruption du visuel dans l'espace de sens ouvert par les mots, toute la puissance de la représentation délivrée par la seule économie de la prose. L'image à laquelle il est impératif de refuser le droit à coexister avec le texte est *l'image imagée*, l'image close dans son être-là d'image, parce que le but de l'écriture est de promouvoir sa propre logique de *l'image imageante* : une image à l'état naissant dont la lecture interprètera la forme, un processus d'imagerie psychique offert au lecteur comme la partition de son propre rêve.

---

dire de *faire rêver*. » (à Louise Colet 26 août 1853, C 2, 417).

Jacques Neefs
La pluralité des dieux, dans le monde de *Salammbô*

Dans l'œuvre de Flaubert, les foules ne sont pas si nombreuses, si l'on pense à ce moment du siècle comme étant celui de « l'homme des foules ». Même dans *L'Éducation sentimentale*, dans les moments « révolutionnaires », les rassemblements populaires sont en fait réduits et indistincts. *Madame Bovary, Un cœur simple, Bouvard et Pécuchet*, sont des univers intimistes, animés en des espaces restreints, des lieux clos – d'où l'on peut parfois rêver aux ailleurs – des espaces appropriés, sinon d'enfermement, scènes de retrait où seuls les objets et les désirs font prolifération, où les « curiosités » sont pléthore et font encombrement, que l'on songe à la chambre de Félicité ou au « Muséum » de Bouvard et de Pécuchet. Les moments sont nombreux de grande tension psychologique enfermée dans la pièce qui les contient, avec le dehors vibrant, comme chez Tchékhov ou Ibsen.

Les foules bigarrées, la prolifération d'êtres divers qui excèdent leur espace et leur temps, sont réservées aux œuvres « archéologiques », et aux univers vus à distance, distance historique, mythique, mythologique : *Salammbô, La Tentation de saint Antoine, Hérodias. La Légende de saint Julien* a, semble-t-il, une place intermédiaire, les « proliférations » d'animaux et d'exploits (dans les deux premières parties) occupant ce rôle. Ce sont les œuvres encombrées d'histoire, de guerres et de dieux. La pluralité des foules, la pluralité des mythes et la pluralité des dieux semblent consubstantielles.

Dans ces œuvres à foules, la fiction tente une étrange « résurrection » des mythes et des dieux, en des termes et surtout avec un effet très différent de la « résurrection » telle que conçue par le contemporain Michelet. Flaubert développe une exposition savante qui est massacre, en même temps qu'une approche sensible et critique rendue particulièrement subtile par l'art de la prose. Flaubert construit ainsi des propositions « poétiques » très complexes sur les liens des peuples avec leurs dieux, sur l'intensité et la précarité des figures mythiques et mythologiques, sur le symbolique inscrit dans la trame des peuples. Je propose de suivre ce travail à la fois érudit, critique et poétique dans le détail de quelques moments de *Salammbô*.

La pluralité des peuples

Il y avait là des hommes de toutes les nations, des Ligures, des Lusitaniens, des Baléares, des Nègres et des fugitifs de Rome. On entendait, à côté du lourd patois dorien, retentir les syllabes celtiques bruissantes comme des chars de bataille, et les terminaisons ioniennes se heurtaient aux consonnes du désert, âpres comme des cris de chacal. Le Grec se reconnaissait à sa taille mince, l'Égyptien à ses épaules remontées, le Cantabre à ses larges mollets. Des Cariens balançaient orgueilleusement les plumes de leur casque, des archers de Cappadoce s'étaient peint avec des jus d'herbes de larges fleurs sur le corps, et quelques Lydiens portant des robes de femmes dînaient en pantoufles et avec des boucles d'oreilles. D'autres, qui s'étaient par pompe barbouillés de vermillon, ressemblaient à des statues de corail.

Ils s'allongeaient sur les coussins, ils mangeaient accroupis autour de grands plateaux, ou bien, couchés sur le ventre, ils tiraient à eux les morceaux de viande, et se rassasiaient appuyés sur les coudes, dans la pose pacifique des lions lorsqu'ils dépècent leur proie. Les derniers venus, debout contre les arbres, regardaient les tables basses disparaissant à moitié sous des tapis d'écarlate, et attendaient leur tour.[1]

Ce qui est premier est la pluralité des peuples. Il s'agit ici de la foule des Barbares, lors du banquet qui leur est offert pour leur retour de la campagne de Sicile (une défaite), au début de *Salammbô*. L'œuvre s'attache à être le creuset d'une multitude de « civilisations » et de « mœurs ». Comme dans tous les chapitres de *Salammbô*, lorsqu'il y a énumération, d'armes, de lieux, de vêtements, de panoplies de guerre, de mets, Flaubert construit une géographie qui couvre l'espace antique, d'Orient en Occident et réciproquement. Dans le premier paragraphe de ce moment, en quatre phrases, sont déclinées les nations, les langues, les caractéristiques physiques, et les mœurs vestimentaires.

La première phrase, décline les peuples : « des Ligures », c'est le nord de l'Italie, « des Lusitaniens », c'est l'ouest de la péninsule ibérique, « des Baléares », c'est l'est de la péninsule ibérique et l'ouest de la Méditerranée, « des Nègres », c'est l'Afrique, et « des fugitifs de Rome » : le roman tout entier est conçu à distance de Rome, pour se situer dans cette Antiquité qui est anti-romaine.

La deuxième phrase dispose la carte des langues. Il est d'ailleurs frappant que l'inventaire des langues et de leurs caractéristiques occupe une telle place, pour dire la multiplicité. « On entendait » est remarquable : quel représentant des nations réunies en cet instant devient le contemporain de cette multitude, à l'écoute des sons, des phonèmes et des voix ? Flaubert fait de la matière sonore du langage la coexistence des multiples, comme l'espace des ententes et des mésententes. « Patois dorien » (le dorien est parlé dans une grande partie de la Méditerranée, depuis le sud du Péloponnèse jusqu'à la Crète, Chypre et certaines cités d'Asie Mineure), « syllabes celtiques » (les langues des peuples du nord et l'est de l'Europe), « terminaisons ioniennes » (l'ionien attique était devenu la langue véhiculaire du monde grec et du monde romain), « consonnes du désert »

---

[1] Flaubert, *Salammbô*, Paris, Le Livre de poche Classique, 2011, p. 45–46. Je reprends ici certains éléments des notes de cette édition.

(ce qui vient de l'Afrique ?) : la pluralité est déclinée en un espace géographique complet, Europe, partie orientale de la Méditerranée, et l'Afrique, conçue comme une frontière floue, avec les « consones du désert ».[2] L'énumération reprend le mouvement des migrations vers ce point de concentration du multiple.

La troisième phrase décline l'inventaire des corps en une sorte de silhouette composite, la taille, les épaules, les mollets, le Grec, l'Égyptien, le Cantabre, et dessine en même temps le triangle de la Méditerranée : Grèce, Égypte, péninsule ibérique. La quatrième phrase, avec les coutumes vestimentaires, et l'étrangeté qui leur est attachée (casques à plumes, peintures sur le corps, robes de femme avec pantoufles et boucles d'oreilles), couvre l'espace de l'Asie mineure : Cariens (région du sud-ouest d'Asie mineure), Cappadoce (à l'est de l'actuelle Turquie centrale), Lydiens (région occidentale d'Asie mineure, au nord de la Carie).

Ainsi le paragraphe compose-t-il, avec une variation très subtile en quatre traits, l'identité de la nation, la singularité des langues, la silhouette des corps, les mœurs vestimentaires, une sorte d'être complet, en une foule composite faite d'un pluriel. On notera que la cinquième phrase ouvre sur une sorte d'inconnu, lointain, énigmatique, comme une coda vers l'infini des possibles : « D'autres, qui s'étaient par pompe barbouillés de vermillon, ressemblaient à des statues de corail. » Les humains sans nom s'égalent eux-mêmes aux idoles, étranges et fascinantes, le vivant mimant sa transformation en matière inerte.[3]

Le paragraphe suivant résorbe cette multiplicité en l'homme animal, l'homme qui mange, dans le spectacle d'une foule qui se « rassasie », gestes et attitudes étant pris dans une paisible variation (s'allonger, être accroupi, être couché sur le ventre), y compris dans l'attente, au bord du festin, « debout contre les arbres ». La mention de « la pose pacifique des lions lorsqu'ils dépècent leur proie » a un grand avenir dans le roman, y compris dans son dénouement,[4] mais rattache également la scène à un certain « orientalisme » pictural, alors moderne.

C'est ainsi que dans la trame de la prose Flaubert pose très clairement cette géographie des multiples, et invente paragraphe par paragraphe ce qui constitue un patchwork condensé de l'*agôn* des peuples, des nations, des histoires. Et il

---

2 Flaubert construit un puzzle avec ces morceaux de langue, qui pourtant forment ensemble le paradigme de toute langue : syllabes, terminaisons, consonnes. Voir Jacques Neefs, « *Allegro Barbaro* », dans *Modern Languages Notes*, « Salammbô, 150 years », n°4 , 2013, p. 748–749 .
3 L'art de la bijouterie et la statuaire ont beaucoup utilisé le corail dans l'Antiquité, mais aussi à la fin du XIXe siècle.
4 « Alors un des lions se mit à marcher, découpant avec sa forme monstrueuse une ombre noire sur le fond du ciel pourpre ; – quand il fut tout près de l'homme, il le renversa, d'un seul coup de patte. / Puis étalé dessus à plat ventre, du bout de ses crocs, il étirait les entrailles. » (*Salammbô*, Paris, Le Livre de poche Classique, 2011, p. 418–419).

est remarquable qu'il s'attache très explicitement à ce qui est la matière sonore du langage, d'abord par référence à son propre souci de la langue en prose, mais aussi par le fait que la multiplicité des langues est une part de la coexistence des multiples, une part de cet être divers en commun que sont les humains. Quinet, dans *Le Génie des religions*, insiste sur le fait que les religions sont issues des migrations, et que les religions sont issues de la pluralité des langues. Il pose l'origine de l'État dans les religions, et précisément dans ces multiplicités originaires qui font que les peuples se parlent et transportent avec eux leurs dieux et leurs mots, leurs mots et leurs dieux. Flaubert rejoint là un trait fondamental de l'histoire des religions, que soulignait Quinet, considérant les « langues humaines » comme les monuments même des migrations[5].

Deux saluts

> « Salut d'abord à toi, Baal-Eschmoûn libérateur, que les gens de ma patrie appellent Esculape ! et à vous, Génies des fontaines, de la lumière et des bois ! et à vous, Dieux cachés sous les montagnes et dans les cavernes de la terre ! et à vous, hommes forts aux armures reluisantes, qui m'avez délivré ! »
> Il laissa tomber la coupe et conta son histoire. On le nommait Spendius. Les Carthaginois l'avaient pris à la bataille des Égineuses, et parlant grec, ligure et punique, il remercia encore une fois les Mercenaires ; il leur baisait les mains ; enfin, il les félicita du banquet, tout en s'étonnant de n'y pas apercevoir les coupes de la Légion sacrée.[6]

Spendius, que Flaubert fait intervenir très tôt dans la fiction – en tout cas plus tôt que dans l'histoire selon Polybe, et selon Michelet suivant Polybe –, vient d'être libéré des ergastules. Spendius est dans le roman celui qui ne croit à rien, il est le cynique ou l'agnostique du roman. Il y a là cependant un salut absolument emblématique : le salut par les dieux est la loi même de toute relation dans l'Anti-

---

[5] « Au milieu de tant d'empires dont les traces rapides s'effacent les unes par les autres, qui ne croirait que ces migrations sur la rosée du monde naissant n'ont point laissé de vestiges, ou qu'au moins la généalogie des races humaines est pour jamais perdue ! Loin de là, cette généalogie du genre humain a été retrouvée hier par une découverte qui ne permet point de doute. Des monuments plus sûrs que des colonnes milliaires marquent d'âge en âge, non seulement la filiation, la descendance, le degré de parenté des peuples, mais aussi leur itinéraire dans un temps où ils croyaient ne point laisser de témoins derrière eux. Ces monuments sont les langues humaines ; cette découverte est celle de l'affiliation des idiomes de l'Orient avec ceux de l'Occident. » Edgar Quinet, *Le Génie des religions*, *Œuvres complètes*, Genève Paris, Slatkine Reprints, 1989, t. I, p. 31-32, reproduction de l'édition de 1857.
[6] *Salammbô*, Paris, Le Livre de poche Classique, 2011, p. 51

quité. « Salut d'abord à toi, Baal-Eschmoûn libérateur, que les gens de ma patrie appellent Esculape ! » La relation est fondamentale, puisque Spendius dit là : « Votre dieu – ou plutôt le dieu d'ici – est aussi le dieu de mon pays, mais sous un autre nom. » Deux noms, un dieu, ou plutôt deux occurrences linguistiques comparables. Jan Assmann, à partir de l'égyptologie, a montré qu'il y a eu, depuis la plus haute antiquité, la tradition de « traduire les dieux », d'interpréter les dieux, au sens linguistique, depuis les glossaires sumériens, pour des raisons de traités, d'échanges négociés, de lois partagées, de « commerce », à tous les sens du mot, entre les groupes.[7] Il y a une pratique très ancienne de la « traductibilité » des dieux par leurs noms, et cela est au cœur même de l'histoire des religions. Flaubert en fait ici une sorte d'acte, et de présentation de soi. Dans une phrase de pure convention, il fait de cette présentation une monnaie d'échange, de vous à moi.

Et il est frappant que Flaubert-Spendius aussitôt « remonte », si l'on peut dire, à des « figures » très générales du paganisme, « [...] génies des fontaines, de la lumière et des bois », version naturaliste des religions, croyances en ce qui vient des choses, du monde, des forces de la nature ; puis il passe à des allusions, rendues énigmatiques, à des dieux de Carthage pris sous leur figure mythique « naturelle », version chtonienne de l'origine des religions : « [...] et à vous, Dieux cachés sous les montagnes et dans les cavernes de la terre ! »[8] L'horizon des croyances est ainsi parfaitement couvert, en ces quelques phrases de « salut » aux dieux. Flaubert-Spendius couvre le champ de ce que l'on pouvait alors concevoir comme les origines des religions, dans un discours de conciliation rhétorique et de séduction diplomatique. Et pour finir, l'adresse se tourne vers ce qui précisément est la vraie force : « [...] et à vous hommes forts aux armures reluisantes, qui m'avez délivré ! ». Les dieux sont comme effacés par « les armures reluisantes » de l'action, et par la force des « hommes forts ». Le discours est ainsi d'une subtile complexité pragmatique, traitant des références religieuses comme d'une rhétorique.

---

7 Voir Jan Assmann, *Moïse l'Égyptien*, Paris, Aubier, 2001, et *Le Prix du monothéisme*, Paris, Aubier, 2007. Voir également Paul Veyne sur la « diplomatie » des échanges entre mythologies voisines, *Les Grecs ont-ils cru à leurs mythes*, Paris, Le Seuil, 1992. Voir Claude Mouchard et Jacques Neefs, « Flaubert et l'histoire des religions, *La Tentation de saint Antoine* », dans *Flaubert et les pouvoirs du mythe*, Paris, Éditions des Archives Contemporaines, 2014. C'est ce que dit aussi ce passage de *La Tentation de saint Antoine* : « L'Empereur avait cédé aux Nomades un grand pays à condition qu'ils garderaient les frontières ; et le traité fut conclu au nom des "Puissances invisibles". Car les Dieux de chaque peuple étaient ignorés de l'autre peuple. » *La Tentation de saint Antoine*, éd. de Claudine Gothot-Mersch, Gallimard « Folio », 1983, p. 160.
8 Yvan Leclerc et Gisèle Séginger relèvent ici une « allusion aux Cabires », dans leur édition de *Salammbô*, tome III des *Œuvres complètes*, Paris, Gallimard, Bibliothèque de la Pléiade, 2013, note 25 de la page 577, p. 1254.

Flaubert inscrit en outre ce geste dans une topographie de Carthage, qui contient le panthéon essentiel de la cité. La topographie religieuse de Carthage est en effet posée dans ce premier chapitre. Le « temple d'Eschmoun » a été indirectement évoqué, comme à distance[9], et il sera très vite fait mention du dieu Khamon, en une notation étonnement « réaliste », ou plutôt visuelle et scénographique : « Au loin, quelques fanaux glissaient sur le port, et il y avait des lumières dans le temple de Khamon. ».[10] Et « le temple de Tanit » sera évoqué lui aussi indirectement, comme celui d'Eschmoun, par les prêtres qui en viennent en « deux longues théories d'hommes pâles, vêtus de robes blanches à franges rouges qui tombaient droit sur leurs pieds. » : « C'était les prêtres eunuques du temple de Tanit, que Salammbô appelait souvent en sa maison. »[11] Flaubert inscrit ainsi les trois références religieuses principales de Carthage comme attachées à des lieux, des temples, des noms. La religion, les dieux, sont tout d'abord des adresses, des sites, des monuments inscrits dans le plan de la ville.

Le deuxième « salut » que je mets en relation avec celui de Spendius est d'un tout autre ordre. Il s'agit du salut de Salammbô à la déesse dont elle est la servante privilégiée. Nous sommes cette fois dans l'ordre non plus de la manipulation rhétorique et « diplomatique » du discours « religieux », mais bien dans l'ordre du rituel et de la croyance, dans l'ordre de la piété :

> O Rabbetna !... Baalet !... Tanit[12] ! » et sa voix se traînait d'une façon plaintive, comme pour appeler quelqu'un. « Anaïtis ! Astarté ! Derceto ! Astoreth[13] ! Mylitta ! Athara ! Élissa ! Tiratha !... Par les symboles cachés, – par les cistres résonnants, – par les sillons de la terre, – par l'éternel silence et par l'éternelle fécondité, – dominatrice de la mer ténébreuse et des plages azurées, ô Reine des choses humides, salut ! »

---

9 « [...] les convalescents qui couchaient dans le temple d'Eschmoun, se mettant en marche dès l'aurore, s'y [le palais d'Hamilcar] étaient traînés sur leurs béquilles. » *Salammbô*, Paris, Le Livre de poche Classique, 2011, p. 45.
10 *Salammbô*, Paris, Le Livre de poche Classique, 2011, p. 53. Quelle capacité d'imagination est-elle susceptible de « voir » ces « lumières dans le temple de Khamon » ? Le détail est comme hallucinatoire.
11 *Salammbô*, Paris, Le Livre de poche Classique, 2011, p. 56.
12 L'invocation est une redite : Rabbetna est l'équivalent de « Notre Dame », « Baalet » de « Maîtresse ».
13 Ou *Astaroth* : « La nuit, la lune, Astaroth, était encore adorée des Phéniciens. C'était la mère du monde, et comme Isis et Cybèle, elle l'emportait sur tous les dieux. La prépondérance du principe femelle dans ces religions sensuelles se retrouvait à Carthage, où une déesse présidait aux conseils. » écrit Michelet, *Histoire romaine*, II, 3, éd. de Paule Petitier, Paris, Les Belles Lettres, collection « Eux et Eux », 2003, p. 206.

> Elle se balança tout le corps deux ou trois fois, puis se jeta le front dans la poussière, les bras allongés.
> Son esclave la releva lestement, car il fallait, d'après les rites, que quelqu'un vînt arracher le suppliant à sa prosternation : c'était lui dire que les Dieux l'agréaient, et la nourrice de Salammbô ne manquait jamais à ce devoir de piété.[14]

« Et sa voix », « comme pour appeler quelqu'un », la phrase est à la fois naïve et fondamentale : qu'en est-il en effet de l'appel aux dieux, du salut aux dieux ? C'est la solitude et la faiblesse humaines qui sont en ce lieu. La litanie est verbe, mais on peut la lire comme une simple profération de « mots », qui pourtant sont des noms de divinités, ou singulièrement, précisément, les noms d'une divinité. Les sons des noms sont eux-mêmes matière pour la voix, comme une profération du multiple. Il faut imaginer la diction de cette série comme une articulation de phonèmes, comme l'articulation de sons proches, dans une séquence qui devient un exercice de diction : il faut articuler les noms de la déesse, s'en emplir la voix, comme dans un exercice de théâtralisation (où les dentales dominent étrangement, scandant la répétition continue du son voyelle [a], ou [ɑ]). Ce qui certainement fut fait lors de la rédaction, on l'imagine bien, à l'épreuve du « gueuloir ». Il y a une mimique de langue étrangère dans cette série de noms ainsi rapprochés en une même scansion. On avait, dans le « salut » de Spendius un dieu pour deux noms, nous avons ici, déclinés en série, neuf noms pour une déesse. La déclinaison de ces noms dit ainsi une sorte d'encyclopédie des comparables, en associant des divinités « analogues », que l'on rapporta à Vénus ou à Aphrodite, tant dans l'Antiquité qu'au XIXe siècle. Anaïtis était honorée chez les Lybiens, Astarté chez les Phéniciens, Derceto chez les Syriens, Astoreth chez les Phéniciens également, Mylitta chez les Assyriens, Tiratha est l'un des noms de la grande déesse de Syrie. Elissa, elle, appartient à la légende de la fondation de Carthage, puisqu'il s'agit de Didon elle-même : la panoplie des dieux se résout ainsi dans l'histoire « mythique ».[15]

---

14 *Salammbô*, Paris, Le Livre de poche Classique, 2011, p. 99.
15 Sur les sources érudites utilisées par Flaubert, voir *Salammbô*, Paris, Le Livre de poche Classique, 2011, p. 99, note 3. Dupuis, dans son *Origine de tous les cultes ou la Religion universelle*, au « Traité des Mystères », p. 342, fait de telles références « comparatistes » : « [...] la Déesse Vénus, adorée en ce lieu [Byblos, sur la côte de Phénicie] sous le nom d'Astarté, coiffée d'une tête de taureau ; sous celui de Salambo, chez les Babyloniens ; sous celui de Mylitta, chez les Assyriens ; d'Alilath chez les Arabes ; d'Aphrodite, chez les Grecs ; d'Anaitis et de Mithra, chez les Perses. ». Flaubert trouvait cela également chez Creuzer, *Les Religions de l'Humanité*, trad. de J.D. Quinault, qui donne la liste des noms de Tanit, t. II, p. 953–954. Voir également Livre I, « Les Religions de l'Inde », ch. 2, p. 164, note : « Est-il besoin d'indiquer les analogies nombreuses qui s'offrent à l'esprit et qu'on retrouvera dans la suite ? et l'Astarté phénicienne, et la Cybèle de

La suite se porte vers une sorte de religion élémentaire, par l'évocation des figures « naturelles » qui disent également la déesse, répandue dans l'univers, et dans l'universalité possible d'un rapport métaphorique au religieux, « par les symboles cachés ». L'univers sensible naturel est convoqué, « par les cistres résonnants », « par les sillons de la terre », « par l'éternel silence et par l'éternelle fécondité », du son vibrant au silence, du labour à la récolte ; il est saisi dans son infinie mobilité et son renouvellement : « dominatrice de la mer ténébreuse et des plages azurées », avec quelque connotation érotique : « ô Reine des choses humides, salut ! » Nous sommes dans cette zone métaphorique du religieux comme appartenance à l'élémentaire du monde – et cela avec une sorte de sourde ironie, qui consiste à amplifier en figures la relation sensuelle au monde. La prose se fait puissance de captation et de réduction de la parabole des divinités, fondues en un attrait sensoriel, et sensuel.

La mimique corporelle qui suit dit la réduction de soi devant le religieux, par le corps : « Elle se balança tout le corps, puis se jeta le front dans la poussière, les bras allongés. » Il s'agit bien de « tout » le corps, Flaubert projette ainsi, par la simple insistance de ce mot « tout », le geste d'une soumission absolue comme une sorte de loi de la religion elle-même. Il est intéressant également que le texte relève qu'il faille s'en remettre à un autre humain, témoin proche, fidèle, pour dire l'approbation des dieux : « c'était lui dire que les dieux l'agréaient, et la nourrice de Salammbô ne manquait jamais à ce devoir de piété. » Flaubert crée ce petit scénario comme une mimique à la fois pleine, intense (la scénographie est radicale, surtout si l'on songe au caractère opératique de la fiction), et comme un arrangement rituel, qui dit également le grand silence des dieux pourtant interpellés dans la pluralité de leurs désignations.

Une généalogie figurale, et chantée

Les récits mythiques de fondation sont, dans *Salammbô*, le pendant des adresses aux dieux. Il est significatif que Flaubert prenne soin d'associer toujours les récits

---

Phrygie, et la Diane d'Éphèse, Mylitta, Ilithye, Bouto, Athyr, la grande Vénus, etc. », ou encore Livre VI, ch. 5, p. 651 : « Déjà ont passé sous nos yeux la Mylitta d'Assyrie, la Mitra des Perses, l'Alilat des Arabes, l'Astarté de Phénicie, représentée chez les Grecs par leur Aphrodite-Uranie ou Vénus-Céleste. » Élissa appartient, elle, à la légende de la fondation de Carthage, en 814 av. J.C. Comme le relèvent Yvan Leclerc et Gisèle Séginger dans leur édition de la Bibliothèque de la Pléiade, Flaubert, *Œuvres complètes*, Gallimard, 2013, t. III, p. 1263, note 9 de la p. 608, une note de Flaubert dans le dossier « Sources et Méthodes » indique : « La prière de Salammbô, ch. III est l'imitation de la tournure de la prière de Psyché à Cérès. Apulée, *Métamorph[oses]*, liv. VI ».

qui disent l'origine à la référence aux dieux. Dans *La Tentation de saint Antoine*, de 1849 (dans une moindre mesure dans la version de 1856), les dieux proféraient déjà leur propre généalogie comme ce qui constituerait leur être. Et cela sera intensifié et comme concentré dans *La Tentation de saint Antoine* de 1874. Les dieux ainsi mis en paroles et en évocations sont à la fois des figures et des récits, avec un très grand rendement imaginaire et métaphorique :

> Alors elle se mit à chanter les aventures de Melkarth, dieu des Sidoniens et père de sa famille.
> Elle disait l'ascension des montagnes d'Ersiphonie, le voyage à Tartessus, et la guerre contre Masisabal pour venger la reine des serpents :
> "Il poursuivait dans la forêt le monstre femelle dont la queue ondulait sur les feuilles mortes comme un ruisseau d'argent ; et il arriva dans une prairie où des femmes, à croupe de dragon, se tenaient autour d'un grand feu, dressées sur la pointe de leur queue. La lune, couleur de sang, resplendissait dans un cercle pâle, et leurs langues écarlates, fendues comme des harpons de pêcheurs, s'allongeaient en se recourbant jusqu'au bord de la flamme."
> Puis Salammbô, sans s'arrêter, raconta comment Melkarth, après avoir vaincu Masisabal, mit à la proue du navire sa tête coupée. – "À chaque battement des flots, elle s'enfonçait sous l'écume ; le soleil l'embaumait : elle se fit plus dure que l'or ; les yeux ne cessaient point de pleurer, et les larmes, continuellement, tombaient dans l'eau."
> Elle chantait tout cela dans un vieil idiome chananéen que n'entendaient pas les Barbares. Ils se demandaient ce qu'elle pouvait leur dire avec les gestes effrayants dont elle accompagnait son discours ; – et montés autour d'elle sur les tables, sur les lits, dans les rameaux des sycomores, la bouche ouverte et allongeant la tête, ils tâchaient de saisir ces vagues histoires qui se balançaient devant leur imagination, à travers l'obscurité des théogonies, comme des fantômes dans des nuages.[16]

La présentation de la généalogie familiale, divine, est remarquablement synthétique et, pourrait-on dire, *arrangée* par Flaubert. On trouve dans Creuzer : « Hercule est le même que Baal Kahmon [...] lequel est identique au Baal Moloch et au Melkhart de Tyr. Ce dernier nom se retrouve chez les Carthaginois dans celui d'Amilcar. Athénagore nous dit positivement qu'Amilcar était un dieu phénicien. »[17] « Hamilcar » signifie en effet « serviteur de Melkhart ». Flaubert, s'appuie cependant sur une dissimilation entre ces dieux que Creuzer posait comme identiques : d'une part Melkhar, dieu protecteur, associé au Soleil[18] et d'autre part Moloch, dieu solaire également, mais destructeur, l'un et l'autre considérés comme deux émanations de Baal Khamon. On voit que Flaubert adopte avec la

---

16 *Salammbô*, Paris, Le Livre de poche Classique, 2011, p. 59–60.
17 Creuzer, *Les Religions de l'Antiquité*, traduction de J.D. Quinault, t. II, 3, Notes et éclaircissements sur le tome II, d'Alfred Maury, p. 1040.
18 « C'était le dieu des Colonies » note Flaubert (BNF, N.a.f., 23658, f° 105).

formule « père de sa famille » une généalogie proche, familiale, en même temps qu'une opposition narrative intéressante, qui fera du sacrifice à Moloch un événement crucial, et donnera un sens plus marqué encore à la substitution d'enfant qu'Hamilcar organisera, dérobant son propre fils au sacrifice, au chapitre XIII du livre, « Moloch ». La tragique généalogie divine est détournée, l'avenir est préservé avec l'enfant Hannibal, comme si Flaubert sauvegardait la possibilité de l'histoire « réelle ».

La fantastique histoire d'origine est distribuée à l'indirect puis en citations « directes », dans une alternance particulièrement calibrée : « Elle disait l'ascension des montagnes d'Ersiphonie, le voyage à Tartessus, et la guerre contre Masisabal pour venger la reine des serpents. »[19] « Elle disait » est une formule notable, qui retient la puissance du « dire ». Le récit rituel est performatif : cela « est », parce que dit et répété ou plutôt récité. Ce que développe la longue parabole qui suit, au style direct, est comme traduite en fable narrative. La présentation que construit Flaubert est, à chaque instant, un parti pris sur le lien entre la parole, la conviction, et l'adhésion. La grande généalogie mythique doit donc être à la fois dite et entendue. Flaubert construit l'espace d'une séduction complexe, qui dit la forme de l'adhésion devant les grands récits. « Elle *disait* » ; « Puis Salammbô, sans s'arrêter, *raconta*... » ; « Elle *chantait* tout cela. » : Flaubert fait entrer progressivement l'événement d'une puissance rituelle esthétique, le chant dispensant de la compréhension verbale elle-même : « ...dans un vieil idiome chananéen que n'entendaient pas les Barbares. »[20] L'attrait religieux est présenté

---

[19] Flaubert fait ici un montage particulièrement original : voir *Salammbô*, Paris, Le Livre de poche Classique, 2011, p. 59–60, note 3 : « Flaubert attribue à Melkart un "voyage" qui appartient à une autre tradition mythique phénicienne, rapportée dans un « Pseudo-Sanchoniathon » (*Analyse des neuf livres de la chronique de Sanchoniathon,* avec des notes par M. Wagenfeld, et précédé d'un avant-propos par M. G. Grotefend, trad. Ph. Lebas, Paris, Paulin, 1836), celle de Mélicerte : "La reine [des serpents] lui [Mélicerte] apprend qu'elle a été chassée de ses États par Masisabal, qui la retient en ces lieux par ses enchantements. Mais ajoute-t-elle, je t'ai choisi pour me venger [...] tu le rencontreras à Tartessus [Cadix], aux bornes du monde, et, quand tu l'auras abattu sous tes coups, tu trouveras pour ta récompense d'immenses richesses dans sa demeure." (Livre II, p. 132) (légende citée par Creuzer, voir Hamilton, *Sources of the Religious Element in Flaubert's* Salammbô, Elliott Monographs, n° 4, Baltimore, The Johns Hopkins Press, Paris, Librairie Champion, 1917). » Voir également le commentaire que fait Agnès Bouvier de la référence au « Pseudo-Sanchoniathon » à propos de la « Genèse » racontée à Salammbô par Shahabarim, dans le chapitre III (Le Livre de poche Classique, p. 106), dans « La "Genèse" de *Salammbô* », *Genesis* n° 31, Paris, PUPS, 2010.

[20] Voir Agnès Bouvier, « Le Græculus et la Chananéenne : *Salammbô*, le roman des traductions » dans *Flaubert Revue critique et génétique* n° 6, 2011, (http://flaubert.revues.org/1630#bodyftn47). Agnès Bouvier indique que Flaubert n'a eu l'idée de la langue que ne comprennent pas les au-

comme une séduction spectaculaire, la présentation d'un jeu, au sens musical et théâtral. Construire ainsi la scène globale d'une mimique rituelle et de la fascination qu'elle crée est pour Flaubert le moyen de dessiner l'espace de rêve et d'étrangeté que portent avec eux de tels récits archaïques : « ... ces vagues histoires qui se balançaient devant leur imagination, à travers l'obscurité des théogonies, comme des fantômes dans des nuages. » C'est précisément ce que la prose de Flaubert tente d'atteindre et de produire, conquérir l'attrait étrange de ce qui est devenu littéralement incompréhensible et pourtant encore fascinant, comme par le fait d'une mémoire lointaine.

Et il est frappant que la scène-épisode « sacrée », en langage secret, s'achève par contraste en une théâtralité tout à fait profane en langues multiples :

> Salammbô n'en était plus au rythme sacré. Elle employait simultanément tous les idiomes des Barbares, délicatesse de femme pour attendrir leur colère. Aux Grecs elle parlait grec, puis elle se tourna vers les Ligures, vers les Campaniens, vers les Nègres ; et chacun en l'écoutant retrouvait dans cette voix la douceur de sa patrie. Emportée par les souvenirs de Carthage, elle chantait maintenant les anciennes batailles contre Rome ; ils applaudissaient. Elle s'enflammait à la lueur des épées nues ; elle criait, les bras ouverts. Sa lyre tomba, elle se tut ; – et, pressant son cœur à deux mains, elle resta quelques minutes les paupières closes à savourer l'agitation de tous ces hommes.[21]

La gestuelle va vers l'opéra, et s'achève sur la jouissance d'actrice que se donne le personnage devant son public. Le texte des mythes s'épanouit en virtuosité spectaculaire.

L'aporie du multiple

Salammbô met ainsi en scène l'esprit et la gestuelle théâtralisée d'une sorte d'incorporation du religieux. C'est aussi ce que Flaubert interrogera et développera d'une manière tendrement ironique dans *Un cœur simple* et selon une esthétique de la fable dans *La légende de saint Julien l'Hospitalier*. Mais le roman, et la pensée qu'il développe des postures religieuses, impliquent également la subjectiva-

---

diteurs que dans un deuxième temps, par une note au crayon en marge du folio NAF 23 658, f° 96 : « Et elle disait tout cela dans la langue sacrée que ne comprenaient pas les barbares. Ils se demandaient quelle chose terrible elle pouvait leur dire avec cette pantomime effrayante » ; ce qu'elle commente ainsi : « Brusquement le sens est dispersé, les langues se séparent : Flaubert renouvelle le geste de la confusion des langues et fait tomber sur le roman la malédiction de Babel. »
21 *Salammbô*, Paris, Le Livre de poche Classique, 2011, p. 62.

tion des « conceptions » religieuses. C'est ce que Flaubert prête à Salammbô en de rares moments :

> Elle ignorait les simulacres obscènes, car chaque dieu se manifestant par des formes différentes, des cultes souvent contradictoires témoignaient à la fois du même principe, et Salammbô adorait la Déesse en sa figuration sidérale. Une influence était descendue de la lune sur la vierge ; quand l'astre allait en diminuant, Salammbô s'affaiblissait. Languissante toute la journée, elle se ranimait le soir. Pendant une éclipse, elle avait manqué mourir.
> Mais la Rabbet jalouse se vengeait de cette virginité soustraite à ses sacrifices, et elle tourmentait Salammbô d'obsessions d'autant plus fortes qu'elles étaient vagues, épandues dans cette croyance et avivées par elle.[22]

Il y a comme un commentaire théorique dans une telle formulation de la fiction narrative. Qu'est-ce que penser dans l'ordre des religions et face à leur multiplicité intrinsèque ? C'est ce que souligne l'indication « chaque dieu se manifestant par des formes différentes », et ce que redouble la formule « des cultes souvent contradictoires témoignaient à la fois du même principe ». Le rapport au trouble de la multiplicité des formes, et donc des cultes, implique un choix, une décision : « et Salammbô adorait la Déesse en sa figuration sidérale. » Multiplicité des formes et des cultes implique le choix d'une « figuration » parmi les possibles. Flaubert développe ici un trouble qui va vers ce que sera le rapport de Bouvard et de Pécuchet à la pluralité des théories et des idées : comment s'arrêter à une figuration, ou à une théorie, plus qu'à une autre ? Il y a une aporie fondamentale qui tient à la multiplicité des versions, des figures, des interprétations, quand il s'agit des variantes d'un même dieu, ou du même principe (ici ontologique et mythique), comme il y a une aporie fondamentale qui ressort de la multiplicité des hypothèses, des théories et interprétations dans le domaine des savoirs. Dans *Salammbô*, avec le personnage de Salammbô, Flaubert présente le choix d'une version ou d'une figure littéralement incorporé : « Une influence était descendue de la lune sur la vierge », jusqu'au signe – ou symptôme – fabuleux et ironique : « Pendant une éclipse, elle avait manqué mourir. »[23] Dans cette capacité à « être » les croyances, Flaubert fait passer une extrême fragilité, mais aussi une sorte de bêtise par adoption mimétique, par absorption, avec une sorte d'ironie muette.

---

22 *Salammbô*, Paris, Le Livre de poche Classique, 2011, p. 103–104.
23 Jules Laforgue développera une sorte de culte à « la petite Salammbô, prêtresse de Tanit », dans ses rêveries lunaires : « Lune bénie / Des insomnies,/ [...]// Astre fossile, / Que tout exile, // Jaloux tombeau / De Salammbô, // Embarcadère / Des grands Mystères », « Litanies des premiers quartiers de la lune », dans *L'Imitation de Notre-Dame la Lune*, *Œuvres complètes*, Paris, L'Âge d'homme, 1986, t. II, p. 74.

Flaubert décrit ainsi ce que l'on peut concevoir comme une forme intime de la croyance aux dieux et aux mythes, croyance en leur pouvoir qui devient influence absolue de leur « puissance » figurale. C'est ce que compose très efficacement la tournure logique du paragraphe suivant : « la Rabbet jalouse » y est posée comme sujet actif d'un tourment et « d'obsessions » dont le motif et le lieu sont précisément la croyance en celle-ci : « obsessions, d'autant plus fortes qu'elles étaient vagues, épandues dans cette croyance. » La syntaxe fait miroir : la déesse (n') a (que) la puissance de la croyance qu'on lui porte. Ce sera la leçon multiplement répétée et intensifiée par le jeu de la mise en scène de *La Tentation de saint Antoine* de 1874.

Flaubert produit en récit la difficulté qu'il y a à imaginer ce que pouvait être, dans l'Antiquité, l'adoption de la croyance aux dieux, dans l'entrelacs de leur multiplicité et de leurs ressemblances[24]. Cela est placé sous le signe général d'une représentation de l'intensité des croyances, de leur relative disponibilité, comme d'un monde d'émerveillement. De fait, le roman décline des formules différentes, tout à fait concurrentes, de la croyance au sein de cet univers de la multiplicité des formules possibles. On peut en particulier mesurer comment s'oppose à la croyance de Salammbô absorbée par les figures et les « influences », la conception des dieux, plus abstraite et théorique, que Flaubert prête à Hamilcar : « Il s'efforçait à bannir de sa pensée toutes les formes, tous les symboles et les appellations des Dieux, afin de mieux saisir l'esprit immuable que les apparences dérobaient. Quelque chose des vitalités planétaires le pénétrait, tandis qu'il sentait pour la mort et pour tous les hasards un dédain plus savant et plus intime. »[25]

Mais ce que Flaubert fait régner est bien toujours une possibilité d'accueil, d'absorption dans ce que l'on croit, que le texte regarde avec une certaine distance en les jouant dans la prose elle-même. Flaubert crée un espace de « pensée » comparable à ce que Renan suppose être la disponibilité imaginative de l'Antiquité : « À l'époque de Jésus, le ciel n'était pas fermé, ni la terre refroidie. La nue s'ouvrait encore sur le fils de l'homme ; les anges montaient et descendaient sur sa tête ; les visions du royaume de Dieu étaient partout ; car l'homme les portait en son cœur. »[26] C'est bien ce que miment ces moments de prose où Flaubert actualise d'une manière presque réaliste les récits mythiques, en les concentrant :

---

[24] De manière très intéressante Renan voyait la cause de cette difficulté dans le monothéisme lui-même : « Le monothéisme enlève toute aptitude à comprendre les religions païennes ; le musulman jeté dans les pays polythéistes semble n'avoir pas d'yeux. Jésus sans contredit n'apprit rien dans ces voyages. » *Vie de Jésus*, Paris, Michel Lévy, 1863, ch. VIII, p. 147.
[25] *Salammbô*, Paris, Le Livre de poche Classique, 2011, p. 181.
[26] Ernest Renan, *Vie de Jésus*, Paris, Michel Lévy, 1863, ch. X, p. 165.

> Puis la Matière se condensa. Elle devint un œuf. Il se rompit. Une moitié forma la terre, l'autre le firmament. Le soleil, la lune, les vents, les nuages parurent ; et, au fracas de la foudre, les animaux intelligents s'éveillèrent. Alors Eschmoûn se déroula dans la sphère étoilée ; Khamon rayonna dans le soleil ; Melkarth, avec ses bras, le poussa derrière Gadès ; les Kabyrim descendirent sous les volcans, et Rabbetna, telle qu'une nourrice, se pencha sur le monde, versant sa lumière comme un lait et sa nuit comme un manteau.[27]

On voit comment Flaubert cherche à se rapporter « simplement » dans la prose à cette figuration où les « Kabyrim » descendent sous les volcans et où « Rabbetna » se penche sur le monde, « telle qu'une nourrice ». Il y a une étrangeté profonde à cette narrativisation réduite, concentrée, comme factuelle, et proche, construite de manière très précise sur des éléments primordiaux : le soleil, la lune, la terre, pour s'achever dans une enveloppement qui capte la multiplicité : « versant sa lumière comme un lait et sa nuit comme un manteau ».[28] Une tonalité indécidable gagne la prose, la « simplicité » des comparaisons s'approche d'une tonalité « biblique », mais avec une sorte de mélancolie qui tient à l'impossibilité moderne d'adhérer pleinement à une telle figuration.

La prose si intimement « documentée » va ainsi vers une poéticité figurale – qui contraste assurément avec les foules en batailles et avec les massacres – capable de mimer la captation de la croyance, de redoubler dans l'actualité de la diction narrative – et de la lecture – la puissance de rêverie et de séduction qui serait celle – telle que l'on peut se la représenter – d'un univers de croyance antique. Il y a un plaisir proprement poétique à répondre au foisonnement du multiple, à l'invasion des figures concurrentes par des formules métaphoriques, dans la puissance du « comme ». L'aporie de la multiplicité des figures, des versions, de la confusion qui ressort de la nécessité de « traduire » les dieux et les mythes, est transformée en une puissance d'imagerie que la prose se charge d'unifier en séquences visuelles et sonores. La figure centrale du manteau de la déesse représente bien en ce sens cette puissance d'attrait, de division et d'assemblement, simultanément, du multiple, que la prose opère, équivalent verbal de l'impossible vision de la puissance divine.

---

[27] *Salammbô*, Paris, Le Livre de poche Classique, 2011, p. 106. Sur la postulation d'une sorte de genèse « matérialiste », voir Agnès Bouvier, « La " Genèse " de *Salammbô* », *Genesis* n° 31, Paris, PUPS, 2010.
[28] La mention « comme un manteau » est assurément surdéterminée et surdéterminante, dans la mesure où la fable est métaphoriquement organisée autour du « manteau de la déesse », jusqu'à la clausule énigmatique du roman : « Ainsi mourut la fille d'Hamilcar pour avoir touché au manteau de Tanit ».

> Au-delà on aurait dit un nuage où étincelaient des étoiles ; des figures apparaissaient dans les profondeurs de ses plis : Eschmoûn avec les Kabires, quelques-uns des monstres déjà vus, les bêtes sacrées des Babyloniens, puis d'autres, qu'ils ne connaissaient pas. Cela passait comme un manteau sous le visage de l'idole, et, remontant étalé sur le mur, s'accrochait par les angles, tout à la fois bleuâtre comme la nuit, jaune comme l'aurore, pourpre comme le soleil, nombreux, diaphane, étincelant, léger. C'était le manteau de la Déesse, le zaïmph saint que l'on ne pouvait voir.[29]

Une pluralité indéterminée réside dans l'indistinction du voile : « Des figures apparaissaient dans la profondeur de ses plis ». Le personnel mythique de Carthage est présent, presque familier : « Eschmoûn avec les Kabires, quelques-uns des monstres déjà vus [par qui ? les personnages, les lecteurs ?], les bêtes sacrées des Babyloniens [sont-elles vraiment connues ?] ». Et cela est porté dans l'ombre de l'inconnu : « puis d'autres, qu'ils ne connaissaient pas. » La chose fascinante est elle-même indéterminée : « *Cela* passait comme un manteau sous le visage de l'idole »[30], et n'est précisément pas identifiable à l'idole, mais en est comme l'aura flottante, tendue dans l'espace selon un dispositif de décor : « et, remontant étalé sur le mur, s'accrochait par les angles ».

Enfin, la résolution prosodique de cette « apparition » du manteau de la déesse égale celui-ci à l'univers : « ... tout à la fois bleuâtre comme la nuit, jaune comme l'aurore, pourpre comme le soleil, nombreux, diaphane, étincelant, léger. ».[31] La phrase (à dire, à écouter, à prononcer) rythme le monde par le « comme », la nuit, l'aurore, le soleil à leur naissance, en simples couleurs. La phrase semble se détacher du roman lui-même, de la fiction, pour rejoindre une poéticité qui lui est propre, dans son rythme qui va vers la réduction, ainsi qu'avec l'usage ici singulier de « nombreux », comme ce qui contient à la fois le « nombre » et « l'ombre », auquel répondent la lumière retenue dans « diaphane », et l'éclatant de « étincelant » (le paragraphe avait posé en initial le terme avec les « étoiles »), et se posant enfin dans le suspens de « léger », à la limite du sensible, et du saisissable. La prose se présente comme le triomphe des éléments devenus métaphores, elle semble capter sa force, et son autonomie, du passé des religions, pour produire non du religieux, mais une étrange beauté moderne, élémentaire, rêveuse et mélancolique à la fois, interrogative.

---

29 *Salammbô*, Paris, Le Livre de poche Classique, 2011, p. 140.
30 C'est moi qui souligne.
31 La formule retourne la conception souvent posée au dix-neuvième siècle, depuis Charles-François Dupuis, des mythes comme ayant leur source dans une représentation des éléments naturels. Ici ce sont les éléments les plus fondamentaux, la nuit, l'aurore, le soleil, qui permettent de décliner l'objet mythique.

On pourrait en entendre un écho moderne chez Raymond Queneau, lui-même passionné de la Gnose, dans le grand poème « L'Explication des métaphores » :

> Loin du temps, de l'espace, un homme est égaré,
> Mince comme un cheveu, ample comme l'aurore,
> Les naseaux écumants, les deux yeux révulsés,
> Et les mains en avant pour tâter le décor
>
> – d'ailleurs inexistant. [...]
>
> [...]
>
> Si je parle des dieux, c'est qu'ils couvrent la mer
> De leur poids infini, et leur vol immortel,
> Si je parle des dieux, c'est qu'ils hantent les airs,
> Si je parle des dieux, c'est qu'ils sont perpétuels,
>
> Si je parle des dieux, c'est qu'ils vivent sous terre,
> Insufflant dans le sol leur haleine vivace,
> Si je parle des dieux, c'est qu'ils couvent le fer,
> Amassent le charbon, distillent le cinabre.
>
> [...]
>
> Mais ni dieu ni démon l'homme s'est égaré,
> Mince comme un cheveu, ample comme l'aurore,
> Les naseaux écumants, les deux yeux révulsés,
> Et les mains en avant pour tâter un décor
>
> – D'ailleurs inexistant. [...][32]

Mettre les dieux dans le cours d'une épopée barbare en prose, dans une sorte inédite d'opéra verbal et fantastique ne ressemblant à aucune forme esthétique de son temps, comme Flaubert le fait avec *Salammbô*, était bien confier à la force de la littérature une interrogation profonde sur l'absence dont la prolifération des dieux et des mythes témoigne.

---

32 Raymond Queneau, « L'Explication des métaphores », dans *Œuvres complètes*, Paris, Gallimard, Bibliothèque de la Pléiade, 1989, t. I, p. 65.

Gesine Hindemith
L'iconicité : une stratégie textuelle dans *L'Éducation sentimentale*

L'Éducation sentimentale est un roman sur l'image et sa puissance. De Pierre Bourdieu à Michael Wetherill, les chercheurs n'ont pas manqué de souligner l'importance qu'y tenait l'art. En effet, ce roman prend pour sujet un jeune homme qui se voudrait artiste, un marchand d'art et son épouse, qui est stylisée montrée au fil du livre comme une icône conforme à tous les stéréotypes de l'imaginaire de son époque. Le Salon des Arnoux présente un catalogue des artistes-types de l'époque, comme le fait remarquer Wetherill dans son édition critique : « On pourrait même dire que presque tous les personnages de *L'Éducation* sont évalués, de façon ponctuelle ou permanente, en fonction de leur attitude vis-à-vis de l'art. Frédéric est d'autant plus méprisable qu'il a des velléités d'écrivain, de peintre [...] Le père Roque montre jusqu'où peut aller sa bêtise quand il parle du portrait de Rosanette ».[1]

La présente contribution s'appuiera sur cette thématique et tentera de développer un autre aspect de la réflexion sur l'art qui ambitionne de traiter la relation de concurrence entre l'image et l'idole. Cette concurrence est à l'œuvre dans *L'Éducation* et doit également être comprise comme un discours critique de l'art et de l'histoire de la culture permettant de rendre intelligible la structure même du texte.

La modernité de Flaubert repose sur le fait qu'il a découvert et dépeint la constellation d'origine, non seulement pour l'imaginaire de son époque, mais également pour notre temps. Cette dernière décennie, c'est Marie-José Mondzain, qui, dans sa théorie de l'image fondée sur la querelle des images à l'époque de Byzance et la crise de l'iconoclasme, permet de prouver la valeur et l'influence de cette discussion pour la compréhension des images à l'époque actuelle.[2] *L'Éducation sentimentale* pourrait être un exemple de référence pour l'hypothèse de Mondzain ; elle ne prend cependant pas en compte Flaubert, mais elle essaie quand même à travers quelques textes d'ouvrir et de développer « la construction symbolique du regard par la parole, l'engagement pathique des corps dans leur relation au visible et aux images, la responsabilité politique des producteurs de

---

[1] Peter Michael Wetherill, « Préface », dans : *Gustave Flaubert, L'Éducation sentimentale. Histoire d'un jeune homme*, éd. id., Paris, Garnier, 1984, p. XXXVI.
[2] Marie-José Mondzain, *Image, icône, économie. Les sources byzantines de l'imaginaire contemporain*, Paris, Seuil, 1996.

visibilité ».³ Elle se réfère entre autres au *Chef-d'œuvre inconnu* de Balzac pour évoquer la situation moderne de la critique : « Les visibilités étant devenues le flux océanique des propositions quotidiennes de notre temps, il faut évoquer la mise en crise du discours critique face aux objets offerts à la contemplation et la jouissance des yeux ».⁴

L'analyse de *L'Éducation sentimentale* s'avère particulièrement pertinente dans cette perspective : le roman offre en effet un « réseau non totalisable des "mille choses secondes plus fortes que tout" dans lesquelles chaque destin individuel désormais se trouve pris et soumis à une logique qui le dépasse [...] ».⁵ Ces choses sont rendues ostensiblement visibles par Flaubert. De Biasi se réfère à l'exemple du mot « baquet » qui surgit seulement deux fois dans le texte de *L'Éducation* : « Au bord du baquet, quelque chose de blanc était resté », l'effroyable scène qui se déroule dans la prison sous les Tuileries en juin 1848. « [...] ce qui pend au bord du "baquet", c'est la cervelle de l'"adolescent aux cheveux blonds" dont le père Roque vient de faire exploser la tête à bout portant. Mais ce non-dit, cet indéfini [« quelque chose de blanc », G.H.] de la représentation est aussi une figure de style qui agit profondément sur le lecteur. [...] Cette image-là, après se l'être représentée une fois, aucun lecteur de *L'Éducation sentimentale*, ne peut jamais l'oublier. Elle a la force de reportage télévisé. C'est de la fiction, pourtant. Des mots. Mais, comme dit le texte, "quelque chose" (quelque chose de pire que l'assassinat dont témoigne cette matière blanche accrochée au baquet) prend ici la force de la chose vue, c'est-à-dire au sens propre, la force du symbole ».⁶ On peut observer ici comment la distance du « réalisme » flaubertien, le recul de l'instance du narrateur, travaille à travers l'image. Mondzain voit dans la capacité à produire et à regarder des images la caractéristique de l'homme. L'important c'est la distance que le sujet, en tant que producteur d'images, installe d'une part entre lui et l'image, et d'autre part entre lui et les autres sujets. L'image lui offre la possibilité de se reconnaître différemment. Par ce processus l'homme devient l'homme ; la production industrielle des images permet de mettre ce statut en question. Le texte de *L'Éducation* produit ce même recul, sauf que le protagoniste Frédéric Moreau échoue en ce sens. Nous faisons l'hypothèse que le projet de vie du protagoniste se heurte à l'impuissance de voir les images d'une manière productive. Selon Mondzain, le sujet se constitue à travers l'image parce qu'il essaie

---

3 Marie-José Mondzain, *Le commerce des regards*, Paris, Seuil, 2003, p. 179.
4 *Ibid.*, S. 230.
5 Pierre-Marc de Biasi, « Qu'est-ce que cela veut dire, la réalité ? », dans : Peter Fröhlicher / Barbara Vinken (éd.), *Le Flaubert réel*, Tübingen, Max Niemeyer Verlag, 2009, p. 67.
6 *Ibid.*, p. 71s.

de se voir de l'extérieur comme objet dans toute son intégrité. Cette tentative reste toujours illusoire, mais elle est nécessaire à l'expérience de la scission intérieure du sujet. Ce sujet ne peut s'identifier à lui-même qu'en se sentant en tant qu'autre, en devenant l'objet de son regard. On ne peut jamais posséder l'image. C'est ici que réside la différence principale entre l'image et l'idole, dans la mesure où l'idole crée l'illusion de contenter tous les désirs du sujet dans le moment de l'observation. L'idole feint de posséder l'objet regardé, l'image renvoie à l'invisible et ajoute une fonction critique dans le visible. La querelle entre l'image et l'idole dans *L'Éducation sentimentale* s'instaure à travers le portrait de Mme Arnoux.

« Ce fut comme une apparition »

La fameuse scène inaugurale ouvre cette trame d'une façon programmatique : Frédéric, oisif, se promène sur le bateau qui doit l'amener à sa ville natale Nogent-sur-Seine, et voit pour la première fois l'objet de son désir. « Ce fut comme une apparition ».[7] Cette phrase et son aspect « presque religieux »[8] ont fait l'objet de différentes interprétations. Jacques Neefs souligne la « dimension épiphanique » de cette phrase. Une « "Épiphanie" profane, assurément, mais qui isole une figure dans l'infini du monde, et qui découpe sur le fond des choses la puissance scintillante d'un point, d'un œil [...] ».[9] Frédéric pratique « la contemplation moderne » qui se rattache « à ce qui trouble dans le commun, dans le banal, dans l'instant amoureux où le sujet s'attache à ce qui le retient ».[10] Le projet de ce protagoniste, c'est l'amour. L'objet désiré par Frédéric, dès les premiers instants, décrit par la narration cette Madame Arnoux, épouse d'un marchand d'art, propriétaire de *L'Art industriel*.[11] Il est intéressant d'analyser la composition du portrait que Flaubert fait de cette femme. Le résultat est une surimpression de plusieurs couches avec différents niveaux de signification.[12] Sous le texte qui évoque des caracté-

---

7 Gustave Flaubert, *Œuvres complètes*, Paris, Gallimard, coll. « Bibliothèque de la Pléiade » 1952, t. II, p. 36. Les citations suivantes de *L'Éducation sentimentale* sont issues de cette édition.
8 Juliette Azoulai, « Flaubert et le "presque religieux" », dans : *Flaubert et la peinture, La Revue des Lettres Modernes*, no. 7 (2010), Caen, p. 215–232.
9 Jacques Neefs, « Ce fut comme une apparition... Épiphanies, de Flaubert à Joyce », dans : *Rue Descartes*, no. 10 (1994), p. 110–119, p. 113.
10 *Ibid.*
11 « *L'Art industriel* était un établissement hybride, comprenant un journal de peinture et un magasin de tableaux. », Flaubert, *L'Éducation sentimentale*, p. 35.
12 Cf. Barbara Vinken, *Flaubert. Durchkreuzte Moderne*, Francfort sur le Main, Fischer Verlag 2009, p. 321–327.

ristiques d'une icône, on trouve, comme Pierre-Marc de Biasi l'a démontré, un événement de son voyage en Egypte : il s'agit de la fascination pour la prostituée Kouchiouk-Hânem, indirectement présente dans *L'Éducation sentimentale* avec une citation d'une œuvre de son ami Maxime du Camp,[13] qui raconte cette même scène. La première apparition de la danseuse se produit le matin du 6 mars 1850 :

> Sur l'escalier, en face de nous, la lumière l'entourant, et se détachant sur le fond bleu du ciel, une femme debout, en pantalons roses, n'ayant autour du torse qu'une gaze d'un violet foncé. Elle venait de sortir du bain – sa gorge dure sentait frais, quelque chose comme une odeur de térébenthine sucrée [...].[14]

C'est la version de Flaubert. Celle de Du Camp contient la petite phrase rendue très célèbre par la main de Flaubert :

> [...] je me rendis chez Koutchouk-Hanem. [...] j'entrai dans une petite cour sur laquelle descendait un étroit escalier extérieur. En haut des degrés, Koutchouk-Hanem m'attendait. Je la vis en levant la tête ; *ce fut comme une apparition*. Debout, sous les derniers rayons de soleil qui l'enveloppaient de lumière, vêtue d'une simple petite chemise de gaze [...] elle était superbe.[15] [mise en relief italique, G.H.]

Le texte de la version finale de *l'Éducation* unit les deux observations :

> Ce fut comme une apparition : elle était assise, au milieu du banc, toute seule ; ou du moins il ne distingua personne, dans l'éblouissement que lui envoyèrent ses yeux. [...] Elle avait un large chapeau de paille, avec des rubans roses qui palpitaient au vent, derrière elle. Ses bandeaux noirs, contournant la pointe de ses grands sourcils, descendaient très bas et semblaient presser amoureusement l'ovale de sa figure. Sa robe de mousseline claire, tachetée de petits pois, se répandait à plis nombreux. Elle était en train de broder quelque chose ; et son nez droit, son menton, toute sa personne se découpait sur le fond de l'air bleu.[16]

Cette réminiscence qui refait surface avec le surgissement de Madame Arnoux est particulièrement signifiante si l'on prend en considération la fin de *L'Éducation*. Frédéric et Deslauriers sont en train de résumer leurs projets de vie : « Ils l'avaient manquée tous les deux, celui qui avait rêvé l'amour [Frédéric, G.H.], celui qui avait rêvé le pouvoir [Deslauriers, G.H.]. » Peinant à trouver une explication à leur défaite, Frédéric se souvient du fameux épisode de la Turque avec lequel Flaubert finit *L'Éducation*. L'échec total de Frédéric et Deslauriers, lorsqu'ils essaient

---

13 Maxime du Camp, *Le Nil (Égypte et Nubie)*, Paris, Librairie Nouvelle, 1854, p. 131s.
14 Gustave Flaubert, *Œuvres complètes*, Paris, Gallimard, coll. « Bibliothèque de la Pleiade », 2013, t. II (1854–1851), p. 659.
15 Du Camp, *op. cit.*, p. 131s.
16 Flaubert, *L'Éducation sentimentale*, p. 36s.

d'avoir une aventure amoureuse dans un établissement « situé au bord de l'eau », rappelle l'Orient de Flaubert : « [...] même en plein été, il y avait de l'ombre autour de sa maison [...]. Des demoiselles, en camisole blanche, avec du fard aux pommettes et de longues boucles d'oreilles, frappaient aux carreaux quand on passait, et, le soir, sur le pas de la porte, chantonnaient doucement d'une voix rauque ».[17]

Dès la jeunesse de Frédéric, le projet de l'amour est lié à la prostitution. La scène initiale de son adolescence est un échec qu'il désigne rétrospectivement comme le plus grand bonheur de sa vie : « C'est là ce que nous avons eu de meilleur ! ».[18] L'objet de son désir primordial oscille lui aussi entre ces deux pôles. Madame Arnoux est le signe de l'amour pur et de la vénération, mais en même temps elle porte la marque de la prostitution, qui est très subtilement insérée dans le texte. Cette dimension n'apparaît que si l'on considère le fait que Madame Arnoux se donne à la vue de Frédéric comme image. L'interprétation de Bourdieu manque cette dimension en considérant Madame Arnoux uniquement sous l'angle de l'amour pur et désintéressé.[19]

Cette interprétation ne révèle qu'une dimension de Marie Arnoux. L'autre dimension ne s'impose comme une évidence qu'à la fin du roman, lors de la dernière rencontre de Mme Arnoux et de Frédéric qui la soupçonne « d'être venue pour s'offrir ».[20] Mais la possibilité qu'elle puisse être une prostituée est déjà présente dans les scénarios primitifs du roman comme de Biasi l'a montré : « Flaubert avait imaginé que sa chaste héroïne pourrait être secrètement dévorée par le désir de se conduire comme une fille publique ».[21]

L'autre facette de cette « apparition » soigneusement composée de Marie Arnoux est celle de la Vierge, de l'infaillibilité d'une femme pure qui suscite l'amour et même la vénération. La description minutieuse de Mme Arnoux repose sur une procédure assez complexe à travers laquelle l'écrivain fomente des tensions entre différents styles : Madame Arnoux est présentée comme une icône-kitsch[22] par la fusion de plusieurs techniques de peinture, y compris de leurs contextes religieux et esthétique : elle apparaît comme une Vierge de Raphaël[23] et semble en même temps être retravaillée par l'école des Ingristes. Sa robe n'a pas

---

17 *Ibid.*, p. 456.
18 Flaubert, *L'Éducation sentimentale*, p. 457.
19 Cf. Pierre Bourdieu, *Les règles de l'art. Genèse et structure du champ littéraire*, Paris, Seuil, 1992, p. 48.
20 Flaubert, *L'Éducation sentimentale*, p. 452.
21 De Biasi (1995), *op. cit.*, p. 42.
22 Cf. l'analyse de Vinken, *op. cit.*, p. 321–327.
23 Cf. la note 12 de Wetherill dans son édition de *L'Éducation*, p. 433 (*op. cit.* note 2 dans cette contribution) concernant la première apparition de Mme Arnoux : « On dirait une Vierge Ra-

de vraie couleur, le sens de l'adjectif « claire » renvoie directement au reproche formulé contre les Ingristes à l'époque. Cet adjectif fait cependant d'une certaine manière doublement allusion à la clarté du style classique qui donne également à voir dans le portrait ingriste une beauté idéale. La qualité de modèle de la Madone fait briller, à travers la transparence, une beauté métaphysique. Ce concept de beauté qui est chez Flaubert déjà figé en cliché, est présent dans le portrait ingriste de l'époque et devient constitutif de la perception de Frédéric qui superpose la beauté de vierge et celle de la dame bourgeoise qu'il voit sur le bateau.[24]

Mme Arnoux : une figure entre icône et idole

Madame Arnoux et son statut d'icône sont ainsi retravaillés par Flaubert, la constellation des regards échangés et leurs origines sont présents à l'intérieur de l'iconicité de ce portrait : « Elle était assise, au milieu du banc, toute seule ; ou du moins il ne distingua personne, dans l'éblouissement que lui envoyèrent ses yeux ».[25] Flaubert a évidemment travaillé cet étrange échange de regards. Dans une version antérieure, la question de l'origine ne se pose même pas. Ici tout est évident : « Elle était assise, au milieu du banc, [à gauche], toute seule, ou du moins il ne distingua personne dans l'éblouissement que lui envoyèrent ses yeux noirs. Car en même temps qu'il passait, elle leva la tête. Il la salua involontairement, en baissant un peu les épaules. [...] Il attendait qu'elle tournait < encore une fois > les yeux vers lui ».[26]

La tournure stylistique de la version finale sème le doute de par la référence grammaticale indécise, car on peut se demander : « quels yeux aveuglent Frédéric ? » Si le lecteur ne perçoit pas l'ambiguïté du déterminant possessif « ses », il s'agit comme dans la version antérieure des yeux noirs de Mme Arnoux. En général le possessif renvoie au sujet précédent, en l'occurrence ici à « il ». Dans ce cas il s'agit des yeux de Frédéric qui s'aveugle. Harald Nehr constate pour cette

---

phaël. Est-il besoin de souligner la présence ici de ce sentiment religieux qui marque tous les aspects (politique, solcial, artistique) du roman ? »

24 J'ai pris en compte l'excellente analyse de Harald Nehr pour la description de Mme Arnoux : « Sehen im Klischee – Schreiben im Klischee. Zum Verhältnis von Wahrnehmung, bildender Kunst und Künstlern in Gustave Flauberts *Éducation sentimentale* » dans : *Romanistische Zeitschrift für Literaturgeschichte*, no. 27 (2003), p. 117–130, ici p. 127s.

25 Flaubert, *L'Éducation sentimentale*, p. 36.

26 Cité d'après Nehr, *art. cit.*, p. 125. Bibliothèque Nationale, N.A.F. 17599 f° 52r°. Les crochets signalent des suppressions, les parenthèses pointues des ajouts.

scène une perversion du modèle amor-théologique à travers la mise en scène d'un aveuglement inspiré par le sujet du regard même.[27]

Mais l'apparition de Marie Arnoux va encore au-delà. Elle renvoie *ex negativo* au concept de l'icône, manifestement encore bien présent dans l'imaginaire de l'Occident du XIXe siècle. Les iconophiles de Byzance considèrent les images comme « œuvre dans l'évidence de la *manifestatio* »,[28] ainsi que le soutient Marie-José Mondzain :

> Qui la voit se voit. Qui la voit est vu. L'icône tire de son statut relationnel et spéculatif une puissance qui explique le rôle qu'elle a pu jouer à Byzance, dans la vie civile, administrative et juridique. Elle a fonctionné comme une présence effective, présence d'un regard qui garantit et ne peut tromper. Née sous le signe de la relation, elle préside à tous les contrats. Cependant la présence du regard iconique ne peut être qualifiée de présence réelle. Dans l'image artificielle, c'est la pression de l'absence qui fait tout le poids de l'autorité. L'icône enseigne que l'économie des regards ne se substitue jamais aux personnes en qui ces regards ont trouvé leur chair sensible. Il ne s'agit pas de la représentation. Ce qui fait loi dans l'icône, c'est ce dont elle figure pour nous le manque. Elle est la figure effective et efficace de ce manque que le modèle divin de toute économie assuma dans la "kénôse", dans son anéantissement.[29]

« Qui la voit se voit. Qui la voit est vu ».[30] Les apparitions qui se produisent tout au long du roman en forme de portrait de femme semblent être une déformation bizarre de ce commerce des regards. L'échange de regards entre amoureux est un des grands thèmes des œuvres flaubertiennes, comme Pierre Danger a pu le souligner : « Le regard des personnages de Flaubert est dévorant quand il se pose sur l'objet de sa convoitise. C'est celui de Narr'Havas observant Salammbô : "L'étoffe bâillant sur ses épaules, enveloppait d'ombre son visage, et l'on n'apercevait que les flammes de ses yeux fixes. (...) Assis sur les talons, la barbe baissée vers les hampes de ses javelots, il la considérait en écartant les narines, comme un léopard qui est accroupi dans les bambous". Mais ces deux yeux, qui apparaissent ici exceptionnellement, ne sont le plus souvent suggérés par la qualité même et la précision du portrait qui correspond à leur propre vision. C'est ainsi qu'Emma, placée derrière Léon, le couve véritablement du regard : "L'épaule du jeune homme dont la redingote avait un collet de velours noir. Ses cheveux châtains tombaient dessus, plats et bien peignés. Elle remarqua ses ongles". On retrouve des détails semblables à ceux que remarquait Charles en voyant Emma pour la

---

27 *Ibid.*, p. 125.
28 Mondzain (1996), *op.cit.*, p. 119s.
29 *Ibid.*
30 *Ibid.*, p. 119.

première fois, [...]. Emma savoure des détails les plus minuscules [...] les évocations poétiques disparaissent pour ne laisser place qu'à l'observation la plus minutieuse : "Elle distinguait dans ses yeux des petits rayons d'or, s'irradiant tout autour de ses pupilles noires et même elle sentait le parfum de la pommade qui lustrait sa chevelure" ».[31]

« Les amants se livrent ainsi à un véritable duel où chacun, par le regard, tente de dévorer l'autre ».[32] Dans *L'Éducation* le lecteur est confronté à des modalités différentes de l'échange des regards. Dans ce roman les quatre femmes qui jouent les rôles importants dans la vie de Frédéric sont souvent décrites comme des portraits peints. Par exemple, l'une des apparitions de Louise provoque des sensations presque primitives et sauvages, et en cela absolument contraires à la vénération portée à Madame Arnoux. À la fin de ce portrait, l'objet contemplé devient à son tour regard qui mesure et défie le regard de l'autre :

> Une petite fille d'environ douze ans, et qui avait les cheveux rouges, se trouvait là, toute seule. Elle s'était fait des boucles d'oreilles avec des baies de sorbier ; son corset de toile grise laissait à découvert ses épaules, un peu dorées par le soleil ; des tâches de confitures maculaient son jupon blanc ; et il y avait comme une grâce de jeune bête sauvage dans toute sa personne, à la fois nerveuse et fluette. La présence d'un inconnu l'étonnait, sans doute, car elle s'était brusquement arrêtée, avec son arrosoir à la main, en dardant sur lui ses prunelles, d'un vert-bleu limpide.[33]

Dans ce portrait de la jeune Louise, on ne retrouve rien de la gravité de Madame Arnoux. La vénération et le caractère religieux en sont exclus, ce n'est clairement pas la même puissance que dans le portrait de Marie Arnoux qui s'y déploie. Elle est la seule femme à apparaître dans le texte avec tous les attributs d'une icône. Le fait qu'elle devient l'idole de Frédéric – et en cela même le contraire d'une icône – n'est qu'une dimension que livre le texte : celle de la perception de Frédéric. À la fin du roman, Marie Arnoux reste (et en ce sens Dussardier est son pendant masculin) un des seuls personnages qui échappe à la corruption de l'esprit odieux d'une époque dans laquelle elle fait – un peu comme Charles Bovary – exception. Victor Brombert l'a exprimé en d'autres termes : « On pourrait dire, de façon paradoxale, que la profanation travaille ici au service de la pureté ».[34] [traduction, G.H.]

---

[31] Pierre Danger, *Sensations et objets dans le roman de Flaubert*, Paris, Librairie Armand Colin, 1973, p. 136s.
[32] *Ibid.*, S. 137.
[33] Flaubert, *L'Éducation sentimentale*, p. 122.
[34] « One might say, paradoxically, that profanation is here in the service of purity. », Victor Brombert, *The Novels of Flaubert. A Study of Themes and Techniques*, Princeton, NY, University Press, 1966, p. 138.

L'icône pervertie

Le pouvoir qu'exerce Marie Arnoux sur Frédéric, l'amour qu'il croit éprouver pour elle, sont presque entièrement décrits en termes d'iconographie. Elle est avant tout icône-lumière, ce qui renvoie dans la théologie à la « procession du fils dans le père ».[35] Cela se manifeste avec évidence dès leur première rencontre sur le bateau *la Ville-de-Monterau* : « L'univers venait tout à coup de s'élargir. Elle [Mme Arnoux, G.H.] était le point lumineux où l'ensemble des choses convergeait ; – et, bercé par le mouvement de la voiture, les paupières à demi closes, le regard dans les nuages, il s'abandonnait à une joie rêveuse et infinie ».[36]

L'amour entre Frédéric et Mme Arnoux apparaît comme une passion fondée sur la dimension visuelle : « Du premier contact [...] à l'ultime rencontre [...] on assiste au déroulement d'une sensation mystique, presque d'un état de transe. Frédéric est subjugué par cette lumière, il se liquéfie sous le soleil des yeux de Marie Arnoux : "[...] il sentait ses regards pénétrer son âme, comme ses grands rayons de soleil qui descendent jusqu'au fond de l'eau" ; il rêve de "boire son âme dans ses yeux" ».[37]

Cette procédure suit exactement le dispositif iconique : « Ainsi le voir implique-t-il l'être vu. L'icône nous contemple, elle devient à son tour regard de Dieu sur la chair du contemplateur, qui se trouve pris dans le circuit des relations informatrices et transformatrices. La chair transfigurée par l'icône transfigure le regard porté sur elle. L'icône agit ; elle est un opérateur efficace, et non l'objet d'une fascination passive ».[38] C'est exactement le contraire pour la constellation Frédéric-Madame Arnoux qui s'éclaircit à travers le traitement de la métaphore de la lumière qui est inversé dans *L'Éducation*. Dans le contexte chrétien la « vie est engendrement, exposition dans la visibilité de tout ce qui naît, et la vie comme lumière est la condition transcendantale de cette exposition [...] ».[39] La passivité du regard de Frédéric est le pendant de la stérilité due à la vénération pour Madame Arnoux.

Les similarités entre la relation de Mme Arnoux et de Frédéric et le fonctionnement de l'icône sont étonnantes. Néanmoins l'icône flaubertienne demeure sans effets. La vénération de Frédéric n'est jamais suivie d'une inspiration reli-

---

35 Louis Marin, *Des pouvoirs de l'image. Gloses*, Paris, Seuil, 1993, p. 205.
36 Flaubert, *L'Éducation sentimentale*, p. 41.
37 Jean-Pierre Duquette, *Flaubert ou l'architecture du vide. Une lecture de l'Éducation sentimentale*, Montréal, Les Presses de l'Université de Montréal, 1972, p. 137s.
38 Mondzain (1996), *op. cit.*, p. 119.
39 Marin, *op. cit.*, p. 205.

gieuse. Son culte prend seulement les apparences d'une religion, alors que « Frédéric sent en lui un "souffle intérieur" qui l'enlève "comme hors de lui" (le soleil aspirant l'âme liquide) ; et bien plus : il éprouve une sorte d'infériorisation devant l'être supérieur, "une envie de se sacrifier, un besoin de dévouement immédiat, d'autant plus fort qu'il ne pouvait l'assouvir". Et "Il se sentait, à côté d'elle, moins important sur la terre que les brindilles de soie s'échappant de ses ciseaux " ».[40]

Tout d'abord, on peut constater que si Frédéric est fasciné par les apparitions de Madame Arnoux, cette fascination reste strictement visuelle, et ne passe jamais au stade du toucher. Cette distance est inhérente à la fascination qui, selon Maurice Blanchot, est toujours liée à une présence neutre et impersonnelle :

> Quiconque est fasciné, ce qu'il voit, il ne voit pas à proprement parler. Mais cela le touche dans une proximité immédiate, cela le saisit et l'accapare, bien que cela le laisse absolument à distance. La fascination est fondamentalement liée à la présence neutre, impersonnelle, le On indéterminé, l'immense Quelqu'un sans figure. Elle est la relation que le regard entretient, relation elle même neutre et impersonnelle, avec la profondeur sans regard et sans contour, l'absence qui voit parce qu'aveuglante.[41]

Le spectateur est aveuglé par une absence, un vide qui semble se trouver à l'intérieur de la vision. On retrouve à de nombreuses reprises ce dispositif optique, que Blanchot décrit comme une fascination dans ces images de Madame Arnoux fabriquées par Frédéric. Son idole demeure insaisissable, elle ne peut être envisagée que fragmentairement par Frédéric. La contemplation ardente ne produit qu'une image morcelée. Il scrute avant tout ses vêtements qui apparaissent comme décor d'une Madone. Cette manière de voir superpose les images que Frédéric accumule dans une réserve visuelle prête à être utilisée. Frédéric vit dans une sorte de déjà-vu permanent. Au fil de ses promenades à Paris, il parcourt le Louvre en contemplant les vieux maîtres. Le rapport au monde du jeune homme se fait essentiellement au prisme de représentations plutôt que dans un contact direct avec le réel :

Lors de la scène de l'apparition, Frédéric voit Madame Arnoux en tant qu'image bidimensionnelle ; le regard de Frédéric annule sa présence en tant que personne. La description du profil supprime toute profondeur :

> Elle avait un large chapeau de paille, avec des rubans roses qui palpitaient au vent, derrière elle. Ses bandeaux noirs, contournant la pointe de ses grands sourcils, descendaient très bas et semblaient presser amoureusement l'ovale de sa figure. Sa robe de mousseline claire, tachetée de petits pois, se répandait à plis nombreux. Elle était en train de broder quelque chose ; et son nez droit, son menton, toute sa personne se découpait sur le fond de l'air bleu.[42]

---

[40] Duquette, *op. cit.*, p. 138.
[41] Maurice Blanchot, *L'Éspace littéraire*, Paris, Gallimard, 1955, p. 30s.
[42] Flaubert, *L'Éducation sentimentale*, p. 36s.

Le point de vue n'est pas tenable : il est impossible que Frédéric puisse voir Madame Arnoux en même temps de face et de profil.[43] Un autre exemple de cette déformation visuelle nous est donné lors de la visite à Creil où Frédéric se déclare presque : « Le feu dans la cheminée ne brûlait pas, la pluie fouettait contre les vitres. Mme Arnoux, sans bouger, restait les deux mains sur les bras de son fauteuil ; les pattes de son bonnet tombaient comme les bandelettes d'un sphinx ; son profil pur se découpait en pâleur au milieu de l'ombre ».[44]

Au moment où l'aveu semble possible, Marie Arnoux perd l'auréole de lumière qui l'entoure d'habitude. Elle adopte la posture » d'un sphinx pâle qui guetterait à l'ombre. Les signes de la divinité se changent en image obscure. Bien entendu, Frédéric « avait envie de se jeter à ses genoux »,[45] donc de se soumettre devant cette figure sulfureuse qui n'a rien d'une Madone ; c'est un craquement dans le couloir qui l'empêche de céder à son désir. Le moment de la vénération la plus profonde donne à voir le vrai visage de l'idolâtrie : celle d'une obscure image qui est le négatif de l'énigme divine de l'image.

Le modèle pour ce passage de *L'Éducation sentimentale* provient de l'image filiale du Christ qui se réfère à ce mot :

> "Je suis le Chemin, la Vérité et la Vie [...]. Nul ne vient au Père que par moi. [...] Qui m'a vu a vu le Père." Malgré la substitution du regard, de la vision et de son inéluctable distance au désir de "monstration" et à la demande de *deixis*, Jésus semble atténuer encore davantage la formule d'identification (dans la vision même) du fils et du père, de la filiation et de la génération. [...] "[...] je suis dans le Père et le Père est en moi [...]" L' "être-dans..." caractérise énigmatiquement la modalité d'accès du regard et du désir à son objet par l'Image, en suggérant que l'être même serait en quelque façon le lieu infiniment retiré, abyssal où l'Image est plongée et où elle s'identifie telle. Mais "l'être dans..." suggère aussi bien, et comme à l'inverse, que l'Être serait le mouvement du secret, de voilement-dévoilement qui creuse infiniment le lieu de l'exposition de l'Image.[46]

Le texte de *L'Éducation* porte en lui ce concept de l'icône et de la divinité, ainsi que le mécanisme de l'idolâtrie exhibé au sens le plus clair par le personnage de Frédéric. Ici l'image ne trouve pas sa fonction de distance. *L'Éducation sentimentale* est le document d'une méconnaissance de soi. Le phénomène de surimpression de différents styles de l'idole-icône Mme Arnoux est en même temps, donnée très importante, un phénomène de l'art industriel, dans son caractère reproductible et commercial. Cela donne à voir le portrait que Frédéric se fait d'elle parce

---

43 Cf. Nehr, *art. cit.*, p. 127.
44 Flaubert, *L'Éducation sentimentale*, p. 230.
45 *Ibid.*
46 Marin, *op. cit.*, p. 201.

qu'il reflète l'imaginaire romanesque de l'époque ; ce fait est aussi garanti par sa position sociale : elle est l'épouse de Jacques Arnoux, du marchand d'art. Elle se rattache donc au caractère financier et mercantile de l'art. La critique du système de l'art du XIXe siècle est omniprésente dans *L'Éducation*.[47] La massification de l'art n'est pas seulement présente dans le salon des Arnoux, cela concerne aussi la photographie naissante, comme le prouve la transformation de Pellerin de peintre en photographe : « Pellerin, après avoir donné dans le fouriérisme, l'homéopathie, les tables tournantes, l'art gothique et la peinture humanitaire, était devenu photographe ; et sur toutes les murailles de Paris, on le voyait représenté en habit noir, avec un corps minuscule et une grosse tête ».[48]

L'Éducation sentimentale est une éducation manquée des regards ou l'histoire d'un regard perdu à jamais dans la modernité de l'Occident : le regard comme visée constitutive d'une circularité des échanges entre le vide essentiel de l'icône et la trouée que la contemplation opère sur le spectateur qui porte son regard sur elle n'existe plus. La structure poétologique de *l'Éducation* induit, à travers la question de l'idolâtrie, celle de la corruption à l'intérieur des images. Il ne s'agit pas d'une condamnation des images en soi, mais d'une critique de la culture des images au XIXe siècle. C'est la puissance négative engendrée par le commerce et la massification : les images ont perdu leur potentiel critique. Le roman décrit des personnages, au premier rang Frédéric, qui ne sont pas capables de se constituer une identité valable. Cette impuissance d'un regard distancié et critique envers les images rejoint la décomposition des personnages notée par Alain Raitt.[49] Les biographies des figures changent selon les conditions politiques et économiques, même leurs noms s'adaptent à l'occasion. Par contre, même s'il n'existe aucune véritable icône dans le roman, elle est citée comme le positif du négatif montré. C'est la « stratégie de désengagement (l'impersonnalité) grâce à laquelle le sujet se retire pour mieux développer une emprise conceptuelle ».[50] Il s'agit d'une élaboration progressive de l'iconique dans le verbal, comme hybridation du lisible et du visible par les moyens purement verbaux du style.

---

[47] Cf. l'analyse de Pierre Bourdieu dans *Les règles de l'art, op. cit.* et Angelica Rieger, *Alter ego : der Maler als Schatten des Schriftstellers in der französischen Erzählliteratur von der Romantik bis zum Fin de siècle*, Cologne, Böhlau Verlag, 2000, qui lit *L'Éducation* comme un roman de peinture.
[48] Flaubert, *L'Éducation sentimentale*, p. 454.
[49] Alan W. Raitt, « La décomposition des personnages dans l'Éducation sentimentale », dans : P.M. Wetherill (éd), *Flaubert, la dimension du texte*, Manchester University Press, 1982, p. 157–174.
[50] De Biasi (1995), *op. cit.*, p. 62.

Barbara Vinken
« Comme une idole des îles Sandwich » – L'iconographie mariale dans *L'Éducation sentimentale*

> Cette aride fictionnalité tend à dénoncer les images,
> les figures, les idoles, la rhétorique.
> Il faut penser à une fiction iconoclaste.[1]

La littérature que l'on appelle réaliste est moins écrite d'après la vie que d'après la littérature. Elle est fruit de bibliothèques, comme Michel Foucault l'a démontré. Le fait que les grands romans réalistes du XIXe siècle ne soient pas seulement des textes sur des textes, mais des textes sur des œuvres d'arts plastiques a été moins étudié. Ils ne sont pas écrits d'après nature ni seulement d'après des textes, mais d'après des peintures, des sculptures. Ils ne furent pas seulement écrits dans des bibliothèques réelles ou imaginaires, mais aussi bien dans des musées, des églises, des collections vues pendant, par exemple, le Grand Tour. Comme l'intertextualité, cette intermédialité reste souvent implicite.

L'intermédialité est structurée par le paragone entre les arts autour de la figure de l'*energeia* : quel medium est plus puissant quant à sa capacité de faire vif ? Le paragone, la concurrence entre les arts, change radicalement durant ce siècle, car l'art devient populaire. La question de l'idole et de l'idolâtrie devient centrale.

La naissance de ce premier pop art est due à de nouvelles conditions de production mécaniques. L'image conquiert l'espace public. Avec la publicité, elle descend dans la rue. Les illustrations de mode se retrouvent dans les salons au fin fond de la province. L'imagerie d'Epinal diffuse même dans les recoins les plus éloignés de la province des images édifiantes de la famille impériale et du kitsch religieux. Les cartes postales pornographiques connaissent un succès énorme. Mais le premier art véritablement populaire est de nature religieuse : ce sont les illustrations de scènes du Nouveau Testament, les images et les statues de saints. Peu de représentations ont imprégné l'imaginaire collectif autant que la plus spectaculaire apparition de Marie : Notre Dame de Lourdes est devenue de nos jours une véritable icône trash. Dans ce que l'on a appelé le siècle d'or de Marie,

---

[1] Jacques Derrida, *Sauf le nom*, Paris, Galilée, 1993, p. 53.

l'iconographie mariale est partout.² L'art devient artisanat et l'artisanat kitsch. Cette évolution de l'art trouve un écho en littérature : *L'Éducation sentimentale* de Gustave Flaubert, Émile Zola avec son roman *Lourdes* du cycle des trois villes n'en sont que des exemples saillants. L'iconographie mariale est déterminante pour tout l'œuvre de Flaubert, et cela jusque dans les moindres détails comme elle le sera plus tard pour le plus grand roman réaliste allemand, *Effi Briest*.³ Cette iconographie est inscrite dans Mme Bovary, dans Mme Arnoux, et bien sûr dans Félicité au Cœur Simple. Chez Mme Bovary, nous trouvons une Vierge « idole », une vierge d'outre-mer, une vierge fétiche au cœur de ce village de Normandie : « le confessionnal fait pendant à une statuette de la Vierge, vêtue d'une robe de satin, coiffée d'un voile de tulle, semé d'étoiles d'argent, et tout empourprée aux pommettes comme une idole des îles Sandwich. »⁴ Avec Mme Arnoux, Flaubert inverse l'iconographie mariale depuis la Présentation au Temple jusqu'à l'Annonciation et la Pietà. Au centre du débat, nous trouvons la relation entre écriture et image, la question de l'idolâtrie.

Flaubert explore systématiquement la concurrence médiale entre image et littérature. Il le fait en la thématisant. La *Légende de Saint Julien* est écrite « à peu près » d'après un vitrail. Félicité au cœur simple ne comprend pas ce qu'est un symbole. Elle remplace la colombe de l'Annonciation par un perroquet. Elle adore son fétiche comme si c'était le Saint Esprit. Avec Arnoux qui commence en tant que galeriste faisant le commerce de faux et finit comme fabricant de kitsch religieux, on peut lire *L'Éducation* comme un traité sur l'art au siècle de la reproductibilité mécanique.⁵ La reproductibilité de l'œuvre d'art est le thème de *L'Éducation*

---

2 Voir pour cette persistance au niveau purement factuel, indépendamment de tout jugement de valeur, ce choix presque arbitraire : Gerhard Neumann, « Speisesaal und Gemäldegalerie. Die Geburt des Erzählens aus der bildenen Kunst : Fontanes Roman „L'Adultera" », dans : Tim Mehigan, Gerhard Sauder (éd.), *Roman und Ästhetik im 19. Jahrhundert*, St. Ingbert, Röhrig, 2001, p. 139–158 (pour Fontane) ; Eva Esslinger, « Dienstmädchen », dans : Barbara Vinken, Cornelia Wild (éd.), *Arsen bis Zucker. Flaubert-Wörterbuch*, Berlin, Merve, 2010, p. 61–66 ; Barbara Vinken, *Flaubert. Durchkreuzte Moderne*, Francfort-sur-le-Main, Fischer, 2009, p. 374–418 (pour Lamartine, Flaubert, etc.).
3 Cf. Peter-Klaus Schuster, *Theodor Fontane : Effi Briest – Ein Leben nach christlichen Bildern*, Tübingen, Niemeyer, 1978 (= *Studien zur deutschen Literatur*, éd. par Wilfried Barner, Richard Brinkmann und Friedrich Sengle, vol. 55.)
4 Gustave Flaubert, *Madame Bovary*, éd. par Jacques Neefs, Paris, Librairie Générale Française, 1999, p. 148.
5 Walter Benjamin, « L'œuvre d'art à l'ère de sa reproductibilité technique (première version, 1935) », *Œuvres III*, « Folio », Paris, Gallimard, 2000, p. 67–113 ; et pour saint Augustin, le spirituel et le charnel, Barbara Vinken, *Flaubert Postsecular – Modernity Crossed Out*, Stanford, Stanford University Press, 2015.

sentimentale – un roman qui illustre la réduction du beau et du sublime au cliché. L'idéal se revèle idole. Nous sommes confrontés à une déchéance radicale de l'aura. Dans ce processus de réification, toute idéalité est un déjà-vu. Le sublime devient marchandise démocratisée, « du grand art pour tout le monde » qui a son prix « du sublime au bon marché ».[6] L'aura devient or. Le souffle spirituel se métallise. Jacques Arnoux, juif assimilé et républicain convaincu, est propriétaire de *l'Art industriel*. Il se livre d'abord au trafic d'art contrefait, se lance ensuite dans les faïences genre arts et métiers et finit par la production industrielle de ce que l'on pourrait appeler le premier véritable art populaire, pop art, l'art religieux, pour faire finalement faillite. La figure rhétorique du zeugma, qui rabaisse l'incommensurable, saisit cette « aurification » de l'aura : « pour faire son salut et sa fortune, il s'était mis dans le commerce des objets religieux » (583). Mais c'est peut-être là que le paragone des arts est le plus intéressant ou, sans être thématisé, inscrit dans le texte.

« Leurs yeux se rencontrèrent », une des scènes les plus iconiques de la littérature européenne, marque le début d'un nouvel amour et d'une nouvelle vie. Prenons cette scène pour explorer la concurrence entre image et écriture dans les circonstances aggravantes de la modernité. Frédéric, le jeune homme dont l'histoire est racontée dans *L'Éducation*, prend un bateau qui descend la Seine pour rentrer chez lui. C'est sur ce bateau qu'il rencontre ce qu'il croit être l'amour de sa vie, Marie Angèle Arnoux. La déperdition d'aura de cette scène aux yeux du lecteur est produite par un réseau dense d'intertextes, mais surtout par des allusions picturales, ce qui est particulièrement approprié puisque Mme Arnoux est la femme d'un marchand d'art.

L'Éducation sentimentale raconte les événements des années 1840 qui mènent à la révolution de 1848, et s'achève avec le coup d'Etat de 1851. Elle illustre cette réification progressive par les trois femmes de la vie de Frédéric qui sont des allégories politiques : Mme Arnoux, la muse bourgeoise, incarne la république impossible ; Rosanette, la courtisane, est la figure de l'empire à venir, et Mme Dambreuse, la grande bourgeoise, représente la nouvelle tyrannie.

On peut lire *L'Éducation* comme une planche d'images d'Epinal consacrée à la vie de la Vierge, mais une planche où les images auraient été permutées. Avec notre scène, nous nous trouvons au cœur du moment le plus important de la vie de Marie, l'Annonciation. Mme Arnoux porte les deux protagonistes centraux de

---

[6] Gustave Flaubert, *Éducation sentimentale*, éd. par Pierre-Marc de Biasi, Paris, Librairie Générale Française, 2002, p. 95. Toutes les citations de *L'Éducation* sont issues de cette édition, les numéros de page sont indiqués entre parenthèses dans le texte.

l'événement dans son nom même : Marie Angèle. Frédéric tombe amoureux parce que dans son apparition il voit l'image intacte, entière de la femme, nimbée d'une auréole de lumière, inspirée par une brise douce.[7]

L'idolâtrie – le mot le dit – dépend de l'image. *eidolon* vient du grec : c'est un artefact, une image. L'idole éblouit et fascine. En fin de compte, l'idole n'est que le reflet d'un moi, rendu parfait par la vénération de l'idole. Le moi jouit ainsi d'un soi-même idéalisé par sa capacité d'adoration. C'est cette religion de l'art que Flaubert appelle sentimentale. Entre les lignes, le texte donne à lire une illusion idolâtre à laquelle Frédéric succombe dès sa première rencontre avec Mme Arnoux. Dans cette très longue querelle entre image et texte, Flaubert est du côté des iconoclastes, du côté d'Erasme. Il prend le parti de la lettre contre l'image. Le texte donne à lire cette illusion aveuglante, liée à l'image. C'est l'image qui est trompeuse tandis que le texte nous éclaire sur la vérité de cette illusion fatale. L'auto-aveuglement de Frédéric est déjà inscrit dans cette première apparition de Mme Arnoux, laquelle a fait l'objet de nombreuses interprétations. D'emblée, il est clair que l'amour de Frédéric pour Mme Arnoux est en tant que culte amoureux une religion où il est question de sacralisation et de profanation, d'un processus où la chair devient spirituelle et où le spirituel devient charnel. Mme Arnoux entre dans le champ visuel en tant qu'idole : Vierge de la Renaissance et odalisque.

Dans la figure de Mme Arnoux, l'opposition entre madone et prostituée n'est soulignée que pour mieux être décomposée ;[8] elle ne confirme pas l'opposition entre mère et épouse honorable d'une part, femme adultère et prostituée d'autre part. Au contraire, elle la sape. Si pour Frédéric Mme Arnoux et Rosanette sont à l'opposé l'une de l'autre ; l'une sainte, l'autre prostituée, elles s'unissent pour former une mélodie harmonieuse ; l'une lui apporte l'exaltation du cœur, l'autre les plaisirs des sens (248). L'effondrement de l'opposition entre épouse et mère honorable d'une part et courtisane d'autre part conduit au triomphe de l'économie babylonienne de la prostitution au cœur même de Paris, capitale du XIXe siècle. C'est un topos que Zola et Maupassant vont largement développer.

---

[7] Voir dans ce contexte Bettine Menke, « Fontanes Melusinen. Bild. Arabeske. Allegorie », dans : Petra Leutner, Ulrike Erichsen (éd.), *Das verortete Geschlecht. Literarische Räume sexueller und kultureller Differenz*, Tübingen, Attempto, 2003, p. 101–125.

[8] Flaubert voit cette opposition comme une maladie infantile typiquement masculine. « La jeunesse a l'esprit tragique et n'admet pas les nuances – en fait de femmes deux classes seulement – ou putains comme Messaline ou immaculées comme la Ste Vierge. » (cité d'après Peter Michael Wetherill, dans : Gustave Flaubert, *L'Éducation sentimentale. Histoire d'un jeune homme*, Paris, Garnier, 1984, p. 435). Pour la destruction de cette opposition, voir David Williams, « Sacred and Profane in *l'Éducation sentimentale* », dans : *Modern Language Review* no. 73 (1978), p. 786–798.

Mme Arnoux apparaît au début du roman dans un monde qui est l'expression la plus pure de Babylone, un monde voué à la mort, dénué de sens, marqué par la déchéance et par un chaos incompréhensible. En tant que contre-image à la vulgarité, à la laideur, à la destruction, aux ordures et à la déliquescence de ce monde, elle en est l'antithèse :

> Des gens arrivaient hors d'haleine ; des barriques, des câbles, des corbeilles de linge gênaient la circulation ; les matelots ne répondaient à personne ; on se heurtait ; [...] et le tapage s'absorbait dans le bruissement de la vapeur, qui [...] enveloppait tout d'une nuée blanchâtre, tandis que la cloche [...] tintait sans discontinuer. (41)

Un désordre incroyable, un absurde bric-à-brac, une coexistence aléatoire aux allures de course d'obstacles, un entrechoquement douloureux de bruits de toutes sortes, de parasites qui font qu'on n'entend plus le son de sa voix, une illusion visuelle provoquée par des nuages de vapeur, en un mot l'anéantissement de la faculté de comprendre, de distinguer, de saisir par l'esprit, voilà ce qui caractérise le premier tableau.

Dans ce monde, rien n'est entier, rien n'est intact. Flaubert illustre l'incomplet, le fragmentaire à l'aide des étoffes de vêtements. Les étoffes sont délavées, vieillies, usées, râpées, déchirées, tachées, trouées, elles pendent en lambeaux. De la consommation, il ne reste plus que les déchets : les coquilles de noix, mégots de cigarettes, pelures de poires, peaux de saucisson. Sur le plan herméneutique, il s'agit, dans les métaphores du sens spirituel de l'écriture, des déchets qui restent quand le sens spirituel en est extrait, l'ivraie, l'enveloppe vide de sens, la lettre morte. Contre un monde souillé, absurde, soumis à un hasard arbitraire et incohérent, où rien ne reste intact, où tout est signe avertisseur de déliquescence et où personne ne comprend ni ne sait plus rien, mais erre fébrilement, apparaît Mme Arnoux : « Ce fut comme une apparition » (46). C'est un instant d'éternité, de plénitude. Le silence se fait. Eclatante, lumineuse, « toute sa personne » se détache, *intacta*, avec des contours nets, sur le ciel bleu. Elle n'est pas voilée par la vapeur blanche, mais animée par le souffle palpitant de l'air bleu, enveloppée dans de douces étoffes (voir illustration 1). Rien ne vient la distraire, elle est absorbée par la broderie posée sur ses genoux. L'Annonciation, vous le savez bien, est une histoire de textes et de textiles. Éternité et vanité, vérité et illusion s'opposent.

Cette opposition entre une éternité véritable, synonyme de plénitude, où tout ne fait qu'un, et un temps morcelé où tout est signe de mort et qui cherche dans des idoles chimériques à réunir ces signes en une entité vraie, caractérise déjà le *Canzoniere* de Pétrarque, avec cette opposition entre Marie, Reine des cieux, « chiara, bella, di sol vestita, pura, intera, santa, unica, intacta, stabile et eterna » et Laure, réduite en poussière, qui à la fin, en tant qu'image trompeuse de la fas-

Illustration 1 : Raphaël, *La Madone Sixtine*, 1513–1514, Dresde, Gemäldegalerie Alte Meister

Illustration 2 : Rogier van der Weyden, *L'Annonciation*, première partie du 15ᵉ siècle, Anvers, Koninklijk Museum voor Schone Kunsten

cination sensuelle, devient méduséenne. Flaubert décrit cette Annonciation dans la tradition du dolce stil nuovo, version pétrarquienne. Le *Canzoniere* oppose déjà l'idole pétrifiante d'un amour narcisissique et stérile à Marie, « vera beatrice ».[9] Dans l'iconographie de l'Annonciation, Marie lit souvent (voir illustration 2). Elle conçoit, nous dit saint Augustin, d'abord avec le cœur avant de concevoir dans la chair : le Verbe se fait chair. Cette poétique heureuse sera inversée dans l'œuvre de Flaubert ; en ce sens, celui-ci parle aussi de la fin de l'herméneutique. Dans un renversement chiastique de l'Annonciation, Flaubert n'insufflera la vie qu'à ce qui est voué à la mort tandis qu'il tuera tout esprit vivant, tout esprit d'amour.

C'est son amour vivifiant qui nous sauve de l'idolâtrie. Flaubert raconte d'une part, au niveau sémantique, l'effondrement de l'opposition entre Vierge et prostituée. Par ailleurs, au niveau théologique, le AVE, promesse de salut est inversé pour redevenir EVA, certitude de la perdition. La promesse au cœur de l'Annonciation ne s'est pas remplie. Il y a inversion de la conversion qui repose sur Marie. Dans un paragone des arts, dans un concours entre médias, l'écriture va mettre au jour ce que l'image, ou plutôt l'idole, occulte.

Quand Mme Arnoux lève la tête, Frédéric salue cette apparition comme l'ange salue Marie (voir illustration 3). Certes, il ne fléchit pas les genoux, mais du moins les épaules. Et Frédéric saisit, touche effectivement quelque chose : son châle qui glisse de ses épaules et menace de tomber dans l'eau (voir illustration 4).

Illustration 3 : Léonard de Vinci, *Annonciation*, c. 1472–1475, Florence, Galerie des Offices

---

9 Francesco Petrarca, « Vergine bella » (CCCLXVI), *Canzoniere*, éd. par Marco Santagata, Milan, Mondadori, 1996.

Illustration 4 : Antonello de Messine, *Vierge de l'Annonciation*, 1475, Palermo, Galleria Regionale della Sicilia

A peine en sont-ils venus à échanger un regard sublime – « Leurs yeux se rencontrèrent » (49) – que l'instant de plénitude et d'éternité est interrompu par la question de l'époux. Ils sont ramenés dans le temps réel des horaires : Mme Arnoux va bientôt quitter le bateau. Ce n'est qu'à la deuxième lecture, que la contrefaçon du salut marial devient déchiffrable grâce à l'interruption du mari. J'y reviendrai.

Dans cette apparition, les attributs de la Vierge se profilent en négatif avec une rare exhaustivité et un caractère presque obsessionnel dans le monde sur l'arrière-plan duquel apparaît Mme Arnoux : elle est intacte, entière, ni déchirée ni transpercée, immaculée, mais aussi unique, elle a un éclat stupéfiant, elle est radieuse, lumineuse ; ce sont sa beauté, sa pureté et sa perfection, qui la distinguent de l'absurde tumulte, de la laideur indescriptible, de l'usure et de la déchéance, de la saleté, du tapage, de la confusion et des ordures de ce monde. « Maria stella maris » est évoqué par ses voyages en bateau, ses voyages d'outre-mer, que Frédéric s'imagine.

La scène même de l'apparition détruit l'opposition qu'elle paraît établir : celle entre l'idole et la « vera beatrice ». L'annonciation effectue un renversement herméneutique : la véritable capacité de connaissance donnée par et en Marie s'oppose à l'idolâtrie, à l'aveuglement et aux chimères du monde. Or, dans le texte de Flaubert, Marie apparaît précisément comme celle dont elle est traditionnellement l'antithèse : l'idole.

Le texte reste ambivalent quant à la question de savoir si l'éclat qui ravit Frédéric est l'éclat des yeux de Mme Arnoux qui se répand dans son âme ou s'il est aveuglé par l'apparition : « dans l'éblouissement que lui envoyèrent ses yeux » (47). Le fait que leurs regards ne se soient pas encore croisés est suggéré par l'emphatique : « Leurs yeux se rencontrèrent »[10], qui vient plus tard. Ce n'est pas une transfiguration, mais un aveuglement que Frédéric connaît par l'intermédiaire de « toute la non-personne de cette hypostase de l'idéal iconographique et religieux féminin ».[11] L'antithèse entre le monde et l'apparition n'est établie que pour être contrecarrée par le texte. Entre les lignes, on peut lire que Frédéric est enivré par une illusion.

L'apparition de Mme Arnoux n'est nullement un ailleurs unique et sublime qui descend sur terre. Elle devient lisible comme incarnation d'une féminité on ne peut plus cliché. Mme Arnoux apparaît à Frédéric comme une image, une icône de la beauté de l'époque citée jusqu'à saturation : « on dirait une vierge de Raphaël »[12], constate Wetherill. Le « fond » bleu qui fait à n'en pas douter référence à la sous-couche d'un tableau, l'ovale du visage et les plis de la robe sont des lieux communs dans les descriptions d'apparitions de la Vierge. Qu'il s'agisse non de la description d'une personne, mais d'une personne figée en tableau se voit par la juxtaposition de la vue de face et de profil : « et son nez droit, son menton, toute sa personne se découpait sur le fond de l'air bleu » (47). Mais Flaubert ne se contente pas d'évoquer cette icône. Vient s'y ajouter une école néo-classique contemporaine qui adhère explicitement à l'idéal de beauté associé à Raphaël, une beauté antique, intemporelle : l'école d'Ingres (voir illustration 5). Avec ses contours nets, son nez droit à l'antique, sa robe à la couleur indéfinie, la description de Mme Arnoux se confond avec les descriptions des œuvres de peintres néo-classiques comme Ingres faites par des historiens de l'art ; dans cette école, Raphaël était déjà rabaissé au niveau d'un idéal de beauté stéréotypé devenu à ce stade de la réception un expédient reproductible. Le chapeau de paille qui se substitue à l'auréole de la Vierge l'indique bien : il est lui aussi rebattu.

---

10 Cf. le titre de l'analyse de Jean Rousset, *Leurs yeux se rencontrèrent. La scène de la première vue dans le roman*, Paris, Corti, 1981, p. 24–27, qui est un *locus classicus* de la recherche sur Flaubert.

11 Dans ce cas, ce seraient les yeux de Frédéric eux-mêmes qui auraient provoqué l'aveuglement de son cœur. Le modèle traditionnel proposé par la théologie de l'amour serait ainsi perverti par la mise en scène d'un auto-aveuglement. Cf. Harald Nehr, « Sehen im Klischee – Schreiben im Klischee. Zum Verhältnis von Wahrnehmung, bildender Kunst und Künstlern in Gustave Flauberts *Éducation sentimentale* », dans : *Romanistische Zeitschrift für Literaturgeschichte* no. 27 (2003), p. 117–130. Nehr montre aussi très bien en comparant les manuscrits le travail d'ambiguation du référent de l'adjectif possessif. Cependant, il n'y est pas question de théologie de l'amour, comme Nehr le suppose avec Warning, mais de l'Annonciation.

12 Wetherill, *op. cit.*, p. 260.

Illustration 5 : Jean-Auguste-Dominique Ingres, *La Vierge adorant l'Hostie*, New York, Metropolitan Museum

Un cliché en chasse un autre, et c'est ainsi que le cliché exotique, orientaliste – un clin d'œil au lecteur, une allusion aux tableaux d'Ingres, le peintre des Vierges et des harems *Le bain turc*, *L'Odalisque* ? – vient côtoyer directement le cliché marial (voir illustrations 6 et 7).

Dans le registre oriental, la prostituée s'inscrit donc d'emblée – à la Ingres, serait-on tenté de dire – dans la madone. Peu importe pour le lecteur que la phrase « ce fut comme une apparition » soit une citation extraite des journaux égyptiens de Maxime du Camp. Le fait de savoir qu'il s'agit d'une citation ne fait que souligner ce que le texte transporte de toute façon dans l'orientalisme : la connotation fondamentalement érotique de ce registre quand il est appliquée aux femmes. Maxime du Camp dépeint dans cette phrase le moment où apparaît la courtisane à laquelle Flaubert et Maxime du Camp rendent visite ensemble – comme l'a souligné Pierre-Marc de Biasi.[13] Koutchouk-Hânem se détache dans la description faite par Flaubert de ce moment précis, de même que Mme Arnoux se découpe sur l'azur du ciel : « se détachant sur le fond bleu du ciel ».[14] L'élément décisif n'est toutefois pas l'aspect moral qui *oppose* la madone et l'odalisque et qui, ici, est anéanti. Ce qui est plus important, c'est la chosification, la fétichisa-

---

[13] Voir à ce propos Gustave Flaubert, *Voyage en Egypte*, éd. par Pierre-Marc de Biasi, Paris, Grasset, 1991, p. 280.
[14] Ibid.

Illustrations 6/7 : Jean-Auguste-Dominique Ingres, *Le bain turc*, 1862, Paris, Musée du Louvre ; Jean-Auguste-Dominique Ingres, *La Grande Odalisque*, 1814, Paris, Musée du Louvre

tion qui *unit* la madone et la prostituée dans le regard de l'homme. Aux yeux de Frédéric, Mme Arnoux n'est entière qu'en tant qu'image découpée, bidimensionnelle, réduite à l'état d'objet.[15] Et c'est cette fétichisation, cette chosification qui fait d'elle un objet de désir, qu'elle soit madone ou odalisque.

---

[15] Pour cette discussion au sujet de l'image, voir surtout Sara Danius, *The Prose of the World – Flaubert and the Art of Making Things Visible*, Uppsala, Uppsala Universitet, 2006.

Le travail du texte consiste à littéraliser le spirituel et se résume dans le coffret d'argent ciselé, métaphore du sexe de Mme Arnoux, qui, avec un peu de blanc d'Espagne – encore le registre oriental –, brillera et sera acheté par Mme Dambreuse lors de la vente aux enchères.

L'apparition n'est donc – c'est ce que nous donne le texte – nullement un événement sublime ; Frédéric adore Marie Angèle comme idole. Le texte met en scène l'apparition sous forme d'image coalescente, figée dans la citation, d'image aux allures de déjà-vu. La perspective de Frédéric est donc contrecarrée par le style de la description. L'image est contrecarrée en tant qu'image par l'écriture ; dans la description est inscrit ce que Frédéric ne voit pas, mais qui nous est donné à lire. Ainsi, l'antithèse vanité – éternité est abolie. La madone n'est pas à l'opposé du monde, elle n'est pas la contre-figure de l'aveuglement, de la mort et du chaos ; la vérité est du côté du monde babylonien, l'apparition de la Vierge est aveuglante. Frédéric, qui ne voit pas avec le cœur, mais avec les yeux de la chair, est aveuglé.

Pour Frédéric, Mme Arnoux représente ce qu'il connaît déjà. Et ce n'est pas quelque chose de sublime, d'individuel, d'unique, mais tout ce qui existe en matière de féminité idolâtrée sur le marché et s'y est figé en image, en cliché. Le cœur de l'idolâtrie est une littéralisation de l'esprit ou, pour parler comme saint Augustin, une carnalisation du spirituel – la pratique de la *civitas terrena* – au lieu d'une spiritualisation de la chair – *proprium* de la *civitas Dei*. La scène de l'Annonciation est la scène originelle de la transformation de l'un en l'autre : Marie, qui conçoit dans son cœur avant de concevoir dans sa chair, marque le début d'une révolution herméneutique. Chez Flaubert, ce changement se renverse, c'est la *perversio* de la *conversio*. Voilà la figure décisive des histoires de Sainte Vierge écrites par Flaubert.

L'idolâtrie amoureuse de Frédéric a finalement pour objet moins la femme que lui-même. Dans un renversement absolu du topos religieux où l'amour mène à l'humilité, l'amour de Frédéric flatte surtout son orgueil. Aussi le motif de la curiosité en tant que facteur classique de chosification et d'élévation de soi est-il d'emblée souligné. L'« amour » de Frédéric est donc surtout auto-aveuglement et affirmation de sa virilité.

La Vierge et mère, tel est l'idéal que Frédéric vénère en Mme Arnoux. Les deux signifiants que sont « la Vierge » et « la mère » sont unis par le fait que face à eux, comme Freud le dit si bien, Frédéric est incapable d'agir. Il devient tout simplement impuissant. Le mythe de Marie devient ainsi le scénario classique qui traite de la peur de la castration et de son apaisement par le fétichisme. Louise Roque, qui est vierge, veut s'offrir à Frédéric, mais en proie à la peur que lui inspire sa virginité, il ne peut la prendre. Mme Arnoux veut se donner à lui, mais par peur de l'inceste que produit automatiquement le signifiant implicite « mère », il ne peut la prendre. C'est l'absence d'érotisme, l'absence d'un manque, que Frédéric projette en elle qui, à ses yeux, lui confère, à elle qui est bénie entre toutes les femmes, cette qualité unique : pouvoir concevoir dans la pureté, sans désir sexuel. Le caractère immaculé de Mme Arnoux n'apparaît dans le texte qu'en négatif, par opposition à la tache du péché originel : les « taches » ou « macules » caractérisent les autres femmes et ramènent le désir sexuel, toujours accouplé au meurtre, au péché originel. Louise Roque est maculée, de même que Rosanette est maculée. Louise Roque jeune fille se représente déjà les plaisirs sexuels qu'elle éprouvera une fois qu'elle sera la femme de Frédéric. Le lendemain, elle pleure sur ses péchés et est réveillée en pleine nuit par un cauchemar ; Frédéric lui a lu *Macbeth* « dans la simple traduction de Letourneur », et dans son cauchemar elle crie : « "La tache ! la tache !" ; ses dents claquaient, elle tremblait, et, fixant des yeux épouvantés sur sa main droite, elle la frottait en disant : "Toujours une tache !" » (170s.) Le régicide de Macbeth, qui laisse des traces de sang, est associé par le contexte au désir précoce de Louise.[16] L'équivalence entre désir sexuel, procréation et meurtre est soulignée sur le plan métonymique par l'étroite proximité temporelle du meurtre commis par son père sur un révolutionnaire qui se trouve en prison et la passion qui l'habite dans la scène où elle cherche Frédéric en pleine nuit et où des soldats de la *garde nationale* font des plaisanteries au sujet de sa grossesse présumée. Le sexe et le meurtre : des affaires de famille, des affaires qui, au sens propre du terme, ne sortent pas de la famille.

Rosanette est aussi « maculée » : c'est le signe de sa grossesse, qu'elle avoue à Frédéric au moment où celui-ci, furieux, lève la main sur elle : « Ne me tue pas ! Je suis enceinte ! » (531). Sa grossesse, que Frédéric accepte d'ailleurs aussitôt en tant que telle se manifeste par de petites taches jaunes : « De petites taches jaunes maculaient sa peau. » (531). Le fait de mettre au monde des enfants, fruits du désir sexuel, et le désir de meurtre qui s'empare de Frédéric sont réunis dans les « macules jaunes », signe du péché originel, effacé par Marie – Eve, Ave.

Pour Frédéric, Mme Arnoux n'a pas de taches comme celles-là ; il la place ainsi, seule entre toutes les femmes, en dehors de l'humain. Frédéric n'est pas jaloux d'Arnoux parce que pour lui il est inconcevable que Mme Arnoux soit nue et fasse l'amour : « il ne pouvait se la figurer autrement que vêtue, – tant

---

[16] Comme exemple de la sexualité féminine précocement mature, on peut citer, outre Louise, la fille des Arnoux. Cela n'apparaît pas seulement dans son amour légèrement incestueux pour son père, mais aussi dans la scène avec les anguilles – symbole phallique évident –, avec lesquelles la petite fille joue et qu'elle fait toutes mourir.

sa pudeur semblait naturelle, et reculait son sexe dans une ombre mystérieuse »
(135). À la pudeur naturelle de Mme Arnoux correspond sa pudeur à lui :

> Une invincible pudeur l'en empêchait ; et il ne pouvait se guider d'après aucun exemple
> puisque celle-là différait des autres. Par la force de ses rêves, il l'avait posée en dehors des
> conditions humaines. (273)

Maria, bénie entre toutes les femmes, n'est pas la fille d'Eve ; ne portant pas la marque, la tache du péché originel, elle est venue pour inverser Ève/Eva en Ave ; choisie entre toutes les femmes, elle est, vierge et mère, destinée à apporter le salut.

> Il était empêché, d'ailleurs, par une sorte de crainte religieuse. Cette robe, se confondant
> avec les ténèbres, lui paraissait démesurée, infinie, insoulevable ; et précisément à cause
> de cela son désir redoublait. (309)

Maria, ouvre ton manteau, dit un chant marial : avec sa robe démesurée sous laquelle le monde entier peut se réfugier et qu'on ne peut pas soulever, Mme Arnoux est une Vierge au manteau (voir illustration 8).

Illustration 8 : Titien, *Annonciation*, c. 1535, Venise, Scuola Grande di San Rocco

Les associations qui font du culte amoureux une religion sont développées du point de vue de Frédéric. « Elle l'appelait "Frédéric", il l'appelait "Marie", adorant ce nom-là, fait exprès, disait-il, pour être soupiré dans l'extase, et qui semblait

Illustration 9 : Stephan Lochner, *La Madone au buisson de roses*, c. 1448, Köln, Wallraf-Richartz-Museum

contenir des nuages d'encens, des jonchés de roses. » (406). On dirait les héroïnes de Zola qui pendant les dévotions mariales en mai savourent déjà les plaisirs sensuels de l'adultère avant même de le commettre.

La fête de Mme Arnoux, la Sainte-Angèle, se situe le 24 mai. Flaubert l'a déplacée exprès de janvier en mai, mois de Marie. Mme Arnoux ne s'avère toutefois pas être comme la Vierge à la roseraie (voir illustration 9) une rose sans épines – c'est-à-dire sans l'aiguillon de la chair et dont l'amour mène non à la mort, mais à la vie. Son mari lui offre un bouquet de roses qu'il a enveloppé dans du papier et fixé, sans y prendre garde, par une épingle à laquelle Mme Arnoux se blesse. Cette épine sera l'aiguillon planté dans sa chair : elle se sait désormais trompée par son mari. Le papier dans lequel les roses à épines ont été enveloppées au sens littéral et au sens figuré est une lettre de la Vatnaz, une entremetteuse qui a arrangé un rendez-vous d'Arnoux avec la courtisane Rosanette le soir même de l'anniversaire de sa femme.

Illustration 10 : Giovanni Bellini, *Madone Alzano*, 1485, Bergamo, Accademia Carrara

Illustration 11 : Rogier van der Weyden, *Crucifixion*, 1460, Philadelphia, Philadelphia Museum of Art

Les images qu'évoque le texte sont *l'Annonciation* dans la scène où Frédéric salue Mme Arnoux, *La Vierge à l'enfant* (voir illustration 10) dans la scène où Frédéric, qui vient de passer trois ans en province, sans argent ni succès, revoit Mme Arnoux assise près de la cheminée avec un petit garçon d'environ trois ans sur les genoux (187), le *Stabat mater*, et la *Pietà* (voir illustrations 11 et 12), quand Frédéric l'attend pour lui faire l'amour alors qu'elle est seule au chevet de son fils qui lutte contre la mort. La référence au *Stabat mater* est soulignée par la mise en parallèle de l'agonie de l'enfant aux côtes saillantes et de celle du Christ sur la Croix (voir illustration 13). L'image de la *Pietà* est renforcée par la représentation de Mme Arnoux qui imagine

Illustration 12 : Giovanni Bellini, *Pietà (Déploration sur le corps du Christ)*, c. 1500–1505, Venise, Galleria dell'Accademia

Illustration 13 : Matthias Grünewald, *Retable d'Issenheim (Détail : Crucifixion)*, c. 1528, Colmar, Musée d'Unterlinden

son fils devenu adulte, alors qu'il est encore à ce moment-là un jeune enfant, se battre en duel pour rétablir l'honneur de sa mère sali par la liaison avec Frédéric et être rapporté blessé à la maison.

La scène de *l'Annonciation* est profanée par le mari. A peine les yeux de l'amant et de la femme qu'il vénère se sont-ils rencontrés dans la scène du salut que le mari crie prosaïquement : « Ma femme, es-tu prête ? » (49), paraphrase comique de l' « Ave Maria », où l'ange demande à Marie si elle est prête à être mère, « Que tout se passe pour moi comme tu l'as dit ». Manifestement – l'enfant sur ses genoux le prouve – Mme Arnoux a répondu oui à cette question posée à peu près au moment où elle apparaît à Frédéric, et elle est tombée enceinte. Le travestissement de l'Annonciation est inscrit d'emblée dans la rencontre.

La scène de la *Madone avec enfant* est, elle aussi, profanée. La mort à laquelle est voué l'Enfant-Jésus, son sacrifice voulu par son père, est toujours inscrit par l'iconographie dans les tableaux représentant la Vierge à l'enfant par le serin par exemple, symbole de sacrifice. Ici, c'est la mort du fils qui est insérée dans cette scène qui n'est qu'à première vue une scène familiale idyllique. Le père joue avec son fils et le jette dans l'air. Mme Arnoux a peur de son fils, dont elle craint que son père ne le tue, « ah ! mon Dieu » ; cette catachrèse figée devient ici vivante pour retrouver par-delà les intentions de la locutrice une inquiétante vérité : « Tu vas le tuer ! ah ! mon Dieu ! finis donc ! » (187) (voir illustration 14).

Illustration 14 : Giovanni Bellini, *Madonna in trono che adora il Bambino dormiente*, c. 1473, Venise, Galleria dell'Accademia

L'élément marial est déformé au sens propre du terme dans le nom du vin qu'Arnoux sert à ses dîners. Le vin du Rhin appelé *Liebfrauenmilch*, qui était alors très à la mode – « vins extraordinaires » – et qui n'était pas encore devenu le vin doux d'aujourd'hui qui vous donne mal à la tête, apparaît dans le texte sous forme de « lip-fraoli ». Le motif du *Stabat mater* est évoqué dans l'affaire du *Stabat Mater* de Rossini, une affaire d'argent et d'escroquerie brièvement discutée dans le cercle des artistes et galeristes, où il est question d'un copyright volé.[17] Après le sexe, c'est ici l'argent qui s'inscrit dans le motif marial.

Dans *L'Éducation*, Marie n'est donc pas l'inversion d'Ève, mais une nouvelle Ève ou, pour le dire autrement, Babylone, la prostituée, n'est pas sauvée par la Vierge Marie, mais c'est la Vierge qui est dès le début prostituée. Cela a bien sûr aussi un aspect politique. Car les deux femmes, la madone et la prostituée représentent deux types de société, de *civitas*. Chez Flaubert, Paris se révèle être non la mère des sciences et des arts, mais Babylone, la grande prostituée, ou, dans un langage plus moderne, un Paris dominé par l'aliénation, la chosification, mais surtout par une inébranlable auto-idolâtrie.

La République : *Stabat mater* et bordel

Et pourtant, il y a dans *L'Éducation* deux moments, disons républicains, qu'on peut aussi qualifier de miracles, où l'histoire aurait pu se démarquer de la sinistre variante du topos babylonien. Nous voilà à la *stabat mater* et *pietà*. La péripétie du roman, le moment décisif où Mme Arnoux et Frédéric se manquent – nous nous trouvons à l'époque où éclate la révolution de Février –, voit se produire un miracle. Eugène, le jeune fils de Mme Arnoux, survit de justesse à un accès de croup alors qu'il était déjà à l'article de la mort. Ce retournement tout à fait inattendu, incroyable qui éloigne la catastrophe et amorce la guérison, le retour à la vie, est un camouflet la fois pour la vérité et la vraisemblance. Mme Arnoux n'en croit pas ses yeux, elle ne comprend pas : « Sauvé ! Est-ce possible ! » (419) Une seule fois, ce n'est pas la fatalité qui l'emporte, mais le salut. Être sauvé après une longue agonie, c'est presque comme ressusciter des morts. Délaissée par son mari qui est aussi indifférent qu'oublieux et dont l'esprit est occupé par autre chose, comme par les médecins incompétents, Mme Arnoux reste seule au chevet de son fils qui lutte contre la mort : « Les heures se succédèrent, lourdes, mornes, interminables désespérantes ; et elle n'en comptait plus les minutes qu'à la progression de cette agonie. » (418) Le temps qui passe rapproche de la mort. La mère des douleurs avait déjà détourné les yeux pour ne pas assister aux derniers instants de son fils.

L'agonie du fils et de la mère est placée à l'endroit précis où aurait dû avoir lieu l'adultère : la douleur au chevet du fils remplace le plaisir dans le lit de l'amant.

---

[17] Cela aussi est un insert autobiographique ; Schlesinger était mêlé à l'affaire concernant le copyright du *Stabat mater* de Rossini.

Ce parallélisme est souligné par les mots d'amour que bredouille la mère autour du cou de laquelle le fils, en proie à l'angoisse de la mort, noue les bras : « Oui, mon amour, mon ange, mon trésor ! » (418) Ces mots, elle aurait aussi pu les dire à Frédéric au même moment. Cette guérison miraculeuse n'est pas due à la médecine – Flaubert ne laisse aucun doute à ce sujet. L'indifférence et l'incompétence des médecins sont criantes ; la trachéotomie qui peut s'imposer sur le plan médical en cas d'accès de croup et que Flaubert avait d'abord envisagée n'a pas lieu. Ce qui est médicalement exact, c'est la description de la maladie jusqu'au moment où l'enfant vomit un morceau de parchemin – et est sauvé.

> Les secousses de sa poitrine le jetaient en avant comme pour le briser ; à la fin, il vomit quelque chose d'étrange, qui ressemblait à un tube de parchemin. Qu'était-ce ? Elle s'imagina qu'il avait rendu un bout de ses entrailles. (418)

Personne n'a jamais entendu dire qu'un accès de croup disparaissait de cette façon. Le fait de cracher un parchemin n'a absolument rien de réaliste, n'a aucune vraisemblance, aucune vérité.

Cette réfutation d'une lecture réaliste exprimée ouvertement dans le miracle rend pour ce retournement de situation, pour cette péripétie dramatique qui marque un renversement possible de la logique babylonienne, une lecture allégorique incontournable. Le mode de lecture est donc lui aussi bouleversé dans cette péripétie. La scène d'agonie et de guérison est un moment de renversements complets. Ce qui est renversé, c'est un topos dont il existe d'infinies variantes dans le roman du XIXe siècle : l'enfant de la femme adultère meurt et sa mère interprète sa mort comme le châtiment de ses péchés. Ici au contraire, l'enfant risque de mourir à la place de l'adultère, *passio* pour *assio* ; son agonie préserve la mère de l'adultère. Après la guérison miraculeuse, Mme Arnoux sacrifie sa première et seule passion avant le passage à l'acte, comme un sacrifice rituel de l'Ancien Testament : « et de toutes ses forces, lançant son âme dans les hauteurs, elle offrit à Dieu, comme un holocauste, le sacrifice de sa première passion, de sa seule faiblesse. » (419) Contrairement à l'épisode de Frédéric et Rosanette qui suit immédiatement – où l'acte d'amour est consommé au lieu de l'être avec Mme Arnoux – et où, selon la poétique de la tragédie, le bonheur se transforme en un malheur funeste, où les rires se transforment en pleurs, l'agonie se transforme ici en salut comme par l'intervention d'un *deus ex machina*. Ce jour-là commence la liaison de Frédéric avec Rosanette, laquelle conduira à une grossesse et à la naissance d'un fils qui mourra peu après, alors que le fils de Mme Arnoux vomit quelque chose qui ressemble à un morceau de « parchemin » ; d'après les explications du Petit Robert, « pergamena, charta » : peau d'animal préparée spécialement pour l'écriture de documents importants ou, comme *pars pro toto*, d'une « charte ». L'enfant vomit de ses entrailles la Constitution de 1848, il lui donne naissance : de cette Constitution, le texte dira plus tard sans la moindre ironie et avec un pathos extrêmement rare pour Flaubert, qu'elle avait été à la base de la législation la plus humaine que l'on ait jamais connue : « Malgré la législation la plus humaine qui fut jamais » (441).[18] Elle ne durera pas ; son échec scelle la fin des espoirs de 1848.[19] Ce moment d'espoir est relaté dans le miracle de l'expulsion du parchemin, dans la guérison miraculeuse du fils dont les souffrances allaient prendre fin dans la mort. Un texte né de l'agonie de la mère et du fils vient se substituer à l'équivalence entre sexe et violence, aux naissances funestes vouées à la mort et au fratricide. En tant que parole née de la chair, il représente une inversion de l'Annonciation. En tant que parole qui n'est pas avalée par les prophètes, mais vomie, il constitue une inversion de la logique des prophètes. Ce moment républicain est calqué sur l'iconographie du *Stabat mater* ; le parallèle entre les souffrances de l'enfant et celles du Christ est souligné sur le plan graphique par les côtes saillantes qu'on voit sur beaucoup de scènes de Crucifixion. Au *Stabat mater* vient s'ajouter la *Pietà* : Mme Arnoux s'imagine un duel auquel son fils se serait livré pour laver le déshonneur causé par sa liaison avec Frédéric ; il est ramené chez lui blessé. A un moment décisif de grands bouleversements surgit un espoir républicain, avant que le monde ne retrouve son cours aveugle, babylonien.

Le deuxième moment républicain a pour lieu le bordel. Il accomplit le renversement marial. Le topos de la Grande prostituée qu'est Babylone opposé a Marie immaculée fait s'achever *L'Éducation* par une scène de bordel. Tout l'amour est réuni sous le signe de la prostitution, qui ne se voit qu'à la fin dotée d'un nom oriental : « la Turque ». *L'Éducation* s'achève sur un souvenir de jeunesse de Frédéric et Deslauriers, qui s'étaient rendus dans un bordel, chez Zoraïde Turc, laquelle est d'ailleurs aussi peu turque que Mme Arnoux est andalouse. Ceci nous ramène au topos oriental – la prostituée nord-africaine chère à Flaubert – incarné de manière si éminente en Mme Arnoux en tant que Juive, topos qui est ici encore une fois inversé. Flaubert ne s'en sert pas en vue d'une poétisation de l'amour, mais d'une poétisation de la prostitution. A l'inverse de l'opinion commune qui se détourne hypocritement du vice, le bordel de *L'Éducation* ne figure pas le lieu de tous les vices. Sous la plume de Flaubert, il devient le lieu idyllique par excellence, hortus conclusus. Avec ce bordel poétiquement embelli par l'éclat

---

[18] Voir pour la représentation d'un accouchement où les hommes donnent le jour à une constitution Lynn Hunt, *The Family Romance of the French Revolution*, Berkeley et al., Univ. of California Press, 1993.
[19] La Constitution a été adoptée le 4 novembre 1848 et abolie le 14 janvier 1852 avec la proclamation du Second Empire.

de l'Orient musulman, Flaubert n'inverse pas seulement la façon dont les romantiques ont utilisé ce topos. C'est justement le bordel, stigmatisé en tant que « lieu de perdition » par une société qui se voue corps et âme à la prostitution, qui fonctionne dans *L'Éducation* en tant qu'hétérotopie n'ayant plus rien de babylonien – c'est d'ailleurs la seule.

Cette maison close est une hétérotopie au sens littéral du terme : elle se situe en dehors du lieu et du temps du roman. La visite que Deslauriers et Frédéric font au bordel et à laquelle il est fait allusion dès la première scène alors qu'elle sera racontée dans la dernière, met le roman entre parenthèses. Cette visite a lieu en 1837, à une époque antérieure au roman puisque celui-ci commence en 1840. Le bordel se trouve dans un non-lieu anonyme : « L'endroit que vous savez, – une certaine rue, – au bas des Ponts. » (626). C'est l'infâme « u-topos » du bordel qui, en tant qu'espace d'innocence, devient le contre-lieu de la société de l'époque, le contre-lieu de la Babel universelle, et de manière classique, presque trop classique, serait-on tenté de dire, le contre-lieu de l'Église catholique. Cette Église – mariale, c'est-à-dire à la fois vierge et féconde – qui donne naissance à la vie, est pensée à l'opposé de Babylone, la Grande prostituée. L'Église fondée à la Pentecôte est sauvée de tout ce qui a trait à Babylone par une compréhension vivante et universelle. Ce à quoi elle donne naissance dans la *caritas* et non dans la *concupiscentia*, n'est pas voué à la mort, mais à la vie. Église et bordel, Marie et Grande prostituée, se retrouvent face à face à la fin de *L'Éducation*.

Dans la courte desciption de la visite au bordel – l'une des scènes que Flaubert a le plus travaillées – il n'y a pas un mot de trop.[20] Un dimanche, alors que les paroissiens se sont rassemblés à l'église pour les vêpres, Deslauriers et Frédéric se rendent chez « la Turque ». Leur promenade rappelle la procession de la Fête-Dieu qui sillonne les champs pour les bénir. Tels les enfants de cette procession, tels deux angelots, Frédéric et Deslauriers se sont fait friser pour l'occasion. Tels des angelots, ils portent des bouquets de fleurs. Comme la procession de la Fête-Dieu, ils parcourent les champs fertiles.

> Or, un dimanche, pendant qu'on était aux vêpres, Frédéric et Deslauriers, s'étant fait préalablement friser, cueillirent des fleurs dans le jardin de Mme Moreau, puis sortirent par la portes des champs, et après un grand détour dans les vignes, revinrent par la Pêcherie et se glissèrent chez la Turque, en tenant toujours leurs gros bouquets. (626)

---

20 Cf. pour les variantes du manuscrit Peter Michael Wetherill, « C'est là ce que nous avons eu de meilleur », dans : *Flaubert à l'œuvre*, éd. par Raymonde Debray-Genette et al., Paris, Flammarion, 1980, p. 35–68.

Et comme les angelots de la procession, ces jeunes gens aux cheveux frisés qui, leur bouquet de fleurs à la main, projettent de se soumettre à un rituel les faisant accéder à la virilité, sont dans leur innocence enfantine presque asexués. Pourquoi Flaubert évoque-t-il la procession de la Fête-Dieu ? Pour montrer ce qui manque à cette déambulation à travers les champs : le Saint-Sacrement – *corpus Christi* – dans l'ostensoir doré, équivalent du Veau d'or, symbole d'idolâtrie. Si la Fête-Dieu est présentée comme une danse autour du Veau d'or, un symbole de l'idolâtrie, le christianisme devient une religion idolâtre, babylonienne.[21]

Le contexte économique, foncièrement anti-romantique du bordel, où les hommes rémunèrent les rapports sexuels et où les femmes font office de marchandises consommables, est inversé. Le bordel devient le lieu du don et de la séduction, en quelque sorte le lieu d'un amour qui n'a pas de prix. De même que le fiancé offre un bouquet de fleurs à la femme qu'il aime, Frédéric offre son bouquet de fleurs : « Frédéric présenta le sien, comme un amoureux à sa fiancée. » (626) Les accents qui rappellent le Cantique des cantiques déplacent le topos – traduit dans l'amour marial du Moyen Âge classique – de l'église vers le bordel. Ce n'est pas Marie ou l'église qui font figure d'*hortus conclusus*, *locus amoenus*, mais le bordel situé au bord de l'eau et prodiguant ombre et fraîcheur même en plein été. Le bocal avec les poissons rouges peut être interprété en tant que métaphore pour Marie, un récipient clos ; le poisson est le symbole du Christ. Avec le vin et le poisson sont donc cités les deux principaux symboles christiques. Le lieu où la sexualité est dénuée de sentiments devient un lieu où le sentiment est dénué de sexualité, et ce sentiment est si intense, si radical que Frédéric pâlit, sur le mode du sublime. La logique du regard est elle aussi inversée : car le sujet du regard, ce sont ici les prostituées. Le spectacle est moins le fait des femmes qui, telles des marchandises, sont jaugées et se tiennent à la disposition des clients, que de l'homme qui ne devient pas client : Frédéric, dont l'embarras amuse les prostituées. Un rire commun, qui relie et ne se moque de personne, ne se trouve qu'une fois dans *L'Éducation*, précisément dans cette maison close. Dans toute cette scène, aucun mot n'est prononcé ; l'idiome de l'état de péché ne se fait pas entendre. Les femmes chantonnent doucement, d'une voix rauque.

En tant que contre-image de Babylone, la Grande prostituée, le bordel devient un lieu presque paradisiaque, le lieu de l'innocence avant la Chute, dont

---

21 Pour le caractère idolâtre de la Fête-Dieu, voir *Un cœur simple*, « Le prêtre gravit lentement les marches et posa sur la dentelle son grand soleil d'or qui rayonnait. Tous s'agenouillèrent. » (Gustave Flaubert, *Drei Erzählungen – Trois Contes*, trad. et éd. Cora van Kleffens et André Stoll, Francfort-sur-le-Main, Insel, 1982, p. 61). Le soleil associe le christianisme aux cultes idolâtres du soleil, prédominants dans *Hérodias*.

Babylone est finalement la conséquence. La chute originelle a entraîné, comme chacun sait, le désir sexuel qui mène à la mort ; or c'est lui qui ici est annulé et par là même, comme chez saint Augustin la détermination sexuelle par l'acte sexuel : Frédéric et Deslauriers ne deviennent pas des hommes. Ils restent comme Adam et Ève avant que ceux-ci ne prennent conscience de leur sexualité, comme des anges. Au lieu d'une association d'hommes qui cherchent à s'assurer de leur virilité, nous voyons des femmes qui rient joyeusement. Ce qui est aussi annulé, c'est la transaction, le commerce, l'échange qui chosifie – la propriété est associée au nom de Caïn, l'ancêtre de Babylone. Frédéric, qui a l'argent, prend la fuite et il ne reste plus à Deslauriers qu'à le suivre. Dans le bordel oriental de la Turque est annulé, n'a pas lieu ce que la Grande prostituée a mis au monde : la chosification, le désir sexuel, la ruine mutuelle, l'escroquerie et le mensonge. Tous ces phénomènes ont changé de camp et définissent la communauté qui se réunit hypocritement à l'église et qui, à ce moment précis, y entonne probablement le *Magnificat*, le cantique de la Vierge Marie (voir illustration 15). Dans cette inversion de toutes les valeurs, l'Église mariale devient babylonienne et la Grande prostituée devient mariale : *L'Éducation* s'achève donc au bordel, un « non-lieu », où tout ce que fait Babel n'a pas lieu, échappe au temps.

Illustration 15 : Sandro Botticelli, *La Madone du Magnificat*, c. 1481, Florence, Galerie des Offices

Illustrations

Illustration 1 : Raphaël, *La Madone Sixtine*, 1513-1514, Dresde, Gemäldegalerie Alte Meister
Source : Wikimedia Commons

Illustration 2 : Rogier van der Weyden, *L'Annonciation*, première partie du 15ᵉ siècle, Anvers, Koninklijk Museum voor Schone Kunsten
Source : Wikimedia Commons

Illustration 3 : Léonard de Vinci, *Annonciation*, c. 1472-1475, Florence, Galerie des Offices
Source : Prometheus Bildarchiv

Illustration 4 : Antonello de Messine, *Vierge de l'Annonciation*, 1475, Palermo, Galleria Regionale della Sicilia
Source : ARTstor

Illustration 5 : Jean-Auguste-Dominique Ingres, *La Vierge adorant l'Hostie*, New York, Metropolitan Museum
Source : Wikimedia Commons

Illustrations 6 : Jean-Auguste-Dominique Ingres, *Le bain turc*, 1862, Paris, Musée du Louvre
Source : Wikimedia Commons

Illustration 7 : Jean-Auguste-Dominique Ingres, *La Grande Odalisque*, 1814, Paris, Musée du Louvre
Source : Wikimedia Commons

Illustration 8 : Titien, *Annonciation*, c. 1540, Venise, Scuola Grande di San Rocco
Source : Wikimedia Commons

Illustration 9 : Stephan Lochner, *La Madone au buisson de roses*, c. 1448, Köln, Wallraf-Richartz-Museum
Source : Wikimedia Commons

Illustration 10 : Giovanni Bellini, *Madone Alzano*, 1485, Bergamo, Accademia Carrara
Source : Wikimedia Commons

Illustration 11 : Rogier van der Weyden, *Crucifixion,* 1460, Philadelphia : Philadelphia Museum of Art
Source : Google Art Project

Illustration 12 : Giovanni Bellini, *Pietà (Déploration sur le corps du Christ)*, c. 1500-1505, Venise, Galleria dell'Accademia
Source : Prometheus Bildarchiv

Illustration 13 : Matthias Grünewald, *Retable d'Issenheim (Détail : Crucifixion)*, c. 1528, Colmar, Musée d'Unterlinden
Source : Wikimedia Commons

Illustration 14 : Giovanni Bellini, *Madonna in trono che adora il Bambino dormiente*, c. 1473, Venise, Galleria dell'Accademia
Source : Wikimedia Commons

Illustration 15 : Sandro Botticelli, *La Madone du Magnificat*, c. 1481, Florence, Galerie des Offices
Source : Wikimedia Commons

Cornelia Wild
L'écriture de la mélancolie. Dürer et Flaubert

La mélancolie a une consistance particulière. Bien que la mélancolie ait constamment changé de sens (passant d'une maladie à un état d'âme poétique), il y a quelque chose de la mélancolie qui persiste : elle se réfère toujours à un liquide sombre, quelque chose qui peut s'écouler d'un corps ou d'un stylo. Depuis le romantisme, c'est la similitude entre la bile noire et l'encre noire qui permet une association métaphorique entre le pathologique et le poétique. Outre la conception de la mélancolie en tant que maladie, sentiment ou expression de l'âme, la mélancolie est toujours en même temps quelque chose qui transporte, l'histoire de la mélancolie donc toujours aussi une histoire de la métaphore. La mélancolie s'anime d'un mouvement analogue à la métaphore qui, dans la définition rhétorique, est une figure du transport (*metà phérein*, littéralement « transporter »).[1] Afin de revenir sur cette analogie, nous aimerions nous intéresser de plus près à Flaubert et Dürer, représentants de deux arts différents, la littérature et les arts visuels, qui ont leur point de fuite commun et dans l'écriture et dans la mélancolie. Les deux figures que sont le saint flaubertien et le mélancolique de Dürer, peuvent être interprétées en tant que commentaires métapoétiques de leurs auteurs sur leur propre processus de création. Ce n'est pas par hasard que tous deux se réfèrent également, chacun à sa façon, à la mélancolie en tant qu'écriture.

L'encre, affirme Gustave Flaubert dans ses lettres, est « son élément naturel » (À Louise Colet, 14 août 1853).[2] On pourrait dire que l'encre est à Flaubert ce que l'eau est au poisson. Mais pourtant elle a des abîmes : « Beau liquide, du reste, que ce liquide sombre ! et dangereux ! Comme on s'y noie ! comme il attire ! ».[3] Ce n'est certes pas par hasard si cette remarque se trouve dans une lettre où Flaubert caractérise sa situation d'écrivain en employant les topoï de la mélancolie : « la pluie tombe [...] je m'ennuie ! ».[4] Et comme presque tout chez Flaubert qui a un rapport avec l'écriture, l'encre a une signification ambiguë : l'écriture peut être à la fois une chose belle et sombre, une chose attirante mais dangereuse. Dans son roman *Madame Bovary*, et ce dès les premiers signes d'empoisonnement d'Emma Bovary qui, après divers adultères, un mariage décevant, des rêves romantiques

---
1 Quintilian, *Inst. Orat.* VIII, 6,4. Je remercie Rose Marie Eisenkolb pour la traduction.
2 Gustave Flaubert, *Correspondance*, éd. Jean Bruneau, Paris, Gallimard, 1980, t. II : juillet 1851 – décembre 1858, p. 395.
3 *Ibid.*
4 *Ibid.*, p. 390.

anéantis et une ruine financière totale, absorbe, comme on le sait, de l'arsenic, l'encre entre en jeu d'une façon ambivalente. Le poison a tout d'abord un goût amer, puis Emma sent « [c]et affreux goût d'encre » (MB, p. 459).[5] Par son goût, le poison est donc rapproché de l'encre et l'encre, par son rapport à l'écriture, se réfère à l'acte d'écrire lui-même. La scène de l'agonie qui n'évite pas le moindre détail de la mort par empoisonnement, et détruit par là même l'association avec l'idée romantique du beau cadavre, s'avère donc aussi être une scène d'écriture : Emma crache un liquide qui permet à son tour l'association avec l'encre, laquelle, par sa matérialité, renvoie à l'acte d'écrire. Or, la scène de l'agonie se révèle encore plus en tant que scène de l'écriture dans le fait que, lorsqu'on soulève le corps d'Emma morte, vêtue de sa robe de noces, pour lui mettre une couronne, un liquide noir jaillit de son corps et se répand sur sa robe blanche : « Il fallut soulever un peu la tête, et alors un flot de liquides noirs sortit, comme un vomissement, de sa bouche » (MB, p. 479). La référence à l'écriture – l'encre et la feuille de papier – ne pourrait guère être plus claire, elle se manifeste littéralement noir sur blanc.[6] Ce liquide renvoie aussi à un liquide noir corporel qui jaillit depuis l'Antiquité de l'intérieur du corps et constitue un motif d'inquiétude permanente. L'arsenic vomi n'est-il pas lui aussi lié à la bile noire ?

Dans la pathologie humorale de l'Antiquité, celui qui crache de la bile noire est tout sauf en bonne santé. Il souffre d'épilepsie, d'accès de rage, d'abattement, de maladies de la peau. On disserte sur l'origine d'un liquide noir qui est évacué et on l'appelle mélancolie (du grec *mélaina cholé*). Des symptômes comme la tristesse et l'anxiété tiennent lieu d'explication pour une maladie sans cause. La couleur noire transfère alors sur la mélancolie l'idée de quelque chose d'insondable, de funeste, et détermine d'emblée son potentiel imaginatif. L'illusion de son identité, qui fait que nous croyons toujours savoir ce qu'est la mélancolie, lui est inhérente, et cette illusion provient de ce liquide noir qui est apparu pour la première fois chez les Grecs et qui, depuis le début, déploie un potentiel trompeur. D'après Jean Starobinski, ceci est lié à l' « imagination matérielle », un pouvoir d'imagination qui peut provenir d'une matérialité : « Le noir est sinistre, il a partie liée avec la nuit et la mort ; la bile est âcre, irritante, amère. […] à la bile noire s'attache le prestige redoutable des substances concentrées, qui rassemblent dans le plus petit volume un maximum de puissances actives,

---

[5] Les citations de *Madame Bovary* sont tirées de Gustave Flaubert, Madame Bovary, ed. Jacques Neefs, Paris, Livre de Poche, 1999.
[6] Cf. à ce propos Jean Starobinski, « L'échelle des températures. Lecture du corps dans *Madame Bovary* », dans : Travail de Flaubert, Paris, Seuil 1983, p. 45–78 ainsi que Jean Starobinski, « L'encre de la mélancolie », *La nouvelle Revue française* 123 (1963), p. 410–423.

agressives, rongeantes ».[7] La persistance du même nom pour des significations différentes, est la preuve d'une consistance où se mêlent et se croisent les différents ordres discursifs dans lesquels apparaissent les signes de la mélancolie. La mélancolie met en scène une économie du signe. Une disposition nécessaire et unique traverse toute l'histoire de la mélancolie. C'est le fait que tous ces ordres discursifs se rapportent à un seul et même concept par un transfert métaphorique.

1. Le champ épistémologique de la mélancolie

Dès le début, ce qui manque à la mélancolie, c'est son identité : la mélancolie, dans l'espace du savoir, est tantôt un mystérieux liquide noir qui relève de la théorie des humeurs, tantôt une encre noire qui renvoie à l'acte d'écrire, tantôt un sentiment poétique. Elle semble tout à fait appropriée pour transporter diverses significations ainsi que la possibilité de sa représentation. Au niveau archéologique, on voit que le savoir qui porte sur la mélancolie a changé d'une façon étonnante au XIXe siècle. Non que les connaissances sur la mélancolie aient fait des progrès, mais c'est le mode d'être qui les offre au savoir qui a profondément changé. La pathologie humorale perd une place privilégiée et devient à son tour une figure de l'histoire cohérente, dotée de l'épaisseur du passé. La mélancolie en tant que *mal du siècle* et *ennui*, a pu définir toute une génération. Dans le tableau de la mélancolie, son origine varie autant que la manière dont elle se manifeste. Tantôt c'est le corps qui en est rendu responsable, tantôt la mélancolie est de nature psychique. Il semble donc que la mélancolie en elle-même ait un mode de transmission spécifique, qu'elle ait quelque chose d'*a-territorial* qui la soustrait une fois pour toutes à toute tentative de définition. Avant d'y revenir en détail, nous aimerions présenter quelques réflexions visant à une systématisation du champ épistémologique.

On peut dire que la mélancolie a produit deux champs du savoir fondamentaux, lesquels constituent dans l'histoire de la mélancolie les grandes lignes épistémologiques. Le premier pouvoir, celui de créer des objets est la nature même de l'homme. Au sein de ce domaine, la mélancolie a un rapport avec l'économie des humeurs : chez Hippocrate, la bile noire ou atrabile est avec la bile jaune, le sang et le phlegme responsable de la constitution humaine. Elle est sèche et noirâtre, et du fait de sa couleur elle est localisée dans la rate (noirâtre elle aussi). Comme

---

[7] Jean Starobinski, *Histoire du traitement de la mélancolie des origines à 1900*, Bâle, J. R. Geigy, 1960, p. 43.

toutes les autres humeurs, elle se voit attribuer certains phénomènes pathologiques. La quantité aussi bien que la qualité des humeurs détermine la nature de l'homme et cette nature se reflète dans les quatre éléments que sont l'air, la terre, le feu et l'eau, et dans les quatre saisons.[8] La mélancolie n'est ici pas une maladie, mais elle peut en être la cause. Si elle provoque une pathologie, ceci est toujours dû à une forme de démesure. C'est ainsi qu'un excédent de bile noire peut être à l'origine d'une maladie. Comme les humeurs sont en interaction stricte, tout déséquilibre conduit à un état non plus « normal » mais pathologique. Ce modèle repose entièrement sur l'économie : la santé est l'état où tout est parfaitement mesuré, la maladie en revanche naît de la démesure de l'une des humeurs. Par conséquent, le traitement de la mélancolie porte sur le corps et non, comme dans la modernité, sur le psychisme. Même la manifestation de la bile noire en tant que caractère, *homo melancolicus*, est pensée en fonction du corps. Car si on est mélancolique, c'est que de par ses prédispositions naturelles on a trop de bile noire. Le médecin peut agir sur ce système régi par les lois de la nature en favorisant l'écoulement de l'atrabile ou en l'évacuant.

Ce principe établit dans l'espace du savoir ce que l'on pourrait qualifier de « tableau clinique de la mélancolie ». Dans ce tableau, on définit les conditions dans lesquelles la mélancolie peut être guérie et donc surmontée. A cet égard a lieu, au XIXe siècle, un bouleversement décisif : on décide qu'il faut chercher l'origine de la mélancolie en tant que maladie non plus dans le corps, mais dans l'âme. Tandis que sous la Renaissance le traitement pharmacologique était en rapport direct avec la bile noire – on administrait des purgatifs, des calmants, des émollients, des stimulants et des analeptiques qui visaient tous à la régulation de la bile noire –, on commence vers 1800 à recourir à des thérapeutiques tout à fait différentes. Certes, on continue de prescrire les mêmes médicaments ; cependant, ils ne font plus effet sur le corps, mais sur le psychisme du mélancolique. Comment en est-on arrivé d'une mélancolie qui, d'après la pathologie humorale, trouve son origine dans le déséquilibre des humeurs à une conception de la mélancolie qui en fait une maladie psychique ?

On peut définir la coupure épistémologique par une distinction entre deux principes de la mélancolie, la « mélancolie humorale » et la « mélancolie nerveuse », qui a été effectuée par l'étude *De melancholia et morbis melancholicis*, publiée en 1765.[9] Cette coexistence entre deux conceptions de la mélancolie scinde la mélancolie en deux domaines du savoir : car même s'il semble tout

---

[8] Cf. Hippocrate, *Œuvres complètes*, trad. Émile Littré, Paris, H. Baillère, 1839–1861, 10 vols., vol. 6, 1849, chap. « De la nature de l'homme », p. 29–69.
[9] Starobinski, *Histoire du traitement de la mélancolie*, p. 46s.

d'abord que les deux types de mélancolie puissent se compléter symétriquement, leur séparation définitive est déjà prévisible. Au moment où la mélancolie est pensée en termes de nerfs et plus seulement d'humeurs, la mélancolie fondée sur une pathologie humorale devient une maladie psychique, une *mélancolie nerveuse*.[10] Là où les thérapeutiques antiques tentaient d'agir sur le corps, dans la psychiatrie moderne les traitements portent sur le moi du patient. L'individu moderne doit mimer avec son corps les symptômes psychiques, il est contraint de somatiser la représentation de la maladie. Les médecins Pinel et Esquirol renforceront cette tendance : avec leurs méthodes qui ne visent plus seulement le corps, mais aussi l'âme du patient, ils rompront avec les traitements portant sur les anciennes causes physiques, comme les purgatifs, qu'ils remplaceront au XIXe siècle par le *traitement moral*. Le deuxième ordre épistémologique affiche donc une césure historique dans le type de traitement, par laquelle à l'époque de la modernité une maladie physique est devenue une maladie psychique. C'est cette définition qui se fonde sur de nouvelles connaissances qui fait qu'aujourd'hui nous sommes portés à traiter la mélancolie en tant qu'épisode dépressif et donc en tant que désordre affectif.

Le deuxième champ du savoir dans l'histoire de la mélancolie est celui de l'art. Le lien entre la mélancolie et l'art est presque aussi ancien que l'affirmation de l'existence de la bile noire. Même s'il faut attendre la Renaissance pour qu'elle devienne un phénomène insaisissable, son pouvoir créateur est souligné presque en même temps qu'elle est définie par la médecine en tant que bile noire. Un fragment écrit par Théophraste, mais longtemps attribué à Aristote, affirme pour la première fois la proximité entre mélancoliques et artistes, et ce texte a, sous la Renaissance, servi de prétexte pour relier la puissance créatrice de l'artiste au concept de mélancolie.[11] Le changement de sens qui en découle a été analysé par Panofsky, Klibansky et Saxl dans *Saturne et la mélancolie*. A partir de la Renaissance, l'acception médicale de la mélancolie est remplacée par une nouvelle acception qui superpose une représentation positive à l'ancien contenu, lequel consistait à identifier une maladie. Être mélancolique, cela ne signifie pas être malade, mais c'est au contraire une certaine qualité de l'homme. Est désormais qualifié de mélancolique celui qui dispose de qualités exceptionnelles – représentation productive à tous égards, puisqu'en concevant l'être mélancolique comme

---

10 Cf. C.W., « Die psychische Kur. Anagrammatik und Epistemologie », dans : Jean Starobinski, *Geschichte der Melancholiebehandlung*, éd. C.W., Berlin, August Verlag, 2011, p. 13s.
11 Aristote, Problème XXX, I, cité entièrement dans : Raymond Klibansky, Erwin Panofsky, Fritz Saxl, *Saturne et la Mélancolie. Etudes historiques et philosophiques : nature, religion, médecine et art*, Paris, Gallimard, 1989, p. 52–75.

un homme de génie, elle définit un nouveau type d'être humain.¹² Cette coupure épistémologique qui donne lieu à l'époque moderne à un tout autre concept de mélancolie, est opérée par une nouvelle interprétation de formes d'expression plus anciennes ou, pour reprendre la formule de Panofsky, par la « fusion des vieux types ».¹³ L'exemple de la gravure sur cuivre de Dürer *Melencolia I* de 1541, avec sa figure à ailes d'ange penchée d'un air pensif sur des instruments de mesure utilisés en géométrie, le front ceint d'une couronne, devient alors central.¹⁴ Le nouveau concept de mélancolie représenté pour la première fois dans l'histoire de l'art par Dürer correspond, selon Panofsky, à une mélancolie qui transforme « le fait pathologique en une expression, presque une atmosphère »¹⁵ et donc déclare révolue la pathologie de la bile noire : « La dépression de *Melencolia I*, révélant à la fois le sombre destin et la sombre source du génie créateur, se tient au-delà de tout contraste santé-maladie ».¹⁶ Un tel changement de signification permet donc – en superposant à l'ancienne acception de la mélancolie en tant que maladie l'idée platonicienne de la fureur divine – de transformer le symptôme pathologique traditionnel « en expressions de sentiment et en symboles d'idées abstraites ».¹⁷ Deux traditions iconographiques différentes sont combinées entre elles, associant dans une même représentation la réflexion et la tristesse.¹⁸ L'*ars geometrica*, l'un des sept arts, se fond avec l'*homo melancolicus* pour aboutir à un tout nouveau concept de mélancolie, inconcevable jusqu'alors.¹⁹ D'une telle superposition de deux traditions iconographiques naît non seulement un nouveau type de représentation, mais aussi et surtout un nouveau concept de mélancolie qui ne supprime pas l'ancienne attitude des pleurants telle qu'on la trouve déjà sur les bas-reliefs ornant les sarcophages égyptiens pour la remplacer par un nouveau sentiment, mais qui la transforme. Nous ne ferons ici qu'évoquer le passage d'un concept allégorique personnifiant à un concept symbolique intellectualisant, que le changement de signification contenait déjà de façon impli-

---

12 Klibansky, Saxl, Panofsky, *Saturne et la Mélancolie*, p. 493ss.
13 *Ibid.*, p. 541.
14 Très subtilement, la couronne de la figure féminine pourrait être tressée avec un remède à la mélancolie : la renoncule d'eau et le cresson de fontaine. Serait donc également mis en scène un antidote à la mélancolie. Cf. ibid., p. 503s.
15 Klibansky, Saxl, Panofsky, *Saturne et la Mélancolie*, p. 496.
16 *Ibid.*, p. 545.
17 *Ibid.*, p. 541.
18 Cf. Aby Warburg, « Dürer und die italienische Antike », dans : Aby Warburg, *Werke in einem Band*, éd. Martin Treml, Sigrid Weigel, Perdita Ladwig, Francfort-sur-le-Main, Suhrkamp, 2010, p. 176–183.
19 Cf. Klibansky, Saxl, Panofsky, *Saturne et la Mélancolie*, p. 528.

cite. On a toujours insisté sur le fait que, selon toute apparence, l'ancienne économie qui expliquait avec frénésie la mélancolie par le déséquilibre des humeurs, fait place à la représentation d'un sentiment ou d'un état d'âme. Or, loin de cette observation qui est en décalage avec le champ épistémologique, lequel trouve son point de coupure au XIXe siècle, il y a dans la gravure de Dürer un phénomène qui nous mène de nouveau à ce fort lien entre écriture et mélancolie et, par là même, à la question : qu'est-ce qu'une métaphore ?

2. *MELENCOLIA I* : Dürer et l'écriture

Si la plupart des représentations modernes de la mélancolie citées par Panofsky ont un détail en commun, c'est loin d'être un hasard : depuis le Moyen Âge, on y remarque une inscription, « MELENCOLIA ». Cette inscription pourrait renvoyer à la tradition de l'illustration des vices ou à celle des représentations profanes des divers tempéraments. Mais ce procédé est si souvent utilisé, précisément dans les représentations modernes, que l'on remarque une autre fonction. C'est le cas pour *Melancholia I* de Dürer, laquelle ne se contente pas de représenter la mélancolie, mais dit aussi d'elle-même : « je suis la mélancolie » (« ceci est la mélancolie » – contrairement à cette célèbre phrase de Magritte « ceci n'est pas une pipe »[20]). Car à l'arrière-plan, on voit une banderole qui s'étire, tel un parchemin, au-dessus du paysage, sous l'astre lumineux qu'est Saturne ; elle est couronnée du demi-cercle formé par l'anneau de Saturne ou par un arc-en-ciel. L'inscription « MELENCOLIA I » est ici littéralement transportée à l'intérieur de l'image par un dragon ailé (le dragon de Saturne ?) ou par des démons. Il faut se demander s'il s'agit du *titre* de la gravure ou de son contenu, sa *thématique*. A première vue, il semble que la thèse de Panofsky s'appuie sur la banderole, selon laquelle la gravure représente la mélancolie. Par ce redoublement, l'inscription semble souligner l'état d'âme représenté, disant en quelque sorte : « il s'agit sans aucun doute de mélancolie ». L'inscription pourrait être le titre, la description de l'image. Comme les phylactères qui, dans un contexte biblique, contiennent des discours prophétiques ou des prédictions, la banderole est ici introduite par le dragon à l'intérieur de l'image comme si Saturne avait un message à transmettre. La légitimation transcendante attribuerait ainsi une signification supplémentaire à l'expression du visage. Par conséquent, la banderole pourrait faire office de titre (*legenda*), d'*inscription* désignant le contenu de l'expression, afin de le souligner

---

20 Cf. Michel Foucault, « Ceci n'est pas une pipe », dans : Daniel Defert, François Ewald (éd.), *Dits et écrits I, 1954–1975*, Paris, Gallimard, 2001, p. 663–678.

encore par sa dimension prophétique.[21] Mais Dürer reprend-il cette utilisation prophétique des phylactères ? La *Melencolia I* de Dürer se fonde-t-elle sur le droit divin ? Et pourquoi l'inscription est-elle nécessaire si la tradition iconographique prouve déjà que son objet est la mélancolie ? C'est que la banderole de Dürer se réfère aussi aux illustrations médiévales des tempéraments. Les quatre tempéraments sont accompagnés d'*étiquettes* qui relèvent en partie de la tradition du phylactère prophétique, parce que comme lui elles viennent s'encadrer comme des banderoles dans l'image, ou bien alors, comme dans les manuels de médecine, ce sont plutôt des légendes, c'est-à-dire des inscriptions. Dans le premier cas, les illustrations s'inscrivent dans une représentation allégorique des tempéraments, habituelle au Moyen Âge. Dans le second cas, l'écriture a pour fonction de redoubler le message de l'image, à savoir montrer l'image en tant qu'espace de similitudes : elle *écrit* encore une fois ce que l'image *montre*. Il est évident que *Melencolia I* ne se conforme plus à la représentation allégorique des tempéraments, mais quel est alors le sens du redoublement ?

Par la numérotation *Melencolia* « *I* », le thème de la mélancolie semble s'inscrire dans une série, il peut avoir une suite. Elle indique que potentiellement il y aura toujours une deuxième ou troisième *Melencolia*. Mais il n'existe qu'une seule gravure sur cuivre consacrée à la mélancolie. Quelle est donc sa fonction ? La banderole relie aussi la mélancolie qui, dans la gravure, est tout d'abord une question d'image et d'objets représentés, à l'écriture. Mon hypothèse est celle-ci : la *Melencolia I* de Dürer ne représente plus la mélancolie, mais elle *commente* la mélancolie. Ce glissement de la représentation des tempéraments au commentaire desdits tempéraments est souligné par l'encrier placé entre le chien et la sphère. A côté de tous les instruments qui renvoient à la géométrie, l'encrier renvoie à l'encre avec laquelle l'inscription aurait pu être écrite. Qu'il s'agisse d'une *gravure*, c'est-à-dire d'une technique de reproduction par laquelle une image ou un texte gravé est imprimé, ne change rien à l'évidence de l'analogie entre écriture, parchemin et encre d'imprimerie. Au contraire, la technique d'impression établit un lien secret entre l'art et la littérature. Avec la mise en scène de l'écriture au sein de l'image, ce sont deux systèmes sémiotiques qui se trouvent combinés entre eux, montrant donc leurs différences, mais aussi leur réciprocité, qui repose sur la tradition iconographique des représentations de la mélancolie : l'écriture

---

[21] Sur les phylactères dans les contextes bibliques, lesquels servent de support à des textes écrits ou oraux véhiculant des prédictions ou des prophéties et sont littéralement transportés à l'intérieur de l'image, voir Susanne Wittekind, « Vom Schriftband zum Spruchband. Zum Funktionswandel von Spruchbändern in Illustrationen biblischer Stoffe », *Frühmittelalterliche Studien* 30 (1996), p. 343–367.

renvoie à l'image pour dire : « Regardez ! Voilà ce qu'est la mélancolie. » En même temps, elle ne manifeste rien d'autre qu'elle-même, elle se réfère à elle-même en tant qu'écriture.[22] Il s'agit simplement d'une duplication, d'une répétition. Face à la représentation visuelle, la banderole est une sorte d'anagramme ou paragramme : « une apparition du *même* sous la figure de l'*autre* ».[23] Cette « inscription », ce paragramme de l'image n'a d'autre fonction que de répéter, donner à lire ce que l'image *donne à voir*. Elle affirme ainsi le sentiment représenté, mais par rapport à lui elle ne reste qu'accessoire, *parergon*.[24] Avec ce paragramme, Dürer souligne non seulement la phénoménalité de la mélancolie mais aussi la question de *lisibilité*. Le spectateur se retrouve en même temps être le lecteur de la scène. La tradition iconographique qui part de *Melencolia* de Dürer nous met dans la position d'un spectateur-lecteur,[25] invité à lire l'« inscription ».

Or, la référence à l'écriture au cœur de l'image n'est pas un pur redoublement de la chose représentée. À la fois, elle affirme et nie la mélancolie telle qu'elle est représentée. Elle affirme en confirmant,[26] elle nie ou biffe par le biais du redoublement qui, entre l'objet de la mélancolie et le qualificatif de mélancolie, produit une différence qui ne peut être résolue en tant qu'identité. Le champ artistique de la mélancolie, la mélancolie dans l'art, consiste donc non seulement dans la représentation d'un état mélancolique, mais surtout dans la mise en scène des conditions d'un tel phénomène : car bien qu'on puisse avoir l'impression que la banderole confirme l'objet représenté, elle s'obstine à affirmer sa différence en ceci qu'elle est écriture, c'est-à-dire *mélancolie écrite*. Donc, tandis que le sentiment mélancolique représenté dissimule et, dans le cas idéal, nie les conditions de sa réalisation, l'inscription renvoie au fait qu'il s'agit ici, dans cette mélancolie imaginée, uniquement d'une représentation ou, plus littéralement, d'une *iconographie* – image (en grec *eikon*) et lettres (*grapheïn*).

Avec sa banderole, Dürer remet en question le pouvoir d'illusion de la peinture, qu'il érige en même temps en recourant à la perspective centrale. Puisque

---

22 Cf. Susanne Strätling, Georg Witte, préface à : Susanne Strätling (éd.), *Die Sichtbarkeit der Schrift*, Munich, Fink, 2006, p. 7–18.
23 Cf. Jean Starobinski, *Les mots sous les mots. Les anagrammes de Ferdinand de Saussure*, Paris, Gallimard, 1971, p. 61.
24 Ceci ne constitue pas un cas unique chez Dürer. Cf. Friedrich Teja Bach, « Albrecht Dürer – Figuren des Marginalen », dans : Isabelle Frank, Freia Hartung (éd.), *Die Rhetorik des Ornaments*, Munich, Fink, 2001, p. 121–145.
25 Sur la « lecture » des images, cf. Louis Marin, « La lecture du tableau d'après Poussin », *Cahiers de l'Association internationale des études françaises*, 24 (1972), p. 251–266.
26 Cf. Felix Ensslin, préface de *Between two deaths*, ed. Ellen Blumenstein, Felix Ensslin, Karlsruhe, Hantje Cantz, 2007, p. 35s.

qu'il ne se contente pas de représenter la mélancolie, mais l'*inscrit* au cœur de l'œuvre, il nous confronte avec la matérialité de l'art. Ce procédé est tout à fait nouveau dans la gravure de Dürer. Il ne s'agit donc pas seulement d'inventer un nouveau concept de mélancolie, mais d'incorporer, d'*inscrire* les conditions de sa production dans l'image par le simple dédoublement de l'image dans l'écriture. L'inscription « MELENCOLIA I » est donc bien plus qu'une étiquette. Elle révèle entre l'encre et l'écriture un lien fondamental qui n'est déjà plus réalisé par l'œuvre elle-même : en tant que gravure, elle peut être reproduite et mise en série.

L'inscription qui figure sur *Melencolia I* de Dürer ne fait donc pas que confirmer l'objet représenté, sa fonction consiste plutôt dans le commentaire du procédé (de la gravure) en lui-même. Si d'une part l'*homo melancolicus* représenté sert à affirmer la mélancolie au moyen de l'identification rendue possible par la superposition de deux traditions iconographiques, il sert d'autre part aussi à *déplorer* la disparition des anciens supports que sont l'encrier, l'encre, l'écriture, lesquels ne sont plus utilisés dans la technique de la gravure sur cuivre. L'œuvre de Dürer *Melencolia I* exprime non seulement la nostalgie qui accompagne tout changement de médium, elle est aussi commentaire de ce changement. Le deuil de *Melencolia I* est donc double : c'est la pose mélancolique stéréotypisable, mais c'est aussi un deuil métaphorique qui déplore la différence irréductible entre les systèmes sémiotiques et médiaux que l'inscription a mis en jeu.

3. « sur un vitrail d'église » : Flaubert et l'image

La référence à l'écriture est constitutive de l'œuvre de Flaubert en tant qu'encre qui, par son analogie avec la bile noire, renvoie à la mélancolie. Outre les larmes, c'est l'encre qui constitue le principal liquide de l'œuvre flaubertien et qui est, par son économie, liée à l'idée de la mélancolie comme maladie. Une énorme quantité d'encre s'écoule dans l'acte d'écrire pratiqué avec excès par Flaubert, dans les remaniements et les réécritures de ses textes. Comme dans la théorie des humeurs, la démesure ou une gestion défaillante des liquides corporels provoquent la maladie, car la démesure se traduit immédiatement par un symptôme pathologique. Les excès de l'acte d'écrire ont quelque chose de profondément mélancolique au premier sens où s'entendait la mélancolie, c'est-à-dire en tant que conséquence d'une mauvaise économie des humeurs. Ceci apparaît aussi dans les torrents de larmes versés par Flaubert alors qu'il se livre à son activité créatrice. Flaubert aimait contempler dans un miroir ces flots de larmes qui lui venaient en écrivant et il va jusqu'à affirmer avoir écrit *Madame Bovary* en pleurs, du moins pour une part : « Mercredi dernier, j'ai été obligé de me lever pour aller chercher mon mouchoir de poche. Les larmes me coulaient sur la figure. Je m'étais attendri moi-même en écrivant, je jouissais délicieusement, et de l'émotion de mon idée, et de la phrase qui rendait, et de la satisfaction de l'avoir trouvée » (À Louise Colet, *Correspondance*, 24 avril 1852).[27] Les liquides entrent en corrélation, l'écriture est liée au corps de l'artiste. Les larmes ne sont pas une expression de la sentimentalité provoquée par l'objet, mais l'expression de l'acte même, de la satisfaction éprouvée face à une phrase réussie.

Ces flots de larmes et d'encre, cette économie du « trop » qui se réfère à la pathologie humorale, s'oppose à l'incapacité d'écrire, à l'absence de productivité de l'artiste que Flaubert commente dans cette même lettre : « Quelquefois, quand je me trouve vide, quand l'expression se refuse, quand après [avoir] griffonné de longues pages, je découvre n'avoir pas fait une phrase, je tombe sur mon divan et j'y reste hébété dans un marais intérieur d'ennui ».[28] Comme le flot de papier écrit serré, la page blanche, dénuée d'encre renvoie à l'encre en tant qu'élixir de vie, mais non plus sous forme de flot d'encre, mais comme manque d'humeur, culminant dans l'ennui. Le « trop » est en corrélation avec ce manque, le vide de l'acte d'écrire et cela aussi, nous le savons, est un indice de mélancolie : le « trop peu » de bile noire mène à un déséquilibre parmi les humeurs. Comme les flots d'encre, l'absence d'encre révèle la maladie de la mélancolie. Pour Flaubert, l'acte d'écrire est le remède par excellence contre la mélancolie qui hante toute son existence : « Mes jours se passent solitairement d'une manière sombre et ardue. C'est à force de travail que j'arrive à faire taire ma mélancolie native. Mais le vieux fond reparaît souvent, le vieux fond que personne ne connaît, la plaie profonde toujours cachée » (À Mademoiselle Leroyer de Chantepie, 6 octobre 1864).[29] Il insiste sur ce remède même s'il se trouve vite que cette sorte de maladie est incurable. La situation où Flaubert aime à se peindre est de nouveau une double contrainte. Il remarque quelque chose qui agit en cachette, produit des effets, mais il ne peut s'en rendre maître. Cette structure est caractéristique de la mélancolie depuis l'Antiquité : on s'interroge au sujet d'un liquide noir qui est évacué et on le nomme mélancolie, bile noire. C'est un pur liquide de couleur noire qui n'entre dans aucune catégorie physiologique, qui jaillit du corps et qui ne cesse de renvoyer à l'écriture. L'échec de la restitution révèle avec force l'ambivalence de l'écriture, laquelle exerce un attrait dangereux : « Voilà trois semaines que j'ai des douleurs à défaillir », écrit Flaubert en train de travailler à *Madame Bovary*. « D'autres fois, ce sont des oppressions ou bien des envies de vomir à table. Tout

---

27 Flaubert, *Correspondance*, t. II, p. 76.
28 *Ibid.*, p. 75.
29 Gustave Flaubert, *Correspondance*, éd. Jean Bruneau, Paris, Gallimard, 1991, t. III : janvier 1859–1868, p. 409.

me dégoûte » (À Louise Colet, 17 octobre 1853).³⁰ Le dégoût que Flaubert éprouve ici entre dans le texte par l'intermédiaire de l'encre : l'encre devient « un mode de vie ».³¹

Cette logique de l'encre est transposée dans *Madame Bovary* et mise en scène au moment où Emma achète papier, plume et encre : « Elle s'était acheté un buvard, une papeterie, un porte-plume et des enveloppes, quoiqu'elle n'eût personne à qui écrire » (MB, p. 131). Au niveau de l'histoire, du *plot*, le texte souligne l'idée romantique d'écrire des lettres d'amour (à qui écrire ? à des amants...) pour mieux mettre en scène le caractère romantique de son héroïne Emma.³² Mais au second plan, les ustensiles d'écriture se réfèrent *au niveau du discours* à l'acte d'écrire. Ainsi, Emma apparaît non comme l'alter ego de Flaubert, ce que la remarque « Madame Bovary, c'est moi » qu'on a toujours attribuée à Flaubert nous laisse supposer,³³ mais son comportement se réfère à l'acte d'écrire lui-même, qui ne recouvre pas le concept d'auteur. Cette référence à l'écriture est en même temps un commentaire sur la mélancolie parce qu'une fois qu'elle a de quoi écrire, Emma n'écrira pas, et quasiment la seule fois où elle se résoudra à le faire, c'est pour avouer qu'elle s'est empoisonnée à l'arsenic. Emma penchée sur son buvard est donc l'image mélancolique inventée par Flaubert qui correspond à la *Melencolia I* de Dürer. L'attitude mélancolique de l'attention portée à soi-même est mise en suspens par cette écriture non réalisée, ce non-écrit, ce qui vient contrecarrer toutes les tentatives effectuées pour décrire la mélancolie d'Emma, puisque la mélancolie qu'il s'agit de représenter reste « non-écrite » et donc inassouvissable.³⁴ Il y a donc, entre la gravure de Dürer et le roman de Flaubert, une inversion : le champ visuel de l'image se réfère par son inscription « MELENCOLIA » à l'écriture tandis que dans la littérature l'écriture se réfère à l'image.

Cette référence croisée est explicitée dans *La légende de Saint-Julien*, le récit central des *Trois Contes*, l'œuvre tardive de Flaubert qui, d'après son commentaire, n'est pas vraiment un texte mais une histoire « sur un vitrail d'église » (SJ,

---

30 Flaubert, *Correspondance*, t. II, p. 452.
31 L'écriture est pour Flaubert un mode de vie. Cf. Roland Barthes, « Flaubert et la phrase », *Œuvres complètes*, éd. Éric Marty, Paris, Seuil, 1994, t. II : 1966–1973, p. 1377–1383.
32 Différemment à Flaubert, Ovid, dans ses *Heroides*, a permis à ses heroines d'écrire des lettres d'amoir. Cf. Joan Dejean, *Fictions of Sappho, 1546–1937*, Chicago, The University of Chicago Press, 1987.
33 La phrase qu'on croit mentionée par Flaubert est citée par René Descharmes, *Flaubert. Sa vie, son caractère et ses idées avant 1857*, Genève, Slatkine Reprints, 2012, p. 103.
34 Cf. Gerhard Poppenberg, « ...une irréalisable envie d'une volupté plus haute... Madame Bovary und die Moderne », *PhiN* 53 (2010), p. 33–61.

p. 127).³⁵ Tout d'abord, on peut remarquer dans ce conte une association entre des images et l'acte d'écrire. La référence à l'écriture, Felman l'a qualifiée d'inscription faite par l'auteur, de « signature de Flaubert ».³⁶ La référence à l'encre se reflète dans le cas d'Emma Bovary qui régurgite un liquide noir sur sa robe blanche de mariée. Dans le cas de Saint Julien, cette même métaphore est mise en scène avec la nuit de tempête qui est noire et blanche : « Un ouragan furieux emplissait la nuit. Les ténèbres étaient profondes, et çà et là déchirées par la blancheur des vagues qui bondissaient » (SJ, p. 124). Par son association avec l'encre, l'acte d'écrire est entré en jeu : « L'eau, plus noire que de l'encre, courait avec furie des côtés du bordage » (SJ, p. 125). La tâche que Flaubert confie à son personnage est de franchir ce fleuve d',encre'. Comme Emma qui, par son buvard et ,l'encre' vomie, est un personnage qui renvoie à l'écriture, Julien paraît être aussi un personnage par lequel le texte parle de l'acte d'écrire. La traversée du fleuve est donc la mise en scène d'une métaphore au sens rhétorique ; le ,traverser l'eau' se traduit par ,traverser l'encre'. La traversée n'est donc pas seulement une métaphore de l'existence, mais aussi et surtout de l'écriture.³⁷ Mais ce qui est très important, c'est que ce fleuve d'encre sépare les deux vies du protagoniste. D'un côté, il y a l'ancienne vie de Julien, celle du pécheur, de l'autre, sa nouvelle vie, la sainteté à laquelle il accède en coupant avec ses anciens péchés et en s'élevant vers le ciel dans son apothéose finale. Le flot d'encre (au double sens du terme) sépare la vie profane de la sainteté, mais celles-ci se sont déjà croisées dès le début dans le personnage de Julien. Comme chez Dürer, chez qui deux traditions se fondent en une seule et même figure, deux traditions mythologiques se superposent dans la légende flaubertienne pour donner l'opposition des deux vies et loin de se compléter, ces deux traditions se contredisent. Le parricide de Julien renvoie au mythe d'Œdipe et à la tragédie, sa conversion au Christ et à l'hagiographie, qui se croisent indissolublement dans la figure de Julien sous forme de chiasme : le Christ tue et Œdipe est crucifié. Flaubert suit le modèle hagiographique de la légende du bon pécheur telle que le Moyen Âge l'a maintes fois écrite, par exemple dans la *Légende de Saint Grégoire*. Nous ne pouvons ici analyser en détail le rôle important d'intertexte joué par cette légende qui, comme le *Saint Julien* renvoie au mythe d'Œdipe (Grégoire qui, sans le savoir tue son père et

---

35 Les citations de *Saint Julien* sont tirées de Gustave Flaubert, *Trois Contes*, éd. Pierre-Marc de Biasi, Paris, Le livre de Poche, 1999.
36 Shoshana Felman, « La signature de Flaubert : La légende de saint Julien l'Hospitalier », *Revue des sciences humaines 181* (1981), p. 39–57. Voir aussi Barbara Vinken, *Flaubert. Durchkreuzte Moderne*, Francfort-sur-le-Main, Fischer, 2009, p. 419–450.
37 Cf. C.W., « Tinte », dans *Arsen bis Zucker. Flaubert-Wörterbuch*, éd. Barbara Vinken, C.W., Berlin, Merve, 2010, p. 263–267.

couche avec sa mère).[38] Or, j'aimerais montrer la modernité de Flaubert, non par rapport au contenu de la légende, mais plutôt de sa structure,[39] laquelle permet à Flaubert de transposer le modèle hagiographique dans une « légende de l'écriture », ce qui permet de réfléchir sur la différence entre image et écriture.

Comme Dürer, Flaubert interroge dans son *Saint Julien* la relation entre image et écriture. La formule conclusive qui se situe à la fin de la légende est détachée du texte et commentée ainsi : « Et voilà l'histoire de saint Julien l'Hospitalier, telle à peu près qu'on la trouve, sur un vitrail d'église, dans mon pays ». (SJ, p. 127) Le commentaire suggère que le rapport entre le texte et l'image n'est qu'approximatif. Mais en même temps, par ce commentaire final, Flaubert évoque la concurrence entre les arts, dans la mesure où le texte semble imiter l'art visuel. Il semble que Flaubert invite à imiter l'art qui, en tant qu'image, l'a devancé et auquel il ne peut se référer qu'après-coup, par *mimesis*. Mais là aussi comme déjà dans *Melencolia I*, le redoublement de la légende par l'image (ou vice versa) mène à un faux redoublement qui paraît seul souligner le désir mimétique de l'art. Felman a vu dans le vitrail une figuration de l'écriture, parce que non seulement il précède le texte en tant qu'image, mais parce qu'il est intégré au texte et, par là, renvoie de manière métonymique à l'acte d'écrire.[40] Enfin, ce qui se reflète dans le vitrail de la légende, c'est le parricide œdipien commis par le protagoniste, c'est-à-dire l'histoire.[41]

Flaubert lui-même évoque dans sa *Correspondance* non seulement la différence entre image et écriture, invitant à prendre conscience de l'impossibilité d'une transposition directe de l'une à l'autre, mais aussi son plaisir de croiser les deux genres : « Je désirais mettre à la suite de *Saint Julien* le vitrail de la cathédrale de Rouen. Il s'agissait de colorier la planche qui se trouve dans le livre de Langlois. Rien de plus. – Et cette illustration me plaisait *précisément* parce que ce n'était pas une illustration, mais un *document* historique. – En comparant l'image au texte on se serait dit : 'Je n'y comprends rien. Comment a-t-il tiré ceci de cela ?' » (À Georges Charpentier, 16 février 1879).[42] La concurrence entre les

---

38 Dans le *Saint Grégoire* aussi, l'écriture est décisive, car l'une des « tablettes », sur laquelle était écrite l'histoire de Grégoire, met la légende en abyme. Cf. *La vie du pape saint Grégoire ou La légende du bon pêcheur*, trad., introd. Ingrid Kasten, Munich, Fink, 1991.
39 Pour une définition de la légende cf. André Jolles, *Einfache Formen. Legende, Sage, Mythe, Rätsel, Spruch, Kasus, Memorabile, Märchen, Witz*, Tübingen 2006, chap. « Legende ». Cf. aussi Barbara Vinken, *Flaubert. Durchkreuzte Moderne*, Francfort-sur-le-Main, Fischer, 2009, p. 358 f.
40 Felman, « La signature de Flaubert », p. 56.
41 *Ibid*, p. 47.
42 Gustave Flaubert, *Correspondance*, éd. Yvan Leclerc, Paris, Gallimard, 2007, t. V : janvier 1876-mai 1880, p. 542s.

arts pose la question du rapport entre le texte et l'image. La légende de Flaubert est-elle un commentaire de l'image, donc littéralement une légende, ou bien est-ce un paragramme du vitrail ?

Comme pour Dürer, il est superflu de postuler un simple redoublement, même si celui-ci est induit par la formule conclusive de Flaubert, où celui-ci semble dire : « voici l'image ». L' « à peu près » de l'explicite marque déjà qu'il ne s'agit que d'une approximation.⁴³ La légende est certes le texte qui accompagne le cycle d'images sur le vitrail de la cathédrale de Rouen, texte qui reproduit les images, mais il se superpose aussi à elles. Comme la banderole de Dürer qui, en tant qu'inscription, situe la mélancolie dans un espace de similitudes, la légende provoque cette similitude pour aussitôt l'infirmer. Il semble que le texte devient littéralement une inscription surajoutée au vitrail, une *legenda*, non pour démontrer l'identité de l'image et du texte, mais pour interroger la différence par la reproduction mimétique. On comprend que la légende est comme l'écriture de la banderole chez Dürer un paragramme qui en tant que répétition en vient à donner au vitrail une seconde façon d'être, ajoutée pour ainsi dire à l'original.

Si chez Dürer le texte qui figure sur l'image met en scène un spectateur-lecteur, chez Flaubert à l'inverse c'est un lecteur-spectateur qui est introduit par le renvoi à l'image effectué par le texte, un lecteur qui doit aussi savoir *voir*, alors que chez Dürer le spectateur doit aussi savoir *lire*. Chez l'un comme chez l'autre, lisibilité et visibilité sont liées encore qu'inversées, questionnant ainsi les limites de l'écriture et de l'iconographie. Au cœur du *Saint Julien* est inscrit un paradoxe qui croise le texte et l'image. Si Dürer remet en question le pouvoir d'illusion de l'image qu'il érige avec la perspective centrale, Flaubert souligne par la différence de médium le pouvoir d'illusion de la littérature.

Même si Dürer et Flaubert appartiennent à deux *épistèmes* différentes, leur travail sur la mélancolie produisant donc des paradoxes tout à fait différents, ils partagent une analyse de la mélancolie qui ne se réduit pas au niveau des objets, niveau où l'on identifie trop facilement la représentation de la mélancolie comme état d'âme. Tandis que, dans le champ du savoir, le XIXᵉ siècle a découvert la mélancolie en tant que maladie de l'âme, constituant ainsi une histoire qui repose sur de grands changements épistémologiques, Dürer et Flaubert se réfèrent à la mélancolie pour découvrir, au fond de ce ‚beau liquide', une structure paradoxale. À l'inverse de la pose de deuil dans *Melencolia I*, l'apothéose méta-

---

43 Sur l'incommensurabilité de l'image et du texte voir Pierre-Marc de Biasi, « Le palimpseste hagiographique. L'appropriation ludique des sources édifiantes dans la rédaction de 'La légende de saint Julien l'Hospitalier' », dans : Bernard Masson (éd.), *Gustave Flaubert 2 : Mythes et religions*, Paris, Minard, 1986, p. 69–147, en particulier p. 106ss.

morphose la tristesse en bonheur et la vie terrestre, mélancolique, en sainteté. Le saint et le mélancolique apparaissent comme les deux faces de la même médaille, les « espaces bleus » de la *Légende de Saint Julien* comme l'écho éloigné de l'inscription que le dragon transporte au-dessus du paysage, sous l'astre lumineux qu'est Saturne. De même que l'attitude du mélancolique de Dürer questionne ce qu'est l'écriture, l'apothéose du saint questionne ce que peut être l'ex-voto. Dans ce sens, l'apothéose finale s'avère, à un niveau métatextuel, être un commentaire du pouvoir d'illusion de l'image : « sur un vitrail d'église ».

II : Problèmes de la représentation

Philippe Dufour
Du symbole à la métaphore :
Max Müller, Michel Bréal et Edward B. Tylor

> « [...] j'ai travaillé toute ma vie à démontrer l'inévitable
> influence du langage sur la pensée [...]. »
> Max Müller, *Nouvelles études mythologiques*

Dans le second tiers du XIXe siècle s'accomplit une grande mutation à l'intérieur du savoir philologique. C'est le moment où Franz Bopp publie sa monumentale *Grammaire comparée des langues indo-européennes*, bientôt traduite par Michel Bréal. Par l'établissement de lois phonétiques régulières, le philologue reconstitue des fragments de la langue-mère indo-européenne dont dérivent le sanscrit, le grec, le latin, les langues germaniques, les langues celtes, les langues slaves. Une préhistoire du langage devient possible. La grammaire comparée découvre l'étymon des mots primitifs (la signification des racines qui les composent) : les signes arbitraires se mettent à parler. Les signifiants cachent du sens, et aussi des mythes.

Car sous la parenté des mots se manifeste une parenté des mythes. La grammaire comparée débouche sur la mythologie comparée. Ici intervient un deuxième grand événement philologique : la lecture des *Védas*. C'est Max Müller qui va pour la première fois les éditer (la publication s'échelonne de 1849 à 1874). Auparavant, on citait des hymnes épars, sans disposer du texte d'ensemble. Hegel, pour caractériser la symbolique indienne, prenait appui sur les poèmes épiques, beaucoup plus récents, le *Mahabarata* et surtout le *Ramayana*. Avec les *Védas*, on touche, croit-on, aux origines de l'imaginaire indo-européen. On assiste à la naissance des dieux et l'on s'aperçoit que l'homme aryen a voyagé avec ses fables. Quittant son sol natal pour aller qui en Inde, qui en Perse, qui à travers l'Europe, il a conservé ses dieux. Ce sont les mêmes. En comparant les *Védas* et les autres mythologies indo-européennes, en les interrogeant avec l'outil de la grammaire comparée, une préhistoire des mythes devient possible.

Ainsi apparaît un nouvel état de savoir dont ne disposait pas Creuzer et qui va permettre de lire autrement les mythes, dans leur signifiant. C'est à quoi s'emploie l'école philologique, comme on l'appelle par opposition à l'école symbolique. Elle va s'illustrer en particulier avec deux anciens élèves de Franz Bopp. L'un est Max Müller, Allemand d'Angleterre depuis qu'il partit y éditer les *Védas* et dont l'*Essai de mythologie comparée*, paru en anglais en 1856, est partiellement traduit en français en 1859, avant la traduction complète de 1873. L'autre a nom Michel Bréal : il occupera la chaire de grammaire comparée au Collège de France de 1866 à 1905 et publie en 1863 deux études, *Hercule et Cacus* et « Le mythe d'Œdipe » (elles seront recueillies dans ses *Mélanges de mythologie et de linguistique* en 1877). Aux spéculations néo-platoniciennes de Creuzer, Max Müller et Michel Bréal entendent opposer le positif des étymologies. De l'école symbolique, Bréal dit brutalement « qu'elle appartient aujourd'hui à l'histoire ».[1] D'aucuns protestent cependant contre la prétention hégémonique de l'école philologique, comme Louis Ménard : « Les mots ne sont que les signes des idées ; c'est ce qu'oublient un peu trop les philologues qui voudraient remplacer l'étude des symboles par la comparaison des mots ».[2] Le débat, effectivement, porte désormais sur la place du langage dans l'imaginaire.

Une génétique du mythe

Lire un mythe, pour l'école philologique, c'est en faire la genèse : comment les mythes naissent-ils ? La réponse se situe non directement dans l'imagination des hommes, mais dans le langage qui produit les mythes par son évolution, à l'insu des locuteurs. Le langage, le langage premier, la *Ursprache* des Indo-Européens, détermine la pensée, y compris la pensée religieuse. En 1863, Max Müller affirme de façon provocante : « L'histoire de la religion est, en un sens, une histoire du langage ».[3]

Reconstituant la langue des origines, la philologie comparée, de Franz Bopp à Adolphe Pictet, manifeste que les premiers mots indo-européens furent des racines verbales concrètes, disant ce qui apparaît aux sens : le soleil est *celui qui brille*, le nuage *celui qui mouille*, le vent *celui qui souffle*. La *Ursprache* est une *langue des images*, à la différence des langues européennes modernes qui sont des langues des idées (l'opposition *muthos/logos* sous-tend la pensée de l'école philologique). Le vent est celui qui souffle : les premiers mots sont constitués de l'attribut sensible le plus frappant de l'objet. « Loin de chercher le mystère », écrit Bréal, « le langage primitif le repousse ; il donne à chaque chose son nom, et ce nom, il le choisit d'après la qualité saillante de l'objet qu'il doit désigner ».[4] Un trait définitoire désigne le défini : les premiers mots sont des métonymies

---

1 *Hercule et Cacus*, dans *Mélanges de mythologie et de linguistique*, Paris, Hachette, 1873, p. 21.
2 « Travaux récents sur la linguistique et la mythologie », *L'Année philosophique* (1867), Paris, Germer Baillière, 1868, p. 492.
3 *Nouvelles leçons sur la science du langage*, Paris, A. Durand et G. Pedone-Lauriel, 1867–1868, t.2, p. 161.
4 *Hercule et Cacus*, p. 5–6.

qui disent le monde tel que l'éprouve le corps. Cependant, le langage modèle déjà l'imaginaire. Le langage métonymique est en soi un langage mythique. La métonymie vaut métaphore. En effet, les racines verbales de la langue originelle contribuent, en tant que verbes d'action, à animer le monde. Le vent, *Vâyu*, est *celui qui* souffle (de *vâ*, souffler) ; le nuage, *Mêgha*, est *celui qui* mouille (de *mih*, mouiller). « La plupart des racines aryennes », commente Max Müller, « exprimaient des actions, et partant les noms donnés aux grands phénomènes, aux grandes activités de la nature, ne pouvaient être que ce qu'ils sont, des noms d'agent ».[5] Il est facile de concevoir les étapes suivantes. D'abord, la personnification : le nom d'agent devient un personnage à part entière, à l'image de l'homme. La nature, par l'effet des manières de parler, apparaît comme un monde où se rencontrent, se confrontent les éléments : « (...) les phénomènes de la nature, reflétés par la langue, prenaient l'aspect de scènes dramatiques ».[6] Puis, l'antonomase : le nom commun d'agent devient un nom propre, quand, sous l'effet de l'altération phonétique, des variantes dialectales, son étymon concret devient moins repérable. Le mot cesse de parler : dans *Dyaus*, on n'entend plus la racine verbale (celui qui brille), encore moins dans son équivalent grec *Zeus* ou dans son équivalent latin *Jupiter* (*Dyaus pitâr*, le père qui brille). Voilà les forces de la nature devenues des dieux personnels. Les dieux sont des métaphores oubliées, des images devenues lettres.

L'école philologique, c'est sa force, peut présenter cette reconstitution non comme une hypothèse (dans la lignée des discours des origines si nombreux au XVIIIe siècle), mais sous la forme d'une démonstration appuyée sur une preuve *historique*, les *Védas*. Dans les hymnes indiens, on saisit en effet le processus de glissement du nom commun au nom propre. D'un hymne à l'autre, et parfois dans le même hymne, un mot est employé tour à tour comme nom commun et comme nom d'une divinité. Le mythe dans les *Védas* comporte son exégèse. Le langage imagé et le sens littéral coexistent. Les *Védas* montrent « des mythes en voie de se faire », dit Max Müller.[7] Bréal fait écho. Parcourir les hymnes védiques, c'est assister au travail de mythologisation : « *Indra* paraît comme un guerrier sur son char, armé de sa massue, prêt à fondre sur ses ennemis : un peu plus loin, il est le ciel qui brille sur nos têtes. *Agni* est dépeint comme le messager qui va chercher les dieux et les conduit dans la demeure des hommes (...) ; dans un autre hymne

---

[5] *Nouvelles études de mythologie*, dans *Mythologie comparée*, Paris, Laffont, coll. « Bouquins », 2002, p. 313.
[6] *Hercule et Cacus*, p. 9.
[7] *Essais de mythologie comparée* (lesquels s'ouvrent sur l'essai de 1856), dans *Mythologie comparée*, p. 54.

il est le feu du sacrifice : ignis ».[8] Tout se passe comme si le poète indien hésitait entre un langage épique et un langage à fonction référentielle, entre le merveilleux et le littéral, de sorte que la métaphore reste *in praesentia*. Le masque des dieux ne cesse de tomber.

Toutes les mythologies indo-européennes s'en trouvent éclairées. Il suffit de repasser par le sanscrit des *Védas* pour retrouver l'étymon commun qui a donné vie aux dieux grecs et latins : grâce aux règles phonétiques de la grammaire comparée, il est évident que Zeus, signe phonétiquement altéré, est Dyaus, le ciel qui brille, signe transparent dans certains hymnes védiques. L'étymon permet de poser les *équations mythologiques*.[9] Sur cette base, l'école philologique construit une véritable sémantique du divin, pour utiliser un mot que va forger Michel Bréal quand au bout du siècle il écrira son *Essai de sémantique*. Tout comme alors il définira les mécanismes qui expliquent le changement de sens des mots, Max Müller et lui analysent les mécanismes langagiers qui infléchissent l'idée du divin, les procédés de dérivation par lesquels les dieux apparaissent, se dédoublent, se multiplient. À commencer par le rôle des synonymes, particulièrement nombreux dans la langue première, du fait qu'elle désignait les choses par un de leurs attributs, d'où plusieurs choix possibles : le nuage est celui qui mouille, mais aussi celui qui marche. Dans les *Védas*, on rencontre une vingtaine de mots pour désigner le soleil, pratiquement autant pour nommer la terre. De même, dans la mythologie grecque, les divinités solaires abondent : Hélios, Phœbus, Apollon, Hypérion... Quand les synonymes sont devenus noms propres, on a créé entre eux des liens de parenté pour à la fois les distinguer et expliquer leur proximité. Ils seront père, fils, frère, sœur... Une biographie des dieux s'esquisse, une théogonie se met en place. Dans ce processus, le genre grammatical influence la mythologie : il décide du sexe, du partage des dieux et des déesses, et du même coup prépare la dramaturgie des mythes (les accouplements, les rivalités). Nouveau témoignage d'un langage *energeia*, la grammaire de la langue contribue à la grammaire du récit. On voit ainsi comment le langage impulse la mythologie et détermine la pensée religieuse : par l'effet de l'antonomase, des synonymes et du genre, on est passé d'un naturalisme premier à un polythéisme.

C'est le sens de la fameuse expression, souvent employée par Max Müller, de *maladie du langage* : le signe insinue une vision du monde. Michel Bréal écrit : « C'est la langue avec ses variations qui est le véritable auteur de la mythologie ».[10] Finalement, les mythes ne parlent pas tant des forces de la nature que

---

[8] *Hercule et Cacus*, p. 78–79.
[9] Max Müller, *Nouvelles études mythologiques*, p. 259.
[10] *Hercule et Cacus*, p. 10.

de la force du langage. La véritable force magique, c'est le langage. Le surnaturel n'est pas dans le réel, mais dans les mots. L'homme, disant le phénomène naturel, ne pouvait que le surnaturaliser. L'homme (l'homme indo-européen, gardons à l'esprit cette restriction) est religieux, parce qu'il parle. La révélation est dans le langage : au commencement était la racine verbale.

Un laconisme désenchanté

Les dieux sont ainsi morts nés, ils sont des erreurs de langage, une méprise que Max Müller signifie par la paronomase en forme de lapsus, *numina-nomina* : « Ce sont des masques sans acteurs, des créations de l'homme et non ses créateurs ; ils sont *nomina*, et non *numina* ; des noms sans êtres et non des êtres sans nom ».[11] Interpréter le mythe, pour l'école philologique, ne consiste pas à le désymboliser comme pour l'école de Creuzer, à en exhumer des signifiés cachés (le symbole étant surdéterminé). Interpréter le mythe, c'est simplement identifier le référent caché (lequel est univoque). C'est établir l'étymologie des noms propres, retrouver le nom commun sous l'antonomase. La langue est la glose suffisante du mythe. D'où des décodages extrêmement prosaïques. Ainsi Max Müller estime-t-il avoir compris le mythe d'Endymion, lorsqu'il a établi que Séléné est la lune et Endymion le soleil couchant : « Dans l'ancien langage poétique et proverbial de l'Élide, le peuple disait : «Séléné aime Endymion et le regarde» au lieu de dire : «Il commence à faire nuit» ».[12] Et tout le reste n'est qu'amplification. De même, lorsque Bréal interprète le combat céleste entre le dieu Indra et le serpent géant Vritra dans les *Védas*, il rétablit les étymologies des deux noms propres et découvre le mythe naturaliste qui mérite à peine son nom, tant il est transparent : « (...) au lieu d'une histoire fabuleuse, nous sommes en présence d'un fait naturel ; au lieu d'un événement une fois arrivé, nous voyons un phénomène périodique. Il n'est pas question d'une lutte entre des héros imaginaires : c'est *Dyaus*, c'est-à-dire le ciel, et après lui *Indra* qui déchire *Vritra*, c'est-à-dire le nuage : en le frappant de sa foudre, il en fait jaillir des flammes, et il délivre les eaux que le monstre tient enfermées ».[13] Bref, après une longue sécheresse arrive enfin la mousson pluvieuse. Faire la genèse du mythe, c'est en retrouver la platitude pour ainsi dire. Le contraste est frappant, entre les moyens déployés (le formidable appareil savant des lois phonétiques) et le modeste sens mis au jour. Un Ernst Cassirer reprochera

---

11 *Mythologie comparée*, p. 55 (c'est dans l'essai de 1856).
12 *Mythologie comparée*, p. 57 (il s'agit toujours de l'essai de 1856).
13 *Hercule et Cacus*, p. 155.

à Max Müller de sous-estimer la teneur des mythes par un réalisme naïf suivant lequel la réalité serait un donné simple qu'il suffirait de dénommer proprement – alors que dans le mythe, il ne s'agit pas de désigner la réalité, mais de lui donner du sens. Le langage du mythe, forme symbolique complexe, configure le monde extérieur.[14] Là porte la discussion : le mythe n'est-il qu'un mot-*muthos*, ou ne vaut-il que par l'amplification, comme récit ?

Numina : *nomina*. La théorie sent le soufre. Max Müller a beau souvent afficher ses convictions chrétiennes au milieu de ses écrits scientifiques[15] (un peu trop souvent peut-être, comme quelqu'un qui éprouve le besoin de se justifier), son explication de l'origine des dieux en fait un athée malgré lui, réduisant les religions à des illusions. Émile Burnouf lui en fait le reproche : « Une fois engagé dans cette voie des interprétations philologiques, on admet nécessairement que toute conception d'un personnage divin peut se réduire à des éléments linguistiques, c'est-à-dire à des métaphores. On en vient à dire, avec M. Max Müller, que "les dieux sont des noms sans êtres", ce qui est l'expression la plus nette des doctrines nihilistes appliquées à l'étude des religions ».[16] Émile Burnouf paraît négliger ici que la théorie porte sur le seul champ indo-européen. Comme si elle insinuait au-delà. Comme si elle emportait *toute* religion : l'idée de Dieu n'est qu'un vain mot. Interprétation minimaliste du mythe : interprétation nihiliste des religions.

L'histoire des mythes

Il faut lire à plus bas sens : établir le sens littéral, parasité par une manière de parler métaphorique. Pour le reste, il n'y a rien à interpréter. Cette herméneutique paradoxale rompt avec les lectures antérieures des mythes, qu'elles fussent évhéméristes, allégoriques ou symboliques. Comment alors ces interprétations infondées ont-elles pu apparaître ? Après avoir reconstitué la genèse des mythes, l'école philologique retrace la genèse de leurs lectures ou de leurs réécritures, quand les mythes entrent dans l'Histoire. Bréal considère ainsi la mythologie comparée comme une *science historique,*[17] examinant, outre l'origine, le développement et les transformations des croyances religieuses. Dans *Hercule et Cacus*,

---

14 Voir Ernst Cassirer, *Langage et mythe. À propos des noms de dieux* (*Sprache und Mythos*, 1924), Paris, Minuit, 1973.
15 Par exemple, « (...) toutes choses reflètent une seule pensée créatrice, et sont l'œuvre d'un même Dieu de sagesse infinie. » (*La Science du langage*, Paris, Auguste Durand, 1864, p. 18).
16 Émile Burnouf, « La science des religions, I », *Revue des Deux Mondes*, 1er décembre 1864, p. 535.
17 *Hercule et Cacus*, p. 151.

Michel Bréal suit la migration du mythe de la mousson (Indra et Vritra), après la dispersion aryenne. Il analyse les variations du mythe « selon l'esprit particulier des religions où il est entré ».[18] Et alors apparaît une plasticité extraordinaire de cette fable à travers le monde indo-européen et les siècles. Bréal reconnaît Indra et Vritra chez les Persans sous les noms d'Ormuzd et Ahriman, en Grèce aussi (et là les réécritures abondent : Zeus et Typhon, Apollon et Python, Héraklès et Géryon, Persée et le monstre marin, Œdipe et le sphinx...), à Rome (Hercule et Cacus), en Scandinavie avec Sigurd dans les *Edda* qui a pour homologue Siegfried dans les *Niebelungen* (dont la lutte avec le dragon près d'une source rassemble tous les éléments : Indra, Vritra, l'eau), ou encore dans l'*Apocalypse* quand saint Michel terrasse un autre dragon qui passe pour Satan, mais dans lequel Bréal reconnaît l'inévitable Vritra.[19] Pour un peu, sous la plume de Bréal, toute la mythologie indo-européenne n'aurait eu de cesse que de représenter le combat d'Indra et Vritra, procéderait de la vieille angoisse des Âryas paysans se demandant en période de sécheresse : va-t-il enfin pleuvoir ?

Seulement, au gré des migrations et des amplifications, le sens des mythes naturalistes s'étant perdu, on éprouve le besoin de faire parler autrement ces histoires apparemment absurdes. Le mythe entre dès lors dans l'âge symbolique. La métaphore devient symbole. C'est la grande différence avec l'école de Creuzer : le symbole n'est pas premier, il est une création *a posteriori*. Il n'est pas irréfléchi comme chez Hegel (*die unbewußte Symbolik*), il est une construction liée à la mécompréhension du mythe originel. Max Müller s'en accorde avec Bréal : c'est l'évolution du sentiment religieux qui amène à relire ou à réécrire les mythes. L'école philologique se place ici sur le terrain de la psychologie : « Quand la conception de la divinité suprême devint plus pure, on comprit que l'idée de perfection, inséparable de l'être divin, excluait la possibilité de dieux immoraux. Pindare, ainsi que le fait observer Otfried Müller, change beaucoup de mythes, parce qu'ils ne sont plus en harmonie avec sa conception plus élevée des dieux et des héros, et parce que, selon son opinion, ces mythes *doivent être faux* ».[20] Moraliser les mythes, tel est le souci de ce nouvel âge religieux, où les spiritua-

---

18 *Hercule et Cacus*, p. 1.
19 Moment polémique en cette année 1863, l'année de l'affaire Renan : le christianisme recèle un fond mythique exogène. Bréal (sans s'embarrasser de démonstration philologique) soupçonne d'ailleurs le serpent de la *Genèse* d'être lui aussi un avatar de Vritra. Voilà le canon chrétien critiqué à ses deux extrémités. Les *Écritures* sont une réécriture. Dieu et Satan : variante du couple Ormuzd et Ahriman. Sous le monothéisme chrétien se cache le dualisme de la religion persane. Indra, Vritra : Ormuzd, Ahriman : Dieu, Satan – les religions s'emboîtent, et sont renvoyées au naturalisme premier.
20 *Mythologie comparée*, p. 19. La référence à Otfried Müller, adversaire de Creuzer et figure ma-

liser. L'exemple le plus spectaculaire de ce type d'évolution est représenté par la religion persane qui transforme le fond naturaliste en une métaphysique manichéenne : Indra et Vritra sont devenus Ormuzd et Ahriman, la lutte du dieu et du serpent dans le ciel est devenue l'affrontement du bien et du mal dans le monde. « Le dualisme iranien est sorti du mythe de Vritra », conclut Bréal.[21]

Prenons un autre exemple de l'âge moraliste, celui des Grecs qui très tôt furent gênés par la mythologie d'Homère et d'Hésiode. Max Müller y faisait allusion à propos de Pindare dont Bréal analyse précisément la réinterprétation en forme d'*exemplum* du mythe d'Ixion. Rappelons la donnée narrative : le roi des Lapithes, Ixion, convié à la table des dieux, cherche à séduire Héra que Zeus change alors en une nuée avec laquelle s'accouple Ixion. De cette union naîtront les Centaures, pendant qu'Ixion est condamné à tourner sur une roue enflammée. Bréal décode le sens naturaliste premier en déchiffrant les antonomases : si Héra désigne l'atmosphère, Ixion, lui, doit être rapproché du sanscrit *Akshivan*, celui qui tourne sur une roue, métaphore pour le soleil. Dès lors, le mythe s'éclaire : Ixion est en fait un double de Zeus (Dyaus), une autre figure solaire, tout comme Héra est un double des nuées. De cette *synonymie*, le conteur a tiré une histoire de rivalité : le dédoublement produit du récit (c'est la force créatrice du langage, sa *Einbildungskraft*). Les Centaures y trouvent aussi leur explication grâce à un détour par le sanscrit : fruits de l'union du soleil et de l'atmosphère, ils sont les nuages, sanscrit *Gandharvas*, littéralement « ceux qui *chevauchent* dans le ciel ». La mésaventure d'Ixion ne signifie donc rien d'autre que : le soleil se mêle aux nuées. Pindare (c'est dans la deuxième *Pythique*), ne comprenant plus le mythe, l'interprète en moraliste, en fonction des mœurs grecques : un châtiment est « infligé à l'impie qui le premier osa violer les lois sacrées de l'hospitalité ».[22] Autrement dit, le mythe réinterprété reflète la mentalité de la société où il se rééélabore. Moraliser un mythe, c'est l'historiciser. La religion se lie à un état social et cette liaison constitue un autre grand facteur d'évolution des mythes.

On passe ainsi des mythes de la Nature aux mythes historiques. Les mythes s'adaptent au milieu et à l'époque. L'école philologique intègre par là l'école historique à son schéma d'évolution, non pour dire comme Évhémère que l'Histoire produit des mythes par hyperbole (l'apothéose des grands hommes : Hercule serait un général transformé en demi-dieu), mais pour tenir que des données historiques s'incorporent au mythe après coup. Comme il y a symbolisation *a pos-*

---

jeure de l'école historique, est importante chez Max Müller comme chez Michel Bréal : ils lui empruntent pour construire leur schéma d'évolution des mythes.
21 *Hercule et Cacus*, p. 114.
22 « Le mythe d'Œdipe », dans *Mélanges de mythologie et de linguistique*, p. 169.

teriori, il y a une évhémérisation *seconde*. Davantage, à la différence de l'évhémérisme *stricto sensu*, ces éléments historiques du mythe ne renvoient pas à l'histoire événementielle, mais à la vie quotidienne : le mythe raconte l'histoire des mœurs. La réinterprétation pindarique du mythe d'Ixion nous en donnait un exemple à propos de la loi d'hospitalité. Bréal en développe un autre, celui des Argonautes et de la toison d'or. C'est pour lui une variante de l'inusable mythe d'Indra et Vritra – par le biais de quelques relais. Dans les *Védas*, les nuages qui entourent Vritra sont comparés à des vaches, à la faveur d'une motivation linguistique : les deux mots sont formés sur une même racine verbale, *gu*, aller (les nuées comme les vaches sont « celles qui marchent »). Dans des variantes de la fable, on a oublié les nuages pour ne retenir que l'image des bovins : Héraklès et les bœufs de Géryon ; Hercule, Cacus et les vaches du dieu Soleil. Avec les Argonautes, par métonymie en quelque sorte, on passe du bovin à l'ovin, de la vache à la toison du bélier, gardée par un dragon (ex Vritra...). Bref, on reconnaît le soubassement du mythe premier, pendant que s'ajoutent de nouveaux éléments : la toison d'or, l'espace maritime, manifestant une évolution de l'histoire des mœurs. On est passé de l'âge pastoral de l'Ârya primitif sur ses plateaux d'Asie centrale à une civilisation de la mer s'adonnant à des expéditions pour conquérir des richesses et établir des colonies. Au fil des réécritures, le mythe devient moins religieux et plus humain : plus en prise sur l'histoire d'un peuple. Les *mythes* de cette période sont en ce sens des *documents historiques* : ils nous renseignent sur les mœurs, l'organisation de la famille et de la cité à l'époque contemporaine de leur recomposition (plus près de nous, Moses Finley postulera ainsi dans *Le Monde d'Ulysse* qu'Homère a décrit la Grèce du IXe siècle avant Jésus-Christ). Tel est l'évhémérisme différé : « Pour tout cet ordre de faits, les mythes sont de l'histoire ».[23] Le contemporain affleure sur le fond d'un passé fabuleux. Le mythe est une première forme d'historiographie. Balzac se plaignait de ce que les historiens de l'antiquité ne nous avaient pas laissé de scènes de la vie privée, un Bréal retrouvait cette histoire des mœurs dans les mythes.

Ceux-ci réclament alors un autre type de lecture. La lecture qui fragmente,[24] à la recherche des étymons, laisse place à une lecture enveloppante qui entend les mythes non plus isolément, mais tels qu'une société les a coordonnés, y fixant sa vision du monde. L'école philologique s'arrête sur ce seuil qui ferait passer du mythe à la mythologie, ainsi définie par Pictet : « Elle comprend tout ce qui tient à la vie des dieux, et à leurs rapports avec les hommes, la théogonie, la cosmogonie, le gouvernement du monde, les origines nationales, les institutions, le culte,

---
23 Michel Bréal, « Le mythe d'Œdipe », dans *Mélanges de mythologie et de linguistique*, p. 172.
24 Les *chips* de Max Müller en sont l'expression stylistique.

la morale religieuse, etc ».²⁵ À ce point, le mythe n'est plus seulement l'expression d'un sentiment religieux : il exprime une société. L'historien des mythes élargit la notion de croyance (les croyances communes qui font le lien social) et désolidarise les notions de mythe et de religion. L'homme, l'homme en société, est aussi au cœur du mythe. Indra et Vritra redescendent sur terre.

L'ethnologue contre le philologue

L'école philologique va rapidement essuyer les feux de la critique. Son pouvoir d'explication est remis en cause par de nouveaux savoirs. Ainsi l'archéologie préhistorique, avec les travaux de Boucher de Perthes, bouleverse les notions de chronologie et relativise la valeur des *Védas* comme documents restituant l'éclosion des mythes indo-européens. Si les plus anciens hymnes védiques sont datables du XVe siècle avant Jésus-Christ, estime Max Müller, la présence de l'homme, elle, est attestée depuis le quaternaire. Quel temps même sépare la langue des *Védas* de la langue primitive d'avant la dispersion des peuples aryens ? Sur le tard, en 1897, Max Müller avoue qu'on ne saurait le dire : « Cela a pu être l'affaire de quelques générations ; cela peut avoir demandé des centaines et des milliers d'années ».²⁶ Le discours des origines est renvoyé à l'origine de l'origine.

De plus, à l'intérieur même de la linguistique, la science étymologique, qui avait prétendu se fonder sur la rigueur des *lois* phonétiques, doit reconnaître qu'elle est minée d'incertitudes. Un Max Müller et un Adalbert Kuhn divergent souvent sur les étymologies censées valider leurs interprétations (et quand ce n'est pas sur l'étymologie elle-même, c'est sur le sens de l'étymon qu'ils sont en désaccord). Avec le recul, Saussure, dans son *Cours de linguistique générale* notera qu' « on a compris peu à peu combien sont rares les mots dont l'origine est bien établie ».²⁷ Il existe toujours un Brichot pour contredire le curé de Combray. L'origine des langues se perd elle aussi. La science du langage est en train d'emprunter d'autres voies. Avec l'arrogance du savoir qui va, Vendryes décrète : les linguistes « n'ont jamais affaire qu'à des langues très évoluées, qui ont derrière elles un passé considérable dont nous ne savons rien. L'idée que par la comparaison des langues existantes on aboutirait à la reconstitution d'un idiome primitif est chimérique. C'est une chimère qu'ont peut-être caressée jadis les fondateurs

---

25 Adolphe Pictet, *Les Origines indo-européennes ou les Aryas primitifs* (1859), Paris, Sandoz et Fischbacher, 1877, t.1, p. 457.
26 *Nouvelles études de mythologie*, p. 155.
27 *Cours de linguistique générale* (1915), Paris, Payot, 1980, p. 307–308.

de la grammaire comparée, elle est abandonnée depuis longtemps ».[28] Voilà que la *Ursprache* retombant en morceaux, nos ancêtres, leur vision du monde et leurs dieux, redeviennent fantomatiques.

Surtout, l'émergence de l'école ethnologique précipite le déclin de l'école philologique. Dans le dernier tiers du siècle se constitue en effet l'ethnologie comparée, avec Edward Burnett Tylor. Son livre *Primitive Culture* (1871), considéré comme le premier traité systématique d'anthropologie, est traduit en français en 1876 (1878 pour le second volume).[29] L'école philologique, centrée sur les langues indo-européennes, avait expliqué la ressemblance entre les mythes par une origine linguistique commune. À ce comparatisme restreint, l'école ethnologique oppose de troublantes ressemblances entre les mythes de sociétés primitives appartenant aux cinq continents, lesquelles n'avaient pu communiquer entre elles : « Les traditions des races sauvages nous offrent surtout des conceptions mythiques du monde extérieur aussi primitives que celles des anciens Aryas, s'accordant avec celles-ci dans leur caractère général et offrant des rapports correspondants jusque dans les détails de leurs épisodes ».[30] Ce n'est pas affaire de langue : l'imaginaire humain est stéréotypé.

C'est ainsi que l'Écossais Andrew Lang (rude polémiste qui ne ménage pas Max Müller) retrouve le combat d'Indra contre Vritra qui a avalé les eaux du ciel chez les Hurons et les aborigènes australiens, à quelques variantes près : le dragon est devenu grenouille géante qu'il faut tuer ou faire rire pour qu'elle restitue l'eau qu'elle a absorbée.[31] Plus loin, à propos des sorciers faiseurs de pluie chez les Zoulous, il retrouve encore l'imagerie du mythe védique : « Leur nom de "berger des cieux" a un aspect védique. Le Zoulou dit : "Le pâtre qui garde la foudre fait comme celui qui garde les bestiaux, il siffle ; il dit : Tsu-i-i-i. Partez et allez là-bas, ne venez pas ici." Nous voyons par là que le Zoulou regarde les cieux orageux et l'éclair comme des créatures vivantes qui peuvent être gardées comme des moutons. Il n'y a dans ce cas ni allégorie, ni métaphore, ni oubli du sens originel des mots. Le troupeau de nuages est tout semblable au troupeau de vaches ».[32] Andrew Lang vise manifestement *Hercule et Cacus*. Bréal, on s'en souvient, expliquait la comparaison des nuées à des vaches par un jeu sur la racine verbale com-

---

28 *Le Langage*, Paris, La Renaissance du Livre, 1921, p. 6.
29 En 1865, Max Müller avait déjà rendu compte de son livre fondateur, *Researches into the early History of Mankind and the Development of Civilisation*.
30 Tylor, *La Civilisation primitive*, Paris, C. Reinwald et cie, 1876, t.1, p. 364.
31 Andrew Lang, *Mythes, cultes et religion*, Paris, Alcan, 1896, p. 39–40.
32 *Ibid.*, p. 103.

mune aux deux mots sanscrits (*gu*, aller) ; Andrew Lang explique la comparaison par une vision animiste des éléments. L'ethnologue ne croit pas au signifiant.

Animisme : l'école anthropologique anglo-saxonne fait entrer ce néologisme de sens dans la langue française avec la traduction de Tylor (c'est le titre donné au chapitre XI de *Primitive Culture*). L'animisme devient la clé de lecture des mythes naturalistes premiers. L'explication, dès lors, n'est plus linguistique, mais psychologique : « Parmi les causes qui transforment en mythes les faits d'expérience journalière, il faut placer d'abord et avant tout la croyance à l'animation de la nature entière, laquelle à son plus haut degré arrive jusqu'à la personnification ».[33] Mais la personnification n'est plus alors une manière de parler, une métaphore oubliée. C'est une manière de *voir*. Pour Tylor, les métaphores sont hallucinées ; elles sont non des métaphores *mortes*, mais des analogies *vécues* : « Les analogies, qui ne sont pour nous que de simples produits de l'imagination, étaient pour les hommes du passé une réalité. Ils voyaient la flamme lécher sa proie à demi consumée avec ses langues de feu ».[34] On pense à Félicité et à Salammbô vivant les métaphores. Pour saisir la naissance des mythes, il suffit d'observer les cœurs simples : les sociétés primitives modernes ou les paysans des sociétés civilisées, dit Tylor (les études folkloriques se développent au même moment). Pas besoin de spéculer sur les Âryas primitifs de la Bactriane. Pas besoin d'interroger des racines conjecturales. Le philologue, dépouillé du grimoire des origines, ne sera plus désormais qu'une figure parmi d'autres dans le champ des sciences humaines. On rêve d'un Tylor qui aurait trouvé un modèle épistémologique dans l'*ethnolinguistique* de Pictet, mais la rencontre vient de rater, entre le philologue et l'ethnologue. Les sociétés sans écriture ne fixent pas leurs paroles et l'ethnologue en néglige la lettre. Il met à l'écart le langage, réduit au rôle d'instrument de communication. Les mots, pour lui, ne sont pas partie prenante de l'imaginaire.

Et voici que récemment, sur la place Saint-Michel, là où les Parisiens fixent leurs rendez-vous, tandis qu'attendant un ami retardataire, je contemplais machinalement la fontaine de Davioud, fille de l'haussmannisation, inaugurée en 1860, trois ans avant *Hercule et Cacus*, avec l'archange terrassant le monstre diabolique sous le corps duquel retombait gracieusement l'eau en cascades, pendant que sur les deux côtés deux dragons ailés crachaient eux aussi ce liquide salutaire, soudainement je *crus voir* Indra et Vritra, reprenant leur combat, dans un ciel de mousson d'été.

---

33 Tylor, *La Civilisation primitive*, p. 326.
34 *Ibid.*, p. 340.

Paule Petitier
Michelet et la prose symbolique

« Il donne dans les théories, les symbolismes, Micheletteries, Quinetteries (j'y ai été aussi, je les connais)»,[1] écrit Flaubert d'un jeune homme venu lui exposer ses projets littéraires en 1853.

Sous la monarchie de Juillet, les deux professeurs du Collège de France, admirateurs avertis de la science allemande, sont en effet connus pour user et abuser des interprétations symboliques. Leurs traductions respectives de Herder et de Vico et leur proximité avec Victor Cousin, propagateur des idées hégéliennes en France, les ont dès la Restauration convertis à un mode de pensée qui paraît alors ouvrir de nouvelles voies à la connaissance.

Heinrich Heine, témoin de la campagne contre les Jésuites dans laquelle se sont engagés Michelet et Quinet en 1843, s'étonne qu'un homme « né spiritualiste » comme Michelet, plein d'aversion pour « les lumières rationalistes du XVIIIe siècle » se trouve associé dans cette polémique aux voltairiens, lui qui « hait s'occuper de pensées qui ne sont pas revêtues de formes symboliques ».

> Sur sa manie des symboles, sur ses élucubrations continuelles dans le domaine du symbolisme, poursuit Heine, j'ai quelquefois entendu plaisanter d'une manière très amusante dans le Quartier Latin et Michelet est appelé là M. Symbole.[2]

Or Heine se trompe sur l'aversion de Michelet à l'encontre des Lumières rationalistes. Sa manie, très réelle, des symboles ne va pas chez l'historien sans méfiance vis-à-vis du courant spiritualiste et chrétien qui a fait leur succès ni sans un effort pour élaborer ce que devrait être un symbolisme éclairé et démocratique.

Symbole et herméneutique historique

En 1827, Michelet donne une traduction et une présentation des œuvres de Vico. Le jeune professeur, à l'époque autant philosophe qu'historien, s'intéresse à la théorie de l'histoire de Vico (la succession des âges, les *corsi* et *ricorsi*) mais aussi à son herméneutique. Vico propose en effet de considérer les fables de la mythologie comme des « narrations vraies » formulées dans une langue originelle constituée de tropes. La « langue symbolique ou héroïque » exprime l'abstrait par

---

[1] Gustave Flaubert, *Correspondance*, éd. Y. Leclerc, Paris, Gallimard, Pléiade, 1980, t. II, p. 250.
[2] Heinrich Heine, *Lutèce* [1855], Paris, Michel Lévy frères, 1863, p. 355.

le concret, figure le collectif dans l'individuel, personnifie les forces naturelles et sociales, reflétant un intellect encore immergé dans l'intensité de la perception. Belle infidèle, la traduction de Michelet multiplie le mot « symbole ». Tandis que dans la *Scienza nuova* Vico n'emploie que deux fois le terme « simbolo », on compte seize occurrences de « symbole » dans le texte de Michelet.[3]

Lorsqu'il entreprend peu après une *Histoire romaine*, Michelet met à profit les thèses de Vico, il s'efforce d'interpréter les récits de la fondation de Rome en cherchant à la fois les idées et les *realia* contenues dans le vocabulaire et l'onomastique latine ou transposées dans les figures mythiques. Le loup « craint et révéré des pasteurs sabins » lui paraît « le symbole avoué du brigandage »[4] auquel se livraient les premiers habitants du territoire de Rome. Le meurtre de Remus par Romulus ne désigne aucun homicide réel, il métaphorise la « dualité primitive » de la cité :

> Dans le seul Romulus, coexistent déjà les plébéiens et les patriciens.
> Aussi est-il d'abord présenté comme double ; il a un frère (Romus, Romulus, comme Poenus, Poenulus, etc.), et il le tue. Il suffit, en effet, que la dualité primitive soit exprimée dans la fondation de la ville. Remus en saute les remparts, en détruit l'unité. Il faut qu'il disparaisse, qu'il meure, jusqu'à ce que l'introduction des étrangers dans Rome permette à la dualité de reparaître avec Tatius, que Romulus sera encore accusé d'avoir tué. Au reste, ces meurtres symboliques ne feront pas plus de tort au bon et juste Romulus que la mutilation de Saturne n'en fait au père des dieux et des hommes.[5]

De nouveau dans cette œuvre le terme « symbole » et ses dérivés apparaissent fréquemment (27 occurrences). L' « Avant-Propos » donne la clef de cette multiplication par le rapprochement entre la pensée de Vico et celle des philologues allemands plus récents.

> Comme Creuzer et Gœrres, il [Vico] a fait voir des idées, des symboles dans les figures héroïques ou divines de l'histoire primitive.[6]

En affirmant que l'œuvre de Vico contient en germe toute la philologie moderne – aussi bien Wolf que Creuzer, Goerres, Niebuhr et Gans[7] – Michelet assume un point de vue « syncrétique », surplombant les oppositions théoriques entre

---

[3] Vico emploie en revanche l'adjectif « simbolica » à propos de la langue du deuxième âge, « l'âge héroïque », dont la langue est donc dite « symbolique ou héroïque ». Une autre traduction, de 1844, *La Science nouvelle par Vico, traduite par l'auteur de l'Essai sur la formation du dogme catholique* (Renouard) compte 26 occurrences.
[4] *Histoire romaine*, dans *Œuvres complètes* II, Paris, Flammarion, 1972, p. 393.
[5] *Ibid.*, p. 378–379.
[6] *Ibid.*, p. 340.
[7] « Dans le vaste système du fondateur de la métaphysique de l'histoire, existent déjà en germe du moins, tous les travaux de la science moderne. » (*Ibid.*, p. 340).

ces divers courants (Wolf appartient en effet à un courant rationaliste opposé à Creuzer[8]). Ce qui lui importe, c'est un type de lecture des sources primitives, une méthode qui donne du crédit et du sens aux fables, sans préjuger du type de signifié auquel cette lecture permet d'accéder : religieux, politique, historique, philosophique... Michelet annonce en quelque sorte son projet de faire feu de tout bois, spiritualiste (Creuzer) comme rationaliste (Wolf). D'une part, en s'emparant du terme de « symbole » il suggère un signifié transcendant inclus dans les fables. La « symbolique » renvoie d'abord à la théorie selon laquelle les mythologies seraient les formes codées d'une révélation primitive transmise par les prêtres. D'autre part, en se plaçant sous le patronage de Vico, Michelet signifie qu'il réoriente l'interprétation vers les représentations politiques et sociales. L'objet du philosophe italien est en effet moins de prouver à travers les mythes l'unité d'une révélation originelle, que de fonder la *science nouvelle*, celle de l'homme, artisan de son monde et de son histoire. Michelet annonce ainsi son intention de centrer son herméneutique sur l'homme. Cela n'exclut pas de déchiffrer dans les rites religieux des idées métaphysiques,[9] mais la religion n'est plus qu'un domaine parmi d'autres où se manifeste une fonction symbolique étendue à toute activité humaine. Et la religion peut elle-même être lue de surcroît comme le symbole d'un signifié historique :

> En Bretagne comme en Irlande le catholicisme est cher aux hommes comme symbole de la nationalité.[10]

Comme Joseph Guigniaut dans sa traduction-adaptation de la *Symbolique* de Creuzer, Michelet opère un déplacement des représentations religieuses vers le système des représentations sociales.[11] Les éléments légendaires portent selon lui la mémoire des peuples ; ils renseignent par exemple sur leur origine et leurs migrations. Dardanus est « un symbole de l'identité de toutes les tribus pélasgiques »,[12] Dédale, le « symbole de la colonisation de ces contrées par les indus-

---

[8] Je me rapporte ici à la conférence sur le symbolisme en Allemagne prononcée par Michel Espagne dans le cadre du groupe Flaubert de l'Item : http://www.item.ens.fr/docannexe/file/441368/MEspagneJuin09.mp3.
[9] À propos de la religion des druides, Michelet propose du rite de la cueillette du gui une lecture qui rattache cette croyance à un dogme spiritualiste : « Ils [les druides] le croyaient semé sur le chêne par une main divine, et trouvaient dans l'union de leur arbre sacré avec la verdure éternelle du gui, un vivant symbole du dogme de l'immortalité. » (*Histoire de France*, Œuvres complètes IV, Paris, Flammarion, 1974, p. 132)
[10] *Histoire de France*, op. cit., p. 338.
[11] Comme le dit Michel Espagne (conférence citée).
[12] *Histoire romaine*, op. cit., p. 355.

trieux Pélasges et leurs courses aventureuses ».[13] S'il y a un signifié majeur du symbole (n'excluant pas forcément les autres), c'est celui de la communauté, de sa conscience infuse d'elle-même et de son histoire. Sans doute l'usage du terme « symbole », lié à l'herméneutique religieuse, contribue-t-il à nimber ce signifié d'une certaine sacralité.

La référence à Vico permet aussi à Michelet de prendre position sur l'origine du symbolisme. Creuzer fait l'hypothèse d'une caste de prêtres éclairés, inspirés, élaborant des symboles et des mythes dans le but de transmettre aux esprits grossiers une vérité révélée à elle seule. Michelet avec Vico voit dans le symbolisme une réalité anthropologique. Forme originelle de l'intelligence humaine, le symbolisme est la langue de toute l'humanité à un certain stade de son histoire. La mythologie comparée met en évidence l'universalité de la langue symbolique, de ses procédés et de ses « formules poétiques ».[14]

Temporellement, le symbolisme caractérise une humanité à l'aube de l'histoire,[15] encore engoncée dans la matière. Géographiquement, le symbolisme est oriental, fruit des contrées où la nature domine encore l'homme. L'histoire, conçue comme un procès de spiritualisation, n'est donc rien d'autre qu'un travail de désymbolisation.

> Ainsi, l'humanité part du symbole, en histoire, en droit, en religion. Mais, de l'idée matérialisée, individualisée, elle procède à l'idée pure et générale.[16]

Le cours de l'histoire peut se résumer à un lent passage du symbole à l'abstraction. L'histoire antique, c'est Rome et la Grèce désymbolisant l'Orient. L'histoire moderne de la France est celle de la désymbolisation plus ou moins dramatique, plus ou moins réussie du Moyen Âge. Dès le début du tome III de l'*Histoire de France* (1837), Michelet insiste sur ce tournant capital du XIVe siècle, qui voit mourir les formes symboliques de l'âge précédent : le symbolisme pontifical bafoué par les légistes de la monarchie française, le symbolisme armorial obscurci... La place accordée au procès des Templiers dans le tome III provient de ce que l'épisode donne matière à être présenté comme un drame du symbole. Les

---

13 *Ibid.*, p. 357.
14 L'*Histoire romaine* contient ainsi un rapprochement entre la morphologie des personnages représentés sur les vases étrusques et celle des figures humaines que l'on trouve dans les ruines de Palanqué au Mexique (p. 365).
15 En fait il faudrait distinguer entre la langue hiéroglyphique, qui traite personnifie les phénomènes naturels, et la langue symbolique, déjà dans l'histoire...
16 *Histoire romaine, op. cit.*, p. 341.

accusations de sacrilège portées contre les Templiers parce que certains de leurs rites leur auraient fait renier Dieu, reposeraient, selon Michelet, sur de « pieuses comédies » prises au pied de la lettre par les accusateurs. « Ainsi l'ordre qui avait représenté au plus haut degré le génie symbolique du moyen âge mourut d'un symbole non compris ».[17] Le déclin du symbolisme se manifeste d'abord, à l'automne du Moyen Âge, par des contresens aux conséquences destructrices, puis à la Renaissance par une première poussée de l'art pour l'art, une survalorisation de la forme, de la grâce et de la beauté, au détriment du sens spirituel.

Si son exténuation progressive détermine la marche de l'histoire, le symbole, par sa temporalité propre – qui est plutôt une négation de la temporalité ou une temporalité très longue, presque immobile[18] –, complexifie la dynamique du progrès et donne de l'épaisseur au temps théorique de l'évolution. Il représente en effet un principe d'inertie, de résistance – en lui-même parce qu'il a la pesanteur de la matière, mais aussi du fait qu'il se constitue en instrument de la domination des castes supérieures. Tel dans la Rome antique, « le vieux mystère des formules juridiques : mystère qui naquit de l'impuissance de la parole qui ne s'exprimait d'abord que d'une manière concrète et figurée, mais désormais entretenu à dessein, comme le dernier rempart qui reste à l'aristocratie ».[19]

Michelet, on le comprend, articule par la diachronie deux conceptions du symbole autrement incompatibles. L'une en fait la forme primitive de l'intelligence humaine (Vico, Cousin) et comme telle la caractéristique d'une pensée populaire ; l'autre y voit l'instrument de la domination d'une caste par la confiscation du savoir et la discrimination entre initiés et non-initiés (Jouffroy, Ballanche). Le symbolisme change de sens à mesure que l'histoire avance. Dans l'*Histoire romaine*, il caractérise la société étrusque, marque son archaïsme, son origine orientale (les Étrusques seraient des Pélasges venus d'Orient). Mais il est ensuite réinterprété dans le cadre des conflits sociaux que donnent à lire en filigrane les fables des origines de Rome. Les Étrusques constituent la classe patricienne qui cherche à perpétuer ses privilèges en maintenant « l'esprit sacerdotal » c'est-à-dire la tendance à diviser l'humanité en castes. La lutte socio-politique des patriciens et des plébéiens se manifeste non seulement dans l'événement lui-même (comme la sécession de 494 avant JC) mais dans les usages et les expressions de chacun des partis.

---

17 *Histoire de France, Œuvres complètes V*, Paris, Flammarion, 1975, p. 133.
18 L' « immobile chrysalide du symbole », *Histoire romaine, op. cit.*, p. 341.
19 *Histoire romaine, op. cit.*, p. 416.

> Les patriciens envoyèrent au peuple celui des leurs qui lui était le plus agréable, Menenius Agrippa. Il leur adressa l'apologue célèbre des membres et de l'estomac, véritable fragment cyclopéen de l'ancien langage symbolique. L'envoyé eut peu de succès. Les plébéiens voulurent un traité. Un traité entre les patriciens et les plébéiens, entre les personnes et les choses ! Ce mot seul, a dit un grand poète, vieillit l'apologue de Menenius d'un cycle tout entier.[20]

Le symbolisme, en se perpétuant dans les temps historiques, s'identifie à un système politique, au pouvoir d'une aristocratie (religieuse ou militaire), à la confiscation du sens et de l'autorité. La démocratisation suppose au contraire l'ouverture de la pensée, l'explicitation du droit, bref la sortie du symbolique.

Le pouvoir despotique (du chef politique et du chef de famille) en impose par ses symboles muets – c'est-à-dire indiscutables.

> Comme les dieux, il [le chef de famille] s'exprimera par signe, par symbole. Le signe de sa tête a une vertu terrible ; il met tout en mouvement. Dans la cité, dans la famille, même silence. C'est par une vente simulée avec l'airain et les balances qu'il émancipera son fils ; pour disputer la possession d'un fonds, il simulera un combat. S'il sort de ce langage muet, s'il parle, sa parole est irrévocable […].[21]

Plus le symbole devient l'instrument d'une domination injuste, à contresens de l'histoire, plus il se fait obscur, hermétique, effrayant[22]. En maintenant le latin comme langue de culte au moment même où les langues romanes s'imposent, en s'enfermant dans le dogme du péché originel et de la grâce, l'Église catholique manifeste qu'elle se réduit à une logique de pouvoir.

> Le moyen âge est pour [l'enfant] un terrible pédagogue. Il lui propose le symbole le plus compliqué qu'on ait enseigné jamais, le plus inaccessible aux simples.[23]

Par contraste se développe une autre langue, que Vico appelle « langue vulgaire ou épistolaire » et que Michelet nomme « prose ». Le passage de la poésie à la prose, de la féodalité à la démocratie, du droit symbolique au droit écrit constituent autant de transformations solidaires.

---

20 *Histoire romaine*, op. cit., p. 405.
21 *Ibid.*, p. 400.
22 À propos des monuments étrusques qui réunissent des figures des différentes religions de l'antiquité : « puis viennent des symboles hideux, des larves, des figures grimaçantes, comme dans un mauvais rêve, qui semblent là pour défier la critique et lui fermer l'entrée du sanctuaire. » (p. 366)
23 *Le Peuple*, éd. P. Viallaneix, Paris, Flammarion, « Champs », 1974, p. 172.

> Or qui dit la prose dit la forme la moins figurée et la moins concrète, la plus abstraite, la plus pure, la plus transparente, autrement dit la moins matérielle, la plus libre, la plus commune à tous les hommes, la plus humaine. La prose est la dernière forme de la pensée, ce qu'il y a de plus éloigné de la vague et inactive rêverie, ce qu'il y a plus près de l'action. Le passage du symbolisme muet à la poésie, de la poésie à la prose est un progrès vers l'égalité des lumières, c'est un nivellement intellectuel. Ainsi de la mystérieuse hiérarchie des castes orientales sort l'aristocratie héroïque, de celle-ci la démocratie moderne. Le génie démocratique de notre nation n'apparaît nulle part mieux que dans son caractère éminemment prosaïque, et c'est encore par là qu'elle est destinée à élever tout le monde des intelligences à l'égalité.[24]

Et pourtant, dénouement surprenant, au terme de ce processus, le comble du prosaïque s'avère un symbole. Paris, point central d'une Ile-de-France surdéterminée comme prose (par contraste avec les provinces périphériques poétiques), s'appelle symbole.

> Comment s'est formé en une ville ce grand et complet symbole du pays ? Il faudrait toute l'histoire du pays pour l'expliquer : la description de Paris en serait le dernier chapitre.[25]

Tandis que l'Histoire progresse en se délivrant du symbole, l'écriture de l'histoire, elle, procède semble-t-il à une contremarche.

« Monsieur Symbole »

Michelet ne se contente pas d'appliquer aux récits des origines les principes d'une herméneutique qui exhume leur signification historique. Le surnom que le Quartier Latin lui donne tient sans doute plutôt à son extrapolation du symbolisme. En effet, il n'interprète pas seulement des symboles, il en voit, il en forge. Il assigne de son propre chef à tel ou tel fait, pris dans les documents ou dans la réalité, une dimension symbolique, un sens métahistorique, sans préjudice du statut historiquement attesté de ce fait.

Dans ses premières œuvres historiques, Michelet transforme fréquemment un fait minime en ostensoir d'une idée générale. Un détail concret, par exemple la mauvaise qualité des sabres gaulois, qui s'émoussent au premier coup, appelle le commentaire suivant : « vrai symbole de la race gaélique ».[26] Le biographique fait écho à l'histoire collective :

---

24 *Introduction à l'histoire universelle*, dans *Œuvres complètes* II, *op. cit.*, p. 250.
25 *Histoire de France I* (« Tableau de la France »), *op. cit.*, p. 381.
26 *Histoire de France*, Paris, Hachette, 1833, p. 15.

> Leur dernier roi, Sanche l'Enfermé, qui mourut d'un cancer, est le vrai symbole des destinées de son peuple.[27]

Cette façon de monter en épingle des faits secondaires est si caractéristique qu'elle peut effectivement passer pour un procédé ou un tic.

Si l'on se réfère à ce qu'il écrit dans la Préface de son *Précis de l'histoire moderne* en 1827, il se pourrait que Michelet voie là un moyen mnémotechnique. Le but auquel tend ce précis, explique-t-il, est de « laisser [...] dans la mémoire des élèves, une empreinte durable de l'histoire moderne ».

> Pour atteindre ce but, il aurait fallu [...] représenter toutes les idées intermédiaires, non par des expressions abstraites, mais par des faits caractéristiques qui pussent saisir de jeunes imaginations. Il les eût fallu peu nombreux, mais assez bien choisis pour rappeler tous les autres, de sorte que les mêmes faits présentassent à l'enfant une suite d'images, à l'homme mûr une chaîne d'idées.[28]

La pensée enfantine, analogue à la pensée primitive, n'étant frappée que par les images, il s'agirait donc de transposer dans l'écriture de l'histoire la langue symbolique – à la différence que l'historien maintient une double lecture, idées et faits-images, comme dans une sorte de stéréoscopie.

Dans les symboles créés par Michelet, la relation d'analogie ou d'équivalence s'ajoute à d'autres types de relations, d'ordre logique, ce qui maintient le symbole du côté de la rationalité. La dimension symbolique vient en surdéterminer d'autres :

> [le roi de France] est le symbole et le centre de la nation.[29]
> Le désert de Rome, aussi isolée sur la terre que Venise au milieu des eaux, est le triste symbole des maux qu'a faits cette vie urbaine (*urbanitas*) dans laquelle s'est toujours complu le génie italien.[30]

Dans ce dernier exemple, la relation causale (la dépopulation de la campagne causée par l'hypertrophie de la ville) devient de surcroît symbolique par le double effet de la comparaison (le rapprochement avec Venise ouvre la possibilité d'une généralisation) et de la métonymie.

Le *Journal* enregistre régulièrement ce type d'inventions symboliques, à propos des choses vues. Michelet, voyageur pressé, expérimente directement le court-cir-

---

27 *Histoire de France* I, *Œuvres complètes* IV, *op. cit.*, p. 352.
28 *Précis de l'histoire moderne*, *Œuvres complètes* II, *op. cit.*, p. 24.
29 *Histoire de France* I, *op. cit.*, p. 865 (Table des matières).
30 *Introduction à l'histoire universelle*, *op. cit.*, p. 146.

cuit du sensible à l'idée pour fixer ses impressions. L'écriture diariste retrouve dirait-on la langue première des symboles afin de transcrire une expérience frappante mais passagère, que le voyageur n'a pas le temps d'analyser.

À Brest : « Belle rade, port étroit ; on y étouffe, moins de vie que je n'aurais cru, eau douce dans le port, symbole de notre insuffisance maritime : destruction lente de nos vaisseaux ».[31]

Dans la cathédrale de Nantes : « L'intérieur semble très haut, parce que l'église est courte ; je voyais dans cette hauteur étroite un symbole de la vieille Bretagne ».[32]

Ces exemples le montrent, la relation symbolique surgit souvent d'un rapport spatial. L'expérience émotionnelle de l'espace, qui est vive chez Michelet (sensations d'oppression, euphorie de l'enveloppement, choc de la verticalité...), se transpose en relations idéelles (Cassirer a montré le rôle crucial de l'expérience spatiale dans les élaborations symboliques). La position du corps dans l'espace déclenche l'interprétation par homologie. Dans les œuvres historiques le symbole s'attache également à des dispositifs spatiaux (le roi, « symbole et centre de la France », la campagne déserte qui entoure Rome).

Dans l'espace s'inscrit et se révèle une histoire qui n'est pas forcément perceptible autrement : les rapports de force inscrits dans un paysage, l'armature invisible du pouvoir, les conflits sous-jacents. Ainsi en 1853, contemplant Lyon de haut, Michelet a-t-il le sentiment que le paysage lui révèle, à travers l'opposition des deux collines (Fourvières et la Croix-Rousse), la clef de la ville, le conflit entre le monde du travail et le monde clérical.[33] De façon plus générale, l'espace est un symbolisant majeur de l'histoire chez Michelet parce que se reconstruit par son intermédiaire un lien sensible avec le passé. En effet, certains paysages annulent la différence des temps et laissent transparaître, comme le symbole son au-delà, le passé à jamais absent.

« Monsieur Symbole » s'assagit cependant beaucoup au fil des années, et les occurrences du terme diminuent significativement dans les œuvres d'après 1840.

---

[31] *Journal* I, *op. cit.*, p. 60.
[32] *Ibid.*, p. 96.
[33] Voir *Journal*, éd. P. Viallaneix, Paris, Gallimard, 1962, t. II, 1er mai 1854, p. 250–251.

Histoire de France	Date de publication	Occurrences de Symbole(s), Symbolique(s), Symbolisme
Tome I	1833	20*
Tome II	1833	20
Tome III	1837	21
Tome IV	1840	21
Tome V	1841	13
Tome VI	1844	7
Tome VII	1855	5
Tome VIII	1855	1
Tome IX	1856	1
Tome X	1856	0
Tome XI	1857	0
Tome XII	1858	0
Tome XIII	1860	1
Tome XIV	1862	0
Tome XV	1863	2
Tome XVI	1866	3
Tome XVII	1867	1

* Seulement 14 occurrences dans la réédition de 1852.

Sans exclure qu'averti de son surnom, le professeur se soit surveillé, il paraît plus probable d'établir une corrélation entre la rapide disparition du terme de l'*Histoire de France* et les prises de position de plus en plus anti-chrétiennes de Michelet. Le tournant se situe visiblement entre 1840 et 1844, dans les années où s'engage la lutte contre les jésuites. À l'appui de cette hypothèse, on constate que la réédition de 1852 du tome premier de l'*Histoire de France* ne compte plus que quatorze occurrences de « symbole » (et de ses dérivés) contre vingt dans l'édition originale. En 1864, dans la *Bible de l'humanité*, œuvre consacrée à l'histoire des religions, Michelet tient à prendre ses distances avec la conception religieuse du symbole :

> M. Guigniaut, un vrai savant, qui a usé sa vie dans l'œuvre immense de traduire, compléter, rectifier la *Symbolique* de Creuzer, a été chez nous, en ce siècle, le véritable fondateur de l'étude des religions. Ce maître aimé fut notre guide à tous. Les Renan, les Maury, tous les critiques éminents de cet âge, ont procédé de lui. Il a ouvert la voie à ceux mêmes qui, comme moi, penchent vers l'*Anti-symbolique*, vers Strauss, vers Lobeck [...].[34]

---

34 *Bible de l'humanité*, éd. Laudyce Rétat, Paris, Champion, 2010, p. 171. Michelet se réfère à David Strauss (1808–1874), l'auteur d'une *Vie de Jésus* (1835) qui montrait un Jésus historique

La question du symbole moderne

L'occultation du terme « symbole » ne signifie pas pour autant que Michelet se désintéresse de la question du symbolique ni qu'il cesse de pratiquer une écriture du symbolique.

Sa polémique contre le catholicisme avive l'exigence d'un « symbolisme » moderne, soit d'une expression de l'idéal progressiste accessible au peuple comme aux gens cultivés.

En 1847, dans la préface du tome premier de son *Histoire de la Révolution française* Michelet constate que la Révolution, l'événement fondateur du monde moderne, n'a pas de symbole.

> Le Champ de Mars, voilà le seul monument qu'a laissé la Révolution... L'Empire a sa colonne, et il a pris encore presque à lui seul l'Arc de Triomphe ; la royauté a son Louvre, ses Invalides ; la féodale église de 1200 trône encore à Notre-Dame ; il n'est pas jusqu'aux Romains, qui n'aient les Thermes de César.
> Et la Révolution a pour monument... le vide... .[35]

N'avoir pas de monument de pierre est un manque, mais relatif. La Révolution ne saurait avoir de symbole matériel. Pour autant, ce n'est pas qu'elle ne puisse être symbolisée, ni même qu'elle n'ait pas inventé un nouveau régime du symbole, un symbolisme antisymbolique.

La question du symbolisme moderne s'articule à celle de la discontinuité du signifié historique. La Révolution n'étant pas chez Michelet le prolongement du christianisme mais une rupture avec ce dernier, elle ne peut s'inscrire dans le même paradigme symbolique. Son génie propre ne peut se couler dans la conception chrétienne du symbole, marquée par la dualité du corps et de l'esprit, par la théologie de l'incarnation, présentant l'idée de l'infini contenue dans une forme éminemment matérielle et finie.

Bien que Michelet semble adhérer à cette conception dans ses premières œuvres, on observe que la discontinuité du signifié historique (marquée par un changement de paradigme symbolique) s'inscrit très tôt dans l'*Histoire de France*, bien avant l'*Histoire de la Révolution*. Le tome II (1833) s'ouvre sur le *Tableau de la France* et se referme sur un long « éclaircissement » traitant des cathédrales.

---

et non divin et à Christian August Lobeck (1781–1860), philologue qui combattit les thèses de la *Symbolique* de Creuzer dans son *Agloaphmus* (1829). L'*Antisymbolique* fait allusion au livre de Johann Heinrich Voß publié en 1824 et prenant vivement à partie Creuzer pour son système du mysticisme et du sacerdoce.
35 *Histoire de la Révolution française*, éd. G. Walter, Paris, Gallimard, Pléiade, 1952, t. I, p. 1.

À propos de l'art gothique, Michelet illustre avec virtuosité la théorie du symbole d'inspiration hégélienne, qu'il développe un peu plus tard dans l'Introduction des *Origines du droit français* (1835). L'idée d'universalité, contenue dans l'habit de pierre de l'église, travaille celle-ci de l'intérieur, l'enfle et l'ajoure, l'étire et l'amincit à l'extrême, jusqu'au gothique flamboyant et jusqu'à ce que l'idée s'évade d'une enveloppe qu'elle a élimée. Dans ce texte, Michelet invente un traitement particulier du symbole. Mettant l'accent sur ses métamorphoses, il le sort du hiératisme, le rend à la grâce et au mouvement (c'est-à-dire aux qualités de la prose[36]). Michelet est en passe d'inventer la chose éminemment paradoxale que serait une *prose symbolique*.

Les choses deviennent cependant encore plus intéressantes lorsque l'on saisit que ce morceau de bravoure sur l'architecture constitue en fin de volume le pendant du *Tableau de la France* venant à l'ouverture. Or qu'est le *Tableau de la France* si ce n'est lui-même un symbole – l'*ekphrasis* d'un symbole si l'on veut ? Le territoire symbolise en effet l'idée de nation, lui donne sa forme matérielle, apparente. La disposition des deux passages, inversant l'ordre historique qui voudrait que soit d'abord évoqué le symbolisme médiéval de la cathédrale puis le symbolisme moderne du territoire national, interdit de penser une continuité, une passation de relais entre cathédrale et territoire. Plus exactement, si la disposition symétrique n'interdit pas de penser une analogie de fonction entre les deux types d'élaboration symbolique, elle récuse entre eux toute généalogie. Le développement sur la cathédrale insiste de fait sur l'exténuation du paradigme architectural, et corollairement sur la fin de l'universalité *catholique*.

Michelet rejoue dans ce tome II le « Ceci tuera cela » de Hugo : l'architecture a fait son temps, l'esprit humain a trouvé un nouveau medium (ici la nation et non l'imprimerie). Il ne faut pas se laisser abuser par la concrétude de la terre : le symbolisme moderne tel que la nation l'exemplifie n'est pas moins dégagé de la matière que l'imprimerie chez Hugo. Il est à la fois plus naturel, plus réaliste et plus abstrait, que le symbolisme chrétien de la cathédrale.

- Plus naturel : parce qu'il ne va pas chercher ses formes ailleurs que dans la nature (la terre, les paysages) et donne à voir celle-ci (alors que le symbolisme des temps anciens, en personnifiant les forces élémentaires, interpose des masques entre elles et l'homme). Les livres d'histoire naturelle de Michelet constituent un prolongement logique du naturalisme du symbole moderne.

---

[36] « Une littérature se forme, déjà moderne et prosaïque, mais vraiment française : point de symboles, peu d'images ; ce n'est que grâce et mouvement. » *Histoire de France* II, *Œuvres complètes* V, Paris, Flammarion, 1975, p. 39.

- Plus réaliste : parce que le symbolisant n'est pas un artefact créé *ad hoc*. Il appartient au monde de l'expérience quotidienne et profane (alors que l'architecture sacrée créée pour être symbolique se distingue du monde).
- Plus abstrait : parce que son caractère symbolique réside non dans sa substance, mais dans un ensemble de rapports. Si le territoire est un symbole c'est par le jeu de ses différentes parties, par leur agencement, par l'harmonie de l'ensemble du dispositif.

Le symbolisme moderne prend donc à contre-pied tout ce qui définit le symbolisme antérieur, réalisant la gageure d'un symbolisme antisymbolique. Dans l'*Histoire de la Révolution*, l'épisode des Fédérations constitue aux yeux de Michelet *le* moment symbolique de la Révolution, celui qui aurait pu ouvrir l'ère d'une foi moderne.[37]

> Plus d'église artificielle, mais l'universelle église. Un seul dôme des Vosges aux Cévennes et des Pyrénées aux Alpes.
> Plus de symbole convenu. Tout nature, tout esprit, tout vérité.
> L'homme qui dans nos vieilles églises ne se voit point face à face s'aperçut ici, se vit pour la première fois, recueillit dans les yeux de tout un peuple une étincelle de Dieu.[38]

Le symbole moderne ne repose que sur l'immanence. Il tend donc vers l'identité du symbolisant et du symbolisé. Il est réflexif, transparent, tautologique.

> C'est la beauté, la grandeur, le charme éternel de ces fêtes, le symbole y est vivant. Ce symbole pour l'homme, c'est l'homme.[39]

Le symbole moderne ne saurait être qu'exotérique. Il se manifeste dans l'ouverture maximale de l'espace, le panorama, la fête et le spectacle en plein air.

> Les lieux ouverts, les campagnes, les vallées immenses où généralement se faisaient ces fêtes, semblaient ouvrir encore les cœurs.[40]

On comprend que Michelet réinvestisse le terme « symbole » d'une de ses acceptions anciennes, celle de « formule dans laquelle l'Église résume sa foi » (à l'instar

---

[37] Les occurrences de « symbole » augmentent significativement dans le tome II où est retracé l'épisode des fédérations (3 occurrences dans le tome I, 8 dans le deuxième, 5 dans le troisième).
[38] *Histoire de la Révolution, op. cit.*, p. 412.
[39] *Ibid.*, p. 407.
[40] *Ibid.*, p. 411.

du Symbole des Apôtres).⁴¹ Le symbole est fait pour expliciter le sens latent, l'expliciter en le concentrant. Ainsi le « Credo du XVIIIᵉ siècle » qui termine le tome XVI de l'*Histoire de France* par l'exposition de la foi des philosophes parachève la pensée du XVIIIᵉ siècle en formulant (en concrétisant et condensant dans le langage) les affirmations qui restaient latentes en elle.

Enfin, le symbole moderne a pour fonction essentielle de signifier, en première comme en dernière instance, la fonction même du geste symbolique, c'est-à-dire la fondation de la communauté, la fraternité humaine, le pacte, le lien essentiel... Lorsqu'il tente d'imaginer sur quelle fête, sur quel rite, la République pourrait asseoir la consécration laïque de ses idées, Michelet n'en trouve pas d'autre que le banquet, l'acte social par excellence du partage des moyens de subsistance s'élevant à la représentation de lui-même. Le signifié du symbole n'est autre que sa fonction : lier, réunir, tenir ensemble.⁴²

> Plusieurs de nos fédérations avaient imaginé un touchant symbole d'union, de célébrer des mariages à l'autel de la patrie. La Fédération elle-même, ce mariage de la France avec la France, semblait un symbole prophétique du futur mariage des peuples, de l'hymen général du monde.⁴³

La Révolution n'a pas réussi à formuler son credo, à inventer le symbolisme de l'âge moderne grâce auquel elle aurait rallié durablement les masses. L'historien tente de pallier ce manque. Écrire l'histoire, c'est forger le symbolisme moderne, antisymbolique, prosaïque, démocratique, exotérique. L'Histoire va du symbole à la désymbolisation ; dans une marche contraire, l'écriture de l'histoire resymbolise, parce qu'elle réunit, reconstitue une totalité (*ressuscite*), rend sensible le devenir historique, montre l'homme à lui-même en tant qu'agent de l'histoire.

On se réfère souvent à l'observation de Roland Barthes sur le double mouvement qui anime l'histoire michelettiste : d'un côté le « malaise du cheminement », de l'autre l' « euphorie du panorama » à la faveur de laquelle « un second plan d'histoire, [...] faite d'intellection, se dévoile : l'historien passe, pour un temps, du travail à la Fête ».⁴⁴ Barthes qualifie cette alternance de « tempo existentiel » ; on peut interpréter me semble-t-il ce mouvement de la prose comme le balancement du symbolisme moderne. Chaque tome de l'*Histoire de France* compte un ou

---

41 On ne peut comprendre autrement son emploi dans la phrase suivante : « Il prenait en pitié ceux qui avaient peine à comprendre son symbole financier : "À dépenser on s'enrichit." ».
42 « L'individualité ne serait-elle pas symbole de collection ? » se demande par exemple Michelet dans son *Journal* (*op. cit*, t. I, p. 219).
43 *Histoire de la Révolution, op. cit.*, p. 414.
44 Roland Barthes, *Michelet*, Paris, Seuil, 1954, p. 20–22.

plusieurs de ces passages d'une texture particulière où l'histoire se condense et se réfléchit : le *Tableau de la France*, le début du tome IV consacré aux costumes du XIVe siècle, l'entrée des Français à Rome au chapitre premier de *Renaissance*, le coup de Jarnac à l'ouverture du tome IX, la description de Versailles à celle du tome XIV... Pas d'autre substance que celle de l'histoire (anecdote, géographie, architecture, costumes, usages...), et pourtant ces « tableaux » constituent des mises en abyme, des moments où l'histoire se figure elle-même, s'expose dans des formes frappantes et mystérieuses (costumes hiéroglyphiques, scènes nocturnes...) ou bien se concentre en formules expressives (comme dans l'introduction de *La Régence* et le « Credo du XVIIIe siècle »).

Le symbole intéresse Michelet au-delà du moment où il est en vogue (dans les années 1830), et à proportion de ce qu'il perçoit d'essentiellement symbolique dans l'activité humaine. Historien particulièrement conscient que les faits n'existent pas en dehors du langage, des récits, des formes par lesquels l'esprit se les approprie, Michelet n'appréhende pas le passé en dehors de l'ordre symbolique qui l'a imprégné et modelé, comme en témoigne sa démarche dans *La Sorcière*.

Il met en œuvre dans l'écriture de l'histoire un symbolisme moderne, dont la particularité est de ne pas interposer de formes étrangères, de comparants hétérogènes entre le symbolisé et le symbolisant (distingués par la façon de les considérer et non par une différence de nature). On peut résumer ainsi la différence qui s'établit implicitement entre prose et poésie : tandis que la poésie *est symbolique* (parlant toujours d'autre chose au-delà d'elle-même), la prose, elle, *se symbolise* continûment. C'est pourquoi son symbolisme n'est d'aucune façon incompatible avec le réalisme. Il n'a pas à supposer une division du monde, une fracture entre le sens et ce qui le contient, une différence d'essence entre ce qui représente et ce qui est représenté.

C'est pourquoi aussi « M. Symbole » a pu faire figure de « maître » pour des écrivains tels que Flaubert, les Goncourt ou Zola, pour qui l'écriture artiste et réflexive ne se dissociait pas de l'enquête sur la réalité.

Francisco González
Les décombres de l'aura :
Flaubert face à l'émergence du kitsch

Gustave Flaubert fut un explorateur qui réussit à se frayer un chemin au cœur d'une contrée, alors encore vierge, où guettaient des dangers insoupçonnés. En écrivant *Madame Bovary*, il s'était engagé dans un territoire de végétation luxuriante et épineuse, le royaume du kitsch, au sein duquel reposait une jolie princesse qui attendait en vain son prince charmant. Autour d'elle ne poussait plus aucune fleur bleue, mais plutôt une flore artificielle qui exhalait un parfum mielleux et nuisible. Bien des années plus tard, en 1927, Walter Benjamin constatait de son côté avec amertume que l'époque de la poésie authentique s'était évanouie : « Rêver de la fleur bleue, ce n'est plus de saison. Pour se réveiller aujourd'hui dans la peau d'Heinrich von Ofterdingen, il faut avoir oublié l'heure. » Pour Benjamin les rêves n'ouvraient plus sur des lointains d'azur, mais constituaient au contraire « des chemins de traverse menant au banal », car le côté « par lequel la chose s'offre au rêve, c'est le kitsch ».[1] Peu de personnages illustrent mieux ces considérations que la belle au bois dormant de Tostes, elle qui au trot de son imagination sentimentale se réveillait dans un monde de rêve factice, alors que son mari ronflait paisiblement à ses côtés. Avec *Madame Bovary* Flaubert découvre un nouveau continent esthétique, qui venait justement d'émerger, où prolifèrent toutes sortes d'émanations engendrant des miasmes insalubres dont Emma sera la première à souffrir les effets funestes.

Car le kitsch est un mal, une calamité, un fléau. Ce n'est pas seulement du toc, c'est le faux qui prétend passer pour authentique et précieux ; c'est ce qui encense les traits que l'on associe au beau, ou du moins à une certaine idée stéréotypée de la beauté ; c'est ce qui semble joli et évoque le bonheur. Il ne s'agit pas d'une expression artistique, ni même d'un art de mauvaise qualité, mais d'une attitude esthétique qui adhère à l'art parce qu'elle en extrait l'apparence au lieu du suc. Le kitsch, comme un parasite, s'empare des formules consacrées de l'art, des styles qui auparavant avaient été innovateurs et originaux, et qui en offrent un souvenir tangible tout en se présentant comme de l'art.

Au XXe siècle, quand il était déjà aisé de remarquer tout le parti que le totalitarisme avait su tirer du kitsch, Hermann Broch se proposa d'alerter contre le danger qui couvait sous ce phénomène. Pour le romancier viennois le kitsch devrait être considéré comme « le mal dans le système des valeurs de l'art » et même dans

---

1 Walter Benjamin, « Kitsch onirique », *Œuvres II*, Paris, « Folio », Paris, Gallimard, 2000, p. 7–8.

tout système de valeurs. Il y aurait en ce sens erreur à vouloir envisager le kitsch simplement comme une question d'esthétique alors qu'il s'agit d'une catégorie éthique : le système du kitsch « exige de ses partisans : 'Fais du beau travail !', alors que le système de l'art a pris pour maxime le commandement éthique : 'Fais du bon travail !' ». C'est pourquoi le producteur de kitsch, celui qui copie des œuvres d'art et travaille en vue d'obtenir avant tout un bel effet, « n'est pas quelqu'un qui produit de l'art de basse qualité, il n'est pas un incapable », « il est, n'hésitons pas à le dire, un méchant homme, un réprouvé selon l'éthique, un criminel qui veut le mal radical. Ou, pour prendre un ton un peu moins pathétique, il est un salaud ».[2]

Flaubert offre dans *Madame Bovary* un superbe échantillon de ce genre d'individus. Mais, si l'on excepte Homais, personne n'incarne mieux ce type de malveillance que Rodolphe Boulanger, le Don Juan de pacotille de Yonville. Flaubert nous le montre par exemple en train d'écrire la lettre de rupture qui brisera l'âme d'Emma : « Ô mon Dieu ! non, non, n'en accusez que la Fatalité ! », lui écrit-il, alors que dans son for intérieur il pense que ce mot « fait toujours de l'effet ». Telle est justement la fonction du kitsch : provoquer un effet sentimental. Aussi en finissant la lettre ajoute-t-il « un dernier adieu, séparé en deux mots : A Dieu !, ce qu'il jugeait d'un excellent goût ».[3] Comme on peut le voir, le mauvais goût de Rodolphe n'est que le reflet d'un esprit auquel il manque tout principe éthique. Sous ce jour, le kitsch est la patine qui se forme sur le style du fumier.

Milan Kundera signalait dans *L'art du roman* que Flaubert avait découvert le premier la bêtise et que, quelques quatre-vingts ans après avoir imaginé Emma Bovary, un autre écrivain, Hermann Broch, avait parlé « de l'effort héroïque du roman moderne qui s'oppose à la vague du kitsch » qui n'est en fait que « la traduction de la bêtise des idées reçues dans le langage de la beauté et l'émotion ».[4] Il serait en réalité plus juste de dire qu'en révélant la bêtise Flaubert avait également décelé son pendant artistique, un phénomène banal en apparence dont il avait su rendre visible le regard de Méduse. Omniprésent dans toute son œuvre, le kitsch joue dans *Madame Bovary* un rôle primordial car il s'y manifeste avec la virulence d'un fléau qui apparaît pour la première fois. Au moment où il écrit son roman, Flaubert observe autour de lui une prolifération de kitsch sans précédent dont il est facile de retrouver les traces à chaque page. On conviendra qu'il était même particulièrement bien placé pour contempler ce nouveau phé-

---

2 Hermann Broch, *Création littéraire et connaissance*, Paris, Gallimard, 1966, p. 232 et p. 222.
3 Gustave Flaubert, *Madame Bovary*, éd. Pierre-Marc de Biasi, Paris, Imprimerie Nationale Editions, 1994, p. 342–343.
4 Milan Kundera, *L'art du roman*, "Folio", Paris, Gallimard, 1986, p. 196.

nomène, ayant eu l'occasion d'assister en personne à la consécration du kitsch dans le temple du progrès que l'on avait élevé à cet effet de l'autre côté du canal de la Manche.

Le 20 septembre 1851, dans un petit mot qu'il lui envoie, Gustave Flaubert annonce à Louise Colet, non sans quelque solennité, que la veille au soir il a commencé *Madame Bovary*. Il entrevoit des difficultés de style qui l'épouvantent, et on imagine sans mal « le solitaire de Croisset » attelé à son bureau, ne répondant à aucune sollicitation pendant des semaines. Et pourtant, rien que quatre jours plus tard, il est contraint d'interrompre pour un temps son travail afin d'accompagner à Londres sa mère qui désirait y voir la première Exposition Universelle. Le 30 septembre, par une journée d'atroce brouillard, madame Flaubert et son fils visitent donc la fameuse Exposition du Crystal Palace, comme bien d'autres touristes. Mais au lieu de se borner à flâner sous les immenses nefs et transepts de cette espèce de moderne cathédrale en fonte et en verre, Flaubert, fidèle à sa morale d'artiste, observe avec le plus grand soin ce qui y était exhibé, en consignant même dans un carnet plusieurs objets qui avaient retenu son attention. Il s'intéresse surtout aux choses originaires de l'Inde et de la Chine, qu'il représente par le détail dans un langage d'extrême objectivité et précision qui fait songer à ces fameux objets qu'il décrira dans *Madame Bovary*. Ainsi, par exemple, dans les premières pages du carnet on trouve la description architecturale d'une coiffure chinoise ou celle d'un énorme éléphant enharnaché qui évoque singulièrement la monstrueuse casquette composite de *Charbovari*, atteinte elle-même d'un curieux éléphantiasis ornemental. On reconnaît même dans cette coiffure des expressions (losanges de velours s'alternant, broderies, fils d'or, manière de gland) qui figuraient déjà disséminées dans la description du harnais de ce grand mammifère, dans son tendelet « brodé à glands alternativement d'or et d'argent » ou dans la « grande housse en velours rouge brodé de losanges d'or ».[5] Mais on aurait tort de croire que Flaubert n'avait retenu de la Grande Exposition que ces quelques objets exotiques avec lesquels il aurait simplement voulu se faire la main, comme s'il s'agissait de l'étude d'un peintre d'après nature. Même s'il n'en souffle mot, ni dans son carnet ni dans sa correspondance, Flaubert n'ignorait pas que tout autour de lui, dans une atmosphère féerique, se déployait la plus grande exhibition de ce « Beau mis à la portée de tous », de ce « Sublime à bon marché »[6] qu'il détestait tant, et dont il comptait dénoncer la nature néfaste dans le roman qu'il venait juste d'amorcer quelques jours auparavant. Il y avait en effet du kitsch à profusion dans ce bazar qui passait pour un Palais de Cristal, de quoi

---

5 Jean Seznec, *Flaubert à l'Exposition de 1851*, Oxford, Clarendon Press, 1951, p. 25–26.
6 Brouillons de *L'Éducation sentimentale* (N.a.fr. 17 600, f° 101).

en prendre plein la vue, de quoi en être même intoxiqué jusqu'à tout rendre sur les pages blanches qui l'attendaient à son retour.

Édifié à l'origine au sein du Hyde Park, le Crystal Palace de Paxton était une sorte de serre gigantesque qui abritait même sous le berceau de son transept de vieux ormes que l'on n'avait point voulu abattre. Mais il avait été également conçu comme apothéose, à échelle monumentale, de ces passages parisiens qui pendant la première moitié du XIXe siècle avaient influencé de nombreuses constructions et où, pour la première fois, les marchandises avaient été présentées au regard de tous, derrière des vitrines, comme des idoles à l'intérieur d'une petite chapelle. Au lieu de cultiver des fruits exotiques, dans ce grand jardin d'hiver qu'était le Crystal Palace on exhibait pour la première fois les produits manufacturés venant du monde entier – environ 100.000 sur 14000 présentoirs – comme s'il s'agissait d'œuvres d'art qui, par miracle, auraient poussé là la veille. En montrant les marchandises parmi des fontaines, des palmiers et des statues d'apparence classique, on était parvenu à fondre dans une même ambiance féerique le monde naturel et réconfortant de toujours avec les nouveautés du progrès industriel, facilitant ainsi leur acclimatation. Grâce à la décoration d'Owen Jones, à la luminosité générale et à une perspective si étendue, le visiteur se trouvait sous l'effet d'une atmosphère que l'on n'avait jamais rêvé auparavant. Comme remarquèrent la plupart des chroniqueurs de l'époque, c'était le seul bâtiment où l'atmosphère devenait visible, où l'éclat extrême s'évanouissait dans un flou brumeux, où enfin, en se plaçant à l'une des extrémités de cet édifice de plus de 500 mètres de long, on pouvait admirer les parties les plus éloignées enveloppées dans une aura bleuâtre.[7] Tout cela produisait une impression de fantaisie et de rêve qui transportait les visiteurs de toute l'Europe dans un univers fabuleux où les désirs semblaient s'accomplir, comme si à l'intérieur de ce Palais de Cristal tout ce que l'on avait imaginé dans les vieux contes de fées devenait réel grâce à la magie du progrès.

Dans *Le palais de cristal ou les parisiens à Londres*, un vaudeville représenté pour la première fois à Paris le 26 mai 1851, Clairville et Cordier avaient parfaitement exprimé le genre de magie qui se manifestait à Hyde Park : « Chaque industrie, exposant ses trophées / Dans ce bazar du progrès général, / Semble avoir pris la baguette magique des fées / Pour enrichir le Palais de Cristal. » Et ce monde fabuleux qu'offrait le progrès était au service du bonheur national et même universel : « Les travailleurs, soldats de l'industrie, / Fiers des succès qu'ils savent

---

7 Cf. Claude Mignot, *L'architecture au XIXe siècle*, Paris, Editions du Moniteur, 1983, p. 186 ; Giorgio Agamben, *Stanze : la parola e il fantasma nella cultura occidentale*, Turin, Einaudi, 1977, p. 47.

conquérir, / Ne chantent plus... 'Mourons pour la Patrie !'/ Mais disent tous... 'Vivons pour l'enrichir !' / Nul ne périt sur ce champ de bataille, / Une médaille est le prix du vainqueur ; /A l'atelier mériter la médaille... / C'est, au combat, gagner la croix d'honneur ! / Riches, savants, artistes, prolétaires, / Chacun travaille au bien-être commun ; / Et, s'unissant comme de nobles frères, / Ils veulent tous le bonheur de chacun. ».[8] Pour un peu on se croirait aux Comices agricoles de Yonville... Le Crystal Palace, qu'elle avait visité deux mois avant Gustave Flaubert, inspira également à Louise Colet une « Rêverie à Hyde Park » dans un même ton, bien que cette fois tout à fait sérieusement, où la Grande Exposition devient l'emblème du progrès universel et fraternel : « Dans les ormes altiers qu'il couvre et qu'il domine/ Le Palais de cristal, merveille d'Orient ! Miracle d'art et d'industrie / Symbole du progrès vainqueur / Qui fait du monde une Patrie / N'ayant qu'un bras, n'ayant qu'un cœur ! ».[9] Flaubert, qui voyait les choses avec bien plus d'ironie que sa maîtresse, n'oubliera pas ce qu'il avait vu à Londres au moment d'écrire son roman, en particulier au moment de composer la scène des « fameux Comices ».

Philippe Hamon avait déjà constaté, précisément, que « les Comices Agricoles ne sont que les doubles, caricaturaux et provinciaux, des grandes Expositions Universelles de la capitale ».[10] Dans l'ordre chronologique de la fiction il serait plus juste de dire que les Comices de Yonville – que l'on peut situer vers 1842 – préfigurent les Expositions Universelles, mais il est évident que Flaubert a incorporé à cette scène l'ambiance et la rhétorique pompeuse qui émanaient de ces salons de l'industrie et des arts. Dans un article excellent consacré à ce sujet, Anne Green soutient que l'Exposition Universelle est d'une importance capitale pour *Madame Bovary*, et elle démontre de façon convaincante que les traces de cette foire gigantesque sont manifestes aussi bien dans la scène des Comices que dans la visite à la filature en construction ou dans la rencontre d'Emma et Léon dans la cathédrale de Rouen.[11] Or, ce n'est pas à l'Exposition de 1851 de Londres que songe Anne Green comme modèle et source d'inspiration de Flaubert, mais à l'Exposition Universelle de Paris inaugurée en 1855. Probablement les discours qui circulaient en France autour de ce nouveau spectacle ont-ils apporté, en effet, des

---

8 M. Clairville & J. Cordier, *Le palais de cristal ou les parisiens à Londres*, Paris, Beck Libraire, 1851, p. 6–7.
9 Reproduit par Jean Seznec, « Louise Colet et Gustave Flaubert à Londres », dans C. Carlut (éd.), *Essais sur Flaubert : en l'honneur du professeur Don Demorest*, Paris, Nizet, 1979, p. 40.
10 Philippe Hamon, *Expositions. Littérature et architecture au XIXe siècle*, Paris, José Corti, 1989, p. 17.
11 Anne Green, « Madame Bovary et les savoirs à l'Exposition », dans P.-L. Rey & G. Séginger (éds.), *Madame Bovary et les savoirs*, Paris, Presses Sorbonne Nouvelle, 2009, p. 157–165.

matériaux de premier ordre à Flaubert, mais il convient de rappeler que, comme l'atteste la correspondance de l'écrivain, à l'exception du dernier épisode relevé par Anne Green, celui de la cathédrale, les scènes auxquelles elle fait allusion étaient déjà écrites en 1853, soit avant que l'Exposition parisienne ait eu lieu. De fait, c'est en visitant en 1851 le Crystal Palace, justement au moment primordial où il commençait à édifier son roman, que Flaubert a eu l'occasion de contempler pour la première fois l'immense creuset où l'art et l'industrie se mélangeaient pour être fondus en un *Art industriel* destiné à recevoir tout l'éclat du kitsch.

Véritables temples du capitalisme, les Expositions Universelles sont, selon la célèbre formule de Walter Benjamin, « les lieux de pèlerinage où l'on vient adorer le fétiche marchandise ».[12] C'est que, comme a précisé à sa suite Susan Buck-Morss, « le progrès devint une religion au XIXe siècle, les Expositions Universelles ses sanctuaires sacrés, les marchandises ses objets de culte et le 'nouveau' Paris de Haussmann son Vatican ».[13] La Reine Victoria, qui avait l'habitude de visiter presque chaque jour le Crystal Palace, avait parfaitement saisi le genre d'expérience que l'on éprouvait dans ce sanctuaire : « on se sentait empli de dévotion », nota-t-elle dans son journal à l'occasion de l'inauguration de l'édifice, « bien davantage qu'à n'importe quel service religieux auquel je n'aie jamais assisté ».[14] Elle avait bien raison, et Karl Marx, qui se trouvait alors à Londres, se serait sans doute fait un plaisir de lui signaler, s'il en avait eu l'occasion, que la fantasmagorie qu'elle ressentait n'était que le résultat du fétichisme qui s'attache aux produits du travail dès qu'ils deviennent des marchandises, un phénomène mystérieux dont « il faut faire appel aux régions nébuleuses du monde religieux, pour trouver quelque chose d'analogue ».[15] Ce que quiconque entrevoyait dans l'atmosphère bleuâtre du Crystal Palace c'était la transfiguration de la marchandise en objet féerique. À l'intérieur de la cathédrale du progrès se rendait visible comme nulle part ailleurs la nouvelle aura qui enveloppait tous ces nouveaux fétiches du monde industriel, alors même que celle qui émanait jadis des œuvres d'art était justement en train de disparaître sous l'effet de la reproductibilité technique.[16] De l'aura d'unicité et d'authenticité il ne restait plus que des ruines et des

---

[12] Walter Benjamin, « Paris, capitale du XIXe siècle », Œuvres III, « Folio », Paris, Gallimard, 2000, p. 52.

[13] Susan Buck-Morss, *The Dialectics of Seeing. Walter Benjamin and the Arcades Project*, MIT press, 1991, p. 90.

[14] Cité par Céleste Olalquiaga, *Royaume de l'artifice. L'émergence du kitsch au XIXe siècle*, Lyon, Fage Éditions, 2008, p. 33–34.

[15] Karl Marx, *Le Capital*, Paris, Costes, 1946, t. I, p. 56–57.

[16] Cf. José-Miguel Marinas, *La fábula del bazar. Orígenes de la cultura del consumo*, Madrid, Antonio Machado Libros, 2001, p. 41 ; Giorgio Agamben, *op.cit.*, p. 45.

décombres d'où poussait un art éclectique et luxuriant, monstrueux à force d'être vulgaire. En 1851, à Hyde Park, on ne fêtait pas seulement le progrès, on était là aussi pour proclamer officiellement la naissance du royaume du « Sublime à bon marché », du kitsch. L'acte était même présidé par une Reine qui tout au long de son existence montra un attachement obsessionnel pour ses objets, pour ses fétiches.

On explique d'habitude l'origine du kitsch, ou du moins l'essor prodigieux qu'il prit pendant la seconde moitié du XIXe siècle, comme la conséquence des transformations culturelles provoquées par l'avènement de la démocratie et la révolution industrielle. Pour Greenberg, par exemple, il s'agirait d'une nouvelle marchandise qui viendrait satisfaire les besoins de la petite bourgeoisie et des paysans établis dans les villes comme prolétaires, récemment alphabétisés, qui avaient perdu le goût pour la culture populaire, mais n'étaient pas pour autant capables d'apprécier l'art authentique.[17] Emma Bovary, fille d'un fermier qui l'avait élevée comme une princesse, avide de romans, empoisonnée par les libraires, comme soutenait sa belle-mère, pourrait bien être la figure emblématique de ces nouveaux lecteurs et lectrices pour lesquels on fabriquait des livres spécifiques. Mais il convient de rappeler que la formidable entreprise de consommation culturelle mise en place à l'époque de Flaubert reposait également sur un nouveau genre de dévotion. Comme le signale Roger Scruton, le kitsch « est un phénomène religieux – une tentative de déguiser la perte de foi, en remplissant le monde avec des émotions factices, une moralité factice et des valeurs esthétiques factices ».[18] C'est bien ce que suggère Flaubert dans *L'Éducation sentimentale* à travers la décadence de Jacques Arnoux, ainsi que l'a souligné Juliette Frolich : l'homme kitsch qu'est Arnoux, propriétaire de l'*Art industriel*, un « établissement hybride, comprenant un journal de peinture et un magasin de tableaux » où foisonne le kitsch, sera peu à peu contraint à vendre des faïences, puis terminera sa carrière comme marchand de bondieuseries. Une telle déchéance révèle la nature religieuse du kitsch dont Arnoux incarne dans le roman la figure du producteur, et du coup, par un effet rétroactif, les tableaux qu'il vendait jadis dans *L'Art industriel* sont ravalés au même rang que les objets de piété de mauvais goût avec lesquels son visage se confond même sous la plume de Flaubert.[19]

La sacralisation de la marchandise que renferme le kitsch ressort avec d'autant plus d'évidence si on la rattache à la notion d'aura, ainsi que l'a fait Céleste

---

17 Clement Greenberg, *Art and Culture : Critical Essays*, Boston, Beacon Press, 1965, p. 10.
18 Roger Scruton, *Modern Culture*, Londres, Continuum, 2000, p. 86.
19 Juliette Frolich, « L'homme kitsch ou le jeu des masques dans *L'Éducation sentimentale* de Flaubert », dans *Romantisme*, 1993, n°79, p. 44.

Olalquiaga dans l'extraordinaire ouvrage qu'elle a consacré à ce phénomène.[20] Pendant des siècles la culture fut inséparable du culte. Issue d'une vision sacrée de la vie, l'œuvre d'art ne pouvait en aucun cas être dissociée de sa fonction rituelle, et quiconque contemplait jadis une statue antique de Vénus ou une image de la Vierge sentait l'unicité de cet objet de culte, ce que Walter Benjamin désignait comme son aura.[21] Avec le *désenchantement du monde* qu'accomplit l'Illustration, le fondement théologique de l'œuvre d'art authentique souffrit un ébranlement considérable, mais l'aura ne disparut pas tout à fait et l'on pouvait encore la reconnaître dans les formes profanes du culte de la beauté, en particulier avec l'avènement du romantisme. C'est avec l'apparition de la photographie, en tant que forme de reproduction vraiment révolutionnaire, que l'art sentit les premières secousses d'une crise sans précédent à laquelle on essaya de réagir en revendiquant un art pur, une théologie de l'art, qui chez le « martyr de la phrase » était manifeste dans le désir d'écrire un « livre sur rien ». Mais la reproduction en série qui s'imposa rapidement dans tous les domaines de la culture, engendrant une prolifération de copies et même d'œuvres conçues pour être reproduites, fit sortir l'objet de son halo métaphysique en détruisant son unicité. Dès lors, l'aura ne survécut plus que sous une forme fragmentaire, comme de minuscules morceaux de miroir réduits en poussière, des débris que Celeste Olalquiaga a su identifier avec cette version dégradée de l'art qu'est le kitsch : « Le kitsch, c'est justement cela : les débris éparpillés de cette aura, des traces d'images de rêve détachées de leur matrice. Multipliés par le rythme incessant de l'industrialisation, ces débris recouvrent le vide laissé par l'effondrement de l'aura et par l'échec de la modernité à livrer sa promesse d'un avenir radieux ».[22] Ce qu'Emma contemple tout autour d'elle, ce qu'elle souffre en sa propre chair, c'est le moment où l'aura, qui avait conféré au romantisme une bonne part de sa puissance culturelle, s'effondre imperceptiblement en ne laissant voir que des décombres.

Avant d'essayer de reconstruire Carthage à partir de ses ruines, Flaubert réalisa dans *Madame Bovary* une archéologie du kitsch destinée à en montrer la nature et les conditions d'apparition en observant les évolutions de son héroïne. Les premiers signes importants de l'émergence de ce phénomène dans le roman surgissent de façon significative quand Emma Rouault entre au couvent. Déjà la veille, dans l'auberge où elle descendait avec son père, elle avait remarqué au

---

[20] Céleste Olalquiaga, *Royaume de l'artifice. L'émergence du kitsch au XIXe siècle*, Lyon, Fage Éditions, 2008.
[21] Walter Benjamin, « L'œuvre d'art à l'ère de sa reproductibilité technique (première version, 1935) », *Œuvres III*, « Folio », Paris, Gallimard, 2000, p. 67–113.
[22] Céleste Olalquiaga, *op.cit.*, p. 79.

moment du souper « des assiettes peintes qui représentaient l'histoire de mademoiselle de La Vallière. Les explications légendaires, coupées ça et là par l'égratignure des couteaux, glorifiaient toutes la religion, les délicatesses du cœur et les pompes de la Cour » (MB : 125). Dans ces assiettes, où l'on peut lire comme dans un livre, s'entremêlaient la religiosité, le sentiment amoureux et la pompe, car Louise de La Vallière, après avoir été la favorite de Louis XIV, entra au couvent pour y mener une vie dévote et austère. Une conversion, comme l'a remarqué Pierre-Marc de Biasi dans son édition de *Madame Bovary*, que la propagande catholique ne tarda pas à exploiter en inondant « la France d'images pieuses sur tous supports »[23] et dont les pièces de vaisselle qu'Emma avait sous les yeux ne sont qu'un échantillon. L'assiette, où elle entrevoyait déjà comme dans un miroir ses désirs de pompe et de mysticisme, deviendra pour elle un souvenir qui bien des années plus tard résonnera douloureusement dans sa mémoire quand, en proie à la monotonie de son mariage et de sa vie, elle sentira que « toute l'amertume de l'existence lui semblait servie sur son assiette » (MB : 165). Forme prototypique du kitsch, élaborée sans doute encore de façon artisanale, peut-être même par les bonnes sœurs, l'assiette de mademoiselle de La Vallière représente pour Emma une sorte de relique, un *souvenir* du désir naissant qui se développera dans toute sa plénitude derrière les murs du couvent. C'est là que l'esprit d'Emma fleurira comme dans une serre à la chaleur des images dévotes, des keepsakes et des romans des vieux cabinets de lectures, avant de s'épanouir en un mysticisme qu'elle ira cueillir parmi les ruines du romantisme.

Comme a soin de le souligner le narrateur, parce qu'elle « rejetait comme inutile tout ce qui ne contribuait pas à la consommation immédiate de son cœur, – étant de tempérament plus sentimentale qu'artiste », Emma « n'aimait la mer qu'à cause de ses tempêtes, et la verdure seulement lorsqu'elle était clairsemée parmi les ruines » (MB : 127). Il n'y a là rien de bien surprenant car son sentimentalisme émerge des décombres du romantisme. Hermann Broch, à nouveau, soutenait que le kitsch ne pouvait être né que du romantisme et ajoutait même qu'au lieu de considérer le XIXe siècle comme le siècle du romantisme il conviendrait plutôt de l'envisager comme celui du kitsch, une période d'où ne seraient issus que quelques chefs-d'œuvre sur un fond de médiocrité et de sentimentalisme. Emma Bovary, dont l'existence s'écoule environ entre 1818 et 1846, alors même que le romantisme s'émiette en kitsch, ne parvient plus à s'orienter au sein d'un brouillard de poussière que l'on prend pour des étincelles et où l'on chercherait en vain l'authenticité. L'héroïne de Flaubert soulève tout autour d'elle un

---

[23] « Notes et variantes », dans Gustave Flaubert, *Madame Bovary*, éd. Pierre-Marc de Biasi, Paris, Imprimerie Nationale Editions, 1994, p. 541.

monde de fantaisie dans l'illusion qu'en disparaissant de sa vue le Réel cessera enfin d'opposer son inébranlable résistance au désir. Par la magie de son regard, les alentours vulgaires de Yonville se métamorphosent alors, pour un instant seulement, en un paysage aux contours fluides qui évoque un lac lamartinien. Emma vit dans une sphère de rêve, comme si elle demeurait enfermée dans un de ces presse-papiers qui devinrent si populaires quelques années plus tard, et qui sont de nos jours le paradigme même du kitsch, dont il suffit d'un petit coup de main pour voir tomber doucement des flocons de neige ou des paillettes dorées sur un paysage ravissant. La réalité qu'elle entrevoit de l'autre côté du verre, déformée par les réfractions de son désir, projection d'un monde qu'elle s'est meublée elle-même dans sa fantaisie, devient pure rêverie, jusqu'au moment où elle se réveille en sursaut et découvre que la blanche neige n'était que du sable ou de la sciure de bois voltigeant dans un univers transparent, répétitif et claustrophobe, une « poussière blanche » comme l'arsenic qu'elle finira par avaler à poignée et qui après sa mort semblera même ensevelir son visage. La poussière dorée qui commençait à envelopper toutes choses de son aura était pour Emma encore plus dangereuse que la poussière de l'ennui.

Tostes, le petit village où Emma vivra après son mariage, bourg de l'ennui qui semble être sous l'effet de quelque sortilège, est envahi par une poussière qui enterre et efface la surface de tous les objets : dès qu'elle visite sa nouvelle maison, Emma remarque une grande pièce avec quantité de « choses poussiéreuses dont il était impossible de deviner l'usage » (MB : 121) ; la grande route que prend tous les matins Charles pour se rendre au travail « étendait sans en finir son long ruban de poussière » (MB : 123), et le dimanche, journée d'ennui éternel, « le vent, sur la grande route, soufflait des traînées de poussière » (MB : 162). En ces lieux tout doit être mis à l'abri de ce fléau silencieux. C'est bien ce qu'avait fait la première épouse de Charles, Héloïse Bovary, en conservant son bouquet de mariée dans une carafe, tandis qu'Emma, qui n'avait pas pris cette précaution, découvrira au moment d'abandonner Tostes, quand elle contemplera le bouquet qu'elle venait de jeter au feu avec son mariage, que les « boutons d'oranger étaient jaunes de poussière » (MB : 168). Dans ce village la persistance de la poussière ensevelit imperceptiblement les rêves et enveloppe tout désir dans une rêverie morose. Yonville, la ville où les Bovary déménageront pour se débarrasser de la mélancolie d'Emma, est également recouverte de poussière, mais il s'agit ici d'une poussière dorée où le désir semble avoir la possibilité de fleurir. La poudre étoilée qu'est le kitsch commence justement à se répandre à Yonville au moment où Charles et Emma s'y installent. À leur arrivée on en découvrait déjà les premières manifestations en observant l'Amour qui, le doigt posé sur la bouche, décorait le jardin du notaire ou la Mairie, « manière de temple grec », « construite *sur les dessins d'un architecte de Paris* » (MB : 172), imitation donc d'une autre imitation, soit un véritable sanctuaire du mauvais goût. C'est l'endroit que, bien à-propos, choisira plus tard Rodolphe pour séduire Emma en tissant une allégorie du bonheur truffée de lieux communs d'origine romantique.

C'est lors de ces fameux Comices que l'apparition du choléra esthétique et moral que commence à souffrir Yonville devient particulièrement sensible, surtout dans les discours de tous les personnages qui s'y rassemblent. L'Exposition régionale, préfiguration des Expositions internationales, représente une véritable explosion du kitsch qui demeurait latent, une exaltation de ses plus diverses manifestations (sentimentale, rhétorique, d'opérette, etc.) entremêlées pour composer un hymne à la bêtise et au mensonge. Tout ici est pompeux, et les pompiers d'abord, qui font acte de présence moins pour prévenir un incendie que pour aviver l'éclat de l'événement : « On voyait alternativement passer et repasser les épaulettes rouges et les plastrons noirs. Cela ne finissait pas et toujours recommençait ! Jamais il n'y avait eu pareil déploiement de pompe ! » (MB : 251) Les pompiers sont bien pompeux... Flaubert, grand amateur de calembours, semble ici jouer avec les mots, et ce faisant il désigne avec ironie l'essence même des Comices, comme s'il visait l'art pompier – ainsi désigné semble-t-il par allusion à l'aspect fastueux des casques que portaient les pompiers –, qui devint pendant la seconde moitié du XIXe siècle la forme la plus prétentieuse du kitsch parce qu'elle aspirait à exprimer le sublime. En réalité les pompiers de Yonville arrivent en retard car la déflagration pompeuse avait déjà eu lieu quelques jours auparavant, lorsque le désir, qu'Emma avait étouffé dans ses braises, avait fini par être attisé jusqu'à provoquer un véritable incendie d'images de proportions colossales :

> Dès lors, ce souvenir de Léon fut comme le centre de son ennui ; il y pétillait plus fort que, dans une steppe de Russie, un feu de voyageurs abandonné sur la neige. Elle se précipitait vers lui, elle se blottissait contre, elle remuait délicatement ce foyer près de s'éteindre, elle allait cherchant tout autour d'elle ce qui pouvait l'aviver davantage ; et les réminiscences les plus lointaines comme les plus immédiates occasions, ce qu'elle éprouvait avec ce qu'elle imaginait, ses envies de volupté qui se dispersaient, ses projets de bonheur qui craquaient au vent comme des branchages morts, sa vertu stérile, ses espérances tombées, la litière domestique, elle ramassait tout, prenait tout, et faisait servir tout à réchauffer sa tristesse.
>
> Cependant les flammes s'apaisèrent, soit que la provision d'elle-même s'épuisât, ou que l'entassement fût trop considérable. L'amour, peu à peu, s'éteignit par l'absence, le regret s'étouffa sous l'habitude ; et cette lueur d'incendie qui empourprait son ciel pâle se couvrit de plus d'ombre et s'effaça par degrés. Dans l'assoupissement de sa conscience, elle prit même les répugnances du mari pour des aspirations vers l'amant, les brûlures de la haine pour des réchauffements de la tendresse ; mais, comme l'ouragan soufflait toujours, et que la passion se consuma jusqu'aux cendres, et qu'aucun secours ne vint, qu'aucun soleil ne parut, il fut de tous côtés nuit complète, et elle demeura perdue dans un froid horrible qui la traversait. (MB : 240–241)

Ce passage d'anthologie révèle le danger qu'il y a à jouer avec le feu. En le lisant on a l'impression que son auteur a voulu trop bien faire, se laissant emporter, comme Lieuvain ou Homais, par la métaphore jusqu'à rendre l'allégorie ridicule. Le 11 juillet 1853 Flaubert lui-même faisait part de son inquiétude à Louise Colet : « Je viens de sortir d'une *comparaison soutenue* qui a d'étendue presque deux pages. C'est un morceau, comme on dit, ou du moins je le crois. Mais peut-être est-ce trop pompeux pour la couleur générale du livre, et me faudra-t-il plus tard le retrancher ».[24] Mais, justement, au bout du compte Flaubert n'y a pas touché, et de cette façon ce passage flamboyant surgit au sein du roman comme la pointe d'un iceberg (si une image si glaciale est ici permise), et même comme un monument ironique au kitsch. En renonçant à éteindre ce feu de voyageurs qui resplendit dans le ciel avec la pompe des feux d'artifice, l'écrivain sonnait l'alarme, avertissait du danger qui planait sur un art qui commençait à être envahi par une poussière de paillettes hautement inflammables.

Flaubert n'ignorait pas que le kitsch est un parasite qui adhère à l'art, qui doit s'incruster dans l'œuvre authentique afin d'en extraire les débris d'aura dont il a besoin pour survivre et se multiplier. Après avoir visité le Crystal Palace il n'ignore plus qu'il s'agit d'un véritable fléau qui risque d'anéantir l'art à force de prendre son apparence, et qui de plus s'avère être extrêmement contagieux. Que faire alors ? Comment s'y frotter sans s'exposer à la contagion ? Comment le combattre sans en souffrir les conséquences ? Face au kitsch, comme l'a montré Valeriano Bozal, il n'y a en fait d'autre antidote que l'ironie.[25] Flaubert, lui qui affirmait être en possession d'un « vaccin intellectuel »,[26] appliquera à son roman un « kitsch vaccinal », ironique, parfois grotesque comme la casquette de *Charbovari*, afin de dénoncer pour la première fois dans un roman le caractère nuisible de ce nouveau phénomène. Jusqu'alors, en effet, aucune œuvre n'avait fait un usage si abondant et si conscient du kitsch, pour la simple raison que ce produit typique de la modernité était justement en pleine gestation à l'époque d'Emma Bovary et venait seulement de naître –sans être pour autant baptisé d'aucune étiquette– quand son créateur écrivait son roman. Jacques Chessex, qui a montré la fascination du kitsch qu'éprouvait Flaubert et a même offert tout un catalogue de ses diverses manifestations, considère que « c'est parce que le monde

---

[24] Gustave Flaubert, *Correspondance II (1851–1858)*, Paris, « Bibliothèque de la Pléiade », Gallimard, 1980, p. 351.
[25] Valeriano Bozal, *Necesidad de la ironía*, Madrid, Visor, 1999, p. 97–98.
[26] Lettre à Louise Colet du 5 décembre 1856, Gustave Flaubert, *Correspondance I (1830–1851)*, Paris, « Bibliothèque de la Pléiade », Gallimard, 1973, p. 411.

est formidablement kitsch qu'Emma perd la partie ».[27] Il serait sans doute plus exact de dire que son existence finit en tragédie parce que le monde *est en train de devenir* kitsch précisément à son époque. Le problème d'Emma réside moins dans sa soif d'atteindre l'impossible que dans son acharnement à accomplir des désirs qui n'avaient plus d'objet authentique. L'héroïne de Flaubert évolue entre deux époques qui sont deux mondes, à travers un passage où le passé et l'avenir s'entrecroisent et où l'on ne peut pas s'arrêter bien longtemps. Claude Duchet, qui, sans doute pour la première fois, a mis en évidence l'importance du kitsch chez Flaubert, signalait à ce propos que *Madame Bovary*, dont l'action se situe à l'époque de l'essor parallèle de l'industrie et de la bourgeoisie, « est le roman d'une transition que les objets signifient à leur manière par leurs contrastes ou leurs avatars, et particulièrement ceux qui entourent Emma, paysanne d'origine, aristocrate en désir, petite-bourgeoise dans sa vie ».[28] C'est justement l'époque où le kitsch est en train d'émerger, et Flaubert, tel un archéologue, s'attache à reconstruire l'effritement presque imperceptible de l'aura dans son roman.

Il y a un objet dans *Madame Bovary* qui illustre à la perfection le dépérissement de l'aura : c'est le fameux porte-cigares du Vicomte. Céleste Olalquiaga a mis en évidence que, de même qu'avant l'époque moderne les souvenirs produisaient des cadavres culturels qui relevaient du sacré, des reliques, « avec le XIXe siècle et la marchandisation, les souvenirs connurent une seconde mort qui les transforma en objets-souvenirs, objets 'morts' dépourvus de dimension mystique, reliques profanes contaminées par le contact du monde. » Mais la modernité a asséné aux souvenirs un troisième coup mortel : « Cette foudre destructrice ne fut autre que la reproduction mécanique et les débris laissés par cet orage électrique sont le kitsch ».[29] Le porte-cigares que Charles Bovary trouve sur la route au retour du château de la Vaubyessard et dont Emma s'empare sur le champ, dans l'illusion qu'il ait appartenu au Vicomte avec qui elle avait valsé, est soumis par Flaubert à l'action de l'érosion moderne jusqu'à le faire tomber en poussière. Dans cet étui, « tout bordé de soie verte et blasonné à son milieu comme la portière d'un carrosse » (MB : 151), Emma renferme les désirs et les souvenirs du bal où, telle Cendrillon, elle avait même pu danser avec un prince charmant. À la Vaubyessard elle était entrée dans le sanctuaire de la noblesse et pour la première fois de sa vie elle côtoyait les Marquis et les Marquises, écoutait leurs conversa-

---

27 Jacques Chessex, *Flaubert ou le désert en abîme*, Paris, Editions Grasset & Fasquelle, 1991, p. 172.
28 Claude Duchet, « Roman et objet : l'exemple de *Madame Bovary* », dans *Travail de Flaubert*, G. Genette & T. Todorov (éds.), Paris, Editions du Seuil, 1983, p. 16.
29 Céleste Olalquiaga, *op.cit.*, p. 77.

tions et admirait toutes ces choses luxueuses qu'elle n'avait connues jusqu'alors que dans les romans. Tout dans ce château lui semblait si merveilleux parce que tout lui paraissait unique et authentique. Le porte-cigares, où elle condense toute l'expérience qu'elle a vécue, devient dans sa pensée un objet-fétiche, une sorte de relique qu'elle ne sortira de sa cachette – une armoire en manière de reliquaire – que pour mieux l'admirer, la sentir et la vénérer : « À qui appartenait-il ?... Au Vicomte. C'était peut-être un cadeau de sa maîtresse. On avait brodé cela sur quelque métier de palissandre, meuble mignon que l'on cachait à tous les yeux, qui avait occupé bien des heures et où s'étaient penchées les boucles molles de la travailleuse pensive. Un souffle d'amour avait passé parmi les mailles du canevas ; chaque coup d'aiguille avait fixé là une espérance ou un souvenir, et tous ces fils de soie entrelacés n'étaient que la continuité de la même passion silencieuse. » (MB : 153–154). De cet objet, sur lequel elle projette ses désirs en imaginant une figure spéculaire et idéale, émane pour Emma un éclat invisible, une aura semblable à celle que possèdent les objets authentiques, élaborés pendant la période préindustrielle, qui conservent, comme l'avait observé Benjamin, les traces des mains qui les avaient créés. L'aura du porte-cigares s'étend même sur le Vicomte et sur Paris où il demeure : « le cercle dont il était le centre peu à peu s'élargit autour de lui, et cette auréole qu'il avait, s'écartant de sa figure, s'étala plus au loin, pour illuminer d'autres rêves. » (MB : 155). Comme les ondes d'une pierre dans un étang, le désir d'Emma ne cesse d'agrandir l'auréole dont elle entourait la relique de la Vaubyessard. Mais l'artisane romantique qui élaborait l'objet unique avec passion et amour ne semble plus exister que dans son imagination, comme le prouve justement le « porte-cigares tout pareil à celui du Vicomte » (MB : 326) qu'elle offrira quelque temps plus tard à Rodolphe quand il sera son amant. L'objet qui semblait unique apparaît soudain, non sans discrétion, comme un produit fabriqué en série, identique à des milliers d'autres, qui ne conserve de l'aura qu'un reflet vulgaire, comme si on l'avait enseveli sous une poudre aussi brillante qu'artificielle. Au fil des pages le porte-cigares aura donc parcouru un chemin poussiéreux à travers lequel la relique affective finit par devenir du simple kitsch.

Autour d'Emma tout devient banal et répétitif ; même le château aristocratique de la Vaubyessard manque d'authenticité car, comme avait eu soin de le préciser le narrateur, il s'agissait d'un bâtiment « de construction moderne, à l'Italienne », c'est-à-dire, de style néo-renaissance qui ne conservait de l'ancien château démoli que les remises et les écuries (MB : 140). La serre chaude, par exemple, où lors d'une promenade avec le Marquis Emma avait remarqué que « des plantes bizarres, hérissées de poils, s'étageaient en pyramides sous des vases suspendus, qui, pareils à des nids de serpents trop pleins, laissaient retomber, de leurs bords, de long cordons verts entrelacés », était, avec son orangerie qui « menait à couvert jusqu'aux communs du château » (MB : 150), une composition récente dont le principe constructif, inspiré des jardins anglais, s'était imposé en France vers 1835. Dans cet univers en pleine évolution il n'y a qu'Emma qui cherche encore l'authenticité des choses et des sentiments. En ce sens on aurait tort de confondre l'héroïne de Flaubert avec une personne kitsch ; elle serait plutôt, pour ainsi dire, un prototype qui ne parvient pas encore à matérialiser ses images de désir. Figure à laquelle pouvaient s'identifier bien des femmes de son temps, Emma est aussi un premier exemplaire condamné par sa précocité à disparaître au profit d'autres avatars plus adaptés à leur temps. Aussi Emma se débat-elle encore entre la quête de l'authenticité, d'origine romantique, et son irrésistible besoin d'imitation romanesque. Et en poursuivant une unicité en voie de disparition, déjà fantasmagorique, elle était vouée à passer comme un météore dans un monde où le kitsch était seulement alors en train de prendre. On mesure bien la situation contradictoire d'Emma en la comparant à l'une de ses descendantes littéraires immédiates, à Nana, le personnage du roman homonyme de Zola. Née en 1851, l'année donc où Flaubert commence à écrire *Madame Bovary*, Nana éprouve déjà une passion nostalgique pour le kitsch de son enfance qu'elle retrouve dans les passages parisiens :

> Elle adorait le passage des Panoramas. C'était une passion qui lui restait de sa jeunesse pour le clinquant de l'article de Paris, les bijoux faux, le zinc doré, le carton jouant le cuir. Quand elle passait, elle ne pouvait s'arracher des étalages, comme à l'époque où elle traînait ses savates de gamine, s'oubliant devant les sucreries d'un chocolatier, écoutant jouer de l'orgue dans une boutique voisine, prise surtout par le goût criard des bibelots à bon marché, des nécessaires dans des coquilles de noix, des hottes de chiffonnier pour les cure-dents, des colonnes Vendôme et des obélisques portant des thermomètres.[30]

Contrairement à Nana, l'« aristocrate en désir » qu'est Emma serait bien incapable d'apprécier le genre de bonheur que produit tout ce kitsch. Ne parvenant pas à trouver la félicité et le vrai qu'elle recherche désespérément, l'héroïne de Flaubert finit par s'égarer dans un univers idéal, dans les « attirantes fantasmagories de la réalité sentimentale », composées d'images de désir qui ne sont plus que des mirages d'un temps fantaisiste et somptueux déjà évaporé, où elle aimerait pourtant se reconnaître. Oiseau de passage, hirondelle, comme le suggère le nom de la diligence qu'elle prend une fois par semaine pour rejoindre son amant, Emma appartient à un monde en pleine transition, elle est une figure qui semble perdue dans l'un de ces passages de Paris –cette ville qui miroitait à ses yeux « dans une atmosphère vermeille » (MB : 155) et dont elle s'imaginait parcourir les rues sur

---

30 Émile Zola, *Nana*, Paris, « Classique Garnier », Dunod, 1994, p. 170.

un plan–, l'un de ces passages aux glaces abondantes dont la grandeur et décadence furent contemporaines de son existence et qui nous renvoient son image, car ce phénomène urbain, comme l'a souligné Céleste Olalquiaga, illustre mieux que tout autre la destruction de l'aura : « Pris entre deux époques et inaugurant le consumérisme moderne, les passages parisiens sont un signe avant-coureur du kitsch ».[31] On pourrait en dire tout autant de Madame Bovary.

Les passages parisiens, véritables précurseurs du Crystal Palace, qui connurent une vogue extraordinaire dans les années 1825–1840, ont brillé d'un éclat aussi intense que bref. Flanquées de *magasins de nouveautés*, ces galeries vitrées qui traversaient les bâtiments d'un bout à l'autre, ayant souvent la forme d'une croix à l'instar d'une église, devinrent bien vite des lieux de mode et à la mode. Jusqu'à l'avènement des Grands Magasins après la moitié du XIXe siècle, des milliers d'individus, riches et pauvres, hommes et femmes, venaient flâner librement dans ces rues intérieures, coller leur nez à des vitrines où, pour la première fois, on pouvait contempler et désirer les nouveautés que la moderne déesse de l'industrie venait de créer. Lieux de passage, ces galeries étaient aussi des temples du désir, d'un désir fugace suscité par toutes sortes d'articles, mais aussi par ces « Hirondelles », comme on les nommait, qui au premier étage « faisaient la fenêtre », des anges séduisants qui, au dire de Benjamin, réunissaient en un même corps la vendeuse et la marchandise.[32] Domaine public et privé, extérieur et intérieur, lieu de transit et d'arrêt obligé, rue et demeure, basilique et marché, serre et galerie, le passage était donc un espace d'une ambiguïté fascinante. Coincé entre deux époques comme entre les rues et les bâtiments, le passage parisien devint aux yeux de Benjamin un fossile où l'on pouvait sentir la présence de l' « ange de l'Histoire ». Ici le temps semblait être palpable, on pouvait y reconnaître l'émergence d'un nouveau monde qui se mélangeait avec les fragments d'un autre monde ancien en voie de disparition. C'est dans ces serres commerciales que l'on greffa le kitsch sur les images de désir, des images de rêve et de désir collectif, des mirages où s'entrelaçaient le nouveau et le passé mythique, les articles de l'industrie et le monde utopique du pays de cocagne ou du royaume des fées. Et de même qu'à l'intérieur de ces passages toute une époque rêva les images de désir qui finiraient par se matérialiser à l'époque suivante en forme de kitsch, Emma Bovary fut le rêve nostalgique des lecteurs de l'avenir.

Madame Bovary est un « livre de passages ». C'est d'abord un roman qui commence par un rite de passage que le *nouveau*, habillé en bourgeois, coiffé de

---

31 Céleste Olalquiaga, *op.cit.*, p. 20.
32 Walter Benjamin, *Paris, capitale du XIXe siècle : le Livre des Passages*, Paris, Les éditions du Cerf, 2009, p. 874.

son *casque* ridicule, est condamné à souffrir en arrivant au collège. Il y entre en cinquième, mais si « son travail et sa conduite sont méritoires, il passera *dans les grands*, où l'appelle son âge. » (MB : 83) Mais ce début est aussi, à juste titre, un morceau d'anthologie, le premier des passages qui se succèdent tout au long du roman et qui semblent avoir été écrits *ad hoc* pour figurer dans un recueil de *morceaux choisis* ou même, car nous sommes bien à l'Étude, dans un manuel scolaire pour en tirer des dictées. On conviendra à ce propos que *Madame Bovary* est un roman structuré de passage en passage, comme une sorte de jeu de l'oie littéraire : par exemple, de la casquette au gâteau de noces, du bal de la Vaubyessard aux « fameux Comices », de la promenade à cheval à l'opération du pied-bot, du panorama de Rouen à l'Opéra, du rendez-vous à l'intérieur de la Cathédrale à l'agonie d'Emma... Enfin, il y a cette héroïne qui est de passage, cette hirondelle qui n'est là que le temps d'un printemps, qui, les ailes déployées, avide de s'envoler vers l'infini, ne cesse de contempler les ruines du passé sans s'apercevoir qu'elle est prise dans une tempête qui la pousse vers l'avenir. Ange de l'histoire, feuille prise dans un courant d'air qu'on appelle la Fatalité, Emma ne cesse de voltiger à l'intérieur d'un passage dont elle est l'incarnation.

Certes, loin de Paris comme elle est, Emma ne traversera aucun passage distingué pour aller à la rencontre de son amant, comme le fera en revanche Mme Dambreuse dans *L'Éducation sentimentale*, elle qui « montait dans un fiacre, le renvoyait à l'entrée d'un passage, sortait par l'autre bout ; puis, se glissant le long des murs, avec un double voile sur le visage, elle atteignait la rue où Frédéric en sentinelle lui prenait le bras, vivement, pour la conduire dans sa maison ».[33] C'est néanmoins à l'entrée d'un passage qu'Emma et Léon, après la représentation de *Lucie de Lammermoor*, décident de se revoir le lendemain afin de renouer leur liaison : « Et l'on se sépara devant le passage Saint-Herbland, au moment où onze heures et demie sonnaient à la cathédrale. » (MB : 377). Sans emphase, comme en passant, mais à l'instant précis où s'achève la deuxième partie du roman, le temple merveilleux semble résonner dans ce vulgaire passage rouennais, à l'instar de ces fameux échos qui de loin se confondent dans une profonde unité...

---

[33] Gustave Flaubert, *L'Éducation sentimentale*, éd. Pierre-Marc de Biasi, Paris, « Le Livre de Poche », Librairie Générale Française, 2002, p. 550–551. Les passages apparaissent à plusieurs reprises dans ce roman : on voit, par exemple, Regimbart se diriger vers le « passage du Panorama, pour prendre une absinthe » (ES : 94) ; Frédéric, Arnoux et lui s'en vont « prendre le café, passage du Saumon, dans un estaminet à l'entresol » (ES : 132) ; c'est, par ailleurs, dans le passage Jouffroy que Frédéric rencontre Compain (ES : 525). Enfin, Arnoux, l'homme kitsch, accompagné par Frédéric, « marchait doucement, tout en parlant des Galeries du Commerce : une suite de passages couverts qui auraient mené du boulevard Saint-Denis au Châtelet, spéculation merveilleuse, où il avait grande envie d'entrer » (ES : 289).

Simple galerie marchande à angle droit, couverte en 1828 – à l'époque, donc, où Charles Bovary entrait au collège –, construite sur les ruines de l'église du même nom,[34] le passage de Saint-Herbland était bien loin d'exercer sur Emma la fascination du passage des Panoramas ou de la Galerie Vivienne à Paris. Mais la banalité du lieu ne l'empêche pas pour autant de remplir une fonction sémiotique de « passage » en préfigurant, comme l'annonce la sonnerie des cloches, le magnifique temple du commerce sexuel et culturel que deviendra la Cathédrale de Rouen quand, bientôt, elle accueillera en son sein Emma et Léon. Car ce « boudoir gigantesque », où le clerc de notaire attendra avec impatience son idole, finira également par devenir un immense passage commercial par l'entremise d'un bedeau bien trop enthousiaste.

Guide infatigable, en poursuivant Léon et Emma jusqu'à l'exaspération, en leur proposant de voir les curiosités de l'église, en déclinant toutes les mesures du bâtiment comme s'il voulait le leur vendre et même en leur offrant finalement, en manière de catalogue, une vingtaine de volumes brochés « *qui traitaient de la cathédrale* » (MB : 395), le bedeau réussit à transformer l'église en une salle d'exposition artistique comme celles que des années plus tard on pourrait visiter à Londres puis à Paris. C'est bien ce qu'a montré Anne Green en reconnaissant dans cet épisode l'équivalent de la visite des Beaux-Arts de l'Exposition Universelle : « Tandis que la rhétorique autour de l'Exposition soulignait la qualité sacrée de l'Exposition Universelle avec ses palais d'exposition qui ressemblaient à des cathédrales, cette notion est ici renversée. Les grandes gloires artistiques et spirituelles de la cathédrale sont laïcisées ».[35] De même que l'église de Saint-Herbland était devenue un passage commercial, la Cathédrale de Rouen se montre à présent comme une salle d'Exposition Universelle. En sortant de ce « Palais de Cristal », en abandonnant ce passage à échelle monumentale, il ne restera plus à Léon et Emma qu'à prendre un fiacre, comme on fait à Paris, inversant ainsi l'ordre même du trajet de Mme Dambreuse. Alors que la voiture ne cessera de parcourir la ville avec une fureur obstinée en *passant* par ses ponts et ses rues, à l'intérieur s'accomplira une initiation sexuelle « capitale », un rite de passage parisien qui ouvrira les portes de l'univers kitsch que les nouveaux amants ne manqueront pas désormais de partager, un monde où Rouen ne sera que l'ersatz de la Ville lumière. Dans l'appartement où ils se retrouveront tous les jeudis pour y vivre une lune de miel éternelle, le kitsch commencera même à envahir tout le décor : on y verra bien « un grand lit d'acajou en forme de nacelle », des « orne-

---

[34] Cf. François Lemoine & Jacques Tanguy, *Rouen aux 100 clochers : dictionnaire des églises et chapelles de Rouen (avant 1789)*, Ed. PTC, 2004, p. 55.
[35] Anne Green, *op.cit.*, p. 162.

ments folâtres », de grandes coquilles roses entre les candélabres de la cheminée et, couronnant le tout, « sur la pendule un petit Cupidon de bronze, qui minaudait en arrondissant les bras sous une guirlande dorée. Ils en rirent bien des fois » (MB : 423).

L'avenir est sur le point de rattraper Emma car le kitsch s'étale déjà partout, et pour un moment il semblerait que l'héroïne pourrait bien se résigner, s'installer dans un bonheur tranquille et confortable en étanchant sa soif d'infini et de luxe authentique avec ce genre d'objets. Mais ce monde du petit bonheur n'est pas le sien, elle ne désire point d'ersatz, elle n'accepte de vivre que des passions authentiques et ne veut posséder que du vrai. Le petit Cupidon n'est à ses yeux qu'une image sympathique qui n'a rien à voir avec l'Amour véritable qu'elle désire ardemment. Peu à peu l'ennui s'emparera à nouveau d'elle, et elle retrouvera « dans l'adultère toutes les platitudes du mariage » (MB : 454), perdue à nouveau, comme le disait Flaubert de Frédéric Moreau, « dans les décombres de ses rêves » (ES : 612). De son aventure avec Léon, de ce « nous » à l'eau de rose qu'ils avaient forgé ensemble, il ne restera plus qu'un inassouvissement aussi énorme que la dette qu'elle avait accumulée chez Lheureux. Et alors elle comprendra que tout ment, que tout autour d'elle n'est désormais que du clinquant et de la camelote, et il ne lui restera plus qu'à sortir de la scène en saluant de façon dramatique pour que l'homme kitsch qu'est Homais puisse y prendre sa place. Il n'hésitera pas, lui, à s'acheter « deux statuettes *chic* Pompadour, pour décorer son salon » (MB : 523) et même, en manière de fétiche invocatoire, à faire « dessiner dans son jardin un gazon figurant l'étoile de l'honneur, avec deux petits tordillons d'herbe qui partaient du sommet pour imiter le ruban » (MB : 526). La croix d'honneur qu'il finira par recevoir marquera, non sans ambiguïtés, l'apothéose de ce « sublime à bon marché » que l'apothicaire incarne à la perfection. En revanche, de l'étoile filante que fut Emma il ne subsistera plus qu'une traîne de poussière, de vulgaires débris de désir dont l'authenticité constitue cependant l'essence même de l'art et de la beauté.

Mary Orr
Le rôle du cochon dans la *Tentation* : animal fantastique, mise en abyme, ou *adynaton* classique ?

Chez Flaubert, il faut toujours commencer par les idées reçues pour mieux délimiter ce qui importe dans ses textes. En ce qui concerne la version définitive de *La Tentation de saint Antoine* (1874), ses premiers lecteurs ont immédiatement remarqué parmi les défauts majeurs, l'absence totale du célèbre cochon. Son omission est vue depuis comme paradigmatique d'un texte qui, en dépit des changements et évolutions de matières, restera toujours incompréhensible. Par conséquent, l'affaire du cochon a divisé d'une manière frappante les opinions critiques sur le texte original, aussi bien que sur le texte définitif. Pour Michel Butor par exemple,[1] la disparition du cochon indique surtout l'infidélité de Flaubert à la légende populaire et reconnaissable de saint Antoine, toujours suivi, comme par son ombre, par cet animal. Pour Marthe Robert au contraire,[2] l'élimination du cochon représente la revalorisation du texte définitif vers le haut. Tout ce qui est bas, excrémentiel, immonde – à savoir populaire – est pour ainsi dire évacué du texte de 1874. Les détracteurs du cochon regrettent pourtant sa disparition, en raison de sa force ludique, de sa personnalité choquante, de ses bouffonneries qui donnaient du relief à un texte (dans toutes ses versions) qui, sans cela, est le comble de l'ennui.[3] Avec raison Yves Thomas a posé les questions suivantes à propos cette figure problématique : « La suppression du compagnon d'Antoine, est-elle tant à désirer ? Suffit-il, en fait, d'accueillir le changement, ou de spéculer sur les raisons qui l'ont entraîné ? ».[4]

Sans y donner de réponses satisfaisantes, parce qu'il n'apprécie pas peut-être les contradictions intégrales de ces deux questions, Thomas met le doigt sans l'articuler sur le problème fondamental du texte dans toutes ses versions. Il ne s'agit pas d'un choix entre le texte de 1849, avec le fameux cochon et ses cochonneries, et le dernier de 1874, où il disparaît totalement. Dans les deux (et dans les remaniements intermédiaires) Flaubert fait face au sujet central de cette « œuvre de toute sa vie », c'est-à-dire comment mettre authentiquement son Antoine en

---

[1] Michel Butor, *Improvisations sur Flaubert*, Paris, Éditions de la Différence, 1974, p. 17.
[2] Marthe Robert, *En Haine du roman*, Paris, Balland, 1982, p. 84.
[3] Dans sa revue de la *Tentation* Jules Barbey d'Aurevilly a critiqué « [L]'érudition indigestible » et l'ennui mortel de l'œuvre, *Le Constitutionnel*, 20 avril 1874, p. 3.
[4] Yves Thomas, « Le cochon de Saint Antoine » *Études Normandes* No. 2 (1990), p. 39–47 (p. 39).

rapport avec ses compagnons, ceux qui sont visiblement différents, mais en même temps restent ses « semblables », ses « frères », sinon aussi ses lecteurs, pour emprunter le vers célèbre de Baudelaire. Ce miroir troublant qu'Antoine représente dans chaque version du texte définit ainsi le problème de la représentation, qui s'explore à travers la présence du cochon – objet d'analyse du premier volet de cet article – et puis son apparente absence, sujet du deuxième volet. Des conclusions offriront ensuite une relecture de *La Tentation de saint Antoine* qui amplifieront les similarités de vision de son protagoniste principal, en dépit les évolutions majeures du texte, captées par ses compagnons de route.

Premier Volet

Pour la bonne raison que l'on n'a pas posé la question si Flaubert avait en effet supprimé complètement le cochon du texte définitif, on n'a pas apprécié les multiples contributions de cette bête légendaire à la première version du texte. La *fonction* du cochon, et son *rôle* « cochon » ne s'égalent pas, quoiqu'on les confonde régulièrement en associant le cochon à la chair et à la bestialité.[5] On a ainsi peu apprécié les figurations plus élevées, surtout rhétoriques, du cochon dans la première version du texte. En séparant tout d'abord les rôles du cochon de ses fonctions, ce premier volet va ensuite examiner la signification du cochon sous les rubriques de notre titre – animal fantastique, *mise en abyme*, et *adynaton* (classique). Si tous ces termes font partie intégrante du légendaire, comme le cochon lui-même, ils soulignent aussi avec force son aspect essentiellement spectaculaire.

Commençons par les rôles du cochon. C'est un compagnon grognon et gras ; c'est un accessoire inséparable d'Antoine. C'est un animal domestiqué, avide et paresseux. C'est une des rares possessions du saint, qui le garde pour des raisons pratiques et hygiéniques : le cochon mange tous les restes sans distinguer leur provenance. Dès le début et dans des à part scéniques à travers le texte, on souligne ses vertus et habitudes caractéristiques : « *Dans une crevasse de la roche, le*

---

5 Comme animal totem de la chair, voir par exemple Frédéric Tristan, *Les Tentations de Jérôme Bosch à Salvadore Dali*, Paris, Balland/Massin, 1981, p. 69. Pour Gisèle Séginger dans *Naissance et Métamorphoses de* La Tentation de saint Antoine, Paris, Champion, 1997, le cochon « fait monter à la surface la boue cachée dans les profondeurs d'une sainteté » (p. 233). C'est « le double abject d'Antoine » (p. 350), un personnage si central que Flaubert n'aurait jamais dû « désinventer » (p. 245). Dans son article sur le cochon d'Antoine Allan Pasco par contre le regarde comme le représentant de l'égoïsme pur. *A Gustave Flaubert Encyclopedia*, rédigé par Laurence M. Porter, Westport Connecticut et Londres, Greenwood Press, 2001, p. 256.

cochon de l'ermite dort à l'ombre » (incipit, p. 376)[6] ; « *Antoine retombe sur le dos et s'assoupit* [après son voyage en espace loin du cochon], *le cochon s'endort, il ronfle, on voit son gros ventre s'abaisser et monter* (p. 447). Dans un à part où il parle pour la première fois, il se décrit ainsi :

> Vautré dans ma fange, je m'y délecte tout le jour ; puis, séchée sur mon corps, elle me fait une cuirasse contre les moucherons ; je mire dans l'eau des mares ma robuste figure, j'aime à me voir, je dévore tout, depuis les immondices jusqu'aux serpents ; les chevreuils n'ont pas de pattes plus minces, et sur mes yeux tombent mes oreilles pendantes, recourbées comme des parasols. De mon groin mobile, dans les sables chauds, c'est moi qui vais déterrant la truffe de Libye et qui écrase sous mes molaires sa chair savoureuse. Je dors, je fiente à mon aise, je digère tout ; d'aplomb sur mes sabots fendus, je porte mon gros ventre, et j'ai tout le long de la peau de bons poils durs (p. 378).

A l'opposé d'Antoine, le cochon se trouve toujours bien dans sa peau, parce qu'il est la matière, contient des matières physiques de toute sortes, et habite dans la matière. Sa fonction primaire revient à témoigner de la vie *terre à terre* et sans distinctions morales. Omnivore, il ne refuse rien sauf de faire maigre et en cela, comme le compagnon d'un saint qui est continuellement à jeun, réside sa fonction comique. Les plaintes et les excès corporels du cochon dédoublent, comme le revers de la médaille, ceux d'Antoine, qui sont tous spirituels. Leur rapport symbiotique et nécessaire d'opposés métaphysiques – esprit/matière, le haut et le bas etc. – informe les positions entre ces extrêmes où se situent toutes les tentations et hérésies qui prolifèrent dans le texte. Au dénouement, les actions du cochon et du saint reflètent de façon ironique un milieu partagé de semblables. Antoine se remet en prières à l'aube, action qui fait partie de ses exercices physiques et spirituels quotidiens, tandis que son cochon l'imite point par point : il « *se relève, secoue ses oreilles, se détend* ». Son exclamation finale prend la forme d'une oraison où se dévoile son « esprit » : « Ah ! enfin ! voilà le jour ! tant mieux ! je n'aime pas la nuit, Quel bon soleil ! cela vous chauffe. Ah ! le bon soleil ! quel bon soleil ! » (p. 471).

D'après ses « prières » et ses actions non moins authentiques que celles d'Antoine, la signification du cochon se révèle : elle réside dans la fonction mimétique et bouffonne de rendre tout le sérieux religieux du texte sous une forme outrée. On y trouve des éléments de comédie, certes – citons le désir du cochon de mordre et de manger Antoine parce que les rares radis et moindres morceaux de la table de ce saint ne lui suffisent pas. Mais le cochon sert de contrepoint « fantastique » à

---

[6] Toutes les citations de *La Tentation de saint Antoine* (dans sa première et dernière version) viennent de l'édition de Bernard Masson, *Flaubert, œuvres complètes*, Paris, Seuil, 1964, t. 1.

toutes les fantaisies et bizarreries de l'imagination hérétique humaine auxquelles Antoine doit faire face. C'est l'animal essentiellement et déjà monstrueux du texte (« Ignoble monstre ! moi qui t'aimais », p. 382) par ses habitudes « ordinaires », et ce avant même qu'il ne grandisse dans la première partie pour devenir « gros comme un hippopotame » qui « ouvre jusqu'au ventre une gueule terrifiante, à triple rangée de dents [d'où] sort le feu » (p. 383). Cet animal fantastique et grotesque, mais « réel », préfigure et incorpore dans son ensemble tous les animaux mythiques, hybrides et fantastiques qui s'attrouperont dans la troisième partie du texte. Le rire jaune que déclenche le cochon à la fin de la deuxième partie vient de sa position d'omnivore destructeur sans limites, qui se trouve lui-même attaqué : il risque d'être mangé par des dévorateurs encore plus gigantesques, monstrueux et fantastiques que lui, comme le phénix et le basilique : « Prends garde ! », dit celui-ci, « tu vas tomber dans ma gueule ; tout y entre, car je suis le fascinateur, l'irrésistible péril, le dévorateur universel » (p. 440). Si le mangeur mangé offre une situation de farce pure, il est à remarquer que le cochon souffre dans cet épisode tous les tourments qu'un saint du statut d'Antoine pourrait se voir infliger par des démons déguisés en animaux :

> LE COCHON
> Que je suis malade ! comme je souffre ! qu'ils me tourmentent ! ils sont tous déchaînés contre moi ! Oh ! là là ! ah ! ah ! ah !
> *Il court de côté et d'autre pour échapper aux animaux que le poursuivent.*
> Je suis brûlé, asphyxié, étranglé ; je crève de toutes les façons, on me tire la queue, on me déchire les oreilles, on me perce le ventre, on me crache du venin dans l'œil, on me lance des cailloux, on m'abîme, on m'écorche le dos, et j'ai un aspic qui me mord la verge ! (p. 440).[7]

Ce moment du texte, situé vers son milieu et où on essaie d' « abîmer » littéralement le cochon, illustre clairement la deuxième fonction plus élevée de celui-ci. Il fait figure de *mise en abyme* des questions théologiques profondes du texte – sur les personnes de la Trinité *et leurs substances*, et sur ce qui définit *la vie* d'un saint. L'expérience parodique du cochon dépasse ici ses réactions purement comiques (ce « Oh ! là là etc. »). Comme son maître, il est l'objet direct d'attaques surnaturelles, en particulier de celles qui sont réservées aux saints alors que, normale-

---

[7] Je voudrais remercier ma collègue, Dr Aude Campmas, pour ses commentaires précieux sur cet article et de m'avoir signalé que le cochon fut longtemps utilisé pour les vivisections, car son organisme est très proche de celui de l'homme. Les imprimeurs utilisaient le symbole d'une petite truie en première page pour signaler que l'ouvrage imprimé contenait des pages sur la vivisection humaine. Les représentations de théâtres de dissection valent bien une vision de Saint Antoine.

ment, les cochons fonctionnent comme *boucs émissaires* des péchés du monde, pour ne pas trop confondre les métaphores d'animaux théologiques du texte. Dans l'Évangile selon Matthieu par exemple (le chapitre 8, versets 28–34), Jésus Christ choisit une troupe de cochons pour faire emporter la légion de démons exorcisée d'un homme démoniaque. Ils se détruisent en se précipitant du haut d'un escarpement dans la mer.[8]

Mais cette fonction religieuse, suprêmement expiatoire du cochon, s'est déjà révélée dans son rêve étrange et exagéré. Pour Séginger, ce rêve double de manière burlesque la tentation d'Antoine, car le cochon « se plait dans l'autosatisfaction, vautré dans sa fange » et « montre l'envers de la perfection, l'ignominie. [I]l retourne les bons sentiments, et fait remonter à la surface la boue cachée dans les profondeurs d'une sainteté ».[9] Mais rappelons que la narration de ce rêve, *dont le cochon est lui-même écœuré*, interrompt les flagellations d'Antoine et ses dominations de la chair :

> Quel rêve ! j'en ai le cœur malade !
> J'étais au bord d'un étang ; je me suis approché pour boire, car j'avais soif ; l'onde aussitôt s'est changée en lavure de vaisselle ; j'y suis entré jusqu'au ventre. Alors une exhalaison tiède, comme celle d'un soupirail de cuisine, a poussé vers moi des restes de nourriture qui flottaient sur cette surface grasse ; plus j'en mangeais, plus j'en voulais manger, et je m'avançais toujours, faisant avec mon corps un long sillon dans la bouillie claire, j'y nageais éperdu ; je me disais : Dépêchons nous ! La pourriture de tout un monde s'étalait autour de moi pour satisfaire mon appétit, j'entrevoyais dans la fumée des caillots de sang, des intestins bleus et les excréments de toutes les bêtes, et le vomissement des orgies, et pareil à des flaques d'huile, le pus verdâtre qui coule des plaies ; cela s'épaississait vers moi, si bien que je marchais presque enfonçant des quatre pattes dans cette vase collante, et sur mon dos continuellement ruisselait une pluie chaude sucrée, fétide. Mais, j'avalais toujours, car c'était bon. Bouillant de plus en plus et me pressant les côtes, cela me brûlait, m'étouffait ; je voulais fuir, je ne pouvais remuer ; je fermais la bouche, il fallait la rouvrir, et alors d'autres choses d'elles-mêmes s'y poussaient. Tout me gargouillait dans le corps, tout me clapotait aux oreilles, je râlais, je hurlais, je mangeais, et je ravalais tout. Pouah ! pouah !... j'ai envie de me briser la tête pour me débarrasser de ma pensée (p. 428).

---

8 Flaubert reviendra en fait dans *Salammbô* aux mêmes idées dans le dénouement du texte : Mâtho doit subir et surmonter, dans presque le même ordre, ces mêmes tortures qui préparent son grand sacrifice expiatoire à Moloch.

9 Gisèle Séginger, *Naissance et Métamorphoses d'un écrivain : Flaubert et* Les Tentations de saint Antoine, Paris, Champion, 1997, p. 233. Mary Neiland revient à l'appendice de cet ouvrage dans son *Les Tentations de saint Antoine and Flaubert's Fiction : a creative dynamic* (Amsterdam. Rodopi, 2001). Neiland note l'interprétation de Pierre Macherey, qui va dans le même sens que celle de Séginger : « Pierre Macherey links the pig's dream to the work of the artist who ‚s'enfonce dans le monde, de la même manière que le cochon plongé dans la mare fétide [...]' » (p. 45, note 71).

Cette citation fait penser à Huysmans et à Boris Vian. L'appétit purificatoire des « Mangeurs-de-choses-immondes » dans *Salammbô* serviront de fonction parallèle à cette « vie de cochon » cauchemaresque ici. Le rôle hygiénique normal de cet animal se trouve parodié dans ce rêve d'une manière non seulement exagérée, mais aussi et surtout hérétique : il reflète la fonction purificatrice et sacrificielle du Christ. Son imitation par ses saints avait souvent inclus au Moyen Age des actes de charité, que nous considérerons écœurants : l'ingurgitation des caillots de sang, le nettoyage des plaies suppurantes au moyen de la langue, ou le baiser des lépreux. Cette révélation de vérités spirituelles, au moyen de leur exagération à l'inverse par l'intermédiaire d'un cochon, explique pourquoi il se lie si étroitement à la mission et à la vie exemplaire d'Antoine. Un à part plus loin explique clairement son rôle essentiellement sacré à ses yeux :

> LE COCHON, *à part*
> Les Egyptiens ne mangent pas le bœuf, les Perses ne mangent pas l'aigle, les Juifs ne mangent pas de moi ; je suis plus sacré que le bœuf, plus sacré que l'aigle.
>
> LA VOIX
> Et quand les moines de la Thébaïde t'ont demandé une règle, tu leur as donné ta vie à suivre.
>
> ANTOINE
> Je n'en savais pas de meilleure.
>
> LE COCHON, *à part*
> Sincèrement, quand je me considère, je ne vois pas de créature qui vaille mieux que moi (p. 378).

Ce qui distingue le cochon du saint se révèle dans ce passage à travers la juxtaposition de leurs valeurs et leur position mythique ultime, dont dépendront leurs apothéoses respectives. Antoine le Grand sera vénéré, en dépit de toutes ses tentatives pour éviter la gloire – il deviendra saint Antoine *le Grand*, anachorète modèle, père de l'église. Par contre, le cochon se vante, en soulignant sa destinée mythique sacrée, qui lui appartient déjà.[10] Dans ce qui suit, il se fera rival de tous les péchés capitaux qu'il incorpore comme autant de facettes de sa personnalité. Une interrogation détaillée du texte éclaire nettement comment le cochon reflète et incarne tour à tour la Luxure, l'Orgueil, la Colère, l'Envie, la Gourmandise, l'Avarice et la Paresse par ses habitudes physiques et instincts

---

[10] Le cochon est, par exemple, un des animaux sacrés dans la roue bouddhiste de la vie et dans les mythes chinois. Flaubert prend soin ici dans cette locution, « ne mangent pas de » d'élever ce qui est interdit, et ainsi d'éviter le sens moral qui viendrait des mots « pur » ou « impur ».

naturels, et comment il les vide de leur stigmate moral.[11] S'il s'agrandit physiquement pour mieux incarner l'amplitude des péchés, le cochon ne se transformera et ne se transfigurera pas. Il reste toujours un cochon plus ou moins énorme, à quatre pattes, au milieu d'un monde d'immondices car, sans vices et sans vertus, tout lui est égal. A cet égard, il prend la forme exemplaire de l'excès et de la plénitude corporels, et leurs dangers extrêmes. Ce qui trouble davantage son maître, c'est la proximité physique du cochon comme actualisation de toutes les tentations de la chair qui ne s'éloigneront pas comme les figures des péchés capitaux. Le paradoxe de sa forme se manifeste ainsi visiblement au saint. Grotesque Protée de par son énormité physique de l'incorporation pure, comme son rêve nous montre clairement, le cochon néanmoins se limite toujours à un état plus ou moins hyperbolique de ce qu'il est déjà en réalité. De cette façon, il limite aussi tout désir de se transformer l'état physique, matériel et fantastique, désir qu'il exprime au commencement de la dernière partie du texte. Et le problème qui se présente pour réaliser son désir vient du fait qu'il fait figure d'un état impossible, c'est-à-dire, de l'*adynaton*.

Pour rappeler le sens exact de ce terme rhétorique, il s'agit d'une chose ou d'un fait, dont l'existence serait non seulement impossible, mais aussi contraire aux lois naturelles. C'est un bouleversement du monde connu, afin d'imaginer l'inconnu au moyen de l'impossible. On cite en exemple les animaux qui changent de l'ordre (scientifique naturel) tout en signalant leurs invraisemblances par rapport aux formes réelles : l'expression « quand les poules auront des dents » illustre bien cette figure. La locution équivalente en anglais, « when pigs might fly » [lorsque les cochons s'envolent], est fortement pertinente à notre sujet. L'évocation de pareilles « impossibilités » met au jour la fonction primordiale de l'*adynaton*. Il fournit une comparaison qui dépasse les limites de l'imagination. Et l'*adynaton* classique de la première version du texte se situe à son tournant, entre la deuxième et la troisième partie :

> *Le Diable se rapproche, baisse la tête, et, fondant sur saint Antoine, l'accroche aux reins par ses deux cornes et l'emporte avec lui en criant.*
> LE COCHON, *cabré sur ses pattes de derrière et regardant saint Antoine qui disparaît dans les airs.*
> Oh ! que n'ai-je des ailes, comme le cochon de Clazomène !
>
> III
> *Dans les espaces.* ANTOINE, *porté sur les cornes du Diable* (p. 442).

---

11 L'Avarice seule reste la plus difficile à expliquer : mais le cochon ne veut pas partager ses truffes de Lybie par exemple.

La transfiguration complète – avoir des ailes – arrive aux saints, mais ne sera point l'apothéose plus élevée du cochon, même s'il est le compagnon célèbre et légendaire de saint Antoine. Il restera « cabré sur ses pattes de derrière », ce qui l'éloigne des quadrupèdes et qui lui donne l'air d'un animal bipède et quasi humain, mais sans qu'il puisse atteindre cet ordre différent du sien. Le cochon n'arrivera jamais à s'extraire ni de la matérialité terrestre du monde immonde qui le définit, ni des énormités figuratives qu'il symbolise. Avoir des ailes signalerait la perte totale de son être, problème que Loulou le perroquet/Paraclet dans *Un Cœur simple* n'aura pas à résoudre car il reste toujours un oiseau. Ce que désire ici le cochon *pour imiter* le vol d'Antoine sur le dos du Diable ne s'accomplira pas dans le texte, car il ne se réalisera jamais dans la nature. L'impossible *adynaton*, qui est le cochon compagnon de saint Antoine, « disparaît » de l'action principale de la troisième partie de la première *Tentation*, car il revient à lui-même. Là tout simplement, le cochon fonctionne principalement comme signe du réel, de l'être corporel présent sur scène toujours à côté de son maître. C'est un contrepoids, une pierre de touche matérielle et quotidienne, auquel Antoine revient après son vol dans l'espace comme après chaque tentation combattue : « Tiens ! le cochon ! il est toujours là, lui ! je le croyais mort... pourquoi ça ? je ne sais pas... Ah ! » (p. 447). L'arrivée de La Mort à la fin du texte donnera au cochon une dernière occasion comique de confirmer, en contrepoint d'Antoine, son choix de *se* sauver dans le monde présent et non pas à venir : le cochon se cache, et de cette manière il se dédit de son vœux récent, qu'il préfère à l'ennui « se voir réduit jambons et pendu par les jarrets aux crocs des charcutiers » (p. 449).[12] Être dépiécé sera l'opposée de son amplitude absent ou présent. Est-ce cet aspect suprêmement populaire, légendaire et comique qui explique pourquoi Flaubert a dû éliminer son cochon de la dernière version du texte, animal inauthentique qui s'opposera trop radicalement au saint plus « égyptien » ?

Deuxième volet

La position capitale du cochon dans la mise en scène de la dernière partie de la première version de la *Tentation* balise pourtant une lecture supplémentaire et fortement inédite de sa disparition soi-disant complète dans la version de 1874. On peut se demander si les stratégies littérales du cochon face à La Mort dans le texte de 1849 s'appliquent figurativement et ironiquement aux évolutions définitives du texte. Est-il là, mais invisiblement, en fait caché sous une forme restituée

---

12 « Cochon qui s'en dédit ! ».

pour se sauver de l'anéantissement ? Se dissimule-t-il toujours comme compagnon et double *spirituel* du saint, mais derrière un ou plusieurs des personnages *humains* qui accompagnent Antoine et supplémentent le texte définitif ? Et s'il s'y trouve transformé, est-ce selon son désir impossible de devenir la matière immatérielle ?

Le cochon de Clazomène sert d'*adynaton* classique dans plusieurs sens. Il constitue une allusion multiple et particulièrement pertinente, qui remet en question la signification du cochon comme animal fantastique, mise en abyme et figure hyperbolique pour *la dernière* aussi bien que pour la première *Tentation*. Dans celle-ci, le cochon réalise son désir rétrospectivement, et d'une manière aussi spectaculaire que le vol d'Antoine. Il n'est pas sans ironie que la ville ancienne de Clazomène ait eu pour symbole et sur sa monnaie un cochon ailé. L'Argent fait circuler tous les désirs. La ville de Clazomène était en outre célèbre dans le monde classique pour ses terres cuites. On y fabriquait des sarcophages et des jouets à tirer à ficelles, la plupart sous forme d'animaux. Au moyen de cette référence érudite, le cochon dans la première *Tentation* désire être ce qui se trouve déjà accompli à Clazomène, car il y avait une forme figurée. Mais un lecteur français contemporain de Flaubert pourrait aussi voir dans cette allusion classique l'équivalent normand d'un cochon articulé à ficelles.[13] Plusieurs théâtres de marionnettes en bois jouaient uniquement une *Tentation de saint Antoine*. Le spectacle durait une quinzaine de minutes et avait pour apothéose la mise à feu d'un cochon, dont on allumait la queue pour qu'il traverse rapidement la scène et s'élève dans les airs comme un feu d'artifice.[14] Flaubert assista plusieurs fois dans sa vie au spectacle de marionnettes du Père Legrand, et invita ses amis Tourgueniev, Feydeau et Sand à y assister avant de revoir complètement sa version définitive de *La Tentation*. Le côté bouffon et rabelaisien de la pièce de Legrand, surtout quand on brûle la queue du cochon, résonne très nettement avec l'épisode cité ci-dessus, où le cochon subit des attaques fantastiques. En soulignant les mots qui reflètent le spectacle de marionnettes, une cohérence surprenante de sens fait le jour :

> **Je suis brûlé**, asphyxié, étranglé ; je crève de toutes les façons, **on me tire la queue,** on me déchire les oreilles, on me perce le ventre, on me crache du venin dans l'œil, on me lance des cailloux, **on m'abîme, on m'écorche** le dos, et **j'ai un aspic qui me mord la verge !**

---

13 Pour des images des marionnettes, surtout le cochon à ficelles, de *La Tentation de saint Antoine* voir le site http://www.artsdelamarionnette.eu [consulté le 3 janv. 2012].

14 Voir l'article d'André Dubuc, « Un centenaire oublié : la Tentation de saint Antoine » dans *Les Amis de Flaubert*, no. 45 (déc. 1974), p. 9–17 pour une étude approfondie de l'importance de ces théâtres pour la génétique du texte de Flaubert. « L'enlèvement du cochon, au milieu d'un feu d'artifice et de pétards, constituait la partie finale et attendue de ce spectacle » (p. 11).

Le cochon d'Antoine rend donc hommage ici à son double normand en bois dont on allume la queue littéralement. Le haut (les allusions érudites classiques) s'adjoint au bas (les spectacles populaires), pour produire une unité comique et critique du « grand sérieux » qui est la première *Tentation de saint Antoine*. L'aspic qui mord la verge du cochon ajoute une note supplémentaire de farce de la même veine : « le feu sacré » et le « mal des ardents », la syphilis et l'ergotisme respectivement, avaient pour remèdes des onguents à base de lard.[15]

Mais la configuration hybride du « cochon » et du « Clazomène » créée par l'*adynaton* offre une continuité, une manière absolue de voir les choses qui va plus loin que le style dans toutes les versions de la *Tentation*. L'autre habitant célèbre de Clazomène est Anaxagore, philosophe présocratique, qui fut condamné pour son impiété à cause de son système cosmologique. Selon lui, les astres n'étaient pas les dieux, mais des masses *incandescentes*. Le Cosmos dans la pensée d'Anaxagore est fait de matière primaire composée de petits grains infinis (des « spermaties »). Ceux-ci se séparent du grand tout au moyen de l'intellect, le *Noûs*. L'être est donc la matière motivée par l'intelligence transformatrice des formes. Comme le cochon de saint Antoine flaubertien, Anaxagore est un matérialiste avant la lettre, car rien pour lui ne se détruit : tout se reconstitue autrement selon le principe générateur de la matière. Si Flaubert enlève le cochon de la troisième version de sa *Tentation*, cela ne veut pas dire qu'il cesse d'exister. Quelles formes transformées de ce compagnon grotesque et de cette « bête fantastique » y sont introduites pour mieux accueillir ce cochon (de Clazomène), afin qu'il commente très fidèlement les contextes « égyptiens » historiques, philosophiques et théologiques d'un Antoine fondé plutôt sur son grand précurseur saint que sur ses ancêtres normands ?

Le nouveau compagnon le plus fidèle de la dernière version, et qui reste à côté d'Antoine pour la plupart de l'action, est Hilarion. A la manière du cochon, il joue ainsi le rôle de l'ombre, de l'autre, du frère différent mais aussi similaire, du saint. Double intellectuel et spirituel d'Antoine, Hilarion fait écho à la fonction principale *du cochon* : il se moque de l'autorité spirituelle de son maître tout en l'imitant. Hilarion est aussi fortement lié aux valeurs du cochon – l'excès, les

---

[15] Les Antonins d'Arles et de Saint Antoine de l'Abbaye étaient frères hospitaliers, qui s'occupaient des maladies de peau de toutes sortes et des pauvres de la région grâce aux revenues générées par des reliques dits authentiques de saint Antoine le Grand. Dans l'article de Dubuc cité dans la note 8, l'auteur souligne qu'un couvent des Antonins « a existé à Rouen depuis 1397 et [...] possédait une relique importante, un bras de saint Antoine. [...] au Moyen Age [ces] Antonins laissaient divaguer librement leurs porcs dans la ville » (p. 11). Pour une analyse des effets mentaux de la syphilis pour expliquer les hallucinations d'Antoine dans *La Tentation* de 1874, voir Mary Orr, « Stasis and Ecstasy : *La Tentation de Saint Antoine* or the texte bouleversant », *Forum for Modern Language Studies*, no. 3 (1998), p. 335–44.

voluptés matérielles, le luxe – car il arrive dans le cortège de la Reine de Saba et disparaît de la scène, exactement comme le cochon, à l'arrivée du Diable dans l'avant-dernier tableau. A la différence du cochon bouffon, somnolent, et paresseux, Hilarion se montre acerbe, vigilent et cynique. De cette façon, il incorpore plus ouvertement les figures sans joie de vivre mais non pas sans excès dans la première version du texte, c'est-à-dire la Logique et la Science. Quoique Hilarion n'ait rien de la corporalité grotesque, physique, rabelaisienne du cochon, son esprit gigantesque répète les (mêmes) appétits énormes de celui-ci : Hilarion ingère et digère les idées de toutes sortes et les transvase. Flaubert réservera les éléments physiques du cochon aux dieux du cinquième tableau – déesses comme Cybèle aux mamelles multiples, dieux ventrus – qui, tous, se décomposent dans le détritus des siècles et des civilisations. Et Oannès, ce cousin germain du cochon, « surgi[t] de l'abîme » (p. 554) et retrouve sa « couche de limon » dans les eaux du Nil. Mais ni lui ni le Bouddha ne jouent le rôle hygiénique du cochon sacrilège qui imite le Christ dans la première version. Cet aspect intégral du cochon, se trouve-t-elle exclu ou transposé dans le texte définitif ?

La seule personne qui s'y compare physiquement, parce qu'il se couvre d'excréments et se présente comme un animal singulier et fantastique, est le Gymnosophiste, personnage qui n'existe pas dans la première version du texte. L'inverse tragi-comique du cochon gras et ventru, cette figure suprême de l'absence de la chair est aussi une figure *par excellence* de mise(s) en abyme : il se laisse voir à travers les rameaux d'un figuier gigantesque au centre du quatrième tableau et du texte tout entier. Comme le cochon, il remet en question, et de manière matérialiste, tous les crédos bibliques cosmologiques et théologiques, qui se recomposent sous forme d'hérésies, de théogonies, et de « monstres » autour d'Antoine :

> *A l'entrée du bois, sur une manière de bûcher, est une chose étrange – un homme – enduit de bouse de vache, complètement nu, plus sec qu'une momie ; ses articulations forment des nœuds à l'extrémité de ses os qui semblent des bâtons. Il a des paquets de coquilles aux oreilles, la figure très longue, le nez en bec de vautour. Son bras gauche reste droit en l'air, ankylosé, raide comme un pieu : -- et il se tient là depuis si longtemps que des oiseaux ont fait un nid dans sa chevelure. [...]*
>
> LE GYMNOSOPHISTE *reprend*
> Pareil au rhinocéros, je me suis enfoncé dans la solitude. J'habitais l'arbre derrière moi.
> *En effet, le gros figuier présente, dans ses cannelures, une excavation naturelle de la taille d'un homme. [...]*
> Comme l'existence provient de la corruption, la corruption du désir, le désir de la sensation, la sensation du contact, j'ai fui toute action, tout contact ; et – sans plus bouger que la stèle du tombeau, exhalant mon haleine par mes deux narines, fixant mon regard sur mon nez, et considérant l'éther dans mon esprit, le monde dans mes membres, la lune dans mon cœur, – je songeais à l'essence de la grande Ame d'où s'échappent continuellement, comme des étincelles de feu, les principes de la vie.

> J'ai saisi enfin l'Ame suprême dans tous les êtres, tous les êtres dans l'Ame suprême ;
> – et je suis parvenu à y faire entrer mon âme, dans laquelle j'avais fait rentrer mes sens.
>   Je reçois la science, directement du ciel, comme l'oiseau Tchataka qui ne se désaltère que dans les rayons de la pluie.
>   Par cela même que je connais les choses, les choses n'existent plus [...]
>   J'ai pris en dégoût la forme, en dégoût la perception, en dégoût jusqu'à la connaissance elle-même, – car la pensée ne survit pas au fait transitoire qui la cause, et l'esprit n'est qu'une illusion comme le reste.
>   **Tout ce qui est engendré périra, tout ce qui est mort doit revivre** ; les êtres actuellement disparus séjourneront dans les matrices non encore formées, et reviendront sur la terre pour servir avec douleur d'autres créatures.
>   Mais comme j'ai roulé dans une multitude infinie d'existences, sous des enveloppes de dieux, d'hommes et d'animaux, je renonce au voyage, je ne veux plus de cette fatigue ! J'abandonne la sale auberge de mon corps, maçonnée de chair, rougie de sang, couverte d'une peau hideuse, pleine d'immondices ; – et, pour ma récompense, je vais enfin dormir au plus profond de l'absolu, dans l'Anéantissement.
>   *Les flammes s'élèvent jusqu'à sa poitrine, – puis l'enveloppent. Sa tête passe à travers comme par le trou d'un mur. Ses yeux béants regardent toujours* (p. 544).

Le Gymnosophiste, ce semblable indien et bouddhiste d'Antoine par sa vie de jeûnes encore plus extrêmes que ceux du saint, n'en est pas moins le semblable plus extrême encore de son cochon. Sa compréhension que l'existence « provient de la corruption » ; ses habitudes de ne rien faire ; son expérience d'avoir « roulé dans la multitude infinie d'existences » et d'avoir pris tout en dégoût (le rêve du cochon), aboutissent à sa conflagration, exactement comme son frère le cochon du Père Legrand. Et comme les cochons médiévaux, cet anéantissement par le feu qui détruit tout est une deuxième méthode et figure symbolique de la purification. Le personnage du Gymnosophiste et son *Nirvana* bouddhiste arrivent à un moment central de l'action, et a les mêmes effets que le dénouement du spectacle de marionnettes : la catharsis du spectateur. L'horreur hyperbolique, définitive, de cette mort déclenche la réaction révélatrice d'Antoine : il affirme de tout son être la vie corporelle aussi bien que spirituelle : « Quelle haine de la vie il faut avoir ! A moins que l'orgueil ne les pousse ? N'importe, c'est une intrépidité de martyrs ! » (p. 544). Cet épisode sert de tournant dans la dernière version de la *Tentation* pour qu'Antoine confronte la vie consubstantielle dans toutes ses formes de bêtes étranges et grotesques dans les tableaux cinq à sept à venir : dieux, astres, monstres, fossiles. Leurs métamorphoses – qui se font par la destruction et par la reconstruction de formes – provoqueront l'exclamation célèbre d'Antoine au point culminant du texte : le désir « être la matière », au lieu d'avoir des ailes pour y échapper. De cette manière Antoine n'a rien de panthéiste, de manichéen, de matérialiste dans sa vision théologique qui diffère radicalement de celle du Gymnosophiste, et de son double cochon, ce cochon de Clazimène. La phrase du Gymnosophiste, soulignée ci-dessus en caractères gras, exemplifie la philosophie cosmologiste et matérialiste d'Anaxagore qui ressemble beaucoup aux idées bouddhistes.[16]

S'il faut encore fournir la preuve de cette transformation soi-disant impossible de notre cochon *adynaton*, la consultation des *Carnets de Travail : édition critique et génétique* établie par Pierre-Marc de Biasi ne laissera aucun doute, surtout les carnets 16 et 16bis (180–1876).[17] C'était le moment où Flaubert faisait des recherches supplémentaires sur la philosophie indienne, *Le Lotus et la bonne loi* traduit et commenté par Burnouf y compris. Le carnet 16bis contient le folio 15 intitulé « Pour la mort de Calanus », qui sert de modèle exemplaire au Gymnosophiste de par sa construction d'un bûcher pour se brûler et se terminer la vie.[18] Le folio 34 est peut-être encore plus révélateur, car Flaubert attire attention sur la pénitence *Cardagni* qui

> consiste à se couvrir entièrement de bouse de vache, à la laisser sécher et à se laisser brûler avec elle. Par ce moyen tous les péchés sont consumés et l'âme du pénitent va droit au ciel.
> Se faire enterrer dans la neige, s'exposer aux alligators, se couper la gorge au confluent du Gange et du Djansna.[19]

Être la matière sous forme de bouse de vache associe directement les personnages du cochon et du Gymnosophiste tout en les distinguant du protagoniste principal, Antoine, dans toutes les versions de la *Tentation*. Le cochon, figure de l'incarnation et de l'incorporation, se retrouve ainsi reconstitué dans le texte définitif dans le personnage du Gymnosophiste, figure de la réincarnation indienne de toutes ses qualités capitales. Il s'agit ainsi dans le texte définitif d'une transmutation des protagonistes compagnons d'Antoine, sans lesquels celui-ci resterait un personnage sans importance légendaire.

Sous ses formes plutôt figuratives que réelles – animal fantastique, mise en abyme, *adynaton* – le cochon de saint Antoine laisse voir ses traces dans l'évolution de ce texte dit incompréhensible de Flaubert, et ainsi signale un des thèmes primordiaux du texte définitif : le transformisme scientifique et textuel. Sous

---

[16] Les idées du Gymnosophiste ressemblent aussi aux idées de Jean Reynaud, surtout celles qu'il discute dans son œuvre *Terre et ciel* qui est mentionnée dans la bibliographie de *La Tentation de saint Antoine*. Pour une discussion plus approfondie de cette comparaison contemporaine de Flaubert, voir Mary Orr, « Antoine, Reader of his Age : the Textual *Tentation* and its Intertexts of Science », *Dix-Neuf* vol. 15, no. 1 (2011), Numéro spécial sur *Flaubert : Shifting Perspectives* rédigés par Anne Green, Mary Orr et Timothy Unwin, p. 115–26.
[17] Paris, Editions Balland, 1988, p. 579–695.
[18] Pierre-Marc Biasi note que Calanus « fit dresser un grand bûcher, et, suivant l'usage de son pays, se brûla pour mettre fin à une vie qu'il jugeait trop douloureuse », p. 615.
[19] *Ibid*, p. 628.

forme d'*adynaton* en particulier, le cochon sert de figure précieuse de la transformation génétique de cette œuvre impossible à classer : elle se détruit pour se reconstruire, et de façon spectaculaire. En tant que mystère religieux et populaire, ce texte cochon est un texte charcuterie sacrilège, parce qu'il remet en question les orthodoxies chrétiennes religieuses aussi bien que scientifiques cosmologiques, et ne renonce pas au légendaire pour décrire le réel.

L'affaire du cochon, qu'il soit présent ou absent comme personnage du texte flaubertien, ne fait que souligner la fiabilité de l'histoire de saint Antoine comme légende, et comme métaphore de l'époque moderne scientifique remplie de croyances matérielles et spirituelles de toutes sortes. Cette analyse a découvert la transmutation du cochon en Gymnosophiste égyptien, tout en fournissant la preuve qu'Antoine le Grand continue d'être le saint paradigmatique des choses perdues et retrouvées, qu'il soit représenté avec ou sans son cochon dans l'iconographie hagiographique ou dans l'imagination populaire. Ses os mythiques, légendaires, historiques et réels sont autant de reliques qui font de nos jours l'objet de vénération et d'incrédulité.[20] Flaubert lance le défi au lecteur, qui sache distinguer définitivement leur sens.

---

[20] En janvier 2006, les reliques d'Antoine le Grand ont été déplacées provisoirement d'Arles vers l'île d'Ischia en Italie, pour des cérémonies religieuses en son honneur.

Barbara Vinken
Re-marqué : révélation illuminée contre écriture noire

La légende de saint Julien de Flaubert n'est pas seulement la légende d'un saint, mais une légende au sens d'un « texte destiné à expliquer une image ». Elle est écrite pour accompagner un vitrail de la cathédrale de Rouen, lequel a pour objet précisément cette légende : « Et voilà l'histoire de saint Julien l'Hospitalier, telle à peu près qu'on la trouve, sur un vitrail d'église, dans mon pays » (166).[1] Flaubert connaissait bien ce vitrail de par Langlois, son professeur de dessin, qui en parle dans son essai. Cet « à peu près », à savoir le décalage entre la légende et la fenêtre, le texte et l'image, a été souligné par Flaubert dans sa correspondance. Quiconque lit l'histoire qu'il consacre au vitrail est en droit de s'étonner : « Je désirais mettre à la suite de *Saint Julien* le vitrail de la cathédrale de Rouen. [...] En comparant l'image au texte on se serait dit : "Je n'y comprends rien. Comment a-t-il tiré ceci de cela ?" ».[2]

Je me propose donc d'analyser en quoi consiste la différence avec la légende. L'hypothèse serait que Flaubert met en scène une concurrence entre médias, entre vitrail et texte. Le texte n'explique pas le vitrail, il le détruit par l'écriture. A la révélation illuminée s'oppose l'écriture noire. Flaubert obscurcit et macule le vitrail par son écriture, il le rend opaque. Si l'on se place au niveau du médium, cela signifie qu'expliquée par le texte, la révélation du vitrail illuminé est démasquée en tant qu'illusion.

Les sources utilisées par Flaubert[3] se réfèrent à la *Légende dorée*[4] : né dans une famille noble, Julien poursuit un cerf durant une chasse. Celui-ci lui prédit qu'il

---

[1] Toutes les citations de la légende sont extraites de Gustave Flaubert, *Drei Erzählungen – Trois Contes*, trad. et éd. Cora van Kleffens et André Stoll, Francfort-sur-le-Main, Insel, 1983. Les numéros de page sont indiqués entre parenthèses dans le texte ; l'édition étant bilingue, ils sont valables pour les citations en allemand comme en français.
[2] Gustave Flaubert, lettre à Georges Charpentier, 16 février 1879, V, p. 543s.
[3] Eustache-Hyacinthe Langlois, *Essai historique et descriptif sur la peinture sur verre ancien et moderne*, Rouen, Frère, 1832, p. 32–39, cité d'après Benjamin F. Bart et Robert Francis Cook, *The Legendary Sources of Flaubert's Saint Julien*, Toronto/Buffalo, University of Toronto Press, 1977, p. 170–173.
[4] L'adaptation de la légende par Lecointre-Dupont et Joseph de La Vallée, *La chasse à tir*, Paris 1873, p. 254–257, cit. d'après Bart/Cook 1977, p. 174s. Le fait que Flaubert a lu l'original latin est attesté par le latinisme « occit » « et quand il les eut tous occis » (*Trois Contes*, p. 103) : « Julienus qui utrumque parentem nesciens occidit », Jakobus de Voragine, *Legenda aurea*, éd. Johann Georg Graesse, Vratislaviae, Koebner, 1890, p. 142.

tuera son père et sa mère. Julien quitte le château de ses parents pour échapper à cette malédiction et se met au service d'un empereur qui, pour le récompenser de sa loyauté, lui offre un château et sa fille. Entre-temps, les parents de Julien sont partis à la recherche de leur fils. Au terme de longues errances, ils arrivent enfin à son château, sont reconnus par sa femme, qui leur offre l'hospitalité et les couche dans le lit conjugal. Julien, qui revient le lendemain matin, à l'aube, de ses pérégrinations, croit sa femme coupable d'adultère et tue ses parents. Lorsqu'une fois le meurtre accompli il sort du château, sa femme vient à sa rencontre. C'est alors qu'il se rend compte que la prédiction s'est accomplie. Julien souhaite expier ce péché, mais sa femme ne le laisse pas partir seul et c'est ainsi qu'ils laissent tout derrière eux, vont s'installer au bord d'un fleuve, transportent d'une rive à l'autre les gens qui veulent le traverser et construisent dans ce désert un hôpital pour les pauvres et les malades. Une nuit, Julien entend une voix qui lui parvient de l'autre rive ; là, il trouve un lépreux à demi mort de froid. Malgré la tempête, il lui fait traverser le fleuve, lui donne à manger et à boire et le couche dans son lit pour le réchauffer. Dans d'autres sources, le couple lui-même se couche avec lui dans le lit. Le lépreux s'élève dans les airs, tout auréolé de lumière. C'est le Christ en personne, qui dit : « Le Seigneur a agréé ton repentir, ta femme et toi pourrez bientôt vous reposer en lui ».

Flaubert s'écarte de cette version de la légende comme de toutes les autres en ce qui concerne trois points décisifs : premièrement, la chasse, qui ne joue pas dans les légendes un rôle central, passe chez lui au premier plan. Jamais aucune chasse n'a été décrite comme un tel carnage, sadique et voluptueux. Deuxièmement, Julien part dans le désert sans sa femme ; ses bonnes œuvres ne constituent plus un rôle social destiné à l'intégrer dans la société qu'il sert, mais il mène l'existence d'un banni, d'un lépreux, d'un stigmatisé.[5] Et troisièmement, Julien connaît dans l'union littéralement charnelle avec le Lépreux une véritable apothéose, tandis qu'il n'y a d'Ascension dans aucune des versions de la légende, car, comme chacun sait, seuls Jésus et Marie sont enlevés au Ciel.

Marqué de Dieu

Quelle est la signification de la chasse ? Dire qu'elle joue un rôle central est presque un euphémisme. La structure de la légende, celle d'un double mouve-

---

[5] La solitude absolue de Julien et sa dimension autobiographique à l'écart de tous les liens humains tels qu'ils s'articulent dans la famille ont été soulignés par Victor Brombert, « Flaubert's *Saint Julien* : The Sin of Existing », *PMLA* 81 (1966), 3, p. 297–302.

ment, est déterminée par deux chasses qui se réfèrent précisément l'une à l'autre.[6] La première partie est une montée de l'ivresse orgiaque causée chez Julien par le plaisir de tuer ; à la manière d'un crescendo, ce plaisir culmine dans un massacre aux dimensions cosmiques, la mise à mort de la famille de cerfs et la malédiction proférée par le cerf qui prédit que Julien assassinera ses parents. Après avoir manqué d'accomplir par mégarde cette malédiction, Julien quitte le château familial.

La deuxième partie est dominée par sa frustration de ne plus pouvoir chasser. Et quand son penchant reprend le dessus, les animaux viennent à manquer. Et c'est cette frustration qui l'amène à tuer ses parents plutôt que des animaux. Le fait que le père soit tué à la place des animaux est encore souligné par le renard qui rend le goût de Julien pour la chasse proprement irrésistible. Il renvoie à la « pelisse de renard » (98) que porte le père. Mais si la chasse est marquée, c'est, en plus de sa fonction structurante pour la légende, parce qu'elle représente, dans sa description crue, sadique et orgiaque du carnage, la principale divergence par rapport à toutes les autres sources. L'histoire de Julien est chez Flaubert l'histoire d'un jeune garçon, puis d'un homme assoiffé de sang, qui trouve une plénitude voluptueuse dans le meurtre : « Sa soif de carnage le reprenait ; les bêtes manquant, il aurait voulu massacrer des hommes. » (146) La chasse est une figure de la dé-création. Elle est – et cette invention est due uniquement à Flaubert – une annulation pure et simple de la Rédemption.

La solution de l'énigme qui va permettre de décrypter l'énigme se trouve dans la *Civitas Dei* de saint Augustin. Choisissant la forme très simple de la légende, Flaubert raconte l'histoire cosmique de la lutte entre le Bien et le Mal, la lutte entre les fondateurs de la *civitas terrena* et les précurseurs de la *civitas Dei*. Les combattants du Mal sont menés par un « vaillant chasseur », Nemrod. Qui est Nemrod ? Dans la *Cité de Dieu*, Nemrod est le fondateur de Babylone, le successeur de Caïn, fratricide et fondateur de la *civitas terrena*. C'est le précurseur des fondateurs de Rome, la nouvelle Babylone qui se dresse sur les bords du Tibre et qui est pour saint Augustin la *civitas terrena* par excellence. Nemrod est à l'opposé de tous ceux qui concluent une alliance avec Dieu, qui portent la marque de Dieu pour devenir en tant que patriarches des figures de la *civitas Dei* : c'est le type inverse d'Abel, de Noé, d'Abraham « béni de Dieu », de ces hommes qui, en exil sur terre, sont des aïeux du Christ, des précurseurs de la *civitas Dei*. Le géant

---

6 Cf. René Descharmes, « Saint-Julien l'Hospitalier et Pécopin », dans *Revue biblio-iconographique* 3 (1905), 12, p. 1–7 et p. 67–75 et Pierre-Marc de Biasi, qui décrit la deuxième chasse comme l'exact contraire de la première (Flaubert, *Trois Contes*, éd. Pierre-Marc de Biasi, Paris, Flammarion, 1999, p. 21).

Nemrod, décrit dans la Bible comme un « chasseur contre le Seigneur »[7] est régulièrement désigné par saint Augustin avec ce surnom. *La Fin de Satan* de Victor Hugo – un intertexte central pour Flaubert – appelle également Nemrod : « cet homme, / Ce chasseur, c'est ainsi que la terre le nomme ».[8] La figure de la chasse contre Dieu devient littéralement, dans le drame cosmique qu'est *La Fin de Satan* de Hugo, une chasse à Dieu : Nemrod tire en effet une flèche pour l'atteindre et le texte laisse entendre que cette flèche aurait pu toucher Dieu, car elle retombe sur terre teintée de sang. Cette littéralisation hugolienne de la chasse non seulement contre Dieu, mais visant à le tuer, est reprise par Flaubert. Comme Caïn dont il est le successeur, Nemrod est marqué de Dieu. Et Julien lui aussi, la figure flaubertienne de Nemrod, porte la marque de Dieu.

Ceci nous amène aux taches, aux entailles, aux marques écrites. Je me propose de lire la légende de saint Julien en tant qu'histoire d'inscriptions, histoire d'une écriture. Cette histoire s'oppose noir sur blanc à l'histoire d'une vision lumineuse, le texte s'oppose au vitrail, le maculage à l'illumination.

Les parents de Julien pensent de leur fils, né d'une immaculée conception, qu'il est marqué de Dieu. Mais le cher Enfant-Jésus ne tarde pas à laisser des marques et des taches très peu saintes, des taches de sang. Sa première victime est une innocente souris blanche dont le sang tache le sol de l'église : « Une goutte de sang tachait la dalle. » (106) Son re-marquage le plus lourd de conséquences est le paroxysme de la première grande scène de chasse. Tout d'abord, Julien tue au lieu de nommer et donc de créer à l'instar d'Adam, puis il tue au lieu, comme Noé, de sauver la Création. Conformément à sa configuration en tant que Nemrod, il s'avère être une figure qui annule Adam et Noé. Puis il re-marque les marques des martyrs tués en raison de leur foi dans les arènes de Rome. Il réécrit l'histoire du Salut et l'efface.

> Puis il s'avança dans une avenue de grands arbres, formant avec leurs cimes comme un arc de triomphe, à l'entrée d'une forêt [...] Un spectacle extraordinaire l'arrêta. Des cerfs emplissaient un vallon ayant la forme d'un cirque ; et tassés, les uns près des autres, ils se réchauffaient avec leurs haleines que l'on voyait fumer dans le brouillard. [...] le ciel était rouge comme une nappe de sang. Julien s'adossa contre un arbre. Il contemplait d'un œil béant l'énormité du massacre, ne comprenant pas comment il avait pu le faire. (116–120)

L'arc de triomphe et l'arène renvoient à Rome ; la description s'appuie sur les massacres de chrétiens à Rome tels que Michelet les dépeint dans son *Histoire*

---

[7] Saint Augustin, *La Cité de Dieu*, trad. et éd. par M. Émile Saisset, t. III, livre XVI, chap. III, Paris 1855, p. 199.
[8] Le « justicier » est historiquement celui qui rend la justice.
Victor Hugo, *La Fin de Satan*, éd. J. Truchet, Paris, Gallimard, 1955, p. 798.

romaine.⁹ Dans la grandiose superposition opérée dans une scène pour laquelle il n'y avait déjà chez Hugo ni indication de temps ni indication de lieu – « Il était en chasse dans un pays quelconque, depuis un temps indéterminé [...] » (118), le *chasseur contre Dieu* tue ici les animaux auxquels Adam avait donné un nom aux premiers jours de la Genèse. Les animaux se présentent à lui comme à Noé dans toute leur variété d'espèces, mais au lieu de les sauver comme Noé, Julien les tue tous. Il est fait allusion à l'Eglise dans la figure de l'arche où toutes les nations cohabitent en paix. Ici, en revanche, n'a lieu qu'un carnage bestial.

Après un bain de sang dont Flaubert souligne la dimension cosmique – « le ciel était rouge comme une nappe de sang » (120) –, Julien finit par tuer le cerf, figure des patriarches et des juges, mais surtout figure du Christ, terme et accomplissement de tous les précurseurs de la *civitas Dei*. Dans ce meurtre, Julien imprime les stigmates par excellence, les plaies de la Passion sur le corps du Christ. Dans le finale de cette chasse orgiaque, l'Ancien et le Nouveau Testament se trouvent contrecarrés, car les figures du Christ et le Christ lui-même sont tués par Julien.

Julien plante sa flèche dans le front du cerf : « Julien lui envoya sa dernière flèche. Elle l'atteignit au front, et y resta plantée. » (120) Il superpose sa marque, il l'imprime sur la croix que le cerf porte au front. Du signe d'amour et de rédemption, il fait un signe de haine. L'échec de la conversion de Julien, la marque indélébile de sa malédiction sont ainsi soulignés de façon radicale. Paradoxalement, c'est cet effacement de la croix qui deviendra la condition de la sainteté. Touché à mort, le cerf le maudit : « Maudit ! maudit ! maudit ! Un jour, cœur féroce, tu assassineras ton père et ta mère. » (120)

La deuxième partie représente l'accomplissement de la *figura* qu'était la première partie. Mais ce qui s'y dessinait et qui s'accomplit maintenant en tant que tel, ce n'est pas une promesse de salut, mais en tant qu'inversion de la figure herméneutique de la patristique, une malédiction qui annule la Rédemption. D'abord, Julien prend part à la guerre étendue à tout le cosmos. Cette guerre socialement reconnue aux accents de croisade lui procure femme et richesse et fait de lui le gendre de l'empereur. La dimension universelle de la nouvelle qui unit l'Occident et l'Orient est mise en évidence par le fait qu'au début Julien vit dans un château chrétien en Europe, puis dans un château maure en Orient. Dans son mariage, il fait l'expérience du pouvoir de la volupté. Le pouvoir de séduction de la fille du sultan – d'ailleurs bizarrement calqué sur la tentation du Christ dans le désert – est discrètement souligné en ceci qu'il est une reproduction de la fas-

---

9 Flaubert a très tôt lu Michelet ; Adolphe Chéruel, son professeur d'histoire, était en effet un élève de Michelet.

cination érotique exercée par Salomé. A ce niveau, Julien est comme son père, *à l'orientale* : « Julien ne faisait plus la guerre. Il se reposait, entouré d'un peuple tranquille ; et chaque jour, une foule passait devant lui, avec des génuflexions et des baisements à l'orientale. Vêtu de pourpre » (132). Mais contrairement à son père, il ne lui est pas permis de vivre son penchant sanguinaire dans les limites imposées par la société. Il continue à rêver de chasse. Les noms « Adam » et « Noé », qui n'étaient que sous-entendus par la narration dans la première partie, mais qui n'y apparaissaient pas, sont maintenant cités.

> Quelquefois, dans un rêve, il se voyait comme notre père Adam au milieu du Paradis, entre toutes les bêtes ; en allongeant le bras, il les faisait mourir ; ou bien, elles défilaient, deux à deux, par rang de taille, depuis les éléphants et les lions jusqu'aux hermines et aux canards, comme le jour qu'elles entrèrent dans l'arche de Noé. (132)

Julien est présenté comme un contretype qui détruit, comme un nouveau Nemrod qui apporte non la vie mais la mort, non le salut mais la damnation.

La deuxième grande chasse est une exposition à la tentation. Mais rendu incapable de tuer par des puissances supérieures, Julien ne peut céder à cette tentation. Cette chasse conduit Julien à un Golgotha de mort et de putréfaction, un calvaire au milieu de croix délabrées et de ruines : « Des pierres plates étaient clairsemées entre des caveaux en ruines. On trébuchait sur des ossements de morts ; de place en place, des croix vermoulues se penchaient d'un air lamentable » (140). *Ex negativo*, ce lieu évoque le paradis. L'attitude sarcastique des animaux à son égard, les plans de vengeance qu'ils semblent fomenter – « Une ironie perçait dans leurs allures sournoises. [...] ils semblaient méditer un plan de vengeance » (144) – évoque en la déformant l'harmonie paradisiaque des animaux qui vivent en paix côte à côte. Ce qui est déterminant sur le plan iconographique, c'est qu'*après* la Passion du Christ, Julien ne déambule pas dans le jardin de la vie sauvé par la Passion, mais dans le jardin stérile, désolé, impur, où les hommes et les animaux se déchirent. La croix est, on le sait, le signe du triomphe sur la mort qui, dans d'innombrables peintures médiévales, métamorphose le lieu du Crâne, le calvaire et sa désolation en jardin de vie. Dans la contrée traversée par Julien, la mort et la putréfaction triomphent encore incontestablement de la croix qui, vermoulue et moussue, est elle-même devenue un signe d'impure *vanitas*. La contrée traversée par Julien est une inversion du jardin d'Eden restauré par la Passion.

Son goût inassouvi pour le sang conduit Julien à tuer ses parents et ce meurtre macule une nouvelle fois de sang le Christ en croix. Les deux conséquences du péché originel sont neutralisées par le rapprochement entre goût du meurtre et désir sexuel, qui prolongent tous deux la mort, comme chacun sait. Julien poignarde ses parents couchés dans son lit parce qu'il croit y trouver sa femme, dont il avait fort envie durant sa partie de chasse, en train de souiller le lit conjugal avec son amant. Ecumant de rage, il tue ses parents au lieu de faire l'amour à sa femme. Le meurtre à coups de poignards et l'union charnelle sont ainsi rapprochés ; or, comme chacun sait, le poignard, l'arme avec laquelle Julien transperce sa mère est une métaphore du membre viril. Le Christ et ses parents sont maculés par son acte de même que lui-même est maculé : c'était la description des signes particuliers que présente Julien qui avait permis à sa femme de reconnaître ses parents – « en décrivant des signes particuliers qu'il avait sur la peau ».[10] Et de même que sa peau est tachée, ses parents sont maculés par son acte.

> Des éclaboussures et des flaques de sang s'étalaient au milieu de leur peau blanche, sur les draps du lit, par terre, le long d'un Christ d'ivoire suspendu dans l'alcôve. Le reflet écarlate du vitrail, alors frappé par le soleil, éclairait ces taches rouges, et en jetait de plus nombreuses dans tout l'appartement. (148)

Le sang qui coule à travers le matelas imprime a posteriori la tache du péché originel sur l'immaculée conception de sa mère : « Des gouttes, suintant du matelas, tombaient une à une sur le plancher » (150). Après le meurtre, lors des funérailles de ses parents, Julien se retrouve « à plat ventre au milieu du portail » comme il s'était retrouvé allongé sur le bouc, les « bras écartés » étant ici « les bras en croix » (150).

Les scènes de meurtre de la première partie se sont accomplies dans la deuxième. Le carnage de la famille de cerfs était une figure du meurtre de ses parents. Lui-même était alors le faon tacheté, « le faon tacheté [...] lui tétait la mamelle » (120). L'ultime râle de ses parents devient le bramement du cerf : « Incertaine d'abord, cette voix plaintive longuement poussée, se rapprochait, s'enfla, devint cruelle ; et il reconnut, terrifié, le bramement du grand cerf noir » (148). Difficile d'imaginer une meilleure illustration de l'idée augustinienne selon laquelle le meurtre et le sexe sont des conséquences du péché originel que cette superposition et donc cette interchangeabilité de la chasse, du meurtre et du sexe. Tous trois sont dirigés contre Dieu, tous trois blessent Dieu à mort.[11] Le vitrail devient

---

10 Ceci aussi est un renvoi, mais en même temps une étrange inversion de l'histoire d'Ulysse. Dans l'*Odyssée*, c'est, comme chacun sait, la nourrice qui reconnaît Ulysse à ses taches de naissance ou ses cicatrices, tandis que chez Flaubert ce sont les parents qui sont identifiés grâce aux signes particuliers que leur enfant porte depuis sa naissance. Un tel renversement des mythes antiques auxquels il est fait allusion se retrouve constamment.

11 Contrairement à Œdipe, Julien ne tue pas son père et ne couche pas avec sa mère. C'est l'inceste, le fait de « transpercer » sa mère, qui la tue. Flaubert met en scène le drame de la concomitance entre inceste et meurtre dès le *Quidquid volueris*. Avec Freud, on pourrait parler d'un complexe d'Œdipe qui n'aurait pas été surmonté par le complexe de castration : il ne renonce pas

le médium non de la lumière de la Rédemption, révélation de la beauté de la Création, mais il plonge tout dans le sang incestueux du meurtre et du sexe.

Dans la troisième partie, Julien, marqué dans sa personne, devient par sa dévestiture un lépreux, *homo sacer*. Rien en lui n'est plus comme avant ; même sa voix a changé. Il abandonne ses possessions, sa femme pour expier le crime qui n'est pas le sien et qu'il a commis dans un moment d'égarement. Car ce n'est pas de par sa propre volonté, mais de par celle de Dieu que Julien a commis le plus incroyable des crimes : « Il ne se révoltait pas contre Dieu qui lui avait infligé cette action, et pourtant se désespérait de l'avoir pu commettre » (154). Celui qui maculait est maintenant lui-même maculé et, en cela, exclu de la communauté des hommes. Mais ce qui attire Julien, ce n'est pas l'homme nouveau ; aussi une *conversio* n'a-t-elle pas lieu. Ce qui manque – et qui a déjà été souligné par Sartre –, ce sont les trois vertus cardinales, la foi, l'espérance, l'amour, dont on ne trouve aucune trace chez Julien. Complètement désespéré, Julien cède au contraire à l'*acedia* qui, on le sait, est l'un des péchés cardinaux. Son désespoir le pousse jusqu'à envisager le suicide, le péché par excellence, une fois que ses tentatives de mourir au service d'autrui se sont avérées vaines :

> Sa propre personne lui faisait tellement horreur qu'espérant s'en délivrer il l'aventura dans des périls. Il sauva des paralytiques des incendies, des enfants du fond des gouffres. L'abîme le rejetait, les flammes l'épargnaient. (154)

Ceci aussi est une inversion de l'hagiographie qui n'a pas besoin d'être explicitée dans le texte parce qu'elle est automatiquement transportée par le genre : car si le saint doit être prêt à donner sa vie pour l'amour des autres, la recherche active de la mort ne doit bien sûr pas conditionner ses actes.

Julien se reconnaît en tant que stigmatisé, marqué de Dieu, réprouvé, rejeté, bref en tant qu'incarnation de l'existence corrompue par le péché, de l'existence marquée par la tache du péché originel. Cette prise de conscience signifie aussi que sa demeure n'est plus la terre, mais que l'existence terrestre est devenue pour lui un exil. Personne, ni les êtres humains ni les animaux ni même la mort, ne veut de lui – Œdipe à Colone, mais aussi Caïn marqué par Dieu en tant que meurtrier. Julien est pour toujours seul avec son meurtre qui se répète à l'infini et

---

à sa mère en tant qu'objet d'amour. En même temps, Flaubert s'en tient à l'interprétation enfantine de la scène originelle : le père auquel il s'identifie ne fait pas l'amour à la mère, il la tue. Faire l'amour à quelqu'un qu'il aime signifie dans ce cas la blessure de l'autre et la blessure de soi. Il défie la menace de castration ; celle-ci est acceptée, intégrée – afin de ne pas devoir renoncer à l'objet de son amour. Pour une élégante interprétation lacanienne, voir Jean Bellemin-Noël, *Le Quatrième conte de Gustave Flaubert*, Paris, Presses Universitaire de France, 1990, p. 55–79.

qu'il doit sans cesse revivre avec tous ses sens. Autant des puissances supérieures étaient impliquées dans l'acte qu'il a commis, autant Dieu est maintenant absent. La nature tout entière se transforme en un spectacle qui montre non la nature de Dieu, mais l'horreur du meurtre de ses parents, du meurtre de Dieu, en un mot l'horreur de sa chasse, sa nature nemrodienne.

> Mais le vent apportait à son oreille comme des râles d'agonie : les larmes de la rosée tombant par terre lui rappelaient d'autres gouttes d'un poids plus lourd. Le soleil, tous les soirs, étalait du sang dans les nuages ; et chaque nuit, en rêve, son parricide recommençait. (154)

Ce sont les corps de ses parents, maculés de sang, le corps maculé du Christ en croix qui lui dissimulent la « splendeur des tabernacles », le corps transfiguré, rédempteur du Christ : « Mais l'impitoyable pensée obscurcissait la splendeur des tabernacles » (154). Contrairement au saint des légendes antérieures qui crée et construit dans et pour la communauté, le Julien de Flaubert est exclu de la communauté des vivants et du lien sacré du mariage.

Julien devient un exilé, un réprouvé qui, peu à peu, se rapproche dans la souffrance de l'hostile désert de boue où il se rend. Il devient co-substantiel à la putréfaction nauséabonde qui l'entoure et où rien ne vit ni ne prospère, et qui rappelle la description absurde et désespérée qu'Ovide donne de son exil dans les *Pontiques*.

Une conversion inversée

Finalement, le Lépreux vient à lui. Il l'appelle par trois fois, ce qui prouve qu'il est bien le Christ : en effet, l'Enfant-Jésus doit appeler saint Christophe par trois fois jusqu'à ce que celui-ci lui fasse traverser le fleuve où, se chargeant des péchés du monde, il devient de plus en plus lourd, comme ici le Lépreux. Sa voix aussi montre qu'il est bien le Christ – « Et cette voix haute avait l'intonation d'une cloche d'église. » – cloche qui renvoie à la *figura Christi*, le cerf dont la mort est accompagnée d'un tintement de cloche dans le lointain (105). Julien est marqué dans son corps par des taches, les traces de la lèpre ; c'est un lépreux stigmatisé, un corps qui, bien qu'encore vivant, se putréfie, un squelette vivant. La lèpre était lue autrefois comme une maladie entièrement allégorique, un signe de Dieu, une marque de Caïn. Elle passait pour être une stigmatisation, une marque écrite lavée par le sang du Christ. Les taches du Lépreux sont contagieuses. Elles recouvrent tout ce avec quoi la lèpre entre en contact : « [...] la table, l'écuelle et le manche du couteau portaient les mêmes taches que l'on voyait sur son corps » (162). Julien offre au Lépreux une hospitalité qui va jusqu'à l'oubli de soi : malgré la tempête, il lui fait traverser le fleuve, il donne tout ce qui lui reste à manger, il le réchauffe dans son lit, il l'accueille dans son corps. Julien incarne la vertu de l'hospitalité, variante de la charité chrétienne, jusqu'à l'abandon absolu de soi. Il s'expose sans la moindre défense au Lépreux.[12] Cet être maculé fait des miracles ; comme le Christ des noces de Cana, il transforme l'eau en vin. Les noces annoncent l'union érotique à venir entre Julien et le Lépreux qui, par-delà la tentation, évoquée par le serpent du paradis – « plus froide qu'un serpent », (164s.) –, est la charité pure, l'oubli de soi. Le lit qui accueille le Lépreux et l'exilé est aussi une inversion des lits souillés – par le désir et donc par le meurtre et le sang. Julien s'allonge bouche contre bouche, poitrine contre poitrine, nu comme au jour de sa naissance, immaculé et lumineux, sur le Lépreux, dont la maladie est la marque qu'il est rejeté de Dieu. Il accueille celui qui est maculé et macule et va jusqu'à ne faire plus qu'un avec lui. Et Julien qui, en entrant en contact avec ces taches, accepte la mort, accède à la vie éternelle dans cette union. Les marques se transforment en rayons de soleil, leur puanteur en parfum, le corps putréfié en corps astral. Avec lui, Julien, l'exilé sur terre, monte vers l'espace qui est le sien.

Julien, maculé et maculateur, est celui par lequel la tache du péché originel est rendue visible, évidente dans le monde – la tache de la mort et du sexe, en un mot la marque de la chute – et cette tache, il ne fait pas que l'y inscrire, il l'accueille en lui ou, plus précisément, il se transforme en elle. Son immaculée conception par sa très blanche mère est a posteriori radicalement entachée par le sang qui suinte à travers le matelas. Les taches dont il est la source, ses meurtres sont commis à l'intérieur même de l'Église où la cité céleste et la cité terrestre sont réunies, apparemment agréables à Dieu et pures de tout péché : la souris blanche est tuée dans la chapelle ; les animaux sont massacrés dans l'arche de Noé, *figura ecclesiae* ; l'Église construite sur le sang des martyrs est évoquée dans le carnage de l'arène ; le vitrail transforme la chambre en un intérieur d'église. L'Église telle qu'elle transparaît ici est à l'opposé de la conception que celle-ci a d'elle-même, et ceci est particulièrement frappant dans ce motif si central pour le conte, celui du vitrail : dans le reflet des vitraux colorés, la vérité divine de la Création baigne l'espace tout entier dans une lumière d'une indicible beauté. Contempler des vitraux, c'est s'abîmer dans la *contemplatio divina*.

Les vitraux d'*Un cœur simple* étaient déjà, eux aussi, un médium de la méconnaissance de Dieu : en effet, c'est en contemplant une Annonciation sur un vitrail

---

12 Cf. René Scherer, *Zeus hospitalier. Éloge de l'hospitalité. Essai philosophique*, Paris, Colin, 1993, p. 28 : « Derrière la charité, l'humilité de l'hospitalier [...], il faut déceler autre chose : une folie de Dieu, la recherche de l'abandon absolu de «Soi», une affirmation de l'exil terrestre. Là se situe le point extrême de la vertu hospitalière. L'exilé est accueilli, mais parce que celui qui accueille se reconnaît, en lui et grâce à lui, comme un être d'exil ».

que Félicité s'aperçoit que Dieu doit avoir envoyé non une colombe, mais un perroquet. Le vitrail obscurcit d'abord tellement la chambre que Julien ne distingue rien, pour devenir ensuite médium non de la connaissance, mais de la négation de Dieu. Ce n'est pas la beauté de la Création, mais le sang du parricide et du déicide qui dans le reflet se multiplie horriblement à l'infini.[13] « Le reflet écarlate du vitrail, alors frappé par le soleil, éclairait ces taches rouges, et en jetait de plus nombreuses dans tout l'appartement » (148).

Les marques de la Rédemption – les stigmates –, qui lavaient de la tache du péché originel, Julien les transforme en coup de poignard, stigmate de la malédiction. Il commet le plus impensable de tous les péchés : il tue Dieu. Mais son destin est d'être à la fois celui qui macule et qui est maculé, celui qui met au jour ce qui entache vraiment le monde et donc met fin à l'illusion mortelle de l'immaculé. Or, c'est dans une telle illusion dévastatrice, un tel aveuglement que se trouve d'après Flaubert le monde *tout court*, surtout le monde bourgeois du XIXe siècle. Le monde n'est pas sauvé – et la réalisation de la *civitas Dei* sur terre dans ce retournement augustinien au sens propre, pascalien, une terrible et funeste illusion. Julien est marqué de Dieu afin de mettre au jour l'horreur de toute la Création, de transformer à rebours les stigmates de la grâce en stigmates du péché originel, de se métamorphoser lui-même en lépreux, en réprouvé, en stigmatisé, en exilé banni de toute communauté, dont le marquage par le péché originel est transformé en signe de la grâce –à titre purement individuel et en dehors de ce monde. La croix est contrecarrée, re-marquée et ceci a lieu dans l'espace du salut, l'espace de l'Eglise. Les taches de l'écriture de Flaubert, laquelle doit être décryptée, s'opposent à la Bonne Nouvelle immédiatement perceptible transportée par le vitrail illuminé.

Nous en arrivons maintenant à la scène-clé dans toutes les interprétations, l'Ascension de Julien dans les bras du Christ. Tout d'abord, il faut constater que chez Flaubert, contrairement à Hugo, Nemrod ne reste pas l'ennemi vaincu. Il est sauvé en tant qu'instrument de Dieu, lui seul devient, dans une imitation parfaite, semblable au Christ, il est même le seul à soumettre toutes ses forces à la véritable *imitatio* dans l'esprit de la *caritas*. Le reste de la Création est irrévocablement condamné à être damné. Mais lorsqu'il s'agit de transfigurer les marques de la première naissance, de faire naître le corps une seconde fois, en tant que fruit non du désir sexuel mais de la *caritas*, de laisser derrière soi la marque du péché

---

[13] Pour la fonction des vitraux et de l'abbé Suger de Saint-Denis, voir Georges Duby, *Le temps des cathédrales, L'art et la société 980–1420*, Paris, Gallimard, 1976. Et pour un exemple contemporain particulièrement réussi, Gerhard Richter dans la cathédrale de Cologne, qui fait, dirions-nous, resplendir la croix.

originel et donc de la mort, c'est l'écriture qui passe au premier plan. Elle arrive *à l'antique*, dans les habits de l'Antiquité. C'est, comme déjà dans *Un cœur simple* et plus tard dans *Hérodias*, l'histoire d'une traduction, d'un transfert vraiment dévastateur de l'Antiquité dans le christianisme. Le noir sur blanc de l'écriture est déjà évoqué dans le noir et blanc de la traversée du fleuve : « Les ténèbres étaient profondes, et çà et là déchirées par la blancheur [...] ». Plus tard, l'eau deviendra « plus noire que de l'encre » (160). L'élément antique est gravé dans le Sauveur, immobile dans le bateau avec la majesté d'un roi : « immobile comme une colonne » (162). Mais c'est dans l'image de la lime que l'écriture *à l'antique* est la plus évidente. La peau du Lépreux est « rude comme une lime ». La lime est l'instrument de tout *ars poetica*, qui, sous la rudesse de l'enveloppe, peaufine la beauté de la langue, de même que la peau est polie pour éliminer les rugosités et faire apparaître le corps astral.

Flaubert traduit les mythes antiques ainsi que le motif central de l'Ancien Testament tel qu'il est raconté par saint Augustin, dans la forme très simple de la légende. Tandis que les mythes antiques sont défigurés au niveau du contenu, le message de la Bible est inversé. Julien est un anti-Adam, un anti-Noé, qui tue au lieu de créer en donnant un nom ou de sauver. L'élément central, c'est l'annulation des stigmates rédempteurs de la Croix que Julien, porteur de la marque de Caïn en tant que *figura Christi*, transforme de nouveau en marques du péché originel. Et c'est ainsi seulement qu'apparaît le caractère babylonien, définitivement corrompu de toute la Création. Marqué pour tuer encore une fois avec un plaisir satanique les précurseurs du Christ et le Christ lui-même, l'amour de Julien va jusqu'à ne plus former qu'une seule chair avec le Lépreux et devenir, à l'image des saints et selon l'expression de Jacques de Voragine, temple de Dieu. A ce moment-là se produit la transfiguration attendue dans un contexte chrétien. Ce ravissement lié à la mort est toujours décrit à l'aide de métaphores érotiques. Au moment de l'enlèvement vers le ciel et du passage à la vie éternelle, ces figures perdent leur sens charnel et terrestre pour revenir à leur sens originel, anagogique et spirituel. Elles renvoient au corps transfiguré et par là même à leur sens propre :

> Alors le Lépreux l'étreignit ; et ses yeux tout à coup prirent une clarté d'étoiles ; ses cheveux s'allongèrent comme les rais du soleil ; le souffle de ses narines avait la douceur des roses ; un nuage d'encens s'éleva du foyer ; les flots chantaient. Cependant une abondance de délices, une joie surhumaine descendait comme une inondation dans l'âme de Julien pâmé ; et celui dont les bras le serraient toujours grandissait, grandissait touchant de sa tête et de ses pieds les deux murs de la cabane. Le toit s'envola, le firmament se déployait ; – et Julien monta vers les espaces bleus, face à face avec Notre-Seigneur Jésus, qui l'emportait dans le ciel. (166)

Mais s'agit-il vraiment d'une transfiguration ? L'intertexte de cette scène de conversion d'un corps en vie déjà en train de se putréfier en illumination céleste est manifestement de nouveau le lépreux de Hugo dont les abcès purulents contiennent le germe de splendeurs infinies, dont la lèpre répand des rayons, dont les pustules sèment des étoiles qui permettent aux hommes de connaître la vérité :

> Dans le ciel radieux je jette ma torture,
> Ma nuit, ma soif, ma fièvre et mes os chassieux,
> Et le pus de ma plaie et les pleurs de mes yeux,
> Je les sème au sillon des splendeurs infinies,
> Et sortez de mes maux, biens, vertus, harmonies !
> Répands-toi sur la vie et la création,
> Sur l'homme et sur l'enfant, lèpre, et deviens rayon !
> Sur mes frères que l'ombre aveugle de ses voiles,
> Pustules, ouvrez-vous et semez des étoiles ![14]

Hugo met en scène la dynamique paulinienne de la conversion sur le chemin de Damas, après laquelle la plus haute illumination succède à la détresse la plus profonde. Avec le sens de la formule qui est le sien, Hugo a qualifié cette conversion de « chute transfiguration » et l'a décrite comme la quintessence du sublime. Dans cette illumination subite, dans ce retournement dramatique qui conduit en cet instant de clarté évidente à une métamorphose complète due à la connaissance de la vérité, le Dieu chrétien est supérieur au dieu païen, qui ne disposait que de la clarté des éclairs.[15]

En revanche, l'Ascension de Julien est moins une transfiguration qu'une métamorphose : c'est en effet un changement subit de forme corporelle, limité à l'aspect purement visuel et privé de la dimension spirituelle de la connaissance de la vérité.[16] Et ce n'est pas un hasard si cette Ascension se présente comme une

---

14 Cf. Hugo, *La Fin de Satan*, p. 792s.
15 Victor Hugo, *William Shakespeare*, cité d'après Jean-Michel Rey, *Paul ou les ambiguïtés*, Paris, Edition de l'Olivier, 2008, p. 27.
16 Karin Westerwelle, « Saint Julien et le mythe de Narcisse – Les images du christianisme chez Gustave Flaubert », dans : *Le Flaubert réel*, Barbara Vinken et Peter Fröhlicher, p. 108–123, y voit l'intégration par Flaubert du mythe de Narcisse selon Ovide, métamorphose par excellence, qui déforme les *topoi* de l'Ascension chrétienne. Le rapprochement entre transfiguration et métamorphose, citations bibliques et citations d'Ovide, marque toute la scène de la Visitation par le Lépreux. Voir aussi par exemple de Biasi (Flaubert, *op.cit.*, p. 126), qui considère que la transformation de l'eau en vin est une allusion aux noces de Cana, tandis qu'Alain Montandon, « Mythes et représentation de l'hospitalité », dans : *Mythes et représentation de l'hospitalité*, éd. Alain Montandon, Clermont-Ferrand, Presses Universitaires Blaise-Pascal, 1999, p. 11–21 : 20, y perçoit

allégorie des cinq sens : nous la percevons par la vue, l'ouïe, l'odorat, le goût et le toucher. A la manière des dieux antiques, le Lépreux se transforme en une constellation d'étoiles au firmament (167).[17] Dans cette apothéose antique, purement sensuelle, il n'est point besoin de *noli me tangere*. Le caractère purement physique de la métamorphose repose sur une dé-sublimation radicale.[18] La figuralité de la transfiguration est inversée chez Flaubert : l'union entre Julien et le Christ, où l'élément féminin échoit à Julien conformément au rôle féminin de l'âme, n'est pas sublimée, mais sexualisée. La répétition du mot « grandissait, grandissait » (166) ainsi mis en relief fait penser à une érection. Ce qui grandit ici, ce n'est pas l'esprit – « le grandissement d'un esprit par interruption de la clarté », pour citer encore une fois la paraphrase de Damas par Victor Hugo[19] – mais le membre viril. Le pouvoir de l'amour est démasqué en tant que pouvoir uniquement sexuel et la scène peut être lue comme un moment de plaisir phallique, orgastique. Les métaphores érotiques classiques où le ravissement mystique est décrit en tant que « pamoison » et « inondation », sont simplifiées et sexualisées sous forme d'orgasme et d'éjaculation. La description flaubertienne de l'Ascension s'avère être une histoire à dormir debout, une pure fiction, une autodétermination fictive, une hallucination phallique. La promesse de résurrection peut donc être lue en tant que reliquat d'un phallicisme antique, aussi illusoire qu'idolâtre. La conversion paulinienne de l'esprit est réécrite pour devenir une métamorphose des corps, dénuée de sublime. L'Ascension annonce donc la composante phallique de l'énigme de Jean-Baptiste « pour qu'il croisse il faut que je diminue » et renvoie à la prise de possession phallique par le perroquet (« gigantesque ») dans le ravissement de Félicité. La composante sexuelle de l' « amour antique », de la scène d'amour homosexuel, est soulignée par le mot « limer », qui qualifie tout autant le travail de peaufinage du texte que l'acte sexuel. Que cet amour antique soit vu par le christianisme comme un acte satanique est d'autant plus approprié.[20] « Jésus-Lépreux-tentateur-sodomite, c'est-à-dire Jésus-Diable », a résumé Pierre-

---

une citation de la métamorphose de Philémon et Baucis chez Ovide. Mais la systématique de ce rapprochement et son objectif sont perdus de vue.

17 « und der, dessen Arme ihn umschlangen, wurde größer und größer und berührte zuletzt mit Kopf und Füßen die beiden Wände der Hütte. Das Dach flog davon [...] », *Trois Contes*, p. 167.
18 « et celui dont les bras le serreraient toujours grandissait, grandissait, touchant de sa tête et de ses pieds les deux murs de la cabane. Le toit s'envola [...] », *ibid*. 166.
19 Victor Hugo, *William Shakespeare*, d'après Rey, *op.cit*. (p. 30).
20 Pierre-Marc de Biasi, « Le palimpseste hagiographique – l'appropriation ludique des sources édifiantes dans la rédaction de 'La Légende de saint Julien l'Hospitalier' », dans : *Gustave Flaubert 2, Mythes et religions I*, éd. Bernard Masson, Paris, Lettres modernes Minard, 1986, p. 69–124, souligne le constant *quid pro quo* entre le Christ et Satan et leur structure inversée, laquelle se

Marc de Biasi. La composante blasphématoire de l'Ascension homosexuelle dans les bras du Rédempteur est soulignée par la citation directement empruntée au titre de la traduction de la Bible par Lemaître de Sacy utilisée par Flaubert : *Le Nouveau Testament de Notre Seigneur Jésus*. Flaubert lui oppose le dys-évangile. Au vitrail illuminé de la cathédrale, il oppose « dans mon pays » (166) l'obscurité de son texte.

Le « face à face » de Julien et du Lépreux rappelle le « face à face » de l'apôtre Paul, métaphore de la connaissance. « À présent, nous voyons dans un miroir et de façon confuse, mais alors, ce sera face à face. À présent, ma connaissance est limitée, alors je connaîtrai comme je suis connu » (1 Co 13,12, TOB). Mais cette connaissance de Dieu prend chez Flaubert le sens que ce mot avait dans la Genèse : en tant que métaphore de l'union charnelle, la connaissance – élément central de la *conversio* – est sexualisée. Ce qui est nouveau est lu à la lumière du passé, de l'Ancien Testament et de l'Antiquité, si bien que la perspective typologique de saint Paul est inversée. La figure sublime de Victor Hugo qui qualifie cette composante paulinienne de « chute transfiguration » montrant la voie à l'humanité tout entière, est inversée pour devenir une « transfiguration chute ».

La *Légende de saint Julien* est le testament de l'autoprocréation réussie d'un écrivain qui, en portant la Croix, montre à la Croix signe de Rédemption que l'espérance chrétienne de transfiguration n'est qu'un reliquat fictif de l'Antiquité, une métamorphose. L'hospitalité devient alors une métaphore de l'intertextualité : comme saint Julien, Flaubert s'ouvre entièrement à l'autre et accueille en lui les textes de la tradition, il leur donne l'hospitalité. Mais cette vertu chrétienne *par excellence* de l'oubli de soi mène à une déformation complète des figures chrétiennes, à commencer par la typologie qui est retournée – l'ancien n'est pas lu à la lumière du nouveau, mais le nouveau à la lumière de l'ancien – et par la *conversio* qui devient métamorphose. Sont effectivement contrecarrés, avec l'ironie mordante propre à Flaubert, les textes des pères, en premier lieu Hugo, poète et prêtre laïque.[21]

Sur le plan poétologique, son écriture devient lettre morte – on serait tenté de dire lettre mortelle – au moment où il raconte l'événement qui devrait être le signe de l'esprit vivant : l'Ascension. Celle-ci étant présentée comme une métamorphose, un simple changement perceptible de forme, tout ce qui est esprit est

---

trouve déjà sur le vitrail de la cathédrale. « Jésus-Lépreux-tentateur-sodomite, c'est-à-dire Jésus-Diable » (98). C'est cette inversion qui donnerait son nom à l'amour homosexuel.

21 Sur le rôle de prêtre laïque joué par le poète et sur la mission d'Hugo, incarnation de ce prêtre, voir Pierre Bénichou, *Le sacre de l'écrivain 1750–1830 – Essai sur l'avènement d'un pouvoir spirituel laïque dans la France moderne*, Paris, Corti, 1973, p. 380–407.

tué en devenant pure littéralisation. Ceci correspond à la chute de la langue devenue ensemble de *clichés*. Si la langue de Flaubert tue ce qui est destiné à la vie éternelle, elle anime ce qui est voué à la mort : ce qui est représenté de façon très vivante, c'est la chasse auquel s'adonne Julien, mais aussi son oubli de soi par amour, sa véritable hospitalité sans espoir de transfiguration.

L'hospitalité pratiquée par Julien est une métaphore de l'intertextualité flaubertienne. Dans sa réécriture inversée de l'histoire de la Rédemption, Flaubert construit un espace de la littérature contre l'Eglise, du mot contre l'image, de la tache contre l'illumination. Cette œuvre érigée contre l'Eglise « dans mon pays », érigée à partir du matériau de la cathédrale de Rouen et contre son message, n'est pas de nature matérielle. Ce n'est ni la construction d'une église ni la fondation d'une ville, dont le point de départ était souvent un hôpital ou un asile et qui étaient donc édifiées contre les riches de ce monde. Dans la métaphore du corps qui accueille, il semble qu'il renvoie à l'idée paulinienne du corps vivant de l'Eglise, composé des membres de la communauté des croyants. De même que le texte de Flaubert s'oppose au temple, au sens que lui donne saint Pierre, elle s'oppose aussi à la doctrine paulinienne selon laquelle, animé de l'Esprit vivant, on pense pouvoir renoncer entièrement à la lettre qui tue et écrire non plus avec de l'encre sur des tables de pierre, mais avec l'Esprit dans les cœurs : au monument de pierre, mais aussi au monument de lettres, on oppose le témoignage de la chair, sa propre vie.[22] Cette littérature tue toute velléité d'Esprit vivant en devenant uniquement littéralisation ; elle inverse ainsi la pensée fondamentale de l'herméneutique paulinienne de la lettre qui tue et de l'Esprit qui donne la vie. Dans l'œuvre de Flaubert, aussi abyssale que patiemment construite, œuvre érigée comme le sont souvent les églises à partir de spoliations de la tradition, de pierres antiques et chrétiennes, la Bonne Nouvelle véhiculée par le christianisme est réduite en cendres. L'herméneutique paulinienne est renversée. L'Antiquité n'est ni annulée ni surmontée par le christianisme, au contraire elle l'éclipse. La promesse de la résurrection apparaît, dans un renversement vertigineux de la dynamique paulinienne de la kénose, comme une catastrophe. Il a semblé tout d'abord que l'infirmation de la Bonne Nouvelle de la Rédemption était nécessaire pour annoncer une nouvelle encore meilleure : que la figure satanique de Nemrod, ennemi de Dieu, incarnait l'amour et qu'elle était non vaincue mais rachetée. Mais dans la mesure où Satan est l'égal du Christ, l'Ascension de ce dernier peut être décryptée comme étant le rêve phallique, idolâtre d'un « amour

---

22 Pour l'actualité théologico-politique de cette question de la fondation de la nation et de la communauté dans la France de Flaubert, voir Cécile Matthey, *L'écriture hospitalière – L'espace de la croyance dans les 'Trois contes' de Flaubert*, Amsterdam/New York, Rodopi, 2008, p. 179–193.

antique ». Seul le re-marquage radical de l'histoire de la Rédemption, lequel réduit à néant l'illusion phallique de la Résurrection, ouvre un nouvel espace à la littérature comme espace d'une *imitatio Christi* enfin authentique jusqu'à la lie : Gustave l'Hospitalier.

L'histoire racontée par Flaubert ne suit donc qu' « à peu près » l'histoire de saint Julien sur le vitrail de la cathédrale de Rouen. La différence absolue qu'elle exprime est aussi une différence de médias, car la différence avec l'histoire racontée par le vitrail n'est pas visible. Elle n'est point évidente, elle doit être décryptée et est donc dépendante de la différence liée à l'écriture. Cette écriture macule toute transfiguration, révélation, illumination.

« À force de prier Dieu, il lui vint un fils. » (100)

III : Épistémologies

Jörg Dünne
L'« insensibilité révoltante » du corps humain. L'éducation expérimentale dans *Bouvard et Pécuchet*

1. *Bildung* et extériorité

Il semble qu'il n'existe, en France, pas de *Bildungsroman* comme c'est le cas dans la tradition allemande.[1] Rien que la traduction du mot *Bildung* de l'allemand vers le français semble difficile, puisqu'il ne peut pas être traduit tout simplement par « éducation » ou « formation », ces deux concepts évoquant un dispositif pédagogique dans lequel l'élève est essentiellement l'objet d'une intervention asymétrique venant d'une instance extérieure et non de soi-même. Par contre, la *Bildung* allemande est, au moins dans une tradition idéaliste, souvent conçue comme une activité sur soi-même, comme un développement progressif de ses propres qualités où le sujet qui *sich bildet* (se forme/se constitue) occupe la place centrale – c'est le travail sur soi auquel on pense souvent si l'on parle du *Bildungsroman* allemand. Même si l'on tient compte du fait que le terme de *Bildung* est aussi employé pour désigner le système d'éducation et contient donc sa part d'extériorité institutionnalisée, elle est impensable sans une notion de sujet capable de puiser dans ses propres sources, donc munie de réflexivité, mais aussi de perfectibilité.[2]

Face à ce constat, Rainer Warning[3] a énoncé l'hypothèse que l'absence du *Bildungsroman* en France serait due au fait que dans le contexte français il ne se constitue pas, comme dans l'idéalisme allemand, une philosophie du sujet qui prend comme point de départ une intériorité positive et bien assurée du sujet susceptible de se former. Plutôt, Warning voit la littérature française en tant qu'elle traite des questions d'éducation, sous l'influence persistante d'une tradi-

---

[1] Voir Wilhelm Voßkamp, *Der Roman des Lebens. Die Aktualität der Bildung und ihre Geschichte im Bildungsroman*, Berlin, Berlin University Press, 2009.
[2] Pour une appréciation plus critique du *Bildungsroman* et de sa prétention à l'autonomie subjective voir pourtant David Wellbery, « Die Enden des Menschen. Anthropologie und Einbildungskraft im Bildungsroman », dans Karlheinz Stierle et Rainer Warning, éds., *Das Ende. Figuren einer Denkform*, Munich, Fink, 1996, p. 600–639.
[3] Voir Rainer Warning, « 'Éducation' und 'Bildung'. Zum Ausfall des Bildungsromans in Frankreich », dans Juergen Fohrmann, éd., *Lebensläufe um 1800*, Tübingen, Niemeyer, 1998, p. 121–140.

tion de la moralistique et de ce qu'il appelle une « anthropologie pessimiste ».[4] D'après cette hypothèse, il est inconcevable qu'un être humain puisse développer tout simplement les talents de sa nature morale innée. Plutôt, le comportement moral serait, depuis saint Augustin jusqu'à la modernité esthétique, régi par une logique de la supplémentarité qui voudrait qu'une « morale substitutive »[5] tournerait toujours autour d'un vide moral au cœur de l'homme, qui remonterait au péché originel. Cette tradition serait particulièrement présente dans la littérature française qui, selon Warning, tient la tradition de la moralistique présente et qui déconstruit toute conception optimiste de la *Bildung* au profit d'un échec toujours renouvelé de l'éducation humaine.

Ce constat s'applique pour Warning également à Gustave Flaubert, dont l'*Education sentimentale* est, selon lui, la réponse ironique au *Bildungsroman* allemand – le protagoniste flaubertien ne se forme pas, il ne se perfectionne pas, il ne fait que continuer toujours de la même manière, ce qui finit dans ce que le narrateur appelle « l'atrophie sentimentale » de Frédéric.[6] De la même manière, *Bouvard et Pécuchet* finit par un autre échec, beaucoup plus fracassant cette fois, d'une éducation qui ne peut jamais devenir *Bildung*, mais qui reste toujours un dispositif extérieur que les élèves n'arrivent jamais à intérioriser. Warning a bien remarqué que le plan de *Bouvard et Pécuchet* qui indique la conclusion du chapitre de l'éducation se termine par une remarque sur les deux élèves Victor et Victorine, qui ressemble beaucoup à « l'atrophie sentimentale » de Frédéric ; à savoir leur « insensibilité révoltante »[7] quand ils sont repris par le maire après les mois passés avec Bouvard et Pécuchet. Warning interprète cette insensibilité comme une qualité qui indique selon lui l'abîme entre le positivisme du XIXe siècle, en pédagogie et ailleurs, et le pessimisme anthropologique qui met en question toute tentative de transformer la nature humaine.

Si je traiterai, par la suite, également du chapitre d'éducation dans *Bouvard et Pécuchet* et si je poserai aussi la question d'une possible anthropologie flaubertienne, il me semble qu'il convient de le faire à partir d'un point de départ moins

---

[4] Voir Karlheinz Stierle, « Die Modernität der französischen Klassik. Negative Anthropologie und funktionaler Stil », dans Fritz Nies et Karlheinz *Stierle*, éds., *Französische Klassik*, Munich, Fink, 1985, p. 81–128.

[5] Voir Jean Starobinski, « La Rochefoucauld et les morales substitutives », dans *La Nouvelle Revue française*, n° 163–164, juillet-août 1966, p. 16–34 et 221–229.

[6] Voir Warning, *art. cit.*, p. 135.

[7] « Mais on ne peut leur laisser la direction des enfants. Ils se rebiffent – mais ils n'ont pas adopté légalement les orphelins. Le maire les reprend. Ils montrent une insensibilité révoltante. Bouvard et Pécuchet en pleurent. » J'utilise l'édition suivante : *Bouvard et Pécuchet*, éd. Stéphanie Dord-Crouslé, Paris, GF-Flammarion, 2009, p. 399.

général et moins restreint au seul domaine esthétique. Il convient de prendre au sérieux le débat pédagogique auquel Flaubert a recours sans pour autant se borner à déterminer, par un geste positiviste à son tour, les lectures de Flaubert sur l'éducation et ses convictions personnelles à propos de ce sujet. Plutôt, il s'agit de voir en quel sens le chapitre sur l'éducation, qui constitue d'un point de vue formel une sorte de mise en abyme du roman entier, condense l'essentiel de la position de Flaubert envers le savoir en général. Ce qui m'intéresse plus particulièrement est de savoir comme Flaubert, dans son chapitre, met en jeu une « méthode expérimentale » bien particulière et qui n'est pas celle, contemporaine, de Claude Bernard, telle qu'elle est adaptée, comme on le sait, par Emile Zola, mais plutôt celle d'une pédagogie expérimentale, telle qu'elle est connue depuis le XVIIIe siècle. En me basant sur une telle pédagogie expérimentale, qui est présente non seulement en France, mais aussi en Allemagne, il n'est pas nécessaire de partir d'une opposition binaire entre une Allemagne idéaliste où la *Bildung* viendrait de l'intérieur du sujet et une France moraliste ou il n'y aurait au fond que l'abîme de l'amour-propre où toute tentative d'éducation serait en fin de compte vouée à l'échec. En revanche, le dispositif expérimental donne également à voir une démarche esthétique et peut-être même une anthropologie flaubertienne.

2. Flaubert et l'éducation expérimentale

L'on sait que le chapitre sur l'éducation occupe une place particulière dans le parcours encyclopédique mis en place dans *Bouvard et Pécuchet* :[8] il s'agit du dernier chapitre rédigé du vivant de Flaubert ainsi que du dernier épisode du texte qui devait assurer la difficile transition vers le second volume. La partie sur l'éducation n'est pas seulement résultat des lectures pédagogiques de Flaubert, mais elle constitue aussi un deuxième parcours au moins partiel de l'encyclopédie, une deuxième visite de ce qui a déjà été parcouru, une mise en abyme de l'encyclopédie où Bouvard et Pécuchet, en prenant la qualité de maîtres, mettent à l'épreuve les différents savoirs par l'intermédiaire de leurs élèves Victor et Victorine. Jusqu'à un certain point, ce dernier chapitre consiste donc en une répétition différentielle du même : les deux bonshommes essaient avec leurs deux élèves les

---

[8] Voir p. ex. Claudine Gothot-Mersch, « Le roman interminable », dans *Flaubert et le comble de l'art, nouvelles recherches sur Bouvard et Pécuchet*, Paris, éditions Sedes/CDU, 1981, p. 16. Voir aussi Dietrich Scholler, *Umzug nach Encyclopaedia : Zur narrativen Inszenierung des Wissens in Flauberts* Bouvard et Pécuchet, Berlin, Weidler, 2002, p. 188–204, qui consacre tout un chapitre à l'éducation de Victor et de Victorine dans Bouvard et Pécuchet.

mêmes savoirs et les mêmes méthodes, ou presque, qu'ils avaient déjà subis eux-mêmes avant.[9] Or, le fait de passer non plus par leur propre expérience directe sinon par celle de leurs disciples, introduit une dimension nouvelle dans le parcours encyclopédique, qui importe ici et qui confère aux tentatives d'éducation de Bouvard et Pécuchet un caractère expérimental.

Le chapitre de l'éducation commence par le paragraphe suivant :

> Ils se procurèrent plusieurs ouvrages touchant l'Éducation – et leur système fut résolu. Il fallait bannir toute idée métaphysique, et d'après la méthode expérimentale, suivre le développement de la Nature. Rien ne pressait, les deux élèves devant oublier ce qu'ils avaient appris.[10]

Le contraste entre « idée métaphysique » et « méthode expérimentale » dans ce passage peut faire croire que Bouvard et Pécuchet adhèrent au crédo de la science expérimentale formulé par Claude Bernard[11]. Pourtant, ce qui surprend à première vue dans cette adoption de la méthode expérimentale est la formule qui suit, « suivre le développement de la Nature ».

Pour Mitsumasa Wada qui a rédigé à ce jour le travail le plus important sur le chapitre X de Bouvard et Pécuchet et des manuscrits de ce chapitre, le fait que le narrateur fasse allusion à plusieurs reprises la méthode expérimentale n'est rien d'autre qu'un un leurre : « Malgré l'invocation de la méthode expérimentale, la méthode de Bouvard et Pécuchet n'est pas du tout expérimentale ».[12] Selon Wada, la véritable méthode pédagogique qui sert de toile de fond au chapitre X de Bouvard et Pécuchet, se trouve dans l'*Émile* de Rousseau.[13]

---

9 Voir, par exemple, l'apprentissage de l'histoire et l'échec répété à cause de l'ignorance des dates. C'est aussi dans ce contexte que la mnémotechnie de Dumouchel, introduite au chapitre IV, fait une brève réapparition au chapitre X. (Voir *Bouvard et Pécuchet*, p. 179 : « Mais les événements s'embrouillèrent faute de savoir les dates. Heureusement, ils possédaient la mnémotechnie de Dumouchel [...] » / *Ibid.*, p. 367 : « Victor les [sc. les rois de France] oubliait faute de connaître les dates. Mais si la mnémotechnie de Dumouchel avait été insuffisante pour eux, que serait-ce pour lui ! » Or, Stéphanie Dord-Crouslé, Bouvard et Pécuchet *de Flaubert : une encyclopédie critique en farce*, Paris, Belin, 2000, p. 66, insiste à juste titre sur les savoir nouveaux qui apparaissent au chapitre X, comme p. ex. la géographie.
10 *Bouvard et Pécuchet*, p. 355.
11 Claude Bernard, Claude Bernard, *Introduction à l'étude de la médecine expérimentale* [1865], Paris, Garnier-Flammarion, 1966.
12 Mitsumasa Wada, *Roman et éducation. Étude génétique de Bouvard et Pécuchet de Flaubert.* thèse Paris VIII, 1995, URL : http://flaubert.univ-rouen.fr/theses/wada2.pdf, 2ème partie, p. 35.
13 Sur *Bouvard et Pécuchet* et l'*Émile*, voir aussi Marguerite Buffard, « Le chapitre X de Bouvard et Pécuchet de Flaubert ou l'anti-Émile », dans *Analyses et réflexions sur Gustave Flaubert, Bouvard et Pécuchet*, Paris, Ellipse, 1999, p. 90–97.

Or, je voudrais montrer que la méthode expérimentale et l'éducation négative à la Rousseau ne sont pas des choses contraires sinon des pratiques parfaitement conciliables. Ainsi, il est peut-être tout à fait pertinent de se poser la question de savoir si la démarche expérimentale n'est pas plus importante pour Flaubert qu'il ne semble. C'est du moins l'opinion de Bounthavy Suvilay, qui souligne le « caractère clairement expérimental »[14] de la pédagogie de Bouvard et Pécuchet non seulement au début, mais tout au long du chapitre X du roman.

Mais comment réconcilier ces deux approches, à savoir la méthode expérimentale et l'éducation négative ? Selon Nicolas Pethes et ses recherches sur l'éducation expérimentale à partir du XVIIIe siècle,[15] la pédagogie rousseauiste réunit au moins quelques-unes des conditions nécessaires pour mettre en place un dispositif expérimental, longtemps encore avant Claude Bernard.

Ce dispositif, qui s'applique à l'expérimentation pédagogique sur des êtres humains[16] comme à d'autres types d'expériences, comporte, toujours selon Pethes, les cinq éléments suivants : (1) « l'isolement », (2) « l'irritation », c'est-à-dire la provocation d'une réaction quelconque face à une intervention déterminée, (3) « l'observation », (4) le « compte-rendu » écrit des résultats de l'expérience, et finalement leur (5) « interprétation ».[17]

Le dispositif de l'éducation expérimentale contribue à produire, selon Pethes, la figure de l'homme moderne dans un sens foucaldien, c'est à dire comme élément central de l'*épistémé* de l'Histoire où l'homme apparaît, selon Foucault, comme un doublet empirico-transcendantal, susceptible de se prendre soi-même comme objet d'un savoir déterminé.[18] Autrement dit, l'homme dans l'éducation se constitue en tant qu'objet épistémique. Mais loin de se limiter à constater, comme

---

14 Bounthavy Suvilay, « *Bouvard et Pécuchet* : De l'enfant sauvage au dégénéré », dans Revue Flaubert 4, 2004, URL : http://flaubert.univ-rouen.fr/revue/revue4/09suvilay.pdf, p. 1.
15 Nicolas Pethes, *Zöglinge der Natur : der literarische Menschenversuch des 18. Jahrhunderts*, Göttingen, Wallstein, 2007. Au sujet de la relation entre littérature et expérimentation, voir, entre autres, les trois volumes de la série « Experiment und Literatur » sous la direction de Michael Gamper, Göttingen, Wallstein : *Es ist nun einmal zum Versuch gekommen (1580–1790)*, 2009 ; *Wir sind Experimente : wollen wir es auch sein ! (1790 – 1890)*, 2010 ; *Es ist ein Laboratorium, ein Laboratorium für Worte (1890–2010)*, 2011 ; voir aussi Marcus Krause et Nicolas Pethes, éds., *Literarische Experimentalkulturen : Poetologien des Experiments im 19. Jahrhundert*, Würzburg, Königshausen & Neumann, 2005.
16 Plus particulièrement au sujet des expériences sur des êtres humains, dont les expériences pédagogiques, voir l'anthologie par Nicolas Pethes et al., éds., *Menschenversuche : eine Anthologie ; 1750 – 2000*, Francfort, Suhrkamp, coll. „stw", 2008.
17 Pethes, *Zöglinge der Natur, op. cit.*, p. 11.
18 Michel Foucault, *Les mots et les choses : une archéologie des sciences humaines*, Paris, Gallimard, 1966, ici p. 329.

le fait Foucault, l'apparition et la disparition de l'homme ainsi que et de l'anthropologie moderne, Pethes détermine le lieu généalogique où l'homme a pu naître, à savoir dans la pédagogie expérimentale des Lumières. Sans avoir recours à une continuité sous-jacente d'une l'anthropologie négative ou pessimiste qui serait toujours déjà à la base de toute anthropologie positive, Pethes met l'accent sur les pratiques qui « produisent » l'homme moderne à travers l'éducation. Le scénario pédagogique et expérimental que développe Rousseau n'en fait pas exception, c'est à dire la nature plus ou moins solitaire dans laquelle il installe son Émile et plus tard sa Sophie, puisque l'isolement dans un endroit où le comportement de l'élève peut être observé n'est qu'un des critères de base d'un dispositif expérimental qui sont remplis par le scénario conçu par Rousseau pour ses disciples.

De fait, ce que l'on appelle l'« éducation négative » dans l'*Emile* va très au-delà d'un simple laissez-faire :[19] les situations sont très nombreuses où le maître fait simplement croire à l'élève qu'il agit spontanément. En vérité, l'apprentissage suivant la nature qu'il fait est une expérience soigneusement préparée, observée et évaluée en secret.[20] Bien sûr, il s'agit là non pas d'une expérience sur un cas réel, mais d'une expérience fictionnelle sur un « élève imaginaire ».[21] Pour Pethes, la littérature au XVIIIe siècle a la fonction d'anticiper sur les expériences réelles d'éducation, au moins en tant qu'expériences sur l'homme. Autour de 1800, on assiste avec un intérêt croissant aux rapports sur les « enfants de la nature », tel le fameux « sauvage de l'Aveyron », qui est confié au docteur Jean Itard.[22]

Qu'en est-il de la tradition de l'éducation expérimentale héritée du XVIIIe siècle dans *Bouvard et Pécuchet* ? Rien que les noms des deux élèves, Victor et Victorine ne sont pas sans rappeler l'élève du docteur Itard, qui est baptisé, lui aussi, Victor. Dans « l'Avant-Propos » à la publication de ses « Rapports et mémoires sur le sauvage de l'Aveyron », Itard commence par affirmer que « l'homme dans le pur état de nature »[23] doit être cherché non dans les civilisations dites primitives, où tous les hommes vivent en communauté, sinon dans les individus qui « ont

---

19 Voir Christophe Martin, *Éducations négatives : fictions d'expérimentation pédagogique au dix-huitième siècle*, Paris, Classiques Garnier, 2010 ; id., « Faire violence à la nature ? Éducation négative et tentation expérimentale dans l'*Émile* », dans Claude Habib, éd., *Éduquer selon la nature. Seize études sur* Émile *de Jean-Jacques Rousseau*, Paris, Desjonquères, 2012, p. 203–215.
20 Voir par exemple la course au gâteau au livre II de l'*Émile* (Jean-Jacques Rousseau, *Émile ou de l'éducation*, dans *Œuvres complètes*, éd. Bernard Gagnebin et Marcel Raymond, Paris, Gallimard, coll. « La Pléiade », 1969, p. 392-396).
21 *Ibid.*, p. 264 ; voir aussi Pethes, *op. cit.*, p. 12.
22 Jean Itard, *Rapports et mémoires sur le sauvage de l'Aveyron*, Paris, Félix Alcan 1894 (= Publications du Progrés médical, Bibliothèque spéciale, II).
23 *Ibid.*, p. 1.

été trouvés [...] vivant isolément dans les bois où ils avaient été abandonnés dès l'âge le plus tendre ».[24] L'isolement naturel du disciple rend celui-ci un objet idéal d'une expérimentation ultérieure, qui, chez Itard, vise à cinq objectifs : 1) attacher le disciple à la vie sociale, / 2) réveiller sa sensibilité nerveuse, / 3) étendre la sphère de ses idées, / 4) le conduire à l'usage de la parole, et / 5) exercer sur les objets de ses besoins les plus simples opérations de l'esprit (autrement dit : lui apprendre lire et à écrire).[25]

Victor et Victorine, qui sont chez Flaubert les enfants d'un forçat et d'une mère prostituée, sont comparés à des jeunes loups effarés quand Bouvard et Pécuchet apprennent leur nom[26] – une autre allusion claire aux enfants sauvages ou bien « enfants-loups » si fameux au XVIIIe siècle. Malgré leur apparence sauvage au chapitre IX, ils ne remplissent pourtant pas toutes les conditions de « véritables » enfants de la nature, tout au plus leur description témoigne du désir de Bouvard et Pécuchet qu'il en soit ainsi : Victor et Victorine savent parfaitement parler et ont, avec plus ou moins de succès, été (ré-)insérés dans la vie sociale à la ferme du comte de Faverges après l'arrestation de leur père où la femme du garde-chasse s'occupe d'eux. Dans les brouillons du roman, Bouvard et Pécuchet paraissent regretter effectivement de ne pas avoir affaire à de vrais enfants sauvages : « B. e P. regrettent que les enfants parlent deja. Sans cela ils feraient des expériences sur l'origine du langage en les isolant ».[27]

Même si cette idée n'a pas été développée dans le texte final, le caractère expérimental des opérations pédagogiques de Bouvard et Pécuchet sous-tend toute leur démarche : ils testent sans cesse des conseils de la pédagogie livresque sur les enfants et ne cessent de faire comme s'ils partaient chaque fois d'un degré zéro d'expériences faites préalablement par les enfants, un peu à la manière de la fameuse statue de Condillac. A cet égard, il est révélateur que l'apprentissage de l'écriture fait par Victor chez Bouvard et Pécuchet passe par la même stimulation des sens que chez Itard : Si Victor de l'Aveyron semble apprendre l'écriture en associant une chaîne de lettres avec sa boisson préférée, le lait,[28] Victor, fils de Touache, apprend à lire couramment dans le *Cuisinier français* à cause de sa gourmandise, alors que sa sœur Victorine apprend à écrire parce qu'elle veut obtenir une robe de la couturière.[29] Il s'agit là d'un des rares succès de la démarche de

---

24 *Ibid.*, p. 2.
25 Voir *ibid.*, « Les premiers développements du jeune sauvage de l'Aveyron », p. 12.
26 Bouvard et Pécuchet, p. 330.
27 Manuscrits de *Bouvard et Pécuchet*, f° 284 g 225³, cité d'après Wada, *op. cit.*, 2ème partie, p. 34.
28 Voir Itard, *op. cit.*, « Les premiers développements du jeune sauvage de l'Aveyron », p. 45–47.
29 *Bouvard et Pécuchet*, p. 372. Voir au sujet de l'apprentissage de la lecture et de l'écriture l'étude génétique de Wada, *op. cit.*, 1ère partie, p. 146–166.

Bouvard et Pécuchet, qui, normalement, se solde par un échec avant de mener à la prochaine expérience.

Mais non seulement l'isolement relatif de Bouvard et Pécuchet avec leurs enfants en dehors de tout système public d'éducation et l'« irritation », c'est-à-dire la stimulation de leurs sens afin de provoquer un résultat déterminé, remplissent les critères de l'expérimentation. Toutes les réactions des enfants sont non seulement observés, mais aussi fixés de manière écrite par Bouvard et Pécuchet eux-mêmes, qui se donnent l'objectif de tenir un journal d'éducation :[30] Ce journal doit non seulement servir aux enfants, mais comme dans d'autres activités scientifiques de Bouvard et Pécuchet,[31] il forme aussi une espèce de cahier de recherche pour eux.

A un niveau métapoétique, on pourrait se poser la question de savoir jusqu'à quel point le roman entier ressemble lui-même à un « cahier de recherche » qui dresse le protocole d'une expérimentation faite par Flaubert. En fin de compte, la question de l'expérimentation ne se poserait donc pas seulement au niveau des méthodes mises en jeu par Bouvard et Pécuchet dans l'éducation des deux enfants Victor et Victorine, mais aussi au niveau de la démarche flaubertienne : l'encyclopédie critique en farce de Flaubert est-elle concevable comme régie par une méthode expérimentale qui met à l'épreuve le savoir discursif ?

Il s'agirait donc moins d'un texte fictionnel dans le sens courant du terme que d'une mise à épreuve du savoir par le biais de deux figures pratiquement sans corps et sans histoire, destinés surtout à mettre en pratique les contradictions des pratiques de savoirs. L'expérience consisterait pour Flaubert dans la mise en pratique imaginaire d'un savoir par ses « bonshommes » qui n'ont en principe que la fonction d'en montrer les incohérences et les lacunes. Dans ce sens, tout le roman de *Bouvard et Pécuchet* pourrait être ce que l'on appelle en allemand un « Gedankenexperiment », une expérience de pensée.[32]

Avant de tirer des conclusions de l'existence de ce double dispositif expérimental, je voudrais retourner encore une fois à la diégèse du roman où le *Gedankenexperiment* cède la place à l'expérimentation empirique sur des corps concrets. Ce qui m'intéresse par la suite est moins le dispositif expérimental en soi que les objets vivants sur lesquels s'exercent ces expérimentations. Dans *Bou-*

---

30 *Bouvard et Pécuchet*, p. 363.
31 Voir, à titre de comparaison, le « journal du traitement » de Germaine dans le chapitre VIII quand Bouvard et Pécuchet deviennent, non sans quelque succès initial, magnétiseurs (*Bouvard et Pécuchet*, p. 269).
32 Voir à ce sujet Thomas Macho et Annette Wunschel, éds., *Science & Fiction : über Gedankenexperimente in Wissenschaft, Philosophie und Literatur*, Francfort, Fischer, 2004.

vard et Pécuchet et ailleurs chez Flaubert, il existe une grande proximité entre l'expérimentation physiologique et l'expérimentation pédagogique.

3. Expérimentation animale et humaine

Au sujet des expériences sur le corps humain, la médecine, et plus particulièrement la physiologie peut être considérée comme le double indissociable de l'expérimentation pédagogique. Dans la personne du docteur Itard, ce double dispositif expérimental, médical et pédagogique, trouve son expression prototypique.

L'expérimentation sur les êtres humains en médecine commence, comme le formule Grégoire Chamayou, par les « corps vils » sous l'Ancien Régime, c'est-à-dire par les cadavres des suppliciés ou par les corps des condamnés que l'on met au service de la médecine.[33] Lors de la naissance de la Clinique au XIXe siècle,[34] le fait de soigner un malade est non plus une affaire de charité, mais d'utilité qui met le corps malade au service de l'expérimentation médicale.

Ce n'est donc pas par hasard que, dans Bouvard et Pécuchet, il existe un lien étroit entre la première partie du chapitre III, où Bouvard et Pécuchet s'occupent de la physiologie, et le chapitre sur l'éducation : le chapitre III présente toute une série de corps sur lesquels s'exerce l'expérimentation physiologique, qui commence par la dissection d'un cadavre postiche, passe à l'auto-expérience quand Bouvard essaie de réchauffer la température de l'eau dans une baignoire, pour finir sur un chien galeux : « Toi, mon bonhomme, tu serviras à nos expériences ».[35] Dans cette curieuse chaîne de suppléments, le corps vivant remplace le corps postiche et le corps animal remplace à son tour le corps humain. L'expérience sur le chien pour lequel « ils choisirent l'aimantation de l'acier par le contact de la moelle épinière »[36], trouve son écho lointain dans l'épisode au chapitre X où Victor torture un chat en l'enfermant dans la marmite bouillante.[37] Même si Victor ne déclare pas explicitement ses actes comme un procédé expérimental, il est clair que, tout comme Bouvard et Pécuchet quelque temps avant, il assouvit un

---

33 Grégoire Chamayou, *Les corps vils : expérimenter sur les êtres humains au XVIIIe et XIXe siècles*, Paris, La Découverte, 2008.
34 Voir Michel Foucault, *Naissance de la clinique : une archéologie du regard médical*, Paris, PUF, 1972.
35 *Bouvard et Pécuchet*, p. 116.
36 *Ibid.*, p. 117.
37 *Ibid.*, p. 375.

plaisir sadique de voir ce qui se passe si l'on fait ceci ou cela sur un corps vivant.[38] Dans la perspective du lecteur qui connait les expérimentations faites par Bouvard et Pécuchet au chapitre III, l'acte de Victor au chapitre X évoque le souvenir de l'expérimentation même sans qu'il y ait un cadre scientifique qui remplisse en les conditions formelles de l'expérimentation établies par Nicolas Pethes.[39] Plutôt, la situation d'expérimentation se fait le noyau du récit d'un événement aussi cruel que spectaculaire. Cette impression de cruauté sadique[40] est due au fait que désormais ce n'est plus le dispositif scientifique qui s'impose, mais l'expérimentation cède la place à la mise en récit de l'événement. Il s'agit là d'un événement qui est perçu non pas par l'expérimentateur lui-même, mais par un observateur externe qui est choqué par ce qu'il voit. Si cette instance dans le chapitre III est la vieille servante Germaine qui « poussa des cris en [...] voyant [le chien] tout ensanglanté »,[41] dans le chapitre X ceux qui deviennent « pâles de stupéfaction et d'horreur » sont Bouvard et Pécuchet, qui finiront par enterrer le chat mort.[42]

De la dissection d'un cadavre postiche à l'expérimentation sur des animaux en passant par auto-expérimentation, l'épisode de physiologie, qui est, comme l'ont bien remarqué Bouvard et Pécuchet, « le roman de la médecine »,[43] brouille de manière systématique les frontières entre l'inanimé et le vivant, entre l'animal et l'homme dans la superposition de ses séries d'expérimentations. Ce flou délibéré se poursuit dans un autre épisode du chapitre III, quand Bouvard et Pécuchet, après leur passage à l'histoire naturelle, tentent des « alliances anormales » entre un bouc et une brebis. Tout d'abord, il ne se passe rien du tout, et c'est seulement quand Bouvard et Pécuchet décident de « faciliter la nature »[44] qu'ils se font agresser par le bouc et n'arrivent plus à attraper la brebis folle de peur. Les deux bonhommes qui ne « comprennent rien à la question de l'espèce »[45]

---

38 Voir l'expérience impitoyable que Bouvard et Pécuchet font subir eux-mêmes à des petits chats ; *ibid.*, p. 117.
39 Voir plus haut les critères établis par Pethes, *Zöglinge, op. cit.*
40 Au sujet de la question du sadisme dans les textes flaubertiens, voir Florence Pellegrini, « L'indisable et l'obscène : Flaubert, Sade et la loi. À propos de *Bouvard et Pécuchet* », dans *French and Francophone Literature and Film*, XXXV, « Violence », 2008, p. 39–57.
41 *Bouvard et Pécuchet*, p. 117.
42 *Ibid.*, p. 376.
43 *Ibid.*, p. 118. Le « vieux mot » semble en fait tiré des *Leçons de pathologie expérimentale* de Claude Bernard, comme les notes préparatoires de Flaubert l'indiquent. Bernard a son tour semble l'avoir tiré de sources qui remontent effectivement au début du XIXe siècle. Voir Juan Rigoli, « Le roman de la médecine », dans Andrea Carlino et Alexandre Wenger, éds., *Littérature et médecine. Approches et perspectives*, Genève, Droz, 2007, p. 199–226, ici p. 222.
44 *Bouvard et Pécuchet*, p. 132.
45 *Ibid.*

ressemblent dans leur désir de réaliser de telles alliances à un autre expérimentateur flaubertien dont les actes sont pourtant couronnés de plus de succès, à savoir M. Paul dans le conte « Quidquid volueris », qui, par l'accouplement d'une esclave nègre et d'un orang-outan, finit par résoudre un problème de l'académie des sciences : « savoir s'il pouvait y avoir un métis de singe et d'homme ».[46]

Il s'agit là d'un « problème » qui n'est pas né avec la théorie de l'évolution[47] et dont l'histoire remonte en amont de la naissance de la biologie moderne. La question a déjà été formulé, entre autres, par Rousseau dans une note à son *Second Discours*, qui envisage l'éventualité d'une telle expérience qu'il juge pourtant « impraticable » en faisant preuve d'une hésitation face à la transgression de la frontière entre l'homme et l'animal que le récit flaubertien viole tout exprès[48].

Bien qu'il soit évidemment hors de question de penser pour Flaubert luimême, qui veut « être dans *le Vrai* » pour tout ce qu'il affirme scientifiquement,[49] qu'un croisement direct entre homme et singe soit effectivement possible, on trouve une trace de ces expérimentations spectaculaires dans le chapitre sur l'éducation de *Bouvard et Pécuchet*. Dans « Quidquid volueris », l'accouplement

---

46 Gustave Flaubert, « Quidquid volueris », dans : *Œuvres complètes*, t. 1, éd. Claudine Gothot-Mersch et Guy Sagnes, Paris, Gallimard, coll. « Bibl. de la Pléiade », 2001, p. 257. Voici le passage dans son contexte : « Enfin un beau jour, comme je m'ennuyais, j'achetai à un nègre le plus bel orang-outan qu'on eût jamais vu. – Depuis longtemps, l'Académie des sciences s'occupait de la solution d'un problème : savoir s'il pouvait y avoir un métis de singe et d'homme. Moi, j'avais à me venger d'une petite sotte de négresse et voilà qu'un jour après mon retour de la chasse, je trouve mon singe, que j'avais enfermé dans ma chambre avec l'esclave, évadé et parti, l'esclave en pleurs et tout ensanglantée des griffes de Bell. »
47 Sur Flaubert et la théorie de l'évolution, voir Stéphanie Dord-Crouslé, « Le darwinisme de Flaubert », dans Sarga Moussa (éd.), *L'idée de « race » dans la littérature et les sciences humaines (XVIIIe-XIXe siècles)*, Paris, L'Harmattan, coll. « Histoire des Sciences Humaines », 2003, p. 283–297. Sur le singe comme figure de réflexion de la modernité anthropologique, voir Julika Griem, *Monkey business. Affen als Figuren anthropologischer und ästhetischer Reflexion 1800–2000*, Berlin, trafo, 2010, surtout p. 95–101 (sur « Quidquid volueris »).
48 Dans le *Discours sur l'origine de l'inégalité*, Rousseau part de la conception d'espèce avancée par Buffon, mais tend, contrairement à celui-ci, à identifier l'Orang-Outan avec l'homme de la nature – seulement si tel était le cas, une telle expérience ne serait pas un crime ou un péché, mais un acte innocent : « parce qu'il faudroit que ce qui n'est qu'une supposition [sc. que l'Orang-Outan soit effectivement l'homme de la nature] fût démontré vrai, avant que l'épreuve qui devroit constater le fait, pût être tentée innocemment. » Jean-Jacques Rousseau, *Discours sur l'Inégalité/Diskurs über die Ungleichheit*, éd. Heinrich Meier, Paderborn, Schöningh, 2008, p. 336.
49 Voir à ce sujet la polémique de Flaubert avec le botaniste Frédéric Baudry : *Correspondance*, t. 5, éd. Jean Bruneau et Yvan Leclerc, Paris, Gallimard, coll. « Bibl. de la Pléiade », 2007, p. 880 (lettre du 8 avril 1880 à Frédéric Baudry).

de l'orang-outan et de la négresse fait naître Djalioh, qui déchire l'intérieur bourgeois et parisien du récit en violant à son tour la blonde Adèle, qui est promise à M. Paul. Le narrateur décrit avec une délectation morose comment Djalioh, moitié homme, moitié singe, dénude, viole, et finit par tuer Adèle qu'il aime sans pouvoir l'exprimer autrement que par cette violence.[50] Dans *Bouvard et Pécuchet*, la scène dans laquelle Bouvard découvre le dépucelage de Victorine par le tailleur bossu Romiche est décrite de manière fort similaire :

> Un spectacle le pétrifia.
> Derrière les débris du bahut, sur une paillasse, Romiche et Victorine dormaient ensemble.
> Il lui avait passé le bras autour de la taille, et son autre main, longue comme celle d'un singe, la tenait par un genou, les paupières entre-closes, le visage encore convulsé dans un spasme de plaisir. Elle souriait, étendue sur le dos. Le bâillement de sa camisole laissait à découvert sa gorge enfantine, marbrée de plaques rouges par les caresses du bossu ; ses cheveux blonds traînaient, et la clarté de l'aube jetait sur tous les deux une lumière blafarde.[51]

Dans la comparaison de la main de Romiche avec celle d'un singe, et plus particulièrement avec celle de Djalioh, s'inscrit dans ce moment tout à fait mélodramatique la trace d'une expérimentation sur le corps de la fille, vue de la perspective de Bouvard qui est témoin oculaire de cette scène un matin, de très bonne heure. Voici encore une autre scène d'expérimentation qui échappe au contrôle de Bouvard et Pécuchet. Le regard froid et distancé de celui qui contrôle le dispositif expérimental avec l'intention de produire une « alliance anormale » cède la place à l'horreur de celui qui constate de manière pathétique qu'une telle alliance vient de se produire devant ses yeux.

4. Conclusion : L'insensibilité révoltante du corps humain

J'ai essayé de montrer que par sa démarche expérimentale très particulière dans *Bouvard et Pécuchet* Flaubert « barre » en quelque sorte une conception de l'homme moderne en tant qu'être susceptible de se former grâce à sa propre perfectibilité.[52] Pourtant, le revers la médaille de l'homme moderne chez Flaubert

---

50 Voir p. ex. : « Adèle le vit nu, elle trembla d'horreur et détourna la tête. Djalioh s'approcha et la tint longtemps serrée contre sa poitrine. Elle sentit alors sur sa peau chaude et satinée la chair froide et velue du monstre. » « Quidquid volueris », *op. cit.*, p. 269.
51 *Bouvard et Pécuchet*, p. 391.
52 Au sujet de la „modernité barrée" (« durchkreuzte Moderne ») voir Barbara Vinken, *Flaubert :*

n'est peut-être pas le « sans-fond »[53] de l'homme prémoderne, issu de l'anthropologie pessimiste de la tradition moraliste, mais la remarquable inertie du corps et de l'âme humains qui résistent à toute tentative de d'éducation, de dressage et d'expérimentation.

Il semble que les corps de Victor et de Victorine, tels qu'ils apparaissent dans le texte, ne sont point marqués par le péché originel[54] – et si la figure du péché y apparaît, elle n'est introduite que par la perspective de certains personnages, afin d'être tout de suite démentie par la complète insouciance des deux enfants. Les deux enfants ne semblent pas non plus victimes de la théorie de la dégénérescence, propagée par exemple par Bénédict Augustin Morel, et adoptée dans sa conception du « roman expérimental » par l'ami de Flaubert, Émile Zola.[55] Sans aucun doute, il y a bien des allusions à une possible influence de l'hérédité sur Victor et Victorine faites par Bouvard et Pécuchet eux-mêmes,[56] mais au fond, il semble que Flaubert se refuse à accepter une explication toute faite, qui résoudrait la question de ce que deviendront les enfants tout simplement en renvoyant à la dégénérescence héréditaire.

La réaction des deux élèves quand ils sont séparés de Bouvard et de Pécuchet à la fin du chapitre X semble exemplaire à cet égard : Le plan flaubertien déjà cité de la fin du chapitre dit que les enfants montrent une « insensibilité révoltante »[57] quand ils apprennent la séparation. Tout comme Victor de l'Aveyron, ils déçoivent toute tentative d'éducation soit par une éducation négative soit par une autre éducation positive. La cause n'en est pas qu'ils soient idiots ou dégénérés, mais ils restent inaccessibles à toute tentative disciplinaire ou éducative et manifestent une résistance fabuleuse du corps à l'éducation, qu'elle soit physique ou morale. Ainsi, ils sont effectivement des « enfants de la nature », sauf que leur nature a cessé d'être la bonne nature de Rousseau, sans pour autant apparaître

---

Durchkreuzte Moderne, Francfort, Fischer, 2009, qui met pourtant l'accent principal sur l'histoire des religions et non sur celle des savoirs.
53 Sur l'abîme flaubertien entre Pascal et l'idée reçue, voir Jörg Dünne, *Asketisches Schreiben. Rousseau und Flaubert als Paradigmen literarischer Selbstpraxis in der Moderne*, Tübingen, Narr, 2003, p. 295–303.
54 Telle est la position de Rainer Warning, *art. cit.*
55 C'est pourtant la position que défend Bounthavy Suvilay, *art. cit.*, p. 9, qui se réfère à l'ouvrage de Bénédict Augustin Morel, *Traité des dégénérescences physiques, intellectuelles et morales de l'espèce humaine*, Paris, Baillière, 1857.
56 Voir p. ex. *Bouvard et Pécuchet*, p. 376 : « le sang paternel se manifestait ».
57 *Ibid.*, p. 399.

comme une nature déchue depuis le péché originel ou bien marquée par une dégénérescence progressive, héréditaire.[58]

Si Victor et Victorine ont hérité d'une chose c'est qu'ils ont adopté non de leurs parents naturels, sinon de leurs tuteurs ce corps inébranlable qui, sujet à tout type d'expérimentation, ne change jamais, comme le mannequin postiche au début du chapitre III, qui devient en quelque sorte le modèle de l'homme en général dans l'encyclopédie en farce flaubertienne.[59] Comme les deux enfants incorrigibles, Bouvard et Pécuchet incarnent aussi ce corps factice et à l'épreuve de tout dressage à travers leur parcours par l'encyclopédie, au moins jusqu'au chapitre X.

C'est pourtant dans ce dernier chapitre que l'on assiste à un changement crucial qui ne concerne pas leur corps propre sinon leur position d'observateurs : c'est précisément en tant qu'observateurs externes de scènes qui sont également issues de configurations expérimentales, mais que les deux bonshommes ne sauraient contrôler à leur guise, qu'ils développent une sensibilité différente. Cette sensibilité ne s'identifie pas à la position du sujet savant de l'expérimentation, mais à celle de son objet souffrant – le chat torturé ou bien Victorine dans les bras de Romiche. En fin de compte, ils sont affectés par les résultats de leur propre dispositif expérimental, si ridicule que cette affection puisse paraître.

Il se peut que la mise en scène ou plutôt la mise en récit effective de son propre plan expérimental affecte Flaubert de la même manière que Bouvard et Pécuchet sont affectés par le sort de leurs élèves. Les bonshommes inventés par Flaubert afin de servir à ses expériences sur le savoir encyclopédique de son temps en tant que « dispositifs anthropomorphes d'essai », finissent, au moins par moments, par l'entraîner lui-même dans le mélodrame du savoir encyclopédique[60] quand il est mis en pratique. Lui qui se veut aussi incorporel, aussi immu-

---

[58] À comparer aussi avec le scepticisme que Flaubert manifeste à l'égard de l'utilité de toute éducation – un scepticisme qui se base, comme chez Rousseau, sur la nature, mais non pas une nature positive sinon une nature que l'on pourrait concevoir plutôt comme une nature inerte : « Je veux montrer que l'Éducation, quelle qu'elle soit, ne signifie pas grand-chose, et que la Nature fait tout, ou presque. » *Correspondance*, t. 5, *op. cit.*, p. 791 (lettre du 21 janvier 1880 à Guy de Maupassant).

[59] Voir *Bouvard et Pécuchet*, p. 110 : « Il était couleur de brique, sans chevelure, sans peau, avec d'innombrables filets bleus, rouges et blancs le bariolant. Cela ne ressemblait point à un cadavre, mais à une espèce de joujou, fort vilain, très propre et qui sentait le vernis ».

[60] Dans une lettre à Louise Colet où il parle de la mort d'Emma Bovary dans son roman Flaubert dit que l'émotion mélodramatique issue du XVIIIe siècle est d'un ordre bien inférieur par rapport à ce qu'il compte faire avec dans son roman, mais il avoue néanmoins qu'il a « pleuré à des mélodrames qui ne valaient pas quatre sous » (*Correspondance*, t. 2, éd. Jean Bruneau, Gallimard, coll. « Bibl. de la Pléiade », 1980, p. 433 [lettre à Louise Colet le 16 septembre 1853]). Il resterait à élucider la question de savoir si cette émotion devant une scène qui « ne vaut pas quatre sous »

nisé[61] que ses deux bonshommes contre la bêtise des discours, s'en imprègne pourtant à fond quand ces discours le retrouvent sous forme de récit spectaculaire et catastrophique. L'homme pour Flaubert, c'est peut-être cela : un mannequin irritable voué à la bêtise, mais capable, en s'identifiant à la souffrance des autres, de grandes effusions sentimentales.

---

n'est pas tout de même, et malgré le ridicule que ce type d'émotion puisse inspirer, le principe de bien de tableaux descriptifs flaubertiens, dans *Bouvard et Pécuchet* comme ailleurs dans ses romans.
61 Voir à ce sujet Martin von Koppenfels, *Immune Erzähler. Flaubert und die Affektpolitik des modernen Romans*, Munich, Fink, 2007.

Anne Herschberg Pierrot
Bouvard et Pécuchet et la critique rationaliste

Au chapitre 9 de *Bouvard et Pécuchet,* les deux bonshommes, déçus par leurs essais de pratique religieuse, en viennent à interroger les vérités reçues de la religion catholique, défendues par l'abbé Jeufroy, avec l'aide du comte de Faverges. J'ai précédemment étudié le fragment de dialogue opposant le curé et Bouvard sur la science et la religion.[1] Je m'intéresserai ici à l'ensemble de l'épisode qui met en scène le débat de la critique rationaliste avec la religion catholique.

Rappelons les événements : après leur tentative de suicide à la fin du chapitre de la philosophie (chapitre 8), les deux bonshommes, séduits par la messe de Noël, se tournent vers la religion, qu'ils commencent à pratiquer : ils font un pèlerinage à la Délivrande, puis communient, mais la foi ne vient pas, du moins chez Bouvard. Ceci relance un nouveau mouvement du chapitre, le mouvement du doute, amorcé par Bouvard, et repris par Pécuchet. Il conduit à la recherche des sources, face au dogmatisme réaffirmé du curé. Aux questions alternées de Bouvard et de Pécuchet, s'ajoutent les scènes itératives au château avec le comte et son entourage, présentées dans les scénarios comme simultanées aux discussions particulières avec le curé, puis l'histoire avec les deux enfants de Touache, qui motive l'épisode de l'éducation.

Flaubert met cinq mois à construire et rédiger son neuvième chapitre, terminé en janvier 1880. Il écrit à Caroline, le 11 janvier 1879 :

> Mon chapitre est fini. Je l'ai recopié hier où j'ai écrit pendant dix heures ! Aujourd'hui, je le re-recorrige, et le recopie. À chaque nouvelle lecture j'y découvre des fautes ! Il faut que ce soit *Parfait.* C'est la seule manière de faire passer le fond.[2]

À l'automne 1879, période de la rédaction, il exprime la difficulté qu'il y a de traiter un pareil sujet, de rendre les idées « plastiques », de leur donner une forme fictionnelle :

---

[1] Voir « Bouvard et Pécuchet, le curé et la science allemande », dans Pierre-Marc de Biasi, Anne Herschberg Pierrot, Barbara Vinken (éd.), *Flaubert. Genèse et poétique du mythe*, Paris, Éditions Archives contemporaines, 2014.
[2] Gustave Flaubert, *Correspondance*, Paris, Gallimard, « Bibliothèque de la Pléiade », 2007, t. V, p. 783. Les références à la correspondance de Flaubert renvoient à l'édition en cinq volumes de la « Bibliothèque de la Pléiade ».

je succombe sous la théologie ! et je t'assure, Loulou, qu'il faut avoir la tête forte et vaste pour coordonner et rendre plastiques toutes les questions qui sont à traiter dans ce gredin de chapitre-là !³

Il diversifie les lieux de discussion avec le curé, avec les autres personnages (le comte, Mme de Noaris), et recherche les effets de comique, le fameux « comique d'idées », qui naît de la mise en place du débat. Jacques Neefs a commenté la controverse de Pécuchet avec l'abbé Jeufroy sur les martyrs, sous la pluie de l'orage.⁴ D'autre part, à la suite du travail fondateur d'Alberto Cento sur les sources des discussions théologiques,⁵ Taro Nakajima a confronté dans sa thèse les points de débat avec les sources religieuses et rationalistes de Flaubert et avec ses notes de lecture, et mis en parallèle de façon suggestive le texte de *Bouvard et Pécuchet* avec *La Tentation de saint Antoine*, dont *Bouvard* apparaît bien comme la contrepartie comique.⁶

Flaubert s'est intéressé de longue date à l'histoire des religions. Il reprend ses lectures au moment de la genèse de *Salammbô*, au début des années 1860, puis dix ans plus tard pour la préparation de la nouvelle *Tentation de Saint Antoine* et de *Bouvard et Pécuchet*. En témoignent la « Liste des lectures pour la version de 1874 », publiée en annexe de l'édition de *La Tentation* par Claudine Gothot-Mersch,⁷ qui contient nombre de titres utilisés pour *Bouvard et Pécuchet*, mais aussi les *Carnets de travail*, la correspondance, enfin les listes de lecture et les notes contenues dans le dossier « Religion » et le dossier « Philosophie » de *Bouvard et Pécuchet* (ms g 226⁶).⁸ Sont aussi très précieuses, en contrepoint des notes de lecture, les références bibliographiques des scénarios et des brouillons, car elles indiquent les textes que Flaubert utilise directement dans sa rédaction, sans qu'il y ait de traces écrites dans les dossiers (qu'elles aient été perdues ou n'aient jamais existé).⁹

---

3 À sa nièce Caroline, 27 novembre 1879, *ibid.*, p. 751–752.
4 Voir Jacques Neefs, « *Bouvard et Pécuchet*, la prose des savoirs », *Théorie, Littérature, Enseignement* (10), 1992, p. 131–142.
5 Alberto Cento, *Commentaire de « Bouvard et Pécuchet »*, publié par Lea Caminiti Pennarola, Naples, Liguori, 1973.
6 Voir Taro Nakajima, *Les Figures religieuses dans l'œuvre de Gustave Flaubert*, sous la direction de Gisèle Séginger, Université Paris-Est, Marne-la-Vallée, 2009, et « La critique de la Bible. Les traces de Patrice Larroque dans *Bouvard et Pécuchet* », *Bulletin d'études de langue et de littérature françaises*. Société de langue et de littérature françaises du Kanto, n° 15, 2006, p. 83–95.
7 Gustave Flaubert, *La Tentation de saint Antoine*, Paris, Gallimard, « Folio », 1983, p. 273–285.
8 Les dossiers de *Bouvard et Pécuchet* sont conservés à la Bibliothèque municipale de Rouen sous la cote ms g 226$^{(1-8)}$. Ils sont aujourd'hui numérisés et édités en ligne sous la direction de Stéphanie Dord-Crouslé. URL : http://dossiers-flaubert.ish-lyon.cnrs.fr/
9 Pour un état présent des dossiers de *Bouvard et Pécuchet*, voir Stéphanie Dord-Crouslé, « La

Le débat entre la science et la religion oppose déjà dans *Madame Bovary* Monsieur Homais à l'abbé Bournisien. Mais dans les œuvres ultérieures, de *Salammbô* à *Bouvard*, le texte ajoute au débat des Lumières les lectures de l'exégèse religieuse du XIXe siècle, qui informent la mise en œuvre des controverses.[10]

Dans ce vaste sujet de la critique rationaliste dans *Bouvard et Pécuchet*, je tracerai mon chemin en commençant par suivre le fil du livre fictif d'exégèse religieuse, envoyé par l'ami Barberou. Je m'intéresserai au devenir de son titre dans les brouillons et à ses réapparitions dans le dialogue. Ceci me conduira à étudier les lignes argumentatives de la controverse religieuse menée alternativement par Bouvard et par Pécuchet avec le curé, et à poser la question du discours d'auteur.

L'*Examen du christianisme* par Louis Hervieu

Une référence fictive

L' « *Examen du christianisme* par Louis Hervieu, ancien élève de l'Ecole normale » que consultent Bouvard et Pécuchet, est un ouvrage fictif, présenté comme un résumé de l'exégèse rationaliste du christianisme. Flaubert a recours dans le roman au moins à deux autres manuels fictifs : l' « *Examen du socialisme*, par Morant », au chapitre de la politique, dont le titre est en symétrie avec celui d'Hervieu, et le « *Cours de philosophie, à l'usage des classes,* par monsieur Guesnier » au chapitre de la philosophie (manuel de philosophie spiritualiste, dont Mallet, professeur de Flaubert, est probablement le modèle).[11]

Ces références fictives sont un moyen commode pour rassembler des idées dans une synthèse unifiée, plus tendancieuse ou bouffonne dans le cas du socialisme, plus sérieuse dans le cas de la philosophie ou de la religion. Il est alors

---

"BP-sphère". Inventaire raisonné du dossier de genèse de *Bouvard et Pécuchet* » dans Anne Herschberg Pierrot et Jacques Neefs (éds.), *Bouvard et Pécuchet. Archives et interprétation* », Nantes, Éditions nouvelles Cécile Defaut, 2014, p. 25–46.

10 Sur le sujet, voir aussi mon article « Le christianisme et l'esclavage », *Revue Flaubert*, n° 13, 2013, sous la direction de Stéphanie Dord-Crouslé, en ligne. URL : http://flaubert.univ-rouen.fr/revue/article.php?id=114.

11 Voir les notes de Flaubert sur Mallet (ms g 226[6], f° 64–65), dont Atsushi Yamazaki suppose qu'il s'agit de « notes de notes » de Flaubert sur ses propres notes de cours (passées en vente en 1931). Voir Atsushi Yamazaki, « La destination des notes de lecture du dossier "Philosophie" dans Rosa Maria Palermo Di Stefano, Stéphanie Dord-Crouslé, Stella Mangiapane (éds.), *Éditer le chantier documentaire de « Bouvard et Pécuchet »*, Messine, Andrea Lippolis editore, 2010, n. 12, p. 250.

séduisant de chercher à identifier une source principale. Dans le cas de Louis Hervieu, Taro Nakajima a mis en valeur, après Cento, l'importance du livre de Patrice Larroque, l'*Examen des dogmes de la religion chrétienne*, paru en 1860 et mis à l'Index. Il avait été recommandé à Flaubert, vraisemblablement par ses amis Baudry, Maury et Renan, et il l'avait lu à sa parution. « Je me bourre des objections anticatholiques du père Larroque », écrit-il à Feydeau le 8 mai 1860, « je lis le dernier volume de Michelet et divers articles d'exégèse dans la *Revue germanique* ».[12]

L'édition annotée par Flaubert (par des traits ou des croix en marge) figure dans la bibliothèque de l'écrivain à Canteleu. Il existe également six pages complètes de notes de lecture. Mais Patrice Larroque n'est pas le seul modèle de Louis Hervieu, comme le soulignent aussi Cento et Nakajima. La référence fictive recouvre plusieurs textes d'exégèse religieuse du XIXe siècle, des sources du XVIIIe siècle, comme Voltaire, et la référence philosophique fondamentale, Spinoza. Les seuls noms d'auteurs réels cités dans le texte sont en effet, dans ce chapitre, Spinoza pour le *Tractatus philosophico-theologicus* – livre lui aussi mis à l'Index, que Flaubert lit pour la première fois en 1870[13] – et les auteurs matérialistes du XVIIIe siècle. Bouvard « se retrempe » dans La Mettrie et D'Holbach, car il a déjà consulté La Mettrie au chapitre de la philosophie : le choix radicalise le côté de l'athéisme avec d'Holbach, qui se substitue, dans le chapitre de la religion, aux noms cités de Locke et d'Helvétius au chapitre précédent. Pécuchet, de son côté, lit le curé Meslier par « malveillance antireligieuse », à la suite du débat sur les martyrs. Il est dit, toutefois, que « ces négations lourdes le choquèrent » (355).[14] De la même façon, n'apparaît pour l'apologétique chrétienne que l'emblématique *Catéchisme* de l'abbé Gaume, et le nom de Joseph de Maistre.[15]

La référence fictive à Hervieu permet à Flaubert de construire un modèle des lieux communs de la critique rationaliste, fondé sur la critique des dogmes de la religion chrétienne et la mise en valeur des contradictions de la Bible. L'ouvrage

---

[12] *Correspondance*, op. cit., t. III, p. 9.
[13] « Je connaissais l'*Éthique* de Spinoza, mais pas du tout le *Tractatus theologico-politicus*, lequel m'épate, m'éblouit, me transporte d'admiration. Nom de Dieu, quel homme ! quel cerveau ! quelle science et quel esprit ! » À George Sand, 29 avril 1874, *ibid.*, t. IV, p. 184.
[14] Les références entre parenthèses renvoient aux pages de l'édition de *Bouvard et Pécuchet* par Pierre-Marc de Biasi, Paris, Le Livre de Poche classique, 1999.
[15] Sur la vulgate maistrienne dans ce chapitre, voir Taro Nakajima, « Notes de lecture et généalogie des idées. Le discours apologétique de Jeufroy et la pensée maistrienne », *Arts et savoirs*, n° 1, février 2012, Bouvard et Pécuchet *: la fiction des savoirs*, textes réunis par Gisèle Séginger, en ligne. URL : http://lisaa.u-pem.fr/arts-et-savoirs/arts-et-savoirs-n-1/

n'a d'abord pas de titre. Dans le sixième scénario général,[16] puis encore dans les premiers scénarios partiels, il est décrit comme « un livre impie » qu'envoie Barberou et que les bonshommes repoussent :

> Barberou leur envoie le livre impie qu'il leur a promis. Ils le repoussent sur le titre.[17]

Les scénarios partiels ensuite, puis les brouillons, précisent la description du livre :

> B. a recours *au livre de Barberou*. C'est une espèce de curé Meslier, rajeuni, avec un précis des autres religions.[18]

« Ça lui donne des idées » ajoute un scénario.[19] La description du livre intègre bien les points de vue mis en scène et les sources qui sont mobilisées : une tradition de critique religieuse inspirée de Voltaire et du curé Meslier. Sous le titre « Matérialisme », Flaubert a pris des notes sur l'édition de 1831 du « Bon sens du curé Meslier, étrennes dédiées aux Jésuites pr l'an de grâce 1830 », avec cette précision : « note sur la couverture : cet ouvrage a été saisi, voyez le Constitutionnel du & 9bre 1831 » (ms g 226⁶, f° 58). Sur un brouillon, le livre de Barberou est qualifié de « dictionnaire philosophique ».[20]

Toutefois, si le manuel de Hervieu s'inspire de cette tradition philosophique, il procède bien aussi de la méthode de l'exégèse moderne, fondée sur la comparaison des religions, qui « rajeunit » la critique religieuse du XVIIIᵉ siècle. Cherchant le titre du manuel, Flaubert écrit d'abord : « Titre ? ... du livre en indiquant le contenu », avec au-dessus, en interligne, « Louis Hervieu ». Puis il essaie dans une addition très raturée : « "Examen des doctrines religieuses des différ[ents] peuples critiques doctrine chrétienne, suivi d'un abrégé des autres religions, par Arsène Lelièvre, ancien élève de l'Ecole Normale", Genève 1856 [surchargé « 1857 »] » (ms g 225⁸, f° 998 v°).

La date de 1857 s'explique d'abord par des raisons diégétiques : elle correspond à la date du pèlerinage que les bonshommes font à la Délivrande (dans un

---

16 Bibliothèque municipale de Rouen, ms gg 10, f° 31. Les brouillons et scénarios de *Bouvard et Pécuchet* sont consultables en ligne sur le site Flaubert de Rouen. URL : http://flaubert.univ-rouen.fr/bouvard_et_pecuchet/
17 Bibliothèque municipale de Rouen, ms g 225⁸, f° 974 v°. Voir sur le même folio : « Barberou leur envoie un livre contre les calotins ».
18 *Ibid.*, f° 982 v°.
19 *Ibid.*, f° 996 v°.
20 « Bouvard n'y tint plus & ayant repassé son dictionnaire philosophique/ Louis Hervieu, emmena Pécuchet » (ms g 225⁸, f° 1075 v°).

scénario Flaubert note : « aspect de L'église de la Délivrande en 1857 »).[21] D'autre part, et dans la même perspective, cette date relève d'un vraisemblable bibliographique : l'ouvrage de Larroque paraît en 1860, la traduction de la *Vie de Jésus* de Strauss *ou Examen critique de son histoire* par Littré est publiée en 1853, le livre de Lanfrey, *L'Église et les philosophes au XVIIIe siècle*, date de 1855. Mais on ne peut oublier que 1856 et 1857 correspondent précisément aux dates de prépublication et de parution de *Madame Bovary* et de son procès. Lelièvre (si c'est bien le nom de l'auteur) est aussi le nom d'un pharmacien que Flaubert tourne en dérision dans une lettre de 1871.[22] Flaubert change le titre pour l'*Examen du christianisme*, sans date, qui permet de condenser les critiques. Le texte est présenté comme un « sommaire de l'exégèse moderne défendu par le gouvernement ». Une variante du manuscrit précisait qu'il était « interdit par la Police » – comme les éditions de Meslier et de Larroque. Ces doctrines sentent le soufre.

La mise en scène du livre

Comment ce livre est-il mis en scène ? La référence au livre de Louis Hervieu rythme le débat religieux avec le curé.

La première mention suit immédiatement la fin de la messe où Bouvard et Pécuchet ont communié pour la première fois. Le livre promis par Barberou tombe littéralement du ciel. Le texte l'écrit :

> Ils trouvèrent dans leur cour un paquet au milieu de l'herbe. Le facteur, comme la maison était close, l'avait jeté par-dessus le mur. C'était l'ouvrage que Barberou avait promis (342).

Mais, comme on l'a vu précédemment, le premier mouvement des deux bonshommes est le rejet. La dernière version du texte module subtilement leur refus selon les tempéraments : « Pécuchet le repoussa. Bouvard ne désirait pas le connaître » (342).

C'est précisément Bouvard qui va le premier recourir au manuel d'Hervieu. Ceci oriente une ligne « Bouvard », face à une ligne « Pécuchet », qui évolue d'une manière sensiblement différente.

Le parallèle et la dissymétrie entre les deux amis sont d'emblée mis en évidence. Étonné par l'absence d'effet de la communion sur sa foi, Bouvard se voit

---

[21] Ms g 225⁸, f° 974 v°.
[22] À sa nièce Caroline, le 5 avril 1871, à propos d'une femme de chambre : « Elle a servi chez un sieur Lelièvre pharmacien ! Puisque Lelièvre est pharmacien, pourquoi n'y aurait-il pas des pharmaciens parmi les lièvres ? », *Correspondance*, t. IV, p. 303).

prescrire par le curé la lecture de l'abbé Gaume, tandis que Pécuchet, de plus en plus dévot, se lance dans les lectures mystiques. Dans les brouillons, c'est Reine, la servante du curé, qui lui passe les volumes en cachette. Le résultat est, de la part de Pécuchet, une série de questions qui le conduisent, toujours dans les brouillons, à vouloir interroger le pape. À défaut du pape, il se rabat sur le curé. Du côté de Bouvard, le dégoût du *Catéchisme* de Gaume le renvoie à la lecture de Louis Hervieu :

> Le *Catéchisme de Persévérance* par Gaume avait tellement dégoûté Bouvard qu'il prit le volume de Louis Hervieu (344).[23]

Cet second recours au manuel relance des interrogations sur le dogme. « Il éveilla des doutes dans l'esprit de Bouvard ». Un brouillon précise : « Il vit que tout n'était pas si clair que le curé prétendait ».[24] Ces questions portent sur le péché originel, l'enfer et la Trinité. Si pour l'enfer, Flaubert s'inspire en particulier de *L'Ancienne et le nouvelle foi* de David Friedrich Strauss (1876), sur lequel il a pris des notes, les deux autres points (le péché originel et la Trinité) renvoient à la première partie de l'*Examen critique des doctrines de la religion chrétienne* de Patrice Larroque, qui démonte les points du dogme.

Le dialogue avec le curé est ainsi mené à partir de la position critique des auteurs rationalistes. Pour préparer ce dialogue, Flaubert résume dans des pages de synthèse les arguments « pour » et les arguments « contre » : sur l'enfer, le péché originel, la Trinité, plus loin sur Moïse ou sur les miracles. Les scénarios de détail énumèrent les sujets de discussion, présentent les positions critiques et les arguments contraires, avec les références aux auteurs, avant la mise en dialogue des questions du débat. Dans la première discussion sur le péché originel, l'exclamation de Bouvard (« Enfin ce dogme bouleverse mes notions de justice ! ») condense l'indignation argumentée de Larroque :

> Le dogme du péché originel, tel que catholiques et protestants l'ont défini jusqu'ici, choque si ouvertement toutes les idées de moralité et de justice, qu'il n'est point susceptible d'être amendé[25].

---

[23] Sur les notes de Flaubert sur l'abbé Gaume, voir Stéphanie Dord-Crouslé, « Flaubert libre lecteur. À propos de l'*Abrégé du catéchisme de persévérance* de l'abbé Gaume », *Flaubert : revue critique et génétique*, 2009, 1 http://flaubert.revues.org/521.
[24] Ms g 225^8, f° 1002.
[25] Patrice Larroque, *Examen critique des doctrines de la religion chrétienne*, Paris, Bohné et Schultz, 1860, 3 vol., t. I, p. 71.

Mais Flaubert laisse de côté la démonstration militante. Il faut montrer l'absurde et il montre le mur dogmatique de l'abbé Jeufroy, ailleurs désigné comme « l'homme à la soutane » : « Que voulez-vous, c'est une de ces vérités dont tout le monde est d'accord sans qu'on puisse en fournir de preuves » (345).

Plus subtilement, bien que nourrie par la lecture de l'apologétique catholique, la parole du curé se trouve parfois construite à partir du texte rationaliste. Plusieurs répliques proviennent en effet d'auteurs cités par Larroque, qui présente leur position en s'y opposant. Dans le débat sur la condamnation des enfants, la référence à saint Augustin et saint Fulgence est prônée par le curé : — « Telle est l'opinion de saint Augustin », ajouta le curé « et saint Fulgence enveloppe dans la damnation jusqu'aux fœtus » (345). Larroque les cite pour s'en indigner :

> Saint Augustin, saint Fulgence et d'autres condamnent impitoyablement les enfants morts sans baptême à toutes les tortures physiques et morales des damnés (74).

De même, dans la suite de la discussion, sur la Trinité, « ce qu'on appelle faculté chez l'Homme est personne en Dieu. Voilà le mystère », est une citation de l'abbé de Genoude, réfutée par Larroque :

> *Voilà tout le mystère de la Trinité et de l'homme !* En vérité ce n'est que cela ! Ce n'était pas la peine de s'effrayer pour si peu. Vous avouez pourtant qu'il y a une petite différence entre les deux mystères : ce qui est *propriété, faculté* dans l'homme, se trouve *personne distincte* en Dieu. Mais cette différence est précisément, dans la discussion, le point essentiel, capital. C'est ce qui fait que votre argumentation est vide, et que la théorie que vous élevez dessus est bâtie en l'air.[26]

Ailleurs, quand Pécuchet demande « des explications sur l'Écriture », l'abbé Jeufroy fait état d'une lecture métaphorique de l'écriture inspirée de saint Grégoire, citée par Patrice Larroque, et reprise par Flaubert dans ses notes de lecture.[27] C'est alors le commentaire même de l'auteur Flaubert dans ses notes (« Alors que devient la vérité historique ? ») qui se trouve transposé au discours indirect libre ou direct libre, en réponse à l'argumentation du curé :

> Mais si l'on voit partout des métaphores que deviendront les faits ? L'abbé, soutenait cependant qu'ils étaient réels (349).

Dans le premier débat avec le curé, Bouvard n'ose pas aller plus loin.

---

26 Patrice Laroque, *ibid.*, p. 101.
27 Ms g 226⁶, f° 302 et Larroque, *op. cit.*, t. II, p. 22.

La troisième occurrence du nom de Louis Hervieu intervient plus tard dans la discussion. Pécuchet prend alors implicitement le relais de Bouvard. La ligne « Bouvard » croise à ce moment la ligne « Pécuchet », sur laquelle nous reviendrons. Délaissé temporairement par Bouvard, face à l'« aplomb sacerdotal du curé » (« Son aplomb sacerdotal agaçait Bouvard qui par méfiance de Louis Hervieu écrivit à Varlot »),[28] Hervieu est consulté, implicitement par Pécuchet, pour répliquer à l'affirmation de l'immutabilité du dogme, dans un échange de propos au style indirect libre :

> Chicanes ! Tout cela ne fait rien à la permanence du dogme.
> L'ouvrage de Louis Hervieu en signale les variations [...] (350).

L'alinéa seul marque le changement de voix, comme si la controverse des idées se poursuivait hors d'un locuteur précis. Mais le nom de Pécuchet apparaît dans les scénarios. « Pécuchet attaqua les sacrements ».[29] Cette démonstration de l'historicité du dogme s'inspire des notes prises sur l'*Histoire des dogmes chrétiens* (1862) d'Eugène Haag, historien protestant, qui offre un autre référent au nom de Louis Hervieu. Il est cité dans les scénarios, souvent avec la référence à la page des notes de Flaubert, qui possédait l'ouvrage (celui-ci figure dans l'inventaire Bidault de sa bibliothèque). L'argument, face à l'affirmation monolithique, n'est plus cette fois la contradiction, mais l'histoire.[30] On notera que ces deux modalités de l'exégèse rationaliste (contradictions et historicité) gouvernent, précisément, la pensée critique de Flaubert dans ses notes de lectures et dans la préparation du sottisier du second volume, avec la mise en parallèle des assertions.

La quatrième mention de Louis Hervieu intervient après les sottises de Mme de Noaris sur les miracles :

> « Demandez plutôt à l'abbé Jeufroy ! »
> Bouvard n'y tint plus ; et ayant repassé son Louis Hervieu, emmena Pécuchet (356).

Il s'ensuit une discussion avec le curé sur les miracles, en grande partie nourrie du *Tractatus* de Spinoza.

---

[28] Varlot, rappelons-le, est cet ami de Dumouchel, professeur « exilé au Deux décembre », à qui appartient la traduction de l'*Éthique* de Spinoza qu'envoie Dumouchel, à la demande de Bouvard, au chapitre de la philosophie.
[29] Ms g 226⁸, f° 1020 v°.
[30] *Ibid.*, f° 1037 v°, 1013, 1016.

Enfin, la cinquième et dernière référence à Louis Hervieu arrive à un moment clé de la scène qui est une première conclusion, aboutissant à une rupture avec le curé. Il concerne l'impossible accord de la foi et de la raison. Un scénario précise :

> Ils s'aperçoivent que le curé est au fond un fanatique du Moyen Âge
> Inutilité des concessions.
> Impossibilité de l'accord entre la Foi et la raison.[31]

C'est la première fois que le livre de Louis Hervieu est cité au style direct entre guillemets :

> Pécuchet s'en retourna mélancolique. Il avait espéré l'accord de la Foi et de la Raison.
> Bouvard lui fit lire ce passage de Louis Hervieu :
> « Pour connaître l'abîme qui les sépare, opposez leurs axiomes :
> « La Raison vous dit : le tout enferme la partie, et la Foi vous répond par la substantiation. Jésus communiant avec ses apôtres, avait son corps dans sa main, et sa tête dans sa bouche.
> « La Raison vous dit : On n'est pas responsable du crime des autres — et la Foi vous répond par le Péché originel.
> « La Raison vous dit : Trois c'est trois — et la Foi déclare que : Trois c'est un. »
> Ils ne fréquentèrent plus l'abbé (359–360).

Le discours direct entre guillemets crée un effet de réel, accentuant la fiction d'une voix unique du discours rationaliste. Ce débat sur la foi et la raison est bien un lieu commun de la critique lue par Flaubert. Plusieurs auteurs peuvent être invoqués, dont Spinoza. Alberto Cento renvoie à des pages de l'ouvrage de Larroque, mais les mots cités n'y sont pas. Dans les scénarios,[32] Flaubert note plusieurs sources : Pierre Lanfrey, Ludwig Büchner, Mgr Ségur, (qui est intéressant, parce qu'il représente le point de vue opposé au rationalisme, prônant la sujétion de science à la foi). Comme souvent, sur le fonds de ses lectures, Flaubert détache une voix. Cette fois-ci il s'agit bien de celle de Pierre Lanfrey, auteur de *L'Église et les philosophes au XVIIIe siècle* (1re éd., 1855), qui figure dans les références des scénarios, mais n'a pas été aperçu par la critique :

> [À propos du discours de Leibnitz, *De la conformité de la foi et de la raison* :]
>
> Cette question capitale, que tant de calculs égoïstes et tant de médiateurs équivoques ou intéressés sont venus embrouiller ou obscurcir, est à coup sûr la plus simple qui ait jamais été soumise à l'intelligence humaine. Il suffit pour la résoudre de mettre un dogme quelconque de la foi en contradiction évidente avec un axiome de la raison, ou avec un axiome

---

31 Scénario, ms g 225[8], f° 953 v°.
32 Voir *ibid.*, f° 1034 v°.

de la morale, qui est encore la raison. Ainsi : le tout est plus grand que la partie ; voici un axiome de la raison. Le dogme de la transsubstantiation, selon lequel Jésus-Christ, communiant avec ses apôtres, tint son corps dans sa main et mit sa tête dans sa bouche, est en opposition flagrante avec lui. Ainsi encore : nul n'est responsable du crime d'autrui ; voilà un axiome de morale. Le dogme du péché originel, qui fait retomber sur tout le genre humain le crime du dernier homme, en est la négation formelle. Quand ils seraient uniques, ces deux exemples, choisis entre mille, suffiraient pour trancher à jamais la question. Entre la raison qui affirme et la foi qui nie, il faut se décider ; mais vouloir les concilier ; c'est la plus folle et la plus insoutenable des prétentions.[33]

Flaubert a lu le livre à sa parution, et il demande le volume à Charpentier dans une lettre du 10 septembre 1879.[34] Le texte de Lanfrey, qui se réfère lui-même à Leibnitz, est adapté dans un montage qui crée bien un texte de fiction dans la fiction, celui de l'*Exégèse du christianisme*. Si le passage de Louis Hervieu porte une vérité, on perçoit cependant bien à l'entendre, dans la répétition oratoire des oppositions, un excès et une prise de distance possible vis à vis des outrances militantes.

La lecture de Louis Hervieu clôt provisoirement le débat avec le curé. S'ouvre un nouveau mouvement du chapitre, qui contient un repère temporel unique (« après les guerres d'Italie »), et qui lie désormais le débat théologique à l'histoire politique, et le situe dans un espace marqué socialement et politiquement, celui du château. Les discussions du château mettent en avant le lien de l'église avec l'ordre établi, et la transgression politique que constitue l'enquête de Bouvard et Pécuchet sur le christianisme.

La ligne « Pécuchet » : le comparatisme religieux

Si Bouvard et Pécuchet alternent leur enquête sur la religion, il est un aspect qui appartient en propre à Pécuchet : c'est le recours à la comparaison des religions, à la mythologie comparée ou « transcendante », qui guide son parcours dans la « lutte d'érudition avec le curé » :

---

33 Pierre Lanfrey, *L'Église et les philosophes au XVIIIe siècle* (1855), Paris, Charpentier, 1879, p. 71.
34 Dans une lettre à Mlle Leroyer de Chantepie, du 1er mars 1858, Flaubert recommande « l'*Essai sur la révolution française* de Lanfrey » (Chamerot 1858) et « *L'Église et les philosophes au XVIIIe siècle* », *Correspondance, op. cit.*, t. II, p. 800. Louis Bouilhet écrit le 9 juin 1855 à Flaubert : « J'ai vu l'autre jour Lanfrey chez Crépet. La Muse, à ce que m'a dit Ferrat, lui a écrit une lettre enflammée au sujet de son livre anticatholique, et il va chez elle », *ibid.*, t. II, p. 970. Enfin, au moment de la rédaction du chapitre 9, Flaubert, le 10 septembre 1879, demande à l'éditeur Charpentier « 1° L'*Histoire de la papauté* de Lanfrey 2° *L'Eglise et les philosophes au XVIIIe siècle* du même », *ibid.*, t. V, p. 702.

> Une lutte d'érudition s'engagea ; et fouetté par l'amour-propre Pécuchet devint transcendant, mythologue.
> Il comparait la Vierge à Isis, l'eucharistie au Homa des Perses, Bacchus à Moïse, l'arche de Noé au vaisseau de Xisuthros, ces ressemblances pour lui démontraient l'identité des religions.
> Mais il ne peut y avoir plusieurs religions, puisqu'il n'y a qu'un Dieu — et quand il était à bout d'arguments, l'homme à la soutane s'écriait : — « C'est un mystère ! » (350).

Ce comparatisme, présenté de façon loufoque, est un hommage aux travaux de Burnouf sur Homa, comme aux études des amis de Flaubert historiens des religions, Maury (sur Isis), Baudry, Renan, et il renvoie également aux lectures de Flaubert. Dans le texte, l'intérêt pour les études mythographiques revient à Pécuchet. Les brouillons précisent : « Pécuchet se perdit dans les hautes études mythographiques ».[35]

Mais, en fait, la comparaison des religions relève d'un mouvement argumentatif qui sous-tend l'ensemble du chapitre, y compris les interventions de Bouvard. La description première du livre envoyé par Barberou impliquait cette dimension des études religieuses au XIXe siècle, et les scénarios soulignent l'opposition entre l'attitude du curé qui veut « prouver » l'exclusivité de la religion catholique,[36] et l'idée de la relativité des religions et de l'identité de leurs discours :

> Défense du Protestantisme
> Egalité des autres religions. Toutes s'appuient sur les mêmes arguments correspondant aux mêmes besoins.[37]

Le sixième scénario général prévoyait ainsi une première étude des religions avant le débat avec le curé :

> Cependant la grâce ne vient pas. Ils se l'avouent – étudient les autres religions et sympathisent avec elles. (1) [ici un renvoi vers des additions]
> (2) Pourquoi le christianisme serait-il la seule vraie religion ? Toutes se défendent par les mêmes arguments
> Veulent se faire protestants, mormons, irvingiens, musulmans (3)
> Recourent au livre de Barberou. Soumettent leurs doutes au curé. Alors le curé veut leur prouver la religion.[38]

---

35 L'énoncé est rayé.
36 Voir le scénario, ms g 225⁸, f° 953 v° : « le curé veut *leur prouver* la légitimité exclusive du catholicisme ».
37 Voir *ibid.*, f° 988.
38 Sixième scénario général, ms gg 10, f° 31.

Si l'étude comparée des religions devient le résultat érudit des interrogations de Pécuchet, la critique rationaliste de la Trinité chrétienne, menée par Bouvard, se fait sur le fond d'une comparaison avec la trinité indienne, et avec le polythéisme religieux, comme le note Flaubert dans son résumé de Patrice Larroque : « C'est une idée polythéiste ? Trimourti indienne. Trois hypostases prises pr trois personnes ».[39] Le chapitre a bien pour arrière-plan l'épisode des dieux dans *La Tentation de saint Antoine*.[40] Toutefois, la référence aux études mythographiques ne surgit qu'au moment des études transcendantes de Pécuchet. Elle revient dans la discussion au château, où Pécuchet affirme : « Le monothéisme vient des Hébreux, la Trinité des Indiens. Le Logos est à Platon, la Vierge-mère à l'Asie » (359). Elle culmine dans l'éloge et la revendication du bouddhisme, qui fait scandale :

> Le scandale redoubla, quand Pécuchet eut déclaré qu'il aimait autant le Bouddhisme.
> Le prêtre éclata de rire. — « Ah ! ah ! ah ! le Bouddhisme.»
> Mme de Noaris leva les bras. — « Le Bouddhisme ! »
> — « Comment, — le Bouddhisme ? » répétait le comte.
> — « Le connaissez-vous ? » dit Pécuchet à M. Jeufroy, qui s'embrouilla.
> — « Eh bien, sachez-le ! mieux que le christianisme, et avant lui, il a reconnu le néant des choses terrestres. Ses pratiques sont austères, ses fidèles plus nombreux que tous les chrétiens, et pour l'incarnation, Vischnou n'en a pas une, mais neuf ! Ainsi, jugez ! »
> — « Des mensonges de voyageurs » dit Mme de Noaris.
> — « Soutenus par les francs-maçons » ajouta le curé.
> Et tous parlant à la fois : — « Allez donc — Continuez ! — Fort joli ! — Moi, je le trouve drôle — Pas possible » si bien que Pécuchet exaspéré, déclara qu'il se ferait bouddhiste ! (367–368).

Flaubert avait une connaissance approfondie du bouddhisme, et il avait repris ses lectures pour *La Tentation de saint Antoine*. Dans une lettre du 13 juin 1879, il écrit à Edma Roger des Genettes :

> Tous les jours, je passe mon après-midi à la Bibliothèque nationale, où je lis des choses stupides — rien que de l'apologétique chrétienne, maintenant. C'est tellement bête qu'il y a de quoi rendre impies les âmes les plus croyantes. Oh ! quand on veut *prouver* Dieu, c'est alors que la bêtise commence.
>
> Connaissez-vous Schopenhauer ? — J'en lis deux livres. — Idéaliste et pessimiste, ou plutôt bouddhiste. — Ça me va.[41]

---

39 Ms g 225⁸, f° 1004.
40 Voir Claude Mouchard et Jacques Neefs, « Flaubert et l'histoire des religions, *La Tentation de saint Antoine* », dans *Flaubert et les pouvoirs du mythe, op. cit.*
41 *Correspondance, op. cit.*, t. V, p. 659. L'un des livres de Schopenhauer est probablement l'*Essai sur le libre arbitre* traduit par Salomon Reinach, Paris, G. Baillière, 1877, sur lequel Flaubert a

Schopenhauer est précisément nommé dans les scénarios, non pas directement, mais au travers de la lecture de Ludwig Büchner (philosophe matérialiste, savant naturaliste frère de l'écrivain Georg Büchner), l'auteur de *Science et nature*, recueil d'articles paru en 1862, et traduit en français en 1866.[42] La défense du bouddhisme par Pécuchet s'inspire en partie du chapitre de Büchner intitulé « Sur Schopenhauer » (1859) :

> La première de toutes les religions est, suivant Schopenhauer, la célèbre et sublime religion de *Bouddha*, le grand maître en sagesse, qui surpasse beaucoup toutes les autres religions par sa valeur intrinsèque, ainsi que par le nombre de ses adhérents [...]
> Schopenhauer trouve, par suite, tout à fait étrange [...] que nous croyons leur dire quelque chose de nouveau en leur parlant de l'incarnation du Christ, lorsqu'ils ne possèdent eux-mêmes pas moins de *neuf* incarnations de *Wischnou*.[43]

La force de cette critique argumentée des religions est mise en valeur par l'exaspération du curé qui s'exprime quelques lignes plus haut :

> L'impiété railleuse du XVIIIe siècle, il l'eût tolérée, mais la critique moderne avec sa politesse, l'exaspérait.
> — « J'aime mieux l'athée qui blasphème que le sceptique qui ergote ! »

La critique moderne, c'est bien la science contemporaine des religions. Un scénario précise :

> La critique scientifique du XIXe siècle irrite les croyants plus que l'impiété passionnée du XVIIIe.[44]

Face aux attaques de la critique rationaliste, soutenue par le comparatisme religieux, l'attitude du curé se caractérise par l'autorité de son énonciation (son « aplomb sacerdotal »), le dogmatisme de ses affirmations (« Adorons sans comprendre »), et le mépris des autres religions et de la « science allemande » qui se traduit par des plaisanteries.[45] Cette attitude provoque l'enquête religieuse des deux bonshommes. Flaubert n'invente rien : il retient dans ses notes de lec-

---

pris des notes (*Carnet de travail* n° 6 et ms g 226⁶, f° 60).
42 Voir par exemple la référence dans le scénario, ms g 225⁸, f° 1071.
43 Paris, G. Baillière, 1866, p. 132. Voir la thèse de Taro Nakajima, *op. cit.* Cento renvoie à Larroque qui évoque les neuf incarnations, mais c'est Büchner que suit Flaubert.
44 Ms g 225⁸, f°154.
45 Voir mon article « Bouvard et Pécuchet, le curé et la science allemande », *art. cit*. Sur l'utilisation par Flaubert d'une vulgate du « catholicisme intransigeant », voir Taro Nakajima, « Notes de lecture et généalogie des idées... », *art. cit.*

ture les plaisanteries de l'apologétique catholique.⁴⁶ Parallèlement, il souligne l'ignorance du curé en philosophie et dans les nouvelles sciences historiques des langues et des religions, et l'archéologie.⁴⁷ L'abbé Jeufroy est un locuteur modèle d'idées reçues, soumis à la tradition. Il est significatif que Flaubert ait construit un parallèle entre ses refus de Spinoza et du bouddhisme. Il avoue dans les deux cas son ignorance :

> Dans Spinoza. A ces mots le curé bondit. — « L'avez-vous lu ? »
> — « Dieu m'en garde ! » (348).
>
> Le scandale redoubla, quand Pécuchet eut déclaré qu'il aimait autant le Bouddhisme. Le prêtre éclata de rire. — « Ah ! ah ! ah ! le Bouddhisme ».
> Mme de Noaris leva les bras. — « Le Bouddhisme ! »
> — « Comment, — le Bouddhisme ? » répétait le comte.
> — « Le connaissez-vous ? » dit Pécuchet à M. Jeufroy, qui s'embrouilla (367).

Au stade des scénarios, la présentation du bouddhisme dans la conversation adoptait la forme du *Dictionnaire des idées reçues* : « On ne sait pas ce que c'est. Le curé en plaisante ».⁴⁸

Quel statut pour la critique rationaliste ?

Ceci nous conduit à poser, pour terminer, la question du statut de la critique rationaliste et du discours d'auteur dans ce chapitre. Grâce à la liberté de son système énonciatif au style direct et indirect libre, grâce à la polyphonie des discours, *Bouvard et Pécuchet* permet à l'auteur d'inscrire sa voix dans un livre qui est en partie

---

46 On peut se reporter aux notes sur Mgr Ségur : « Plaisanterie ecclésiastique "un certain Lamarck, un certain Pascal Grousset, un certain Darwin", 31 » (ms g 226⁶, f° 221), et à celles sur les *Soirées d'automne* de l'abbé Maunoury (ms g 226⁶, f° 205). Sur le genre de la « causerie apologétique », voir Stéphanie Dord-Crouslé, « Prouver sans s'interdire de plaire : permanence et renouvellement du discours apologétique catholique sous le Second Empire », dans *Les Religions du XIXᵉ siècle*, colloque de novembre 2009 de la société des Études romantiques, mis en ligne en 2011. URL : http://etudes-romantiques.ish-lyon.cnrs.fr/religions.html.
47 Un brouillon porte en marge cet essai de réplique du curé sur la Révélation : « Tous les peuples ont cru (à la Révélation). Donc il y en eut. L'archéologie nous fournit des volumes de preuves en sa faveur ! » (ms g 225⁸, f° 1067). Flaubert emprunte à Ludwig Büchner la critique de la langue primitive et sa remarque sur l'hébreu. Voir le sixième scénario général (ms gg 10, f° 31). L'idée de l'hébreu comme langue mère figure dans le sottisier du « second volume », ainsi que dans le *Dictionnaire des idées reçues*.
48 Ms g 225⁸, f° 1081.

un livre des vengeances contre la sottise contemporaine. Comme dans le *Dictionnaire des idées reçues*, qui est une partie du livre, l'auteur tourne en dérision la dérision courante de l'érudition savante, et il utilise aussi le procédé inverse qui est d'inscrire sur le mode burlesque des croyances et des savoirs sérieux.

Dans ce chapitre 9, Flaubert utilise le point de vue de la critique rationaliste, pour fonder le mouvement de doute qui anime le dialogue, face à l'expression dogmatique de la religion. Il ressort même de tout le livre une empathie pour le mouvement d'enquête et de déstabilisation des savoirs reçus, entrepris par Bouvard et Pécuchet, en dépit et en raison de la maladresse des deux bonshommes, mouvement que prolonge le sottisier du second volume avec le *Dictionnaire des idées reçues*.

Mais cette liberté de l'opinion projetée dans la polyphonie des voix ne définit cependant pas la portée du chapitre. Flaubert exprime à sa nièce le 15–16 décembre 1879 les difficultés qu'il éprouve dans la composition de l'épisode de la religion :

> *Ma religion* n'avance pas ! Jamais je ne verrai donc la fin de ce gredin de chapitre qui est d'une composition infernale. — Et puis je suis *déchiré* entre la Foi et la Philosophie, voulant être aussi sympathique à l'une qu'à l'autre. C'est-à-dire qu'il y en ait pour les deux bords.[49]

Il me semble que se renouvellent sur le plan de la religion les problèmes que l'écrivain avait rencontrés pour mettre en scène la politique dans la troisième partie de *L'Education sentimentale*, et mettre en vis-à-vis (mais non en symétrie) la sottise des discours révolutionnaires et la férocité en acte des conservateurs.

Flaubert, qui apprécie le sérieux de Patrice Larroque, n'est pas sans réserve sur les limites du discours rationaliste ni sur la prose militante. Il écrit à Mlle Leroyer de Chantepie dès la sortie de son livre en 1860 :

> Avez-vous l'*Examen des dogmes de la religion chrétienne*, par P. Larroque ? cela rentre dans vos lectures favorites. L'auteur est remonté *aux sources*, chose rare ! et je ne vois pas une objection sérieuse qu'on puisse lui poser. C'est une réfutation complète du dogme catholique ; livre d'un esprit vieux du reste et conçu *étroitement*. C'est peut-être ce qu'il faut pour une œuvre militante ? Lisez-vous aussi la *Revue germanique* ? Il y a dedans d'excellents articles.[50]

On a noté précédemment la mise à distance rythmique du discours fictif dans le passage cité de Louis Hervieu qui fait entendre, précisément au discours direct, une dissonance. Interviennent également les effets modalisants de la structure.

---

49 *Correspondance, op. cit.*, t. V, p. 66.
50 Lettre du 15 janvier 1861, *ibid.*, t. III, p. 137.

Le chapitre de la religion est à lire avec le chapitre suivant, de l'éducation. Taro Nakajima a souligné le lien entre la critique du péché originel inspirée de l'ouvrage de Patrice Larroque, au chapitre 9, et la décision d'éduquer les deux enfants de Touache, qui échoue. Une autre motivation, psychologique, entre les deux chapitres est aussi donnée dans les scénarios :

> La religion les embête comme le reste. Mais leur cœur s'est élargi. Ils sont devenus féneloniens & vicaire savoyard. En sortant du château, par sensibilité, besoin d'aimer, dans un accès de colère généreuse, ils adoptent deux enfants, un petit garçon et une petite fille dont ils se proposent de faire l'éducation.[51]

De fait, le chapitre montre que l'histoire et l'éducation ne peuvent rien contre la nature, qui n'est pas bonne. Ce n'est pas tant donner raison au christianisme que désavouer le rousseauisme.[52]

Et il faut tenir compte aussi de la conclusion du chapitre 9. Cette conclusion invite à distinguer la religion et le sentiment du sacré et du divin. On entend de nouveau la voix de Bouvard qui se moque de l'idiot Marcel en prière :

> En rentrant chez eux, ils trouvèrent au bas de l'escalier, sous la madone, Marcel à genoux, et qui priait avec ferveur. La tête renversée, les yeux demi clos, et dilatant son bec-de-lièvre, il avait l'air d'un fakir en extase.
> « Quelle brute ! » dit Bouvard ».
> — « Pourquoi ? Il assiste peut-être à des choses que tu lui jalouserais si tu pouvais les voir. N'y a-t-il pas deux mondes, tout à fait distincts ? L'objet d'un raisonnement a moins de valeur que la manière de raisonner. Qu'importe la croyance ! Le principal est de croire. »
> Telles furent à la remarque de Bouvard les objections de Pécuchet (371).

« Bêtise et grandeur de la foi du charbonnier » dit un scénario.[53] La croyance de Marcel, qualifié de « brute » par Bouvard – mot qui renvoie au sens étymologique de la bête – ressortit au monde du sacré, qu'Henri Meschonnic distingue du religieux, et définit comme « cette fusion des bêtes, de l'humain et du cosmos », qu'il rapproche du divin.[54] La comparaison avec « un fakir en extase » présentée sur le mode du cliché et du burlesque, est ensuite significative. La référence indienne renvoie à d'autres univers de croyance. La voix de Pécuchet : « Qu'importe la

---

51 Ms g 225⁸, f° 1083 v°.
52 Voir la lettre de Flaubert à Maupassant, du 21 janvier 1879 : « Je veux montrer que l'Éducation, quelle qu'elle soit, ne signifie pas grand-chose, et que la Nature fait tout ou presque tout ». *Correspondance, op. cit.*, t. V, p. 791.
53 Ms g 225⁸, f° 1089.
54 Henri Meschonnic, « Le sacré, le divin, le religieux », propos recueillis par Pierre-Marc de Biasi, *Le Magazine littéraire*, n° 448, décembre 2005, p. 47.

croyance ! Le principal est de croire » fait alors écho à la voix d'Hilarion s'adressant à saint Antoine, après l'apparition de Bouddha et la disparition des dieux : « Tu viens de voir la croyance de plusieurs centaines de millions d'hommes ! ».[55]

---

[55] Voir Jacques Neefs dans *Flaubert et les pouvoirs du mythe, art. cit.*

Helmut Pfeiffer
Les illusions naturelles de la conscience.
Flaubert et l'épistémologie du positivisme

1. Le fatalisme et les masques : Friedrich Nietzsche

Il n'est plus évident qu'il y ait des affinités fondamentales entre l'œuvre fictionnelle de Flaubert et ce qu'on peut appeler l'armature épistémologique du second positivisme, celui de son temps, représenté de manière exemplaire en France par Hippolyte Taine, dont Flaubert fut, pendant un certain temps, un des proches. D'un côté, une théorie du savoir et de la connaissance dans une large part périmée, de l'autre une écriture dont la modernité ne cesse de provoquer. Cependant, pour les observateurs perspicaces de l'époque, la situation se présentait d'une manière différente. Un auteur à la fois caractéristique et exceptionnel peut servir d'exemple. Dans la pensée de Friedrich Nietzsche, surtout pendant les années 1884–85, l'association de Flaubert et de Taine semble quasiment aller de soi. Les notes non rédigées de ces années citent à plusieurs reprises les noms des deux auteurs, essentiellement sous deux rapports, d'abord celui de l'opposition à ce qu'on peut appeler les symptômes de la décadence de la culture intellectuelle française, représentée par Victor Hugo et son style déclamatoire d'un côté, Sainte-Beuve et Ernest Renan de l'autre, sur lesquels les sarcasmes nietzschéens ne tarissent pas ; ensuite dans leur caractère représentatif de certaines tendances exemplaires de l'*épistème* du XIXe siècle, que Nietzsche perçoit comme quasiment inévitables, mais qu'il croit pouvoir surmonter dans sa philosophie.

Il est nécessaire de distinguer trois aspects de la critique nietzschéenne. 1) Flaubert et Taine, l'un dans le roman, l'autre dans l'épistémologie et l'histoire, mettent en scène une psychologie de la faiblesse du moi, qui va de pair avec la dominance du monde extérieur, dont la causalité prime les motivations internes, et aussi avec la substitution d'un concept de la volonté par celui du désir. Il va de soi que, dans la perspective du *Willen zur Macht*, il s'agit pour Nietzsche, comme il le dit clairement, d'une psychologie fausse, mais symptomatique, et qui vaut donc la peine de la réfutation : « Die Psychologie dieser Herren Flaubert ist in summa falsch : sie sehen immer nur die Außen-Welt wirken und das ego geformt (ganz wie Taine ?) – sie kennen nur die Willens-Schwachen, wo désir an Stelle des Willens steht ».[1]

---

[1] Friedrich Nietzsche, *Kritische Studienausgabe*, 15 vol., éd. Giorgio Colli/Mazzino Montinari, Munich, Dt. Taschenbuch-Verlag, 1999, t. 11, p. 63, printemps 1884.

2) Flaubert et Taine préconisent une attitude du ‚désintéressement', Taine dans le domaine de la théorie de la connaissance (*Erkenntnißlehre*), « die 'Objektiven' – wie Taine », Flaubert dans le domaine de l'art, « die ideale Schönheit, an welche z.B. Flaubert glaubt ».[2] L'observateur philosophique et le créateur littéraire ne veulent pas être impliqués dans le dynamisme de leur objet, ils se refusent à la perspective d'une transformation authentique par la volonté. 3) Ce refus se comprend pleinement si l'on réussit à cerner le pessimisme, voire le fatalisme et le désespoir, qui caractérise les deux auteurs. Taine, selon Nietzsche, est un homme courageux, « jetzt der erste lebende Historiker, ein entschlossener und noch in seiner Verzweiflung tapferer Mensch », chez Flaubert, il croit pouvoir constater un « instinktiven Pessimismus ».[3] Et dans les deux cas, ce pessimisme est lié avec une attitude scientifique, ‚objectiviste', doublé d'un jeu de masques, qui constitue le complément indispensable de ce fatalisme désespéré. Pour Nietzsche, l'*impassibilité* flaubertienne ne semble être qu'un exemple particulièrement significatif de l'ambition « sich in wissenschaftlichen und pessimistischen Attitüden vorzuführen ».[4] Taine incarne bien une force et un courage qui peuvent résister « unter dem fatalistischen Druck des Wissens »,[5] mais, en même temps, il se met en scène dans des masques comme celui de M. Graindorge, qui lui permettent un jeu versatile dans des rôles comme celui de l'homme du monde, de l'expert du monde féminin, etc. Chez Flaubert, de l'autre côté, on ne rencontre pas seulement les masques du narrateur, mais tout un monde de travestissement, « die Maskerade des *bourgeois*, z.B. als Salambô (sic !) und als heiliger Antonius ».[6] Dans les deux cas, Nietzsche vise à révéler que la présence insistante des masques et de la mascarade dans l'œuvre de Taine et de Flaubert peut être lue comme le refus d'un monde du devenir. Prendre ou faire prendre des masques devient le symptôme d'un immobilisme profond, d'une faiblesse de la volonté de puissance.

Pour résumer le noyau conceptuel de l'association nietzschéenne des deux auteurs : Flaubert et Taine représentent le pôle le plus avancé et le plus significatif de l'intellectualité française : le « Sitz der geistigsten und raffinirtesten Cultur Europas ».[7] Malheureusement, il constitue un obstacle qu'on doit surmonter dans l'intérêt de l'avenir. Ce constat ne change rien au fait que le pessimisme des penseurs et

---

2 *Ibid.*, p. 253, été-automne 1884.
3 *Ibid.*, p. 599s., juin-juillet 1885.
4 *Ibid.*, p. 600.
5 *Ibid.*, p. 599.
6 *Ibid.*, p. 428, avril-juin 1885.
7 *Ibid.*, p. 598. Ce constat doit être nuancé : Il y a bien « la France du goût », mais il faut la trouver, « im Vordergrunde wälzt sich ein verdummtes und vergröbertes Frankreich, das neuerdings, bei dem Leichenbegängnisse V. H[ugos] eine wahre Orgie des Ungeschmacks gefeiert hat [...] ».

écrivains français reste, pour Nietzsche, une référence obligatoire. Dans une lettre à Taine, qui accompagne l'envoi de la *Götzendämmerung*, qualifié de « vielleicht das radikalste Buch, das bisher geschrieben wurde », Nietzsche précise qu'il a « in allen meinen Instinkten Deutschland den Krieg erklärt », et qu'il cherche un traducteur français pour faire connaître sa pensée à la nation qui incarne comme aucune autre la crise de la conscience européenne : « Zuletzt werden die Franzosen aus dem Buche die tiefe Sympathie heraushören, die sie verdienen ».[8]

2. Hypertrophies : l'halluciné et l'artiste

Vers la fin de 1866, Flaubert, qui voudrait bien « avancer quelque peu mon interminable roman »,[9] c'est-à-dire *L'Education sentimentale* qu'il a entrepris trois ans avant, écrit une lettre à Hippolyte Taine dans laquelle il lui parle du *Voyage en Italie* que ce dernier vient de faire paraître. Cette lettre, assez longue et louangeuse dans l'ensemble, surtout par rapport à la description de Venise, « votre Venise qui est un chef-d'œuvre ni plus ni moins »,[10] articule en revanche des réserves à propos des théories esthétiques de l'auteur :

> Je vous sais gré d'exalter l'individu si rabaissé de nos jours par la démocrasserie. Mais il y a quelque chose au-dessus de lui. C'est l'idée qu'il se fait de l'ensemble des choses et de la *manière* de l'exprimer, laquelle est une Création égale, sinon supérieure à celle de la nature.[11]

Cette critique s'adresse aux thèses formulées dans l'*Histoire de la littérature anglaise*, mais aussi aux analyses qui vont finalement faire partie de la *Philosophie de l'art*, en particulier du chapitre II : *De la production de l'œuvre d'art*, où Taine expose sa théorie des milieux producteurs de l'art dans une perspective darwinienne. La tendance politique de Taine peut être perspicace, ses conceptions esthétiques, où « tout s'explique par le milieu, par la physiologie et l'his-

---

[8] Friedrich Nietzsche, *Sämtliche Briefe. Kritische Studienausgabe*, 8 vol., Munich, Dt. Taschenbuch-Verlag, 1986, t. 8, p. 511.
[9] Gustave Flaubert, *Correspondance*, 5 vol., éd. Jean Bruneau/Yvan Leclerc, Paris, Gallimard, 1973–2007, t. III, p. 549.
[10] *Ibid.* Il s'agit en premier lieu de la description du paysage vénitien : « Le monsieur qui fait ainsi les soleils couchants et les promenades en gondole est né dans la peau d'un écrivain. » Flaubert remarque surtout ce qu'on peut appeler la psychologie historique qui prend pour objet le passé vénitien : « J'aime beaucoup votre psychologie de Venise, tant celle du XVIe que du XVIIIe. » (Ibid.).
[11] *Ibid.*, p. 548

toire », sont, selon Flaubert, erronées parce qu'elles ne tiennent pas assez compte de « *l'Art en soi*, qui *est*, cependant ».[12]

Il n'est pas sûr qu'une discussion menée selon les pôles de cette opposition puisse sortir facilement des ornières bien connues de la théorie des arts de la deuxième moitié du XIXe siècle. Heureusement la réponse de Taine va alors dans un sens différent. En réponse à Flaubert il manifeste d'abord l'insatisfaction avec le style qu'il écrit lui-même, reprend donc le terme-clef de la poétique flaubertienne,[13] pour parler ensuite d'un projet assez différent, mais d'une envergure tout à fait remarquable – vu l'importance du sujet, Taine fait même savoir qu'il a donné sa démission de Saint-Cyr :

> [...] je fais comme tous ceux qui ont un vice ; je m'enfonce dans le mien ; j'ai cent cinquante pages d'une théorie de l'Intelligence [...] je resterai là-dedans environ dix-huit mois.[14]

L'ironie, qui voit dans la théorie de l'intelligence le 'vice' particulier de l'auteur, n'est pas trop loin de ce que dira Nietzsche de la dominance de *l'Erkenntnißlehre* dans le système positiviste. Mais ce n'est pas la rationalité du savoir qui va dominer dans cette recherche de longue haleine, c'est plutôt l'intérêt pour les « matières d'imagination et d'images » qui oriente le travail entrepris tout naturellement vers les « cas spéciaux et d'hypertrophiés ».[15] Il s'agit donc avant tout de l'enchevêtrement de la connaissance et de l'illusion. Le livre publié finalement en deux volumes en 1870, avec le titre *De l'intelligence*, un an après *L'Education sentimentale*, veut bien être une synthèse des travaux français, anglais et allemands en matière de physiologie, philosophie de la connaissance, psychologie, et même de psychiatrie. Taine cite abondamment les autorités de la science,[16] et il analyse aussi des exemples pris dans son expérience personnelle. Mais l'intérêt pour la catégorie des « cas spéciaux », qui évidemment englobe les artistes et les écrivains, le pousse tout naturellement à poser une *question personnelle* à Flaubert.[17] En fait, il s'agit

---

12 *Ibid.*
13 Cf. *ibid.*, p. 1425 : « [...] mon style n'est pas fait pour être clair ni coulant ».
14 Le texte de cette lettre se retrouve dans le tome III de la *Correspondance* (p. 1425s.) de Flaubert, je cite d'après cette édition.
15 *Ibid.*, p. 1426.
16 P.ex. : John Stuart Mill, Herbert Spencer, Brierre de Boismont (*Des hallucinations*), Wilhelm Griesinger (*Die Pathologie und Therapie der psychischen Krankheiten*), Robert Macnish (*Philosophy of Sleep*), Charles Darwin, Alexander Bain (*Senses and Intellect*), Hermann von Helmholtz (*Die Lehre von den Tonempfindungen*), etc.
17 Flaubert n'est pas le seul, Taine s'adresse aussi „à Doré, à un joueur d'échecs qui peut mener une partie les yeux fermés, à un mathématicien qui chiffre de longs calculs dans sa tête [...] " (*ibid.*, p. 1426)

de quatre questions qui, dans l'ensemble, ne portent pas vraiment sur la créativité artistique comme telle, mais plutôt sur le rapport de l'imagination et de la sensation, de la perception et du souvenir dans le fonctionnement psychique du travail de l'écrivain. Qu'est-ce que cela veut dire : poser à Flaubert une « question personnelle » dans le cadre d'une recherche sur la structure de l'intelligence de l'homme ? On a l'impression que Taine croit avancer sur un terrain du secret, de l'inavouable et de l'inavoué, voire du côté louche de la vie psychique de l'artiste. L'écrivain est un cas spécial, un « hypertrophié », dont l'existence montre les fondements problématiques de ce que depuis la sociologie phénoménologique du savoir il est convenu d'appeler la *paramount reality*, celle de la vie quotidienne, de ses pratiques et de ses convictions. Pour Taine, c'est la contingence fondamentale des certitudes de la perception qui constitue le début de toute recherche sur l'intelligence – et donc le caractère paradigmatique des phénomènes où les différences et distinctions bien établies, de la perception et de l'imagination, de la sensation et de l'hallucination, sont ou semblent abolies, où la réalité garantie du monde perceptif s'avère n'être rien d'autre qu'un équilibre fragile de l'illusion et de sa 'réduction'.

Cela implique bien que, pour l'auteur du livre *De l'intelligence*, 'l'hypertrophié' et la 'spécialité' psychologique de l'auteur ne se trouvent pas dans le rapport à l'écriture, mais plutôt dans le caractère exceptionnel des mécanismes de l'imagination créatrice. Qu'est-ce qui arrive, par exemple, quand Flaubert imagine un objet, un personnage, une rue de Tostes par exemple ou le visage d'Emma Bovary ? L'intérêt de Taine porte exclusivement sur la question de la spécificité et de l'intensité des images psychiques, nullement sur le rapport de l'imaginaire et de l'écriture. Pour le dire dans des termes courants : il s'agit de la continuité auto-poïétique de la vie psychique et nullement de la *Kopplung* du psychique et du langage, de l'extériorisation de l'image dans la communication. Et dans ce dynamisme intérieur, le centre du questionnement et de la réflexion porte sur la distinction fragile de la perception (ou plutôt de la sensation) et de l'image. Pour Taine, quelqu'un comme Flaubert est un hypertrophié de l'imagination créatrice – que le même auteur veut être aussi et surtout celui pour qui le style est une manière absolue de voir les choses n'entre pas en compte pour le moment. Les questions qu'il pose sont révélatrices : « [...] y a-t-il des moments où l'imagination intensive puisse être confondue par vous avec l'objet réel ? L'oubli des sensations articulées est-il parfois assez grand pour cela ? ».[18] De même, pour la durée de l'image : est-ce que le poète, quand il imagine un objet ou un personnage de ses

---

18 *Ibid.*, p. 1426.

fictions, se voit ensuite « obsédé, comme par une hallucination ».[19] Est-ce qu'il y aurait, dans l'expérience du poète, une affinité entre « les images intenses, mais tranquilles », « les hallucinations bienfaisantes qui précèdent le sommeil », et « (l)'intuition, ou l'image artistique et poétique du romancier ».[20]

Comme l'on voit, les questions portent exclusivement et d'une manière presque obsessionnelle sur des états de la conscience dans lesquels la différence épistémologique fondamentale, celle qui constitue la distinction du monde perceptif et de l'imagination subjective, le hiatus séparant la sensation et l'image, s'avère problématique, voire inexistante, ou, pour une certaine durée, abolie. Le positivisme est hanté par le phantasme de l'illusion et de l'hallucination, par tous ces cas où l'image intérieure se présente, pour le sujet, comme sa réalité, – où la certitude de l'être-au-monde n'est que la conviction illusoire d'un individu en proie à son imaginaire. Le thème initial et constant dans *De l'intelligence* est précisément le soupçon que la réalité de la *paramount reality* puisse être trouée, envahie par les illusions de l'imaginaire. On se trouve ici en présence d'un concept de l'illusion fondamentalement statique et oppositionnel. Le poète – comme d'autres artistes et cas spéciaux – est un *hypertrophié*, qui, dans le processus de son imagination, fait voir à l'évidence la fragilité essentielle de nos convictions perceptives. Il est hanté par des images, c'est-à-dire qu'il est un paradigme d'une activité psychique exorbitante – même si le premier chapitre de *De l'intelligence* va porter sur les signes, ce ne sont pas des questions de langage et de forme esthétique, du rapport d'un *magma* psychique informe et de la forme de l'œuvre que Taine pose à l'écrivain et à l'artiste.

Sous plusieurs aspects, la réponse de Flaubert à ce questionnaire peut surprendre. D'abord, il répond d'une manière catégorique à propos de la confusion possible de l'image et de l'objet réel : « Oui *toujours*. L'image intéressée [?] est pour moi aussi vraie que la réalité objective des choses ».[21] Quelle est la signification de cette 'vérité' de l'image ? Est-ce qu'il s'agit d'une illusion visuelle que l'auteur confond avec un objet perceptif ? Cela n'est peut-être pas exclu, mais l'explication que Flaubert ajoute va dans un sens différent. Il n'y aurait, « au bout de très peu de temps », plus de distinction entre ce que « la réalité m'a fourni » et les « embellissements ou modifications que je lui ai donnés. »[22] Flaubert transforme la question que Taine lui a posée : il ne s'agit plus, dans sa réponse, de la

---

[19] *Ibid.*
[20] *Ibid.*
[21] *Ibid.*, p. 562. – Le point d'interrogation provient de l'éditeur. Je pense qu'il faut probablement lire : « intérieure ».
[22] *Ibid.*

confusion de l'image et de l'objet, mais d'un objet nouveau, qu'on pourrait appeler objet fusionnel, créé à partir d'une donnée réelle, mais réalisée à travers un travail de l'imagination. Au début de ce travail il y a bien la réalité, mais très vite s'ajoutent ce qu'il appelle les « embellissements ou modifications ». La question de Taine porte sur la confusion de l'objet et de l'image, la réponse de Flaubert sur un travail combinatoire ou transformationnel du réel et de l'imaginaire. Dans la terminologie de Wolfgang Iser, on pourrait parler d'un jeu de la fiction qui sert de relais entre l'imaginaire et le réel.[23]

Le deuxième point est encore plus explicite. Pour Flaubert, il semble y avoir un va-et-vient entre la conscience imageante et l'objet imaginaire. L'auteur, d'un côté, se voit poursuivi par ses créatures imaginaires, mais il continue aussi à les faire vivre, il entre dans leur peau. Il est celui qui leur donne une réalité imaginaire – mais il peut aussi être le repoussoir de leur vie, jusque dans des sensations somatiques :

> Quand j'écrivais l'empoisonnement de Mme Bovary j'avais si bien le goût de l'arsenic dans la bouche, j'étais si bien empoisonné moi-même que je me suis donné deux indigestions coup sur coup, – deux indigestions réelles car j'ai vomi tout mon dîner.[24]

On connaît bien ce passage, c'est aussi celui que Taine va citer dans *De l'intelligence*, où Flaubert est caractérisé comme le plus exact et le plus lucide des romanciers modernes. La description flaubertienne est devenue un lieu classique du pouvoir hallucinatoire de l'imaginaire, de sa résonance somatique et du pouvoir de l'auto-affection à travers les images. Mais il ne faut pas oublier ce que Flaubert ajoute. Il y a, dit-il, des choses qu'il n'écrit pas, bien qu'il les voie dans l'imagination. Pour lui, par exemple, Homais est marqué de petite vérole – le lecteur du roman ne sait rien de ce détail qui n'existe que dans l'imaginaire (et la lettre) de Flaubert. Dans le travail de l'écrivain comme mise en scène fictionnelle de l'imaginaire il y aurait donc toujours un jeu de la sélectivité et de la réflexivité. C'est précisément ce domaine intermédiaire qui n'a pas de place dans les questions posées par l'auteur de *De l'intelligence*, centrées, comme elles le sont, sur le statut précaire et incertain des contenus de la conscience.[25]

---

23 Wolfgang Iser, *Das Fiktive und das Imaginäre. Perspektiven literarischer Anthropologie*, Francfort-sur-le-Main, Suhrkamp, 1991, p. 18ss.
24 *Correspondance*, t. III, p. 562.
25 Dans *La Philosophie de l'art* Taine définit la loi de la production de l'œuvre d'art de la manière suivante : « L'œuvre d'art est déterminée par un ensemble qui est l'état général de l'esprit et des mœurs environnantes. » (Hippolyte Taine, *Philosophie de l'art*, 2 vol., Treizième Edition, Paris,

Ce travail de la différence devient encore plus évident si l'on tient compte de certains détails de la description. La distance entre l'épistémologie positiviste et la poétique du roman moderniste s'accentue encore pour évacuer l'affinité superficielle. On peut distinguer trois aspects. 1) Oui, dit Flaubert, le souvenir « idéalise » et « choisit ». Il ne présente pas les objets « pleinement, intégralement », mais plutôt des « fragments », selon l'alternative suggérée du questionnaire. Mais Flaubert transpose la distinction. Si le souvenir idéalise, il fait ce que fait déjà la sensation, ou la perception : « [...] peut-être l'œil idéalise-t-il aussi ? Observez notre étonnement devant une épreuve photographique. Ce n'est jamais *ça* qu'on a vu. »[26] 2) On peut dire, avec Taine, que l' « intuition artistique ressemble en effet aux hallucinations hypnagogiques », pour souligner un certain caractère de *fugacité*. Mais la vitesse et le caractère transitoire ne sont, selon Flaubert, qu'un des côtés de l'image artistique. Plus important est son côté évolutif, le fait que l'image « se fait lentement – pièce à pièce – comme les diverses parties d'un décor que l'on pose. »[27] L'image n'est donc pas une pure passivité qui enchaîne la conscience, elle est plutôt une espèce de productivité, le résultat d'une tension dynamique, le chaînon essentiel dans un processus qui matérialise une volonté de création. 3) Finalement : il y a un abîme entre « la vision intérieure de l'artiste » et celle de « l'homme vraiment halluciné ». Flaubert prétend connaître « parfaitement les deux états », celui de l'halluciné et celui de l'artiste. Ce n'est pas la qualité intrinsèque de l'image qui fait la différence, mais l'émotion qui les accompagne. « Dans l'hallucination proprement dite, il y a toujours terreur [...] Dans la vision poétique, au contraire, il y a joie. »[28] L'hallucination produit un état de stupeur, comme une mort de la personnalité, la vision poétique, par contre, est pour le moi comme un don qui le transforme. La terreur de l'hallucination anéantit, la joie de la vision esthétique fait vivre.

3. Les quais : le philosophe et le jeune homme

De l'intelligence se présente, par rapport aux témoignages utilisés, comme un répertoire diversifié de « cas anormaux, empruntés également aux aliénistes et aux physiologistes ».[29] L'horizon scientifique de l'auteur est vaste, il connaît la

---

Hachette, 1909, t. I, p. 49) Il est évident qu'une telle définition n'a pas d'espace pour un travail dynamique de l'imaginaire.
26 *Ibid.*
27 *Ibid.*
28 *Ibid.*
29 Hippolyte Taine, *De l'intelligence*, 2 vol., Sixième Edition, Paris, Hachette, 1892, t. I, p.4.

recherche anglaise, allemande et évidemment française. Cependant, bien qu'il ait étudié les travaux des aliénistes, il ne s'intéresse nullement aux spécificités des maladies psychiques comme telles. Discuter des cas anormaux pour faire avancer la connaissance de l'intelligence – c'est pour Taine plutôt un choix méthodologique qui s'oppose à la spéculation abstraite et vaine des philosophes. « [...] la pure spéculation philosophique » ne va occuper que « cinq ou six pages », d'une importance vastement plus grande sont les « travaux des pionniers ». Parmi ces travaux ne comptent pas seulement les études des aliénistes (sur l'hypnose, le somnambulisme, etc.), mais aussi l'observation minutieuse du comportement des enfants (Taine lui-même donne un exemple dans une note très longue, où il raconte ses observations sur le développement de la compétence linguistique chez une petite fille, et il met ses résultats en rapport avec les théories sur l'évolution de la langue fournies dans les travaux de Max Müller), les récits sur des expériences dans le milieu des consommateurs de drogues (il connaît évidemment l'histoire de la société psychiatrique et artistique de l'hôtel Pimodan), et surtout, comme l'on a vu, l'auto-observation des artistes : « Tout peintre, poète, romancier d'une lucidité exceptionnelle devrait être questionné et observé à fond par un ami psychologue. »[30] La maxime méthodologique qui dirige ces choix est d'une simplicité élémentaire : « Plus un fait est bizarre, plus il est instructif ».[31]

Mais ce n'est pas tout. Il y a aussi le quotidien de l'expérience individuelle qui est plein de surprises et de crises et qui peut servir comme champ de recherche. Evidemment il faut choisir, et le meilleur choix sera peut-être de favoriser une certaine *Unheimlichkeit des Heimlichen*, l'insolite du familier, comme domaine de l'observation. Ce qui frappe le lecteur, quand on ouvre la partie centrale du livre qui porte sur les images, c'est que Taine présente des expériences de lieux qui ressemblent à une certaine topique poético-littéraire – on se trouve confronté avec une circulation littéraire-philosophique de lieux comme *topoi*. Les images présentées et analysées se réfèrent à deux lieux, qui correspondent assez exactement à deux espaces importants de *L'Education sentimentale*. Taine raconte d'abord une promenade le long du « quai qui longe l'Arsenal » – c'est-à-dire un lieu parisien qui est précisément le vis-à-vis rive droite du Quai Saint-Bernard de la rive gauche, où débute l'histoire de Frédéric Moreau. Le deuxième exemple évoque la forêt de Fontainebleau, lieu mythique de l'écriture flaubertienne, le théâtre de l'excursion de Frédéric et de Rosanette pour échapper à la violence révolutionnaire des journées de juin 1848. S'agit-il d'une pure coïncidence ? Y-a-t-il une motivation profonde de ce choix ?

---

[30] *Ibid.*, p. 13.
[31] *Ibid.*, p. 16.

Si l'on accepte les datations des auteurs, il ne peut y avoir d'influence directe des textes. *L'Education sentimentale* paraît le 17 novembre 1869. Comme l'on sait, le début du roman se situe vers la fin de l'été de 1840, le 15 septembre, et l'excursion à Fontainebleau, racontée au début de la troisième partie du roman, a lieu vers la fin du mois de juin (le 22) 1848. Evidemment, ces dates ne concernent que l'ordre temporel à l'intérieur de la fiction. *De l'intelligence*, de l'autre côté, est publié en 1870, mais la promenade de Taine dont il est question dans le livre a lieu le 24 novembre 1867, l'auteur nous assure qu'il l'a écrite pendant la journée du 25 novembre, donc, selon une lecture possible de la fin de *L'Education*, plus ou moins au temps du dernier épisode du roman – si on ne situe pas l'épisode de la rencontre des deux amis un an plus tard. (Pour Fontainebleau, il n'y a pas d'indication temporelle dans *De l'intelligence*, l'évocation du lieu ne sert qu'à caractériser un certain type de la transformation des sensations en images). En tout cas : Taine ne peut pas connaître le roman quand il fait sa promenade le long du Quai Henri IV, mais Flaubert peut lui avoir parlé du début de son roman (ou d'autres épisodes, comme celui de Fontainebleau). Mais peut-être s'agit-il de la découverte et de la reprise d'un topos psychologique-esthétique ?

L'évocation brève de la forêt de Fontainebleau dans *De l'intelligence* ne saurait se comparer au roman, où l'épisode de Fontainebleau tient une place fondamentale. C'est un effet un moment fort du récit, où l'histoire de la Révolution de 1848 et les aventures sentimentales des protagonistes sont croisées d'une manière complexe dont les enjeux se dessinent à travers les promenades dans la forêt. Tout l'aspect mythologique et catastrophique de la description de la forêt est étroitement lié à la modélisation de l'époque révolutionnaire. Néanmoins, on peut souligner dans les deux cas tant l'importance des jeux de lumière que le motif des chemins qu'on perd. Dans les deux cas le lecteur est confronté avec un registre élémentaire de la perception qui devient illusion. Frédéric et Rosanette, nous dit le roman, « recommencèrent au hasard [...] sans demander où ils étaient, et souvent même négligeant les sites fameux. »[32] Taine, le promeneur, tend à oublier « l'ondulation du chemin », mais il se rappelle « la blancheur d'un sentier de sable dans la forêt de Fontainebleau, les cent petites taches et raies noires dont les brindilles de bois le parsèment, son déroulement tortueux, la rousseur vaguement rosée des bruyères qui le bordent. »[33] De la même manière les protagonistes de la fiction sont attirés par les jeux de la lumière dans la forêt : « La lumière, à de certaines places éclairant la lisière du bois, laissait les fonds dans l'ombre ; ou bien, atténuée sur les premiers plans par une sorte de crépuscule, elle étalait

---

[32] Gustave Flaubert, *L'Education sentimentale*, éd. P.M. Wetherill, Paris, Garnier, 1984, p. 326.
[33] *De l'Intelligence*, t. I, p. 79.

dans les lointains des vapeurs violettes, une clarté blanche. »³⁴ Un certain jeu du pittoresque de l'ombre et de la lumière a lieu ici et là, chez le promeneur du traité comme chez les protagonistes du roman. Mais l'affinité s'arrête là où l'auteur du roman met en scène un imaginaire cataclysmique qui, après un certain temps, s'insère dans la perception de ses protagonistes et la surplombe. Chez Taine, par contre, la fonctionnalité de l'exemple s'arrête à la comparaison de la sensation et de l'image : « même dans les résurrections involontaires qui sont plus vives, je ne suis qu'à demi lucide [...] Comparé à la sensation, c'est un chuchotement où plusieurs paroles manquent à côté d'une voix articulée et vibrante ».³⁵

Le cas de la promenade parisienne le long des quais est différent. On peut parler d'une exemplarité inversée. Le traité reprend les données du roman pour leur donner une tournure ouvertement conceptuelle. Comparons les situations. Le départ de Frédéric a lieu vers six heures du matin – la promenade du philosophe vers cinq heures du soir, dans les deux cas il s'agit d'un moment de transition. Frédéric se trouve sur le bateau qui se met en mouvement, pour lui c'est le paysage qui semble se mettre en mouvement ; Taine se promène sur les quais et observe « de grands bateaux qui se laissaient couler au fil de courant ».³⁶ Le roman met en jeu une duplicité de la focalisation et de la voix narrative, l'argument épistémologique du philosophe prend pour thème la duplicité de la sensation (de la perception) et de l'image. Le roman présente une pléthore d'objets hétérogènes pour les mettre en contraste avec l'homogénéisation de l'imaginaire ; le texte philosophique offre le tableau de certaines idiosyncrasies de sensations et d'images – l'auteur nous informe qu'il n'a qu'un « degré ordinaire » de la mémoire des formes, mais « un degré plus élevé celle des couleurs »,³⁷ l'important étant en tout cas que « la nuance précise d'émotion » se reproduit d'une manière intacte dans l'image qui ressuscite la sensation. Et finalement : comme il y a chez Flaubert 'l'usage de l'incertitude' qui place le lecteur dans un lieu intermédiaire, entre l'instance narrative et la perception du protagoniste, Taine nous offre une description de sa promenade, de ce qu'il a vu le soir, mais il informe le lecteur que sa description date de la journée suivante, elle ne peut donc être qu'une description des images dont les différences et les affinités avec les sensations, c'est-à-dire son caractère 'résurrectionnel', constituent le sujet du passage : « Il y avait hier en moi des sensations provoquées par le contact présent des choses et par l'ébranlement présent du nerf. En ce moment, il s'élève en moi des impressions analogues,

---

34 *L'Education sentimentale*, p. 327.
35 *De l'Intelligence*, t. I, p. 79.
36 *Ibid.*, p. 77.
37 *Ibid.*, p. 79.

quoique à distance [...] C'est une demi-résurrection de mon expérience ; on pourra [...] dire qu'elle est un arrière-goût, un écho, un simulacre, un fantôme, une *image* de la sensation primitive [...] ».[38] Le texte reproduit donc le caractère illusoire de l'image qui, dans l'analyse du positiviste, répète la sensation à distance.

« [...] il n'y a peut-être pas dans tout Flaubert une seule belle métaphore. »[39] Le mot trop connu de Proust, formulé dans un essai 'à propos du style de Flaubert', et qui tire ses exemples surtout de *L'Education sentimentale*, jette une lumière significative sur le rapport du roman et du positivisme tainien. Le contraste de la matérialité des objets, présentée en dehors d'une métaphoricité romanesque, le tableau de surface que présente, dans le premier chapitre du roman, la description du navire en opposition avec le regard de Frédéric qui veut être un regard de conquête et qui en vérité est plein de stéréotypes, ne cesse de dessiner le contraste de la 'sensation' et de l''image' qui n'est pas médiatisé à travers ce qu'on doit appeler une perception.[40] La rivalité d'une conception métaphorique et d'une conception pour ainsi dire physiologique de la perception se trouve au centre de l'épistémologie du positivisme ; le choix du terme 'sensation' pour marquer le point initial et décisif de la perception n'est pas seulement dû à l'héritage empiriste et sensualiste, c'est plutôt une machine de guerre contre une conception de la perception qui se donnerait, et de plein droit, un monde de la signification. Pour le positiviste, entre la sensation élémentaire, qui ne signifie pas, et la perception comme sens, il y a la possibilité toujours imminente de l'erreur et de l'illusion, le moment crucial, aussi fragile qu'inévitable dans notre rapport au monde. Et ce rapport problématique explique aussi la hantise positiviste de l'image, qui, comme résurrection, fantôme, arrière-goût, simulacre de la sensation, etc., répète et transforme les caractères essentiels de la sensation, toujours enclin à se donner des significations qui ne sont que des illusions, surtout dans le plein de leur intensité.

---

38 *Ibid.*, p. 78.
39 Marcel Proust, *Contre Sainte-Beuve*, éd. P. Clarac/Y. Sandre, Paris, Gallimard, 1971, p. 586.
40 En tout cas, si l'on prend le terme ‚perception' dans le sens que lui a donné la phénoménologie et qui veut réfuter l'idéologie empirico-positiviste de la sensation et de l'impression. Cf. Maurice Merleau-Ponty, *Phénoménologie de la perception*, Paris, Gallimard, 1945, p. ex. p. 30 : « Percevoir n'est pas éprouver une multitude d'impressions [...] c'est voir jaillir d'une constellation de données un sens immanent [...] ».

4. Les apories de la sensation

On a beaucoup discuté la formule de Hans Blumenberg issue de son essai *Wirklichkeitsbegriff und Möglichkeit des Romans*,[41] selon laquelle les possibilités du roman moderne (dans un sens très large) seraient dans un rapport essentiel avec la « Realisierung eines in sich einstimmigen Kontexts », à savoir la réalisation d'un contexte homogène et consistant comme mode fondamental de l'expérience du réel. Evidemment, il s'agit là d'un concept extrêmement général et concernant la longue durée, entre une structure moyenâgeuse de la réalité comme évidence instantanée et l'expérience du réel comme obstacle ou résistance, *Widerstand*, que Blumenberg associe avec la littérature du XXe siècle. La spécificité historique du concept n'est certainement pas très grande. Pour le moment, cependant, il ne s'agit pas de pertinence historique, j'aimerais plutôt souligner une constellation épistémologique qui me paraît révélatrice. D'un côté, le roman du XIXe siècle, surtout le roman français, semble être un paradigme tout à fait éminent de la structure postulée du contexte homogène, de l'autre, Blumenberg admet, dans une note où il se réfère à la discussion sur les implications de son essai, que le concept en question peut être élucidé comme le *Wirklichkeitsbegriff* de la phénoménologie husserlienne, où plutôt qu'il représente la structure du rapport de la conscience et du réel explicité dans les descriptions de la phénoménologie. La remarque suggère que la phénoménologie peut être lue comme le déploiement conceptuel de ce que le roman (réaliste et post-réaliste) présuppose déjà au niveau de la modélisation fictionnelle. Je dirais plutôt que ce commentaire obscurcit les modalités du rapport que nous entretenons avec le roman du XIXe, flaubertien et autre, y compris une distance peut-être inévitable par rapport à l'œuvre de celui que Nathalie Sarraute a appelé 'le précurseur'. Si l'on admet que le positivisme n'est pas seulement un courant intra-philosophique, avec un certain nombre de thèses et de conclusions problématiques critiquées d'une manière décisive à partir de 1900 par la phénoménologie, et peut-être déjà avant par le pragmatisme anglais ou américain, si l'on admet que le positivisme a produit, entre autres choses, une analyse épistémologique d'une importance considérable pour l'ensemble des sciences mais aussi pour le champ esthétique, et qu'il a aussi été un symptôme d'une situation de l'*épistème*, on devrait se poser la question si l'historicité du roman réaliste et post-réaliste n'est pas liée au fait qu'il fait partie d'une problématisation du réel préconisée en milieu positiviste. Le positivisme est un symptôme d'une crise de la perception, ou plus précisément de la contextualité du réel.

---

41 Hans Blumenberg, « Wirklichkeitsbegriff und Möglichkeit des Romans », dans : Hans-Robert Jauss, éd., *Nachahmung und Illusion*, Munich, Fink, 1964, p. 9–27.

Ses réponses théoriques semblent surpassées, même oubliées. Le roman de son époque, par contre, paraît vivant, même s'il a perdu le contexte épistémologique dans lequel il a paru. Cependant, la conceptualité du positivisme de la seconde moitié du XIXe peut révéler l'historicité de la mise en scène de la perception et de l'image dans le roman qu'on tend à ignorer depuis assez longtemps parce qu'il produit un effet de distance, même un certain malaise.

Tout au début de sa *Phénoménologie de la perception*, Maurice Merleau-Ponty souligne les apories conceptuelles qui ont faussées l'analyse de la perception à travers le concept de la sensation :

> En commençant l'étude de la perception, nous trouvons dans le langage la notion de sensation, qui paraît immédiate et claire : je sens du rouge, du bleu, du chaud, du froid. On va voir pourtant qu'elle est la plus confuse qui soit, et que, pour l'avoir admise, les analyses classiques ont manqué le phénomène de la perception.[42]

La critique de Merleau-Ponty vise l'empirisme comme le positivisme. Ce qu'elle dénonce surtout, c'est le fait que le concept de la sensation (ou, dans la terminologie de Hume, que Merleau-Ponty cite aussi, de l'*impression*) « ne correspond à rien dont nous ayons l'expérience »,[43] que la « prétendue évidence du sentir n'est pas fondée sur un témoignage de la conscience, mais sur le préjugé du monde ».[44] Ce dernier concept répète et traduit le jugement husserlien selon lequel toute la psychologie du passé se retrouve « auf dem Boden der naiven Welthabe ».[45] Pour la phénoménologie il n'y a pas et il ne peut y avoir de « définition physiologique »[46] de la sensation.

Nous nous retrouvons au milieu du problème. Pour le positivisme, toute analyse de la perception conduit à l'analyse de la sensation – et comme la sensation ne peut être comprise, comme on va le voir tout à l'heure, en dehors de son rapport à l'image, à l'imaginaire, voire à l'hallucination, il n'y a pas de concept de la sensation sans le contrepoint du concept de l'illusion. La perception, pour le positivisme, n'est ni un concept évident, ni fondamental, ni primordial. Elle ne

---

42 *Phénoménologie de la perception*, p. 9.
43 *Ibid.*, p. 9.
44 *Ibid.*, p. 11.
45 Edmund Husserl, *Die Krisis der europäischen Wissenschaften und die transzentale Phänomenologie* (Husserliana, t. 6), éd. Walter Biemel, Den Haag, Martinus Nijhoff, 1976, p. 215. Cette thèse veut être prise comme « ein neuer Leitfaden für das Verständnis des Versagens der Psychologie in ihrer ganzen neuzeitlichen Geschichte ».
46 *Phénoménologie de la perception*, p. 16.

peut donc pas être cette « intention de notre être total », postulée par la phénoménologie, c'est-à-dire la forme même de « l'être au monde ».[47]

Il y a au moins deux raisons pour expliquer le choix conceptuel du positivisme : D'abord, dans l'attitude analytique, qui est celle du positivisme, la perception (la perception 'extérieure') n'est pas la forme globale et intentionnelle de la présence des objets et du monde à la conscience, mais plutôt une structure complexe qu'on doit décomposer, à travers des distinctions analytiques. Ensuite, il faut reconnaître que le choix du concept de la sensation (ou de l'impression) est dû à l'héritage de l'empirisme et du sensualisme. A plusieurs reprises, dans *De l'intelligence*, Taine reconnaît le rôle fondateur de la philosophie du XVIIIe siècle, notamment celle de Condillac. Ce sont deux vérités que le positivisme trouve dans les analyses de cette tradition et qu'il veut préciser en intégrant les progrès de la physiologie du XIXe siècle : 1) La sensation n'est pas dans l'objet, mais dans l'appareil du récepteur, il va donc être nécessaire de préciser ce lieu. 2) La sensation est à l'origine de la perception, la perception est l'organisation des stimuli sensoriels dans un ensemble cohérent et significatif. En accord avec les résultats de la physiologie, le positivisme veut préciser l'analyse de la sensation – avec le résultat que l'impasse de l'empirisme devient l'aporie du positivisme.

S'il est vrai, comme le dit William James dans ses *Principles of Psychology*, que le but de la psychologie positiviste, « this strictly positivistic point of view », serait toujours « the empirical correlation of the various sorts of thought or feeling with definite conditions of the brain »,[48] ce qui revient à dire que le rapport de la psychologie et de physiologie constitue en quelque sorte le noyau de la théorie positiviste du savoir. Le lieu de la sensation, déjà peu clair dans l'empirisme, se voit transféré loin de la sphère transparente de la conscience et de l'auto-observation. Pour le dire avec Merleau-Ponty : « La pure impression n'est [...] pas seulement introuvable, mais imperceptible et donc impensable comme moment de la perception. »[49] Avec le schématisme psycho-physiologique, la sensation perd finalement tout contact immédiat et transparent avec la perception et le monde qu'elle se donne. Elle se retire dans les profondeurs des centres nerveux du cerveau. L'instance d'un observateur externe, averti et scientifique, devient nécessaire pour démontrer que le lieu de la sensation ne se trouve plus dans les

---

47 *Ibid.*, p. 94s.
48 William James, *The Principles of Psychology*, New York, Henry Holt and Co, 1890, 2 vol., t. I, p. VI.
49 *Phénoménologie de la perception*, p. 10 : « Une donnée perceptive isolée est inconcevable, si du moins nous faisons l'expérience mentale de la percevoir. Mais il y a dans le monde des objets isolés ou du vide physique. » Cela veut dire : « La prétendue évidence du sentir n'est pas fondée sur un témoignage de la conscience, mais sur le préjugé du monde » (p. 11).

organes des sens, les mains, la peau, etc., mais bien dans l'encéphale, loin en tout cas de tous ces lieux du corps ou du monde où l'individu pourrait être enclin à situer ce qu'on lui recommande d'appeler des sensations. Pour l'analyse positiviste il n'est plus correct de dire que les sensations, par exemple les sensations visuelles ou auditives, ont leur lieu loin du corps, mais il est également erroné de situer les sensations dans les extrémités des organes sensoriels. Dès maintenant, toute description de la sensation comme expérience subjective devient nécessairement illusoire, tout effort du sujet pour la localiser doit être corrigé en consultant la physiologie. On comprend que, dans le volume deux de *De l'intelligence* qui porte sur *Les diverses sortes de connaissance*, le premier chapitre du *Mécanisme général de la connaissance* s'intitule *De l'illusion*.

Qu'est-ce que la sensation dans l'univers psycho-physiologique du positivisme ? C'est le « premier événement intérieur, connu sans intermédiaire ».[50] La sensation « appartient à nous et non à l'objet »,[51] elle n'est pas une propriété de l'objet, mais un événement à l'intérieur du sujet, selon une dualité psycho-physiologique. Le sujet devrait être en mesure de prendre conscience de la sensation, comme la physiologie de l'avenir devrait être capable de la localiser dans les centres fonctionnels du cerveau. Mais la réalité, que nous rencontrons dans l'expérience du sujet, est tout autre. La sensation observée, chez les autres comme dans l'expérience subjective de l'observateur positiviste, ne va jamais sans images, il n'y a pas de sensation pure, elle est un événement « accompagné d'images associées qui la situent ».[52] Si pour le phénoménologue l'impression ou la sensation comme telle n'existe pas, parce qu'elle est fondée sur une reconstruction après-coup, erronée et pseudo-scientifique du vécu de la perception,[53] pour le positivisme ce fait traduit la fragilité et la contingence de l'expérience perceptive, dans laquelle la seule certitude, c'est-à-dire la sensation, se voit instantanément enchaînée dans un ensemble d'images, de fantasmes et d'hallucinations. Par exemple, les sensations qu'un sujet éprouve sont toujours localisées, très souvent attribuées aux organes du corps, la main, la langue, le nez, etc., c'est-à-dire, comme dira le physiologiste, « à l'extrémité du nerf dont l'action la provoque »,[54] dans le cas des sensations de sons et de couleurs, « non dans les

---

50 *De l'intelligence*, t. I, p. 169.
51 *Ibid.*, p. 167.
52 *Ibid.*
53 *Phénoménologie de la perception*, p. 12 : « La qualité déterminée, par laquelle l'empirisme voulait définir la sensation, est un objet, non un élément, de la conscience, et c'est l'objet tardif d'une conscience scientifique ».
54 *Ibid.*, p. 168.

organes, mais au loin, dans l'air ou à la surface des objets extérieurs ».[55] Cette localisation cependant, nous apprend Taine, n'est pas une qualité inhérente de la sensation, mais un résultat de « l'éducation des sens ».[56] En tout cas, c'est une attribution erronée. Même quand une « infinité de recherches anatomiques et physiologiques » nous apprend que la sensation dépend « de l'état du nerf et des centres nerveux qui par leur ébranlement, la font naître »,[57] on peut peut-être arriver à intégrer cette information dans l'auto-observation, mais on est toujours loin de la vérité. Notre habitude de situer la sensation provient d'une « opération ultérieure engendrée par l'expérience »,[58] dans beaucoup de cas, comme on peut voir aussi dans les cas fameux des amputés et de leurs douleurs fantômes, « la sensation nous semble située en un endroit où très-certainement elle n'est point. »[59] Le véritable lieu de la sensation, comme le démontre la physiologie, se trouve dans les centres nerveux du cerveau : « C'est dans l'encéphale que la sensation a eu lieu ».[60] Ou, pour le dire avec Wilhelm Wundt, l'auteur des *Beiträge zur Theorie der Sinneswahrnehmung* (1862) et des *Grundzüge der phsyiologischen Psychologie* (1874) : « Derjenige Akt, der allen Wahrnehmungsprozessen vorausgeht, ist die durch den äußeren Sinneseindruck hervorgerufene Empfindung. Die Empfindung kommt zustande, indem die äußere Bewegung, die den Sinneseindruck macht, durch empfindende Nervenfasern zu zentralen Ganglienzellen sich fortpflanzt. » La sensation est donc le « erste psychische Akt ». Dans son *Grundriss der Psychologie*, Wundt définit le concept de la « reine Empfindung », sensation pure, comme le résultat d'une abstraction double : « 1) die Abstraktion von den Vorstellungen, in denen die Empfindung vorkommt, und 2) die Abstraktion von den einfachen Gefühlen, mit denen sie verbunden ist. »[61] Le résultat est aussi simple que paradoxe : la sensation nous appartient, elle est notre seule certitude du monde perceptif, mais, comme telle, nous ne l'avons jamais. William James, dans la version pragmatiste de la psychologie positiviste, est peut-être le premier à préconiser une approche empirique : « Most books start with sensation, as the simplest mental facts, and proceed synthetically, constructing each higher stage from those below it. But this is abandoning the empirical method of investiga-

---

55 *Ibid.*
56 *Ibid.*
57 *Ibid.*
58 *Ibid.*
59 *Ibid.*, t. II, p. 128.
60 *Ibid.* – Cf. déjà t. I, p. 7 : « la sensation elle-même, considérée du dehors et par ce moyen qu'on appelle la perception extérieure, se réduit à un groupe de mouvements moléculaires ».
61 W. Wundt, *Grundriss der Psychologie*, Leipzig, Engelmann, 1905 (première édition 1896), p. 45.

tion. No one ever had a simple sensation by itself. »⁶² Pour le positivisme, les ré-descriptions, auxquelles il soumet les sensations, ont leur fonctionnalité parce qu'elles démontrent la fragilité fondamentale de nos certitudes, dans lesquelles la différence de la sensation et de l'image, du savoir et de l'illusion, de la perception et de l'hallucination n'est jamais assurée, elle est souvent entraînée dans un tourbillon vertigineux.

On peut considérer le positivisme – en tout cas celui de Taine dans *De l'intelligence* – comme une version autodestructrice de la *Erkenntnistheorie*. Il n'est ni résolument transcendantal, ni phénoménologique. Sous l'impression des progrès de la science de l'homme, il cherche à réconcilier une théorie de la connaissance et une analytique empirique des conditions physiologiques de la connaissance. L'incompatibilité des deux approches est devenue visible au tournant du XXᵉ siècle, surtout avec la phénoménologie. Mais ceci ne signifie pas que son rôle révélateur des assises de l'*épistème* du XIXᵉ siècle soit négligeable.

5. L'image, l'événement

Une des ambitions majeures du positivisme se réalise, comme l'on sait, dans la destruction des entités métaphysiques traditionnelles, surtout celles qu'on tient responsables du processus de la connaissance. *De l'intelligence* nie l'existence de l'intelligence comme substance ou faculté. Taine ne connaît ni un moi substantiel, ni une substance appelée moi, il nie l'existence d'un ensemble de facultés qui pourraient constituer l'unité ou le dynamisme d'un moi. C'est surtout le *Traité des facultés de l'âme*, publié en 1852 par Adolphe Garnier, qui sert de cible. Le même refus des facultés de l'âme traditionnelles se retrouve dans le pragmatisme. C'est avec une nonchalance prononcée que William James déclare vouloir renoncer à « attempts to *explain* our phenomenally given thoughts as products of deeper-lying entities (whether the latter be named 'Soul', 'Transcendental Ego', 'Ideas' or 'Elementary Units of Consciousness' ». Cependant il ne va pas jusqu'à nier « the *existence* of personal selves ».⁶³ S'il reconnaît la plausibilité

---

62 *Principles of Psychology*, t. I, p. 224. L'auteur ajoute : « Consciousness, from our natal day, is of a teeming multiplicity of objects and relations, and what we call simple sensations are results of discriminative attention, pushed often to a very high degree ».
63 *Principles of Psychology*, t. I, p. VI, 226. – Dans ce contexte, James explique aussi le fait que chaque pensée est 'possédée' (*owned*), et il critique un « French writer » (il s'agit peut-être de Taine), qui, « speaking of our ideas, says somewhere in a fit of anti-spiritualistic excitement that, misled by certain peculiarities which they display, we 'end by personifying' the procession which they make, – such personification being regarded by him as a great philosophic blunder. It could

ou en tout cas la compréhensibilité de certaines façons de parler pour ainsi dire 'mentalistes', le refus de Taine est plus tranchant quand il déclare que le terme « faculté de connaître » nomme quelque chose qui n'existe pas : « si je me suis occupé des facultés, c'est pour montrer qu'en soi, et à titres d'entités distinctes, elles ne sont pas ».[64] Si la psychologie veut devenir « une science des faits »,[65] elle doit reconnaître qu'il faut « laisser de côté les mots de raison, d'intelligence, de volonté, de pouvoir personnel, et même de moi, comme on laisse de côté les mots de force vitale, de force médiatrice, d'âme végétative ; ce sont des métaphores littéraires ».[66] La substance n'est qu'une « fiction de l'esprit ».[67] Qu'il y ait déjà dans le choix du titre de son livre une métaphore littéraire ne semble pas vraiment faire problème pour l'auteur – en fait *De l'intelligence* est un livre plein de métaphores et d'images. Les processus mentaux ne cessent de susciter des fictions de l'esprit. Si le moi n'est pas une substance, il est peut-être, nous dit Taine, une *machine intellectuelle*.[68] Et ainsi de suite : ce qui importe c'est qu'à la fin il n'y a de réel dans cette machine ou plante (arbre) que la « file des événements ».[69] L'auteur insiste qu'il n'y a rien d'autre que cette file ou série ou multiplicité d'événements que l'observateur rencontre quand il renonce aux entités métaphysiques et aux métaphores littéraires – et ce désarmement conceptuel et métaphorique se présente en même temps comme une source de désillusion, parce qu'il fait voir la réalité nue de la conscience comme série d'événements. Cette réalité dé-substantialisée n'est pas imposante, la *portée* de la conscience comme source de savoir ne va pas loin : « ses illusions sont nombreuses et invincibles ; il faut toujours se défier d'elle, contrôler et corriger ses témoignages. »[70] La conscience qui observe la conscience voit l'inévitabilité de l'illusion – ce qui, au lieu de l'entraîner dans une circularité de l'erreur, constitue précisément le triomphe de la nouvelle théorie de la connaissance.[71]

---

only be a blunder if the notion of personality meant something essentially different from anything to be found in the mental process. But if that procession be itself the very 'original' of the notion of personality, to personify it cannot possibly be wrong. There are no marks of personality to be gathered *aliunde*, and then found lacking in the train of thought » (*ibid.*, p. 226s.).
64 *De l'intelligence*, t. I, p. 1.
65 *Ibid.*, p. 2.
66 *Ibid.*, p. 123.
67 *Ibid.*, p. 341.
68 *Ibid.*, p. 2.
69 *Ibid.*
70 *Ibid.*, p. 3.
71 En fait, Taine insiste précisément sur cet aspect quand il veut souligner l'originalité de son entreprise : si la théorie des idées générales comme signes lui vient de Condillac, le concept de l'induction (comme une large part de l'analyse de la sensation) de John Stuart Mill, et l'analyse

Il est nécessaire de s'arrêter un instant sur ce concept fondamental de l'événement, parce qu'il constitue la base à partir de laquelle pour le positiviste la constitution d'un monde structuré de l'expérience devient possible. Toutes les propriétés de la sensation et de ses objets (la consistance, l'étendue, la couleur, l'odeur, etc.) n'existent que « par rapport à des événements ».[72] C'est dans la série des événements que se constitue l'identité de la persone : « En fait d'éléments réels et de matériaux positifs, je ne trouve [...] pour constituer mon être, que mes événements et mes états, futurs, présents, passés. »[73] Cela est vrai pour tous les aspects de la vie intérieure : « Je suis donc une série d'événements et d'états successifs, sensations, images, idées, perceptions, souvenirs, prévisions, émotions, désirs, volitions, liés entre eux ».[74] On peut espérer qu'à la fin on puisse trouver quelque chose comme un tissu qui serait pour ainsi dire la forme post-métaphysique du moi : « L'esprit ressemble à un métier ; chaque événement est une secousse qui le met en branle, et l'étoffe qui finit par en sortir transcrit, par sa structure, l'ordre et l'espèce des chocs que la machine a reçus. »[75] Après toutes les analyses du caractère plutôt aléatoire des événements, cette vision métaphorique de l'esprit comme texture semble imprégnée d'un optimisme peu justifié, et cela pour deux raisons. D'abord, il n'est pas certain que l'identité et la possibilité d'identifier des événements mentaux dont parle Taine soient bien établies, ensuite, dans les rapports des différents types d'événements il semble y avoir des conflits violents et des antagonismes profonds. Ceux-ci se manifestent surtout dans le langage de la description, dans lequel le fait primordial de la vie psychique, se voit substitué par une pléthore d'images peu contrôlables.

D'abord : l'événement, pour Taine, n'est pas vraiment une donnée évidente de la conscience, même s'il insiste sur la contiguïté des événements, mais plutôt une entité fragile, en partie fictive et imposée par un observateur intéressé : « c'est seulement pour la commodité de l'étude que nous séparons nos événements les uns des autres ; ils forment effectivement une trame continue où notre regard

---

de la perception de l'étendue d'Alexander Bain, les « théories présentées ici sur les illusions naturelles de la conscience, sur les signes et la substitution, sur les images et leurs réducteurs [...] sur la perception extérieure envisagée comme une hallucination véridique, sur la mémoire envisagée comme une illusion véridique, sur la conscience envisagée comme le second moment d'une illusion réprimée », etc. (*ibid.*, p. 5s.) constituent selon l'auteur le côté novateur de son livre. – Mais il faut toujours tenir compte du fait que les « positivistes eux-mêmes subissent l'illusion ». (*Ibid.*, p. 348)

72 *Ibid.*, t. II, p. 108.
73 *Ibid.*, p. 207.
74 *Ibid.*
75 *Ibid.*, p. 236.

délimite des tranches arbitraires. » Le moi « n'est divisé en événements que pour l'observation ; et cependant il équivaut à la série de ses événements ; eux ôtés, il ne serait plus rien ; ils le constituent ».[76] Ce sont des paradoxes révélateurs. L'événement arrive à (peut-être : dans) la conscience. Sans l'événement, la conscience ne serait rien. Mais l'événement est une construction, une fiction. On ne saurait le décrire comme une 'donnée immédiate' ou élémentaire de la conscience, ou comme un 'acte intentionnel' unitaire, parce qu'il n'existe que pour la commodité ou le besoin d'ordre d'un observateur, qui peut-être externe ou interne.

On ne peut nier que le concept de l'événement n'implique un potentiel considérable de modernisation descriptive. Avec lui, l'ensemble des substances et des facultés fait place à une sérialité ou multiplicité d'événements. On connaît la carrière du concept de l'événement dans les travaux épistémologiques des dernières décennies. En même temps, il est évident que l'ensemble des concepts et métaphores employés par Taine modèle une conscience essentiellement passive.[77] L'événement n'est pas une opération de la conscience – par exemple dans le sens de la formule établie par Georg Spencer-Brown pour décrire l'opération élémentaire d'un système : « Draw a distinction ! ».[78] Il suggère plutôt des manières multiples d'être affecté par la contingence du monde et la multiplicité des sensations. Il n'y a pas chez Taine ce que William James dans une perspective pragmatiste va appeler « the *active* element in all consciousness », lequel « presides over the perception of sensations ».[79] Ou, encore une fois à travers le point de vue critique de la phénoménologie : L'événement, cette unité fondamentale de l'épistémologie positiviste, ne connaît pas l'intentionnalité, et elle ignore la spécificité tant de la temporalité (*Protention/Retention*) que de la spatialité (*Gestalt*, forme et fond) de la conscience, telle que son fonctionnement a été modelé depuis Husserl. Pour le positivisme, l'événement arrive à la conscience, mais il ne fait pas partie d'un champ de conscience. Que la vie de conscience, le *Bewusstseinsleben*, puisse et doive être, dans les termes emphatiques de l'ouvrage *Die Krisis der europäischen Wissenschaften und die transzendentale Phänomenologie*, une « leistendes Leben [...] ob recht oder schlecht, Seinssinn leistendes ; schon als sinnlich anschauliches, und erst recht als wissenschaftliches »,[80] qu'elle comprend le « Welträtsel

---

[76] *Ibid.*, t. I, p. 344.
[77] On peut regretter que Taine n'ait pas élaboré sa théorie des *impulsions* (*ibid.*, p. 7), c'est-à-dire la théorie des émotions et de la volonté qui devrait faire pendant à la théorie de la sensation et de l'image. La deuxième partie de son livre n'existe pas. S'il avait écrit la théorie de la volonté, peut-être la critique nietzschéenne aurait pris une autre direction.
[78] George Spencer-Brown, *Laws of Form*, London, Allen & Unwin, 1969, p. 3.
[79] *Principles of Psychology*, t. I, p. 297.
[80] *Die Krisis der europäischen Wissenschaften*, p. 92.

in tiefstem und letztem Sinne, das Rätsel einer Welt, deren Sein *Sein aus subjektiver Leistung* ist »,[81] que la philosophie doit lutter pour un « *Verständnis seiner selbst als der urquellend fungierenden Subjektivität* »[82] – tout cela reste nécessairement absent et invisible dans ce que Husserl appelle, dans sa critique de l'empirisme (David Hume), « Datenpositivismus ».[83]

Les descriptions et analyses dans *De l'intelligence* laissent apercevoir les conséquences des choix conceptuels du positivisme. Elles déploient un antagonisme qui subvertit la métaphore directrice du moi comme tissu. On a vu que pour Taine la vie psychique est le lieu de divers types d'événements : les sensations, les images, les perceptions, les illusions, les hallucinations et les fictions se suivent dans la contingence des événements – sans que leurs qualités spécifiques soient nécessairement évidentes pour celui qui vit le défilé de ces événements. Cependant, pour l'observateur positiviste une asymétrie s'impose : ce sont précisément les images et les illusions qui en découlent qui occupent la place centrale dans la série des événements. Les sensations dépendent de la contingence de ce qui nous arrive de l'extérieur et de l'attention perceptive du sujet. Si elles sont faibles, elles disparaissent sans laisser de traces, si elles sont intenses, elles tendent à se répéter – dans la forme de l'image. La sensation ne cesse de se transformer en image, et l'image se répète en l'absence de toute stimulation des sens – et, dans cet automatisme, l'image tend à prendre la qualité de l'illusion, le simulacre est vécu comme la forme primordiale du réel. On se trouve en présence des « illusions naturelles de la conscience »,[84] leur analyse constitue pour Taine une des parties les plus novatrices de son livre, comme « méthodes et conclusions ». Il fait voir les « myriades de fusées » qui montent de la « noirceur de vide »,[85] le « feu d'artifice » de l'esprit traversé par des images dont le fondement reste obscur.

Ce n'est pas tout. La transformation de la sensation en perception ne va jamais sans images – c'est une conséquence inévitable de la logique positiviste de la sensation, il faut un imaginaire complexe pour effectuer le trajet de la physiologie au réel. Avec un plaisir presque diabolique, Taine ne cesse d'insister que la perception est, pour l'essentiel, une *hallucination vraie*. Par contre, l'image possède un pouvoir presque souverain. Bien que, à l'origine, les images (ou en tout cas la plupart des images) soient des copies de sensations,[86] elles tendent à

---

81 *Ibid.*, p. 100.
82 *Ibid.*, p. 102.
83 *Ibid.*, p. 98.
84 *De l'intelligence*, t. I, p. 5.
85 *Ibid.*, p. 9.
86 Cf. *ibid.*, p. 18 : « Tout ce que dans l'esprit dépasse 'la sensation brute' se ramène à des images, c'est-à-dire à des répétitions spontanées de la sensation. » – La distinction positiviste

mener une vie à part. Elles se répètent, dans une sorte d'automatisme psychique, elles reviennent, souvent d'une manière inattendue, pour envahir le moi. Il est révélateur que la métaphore de la 'résurrection' semble s'imposer pour évoquer cette puissance de répétition de l'image : ce qui était mort devient vivant, et cet événement est vécu comme un éblouissement ou une épiphanie, en tout cas « à l'état de simulacre coloré, intense, précis, situé. ».[87] Dans beaucoup de modalités de la vie psychique, comme le sommeil, la rêverie, la maladie, les cas anormaux, les états d'euphorie ou de dépression, les images deviennent la réalité suprême et unique, que le sujet ne cesse de prendre pour des sensations. La vie de la conscience, pour l'observateur externe et impartial, est organisée par « des images de diverses sortes, primitives ou consécutives, douées de certaines tendances, et modifiées dans leur développement par le concours ou l'antagonisme d'autres images simultanées ou contiguës. »[88]

Dans l'épistémologie positiviste la conscience se présente donc essentiellement comme un *polypier d'images*,[89] et comme chaque « image est munie d'une force automatique et tend spontanément à un certain état qui est l'hallucination, le souvenir faux, et le reste des illusions de la folie »,[90] on doit se considérer heureux si l'on atteint un certain *balancement*, celui de la *veille raisonnable*, dans lequel « la contradiction d'une sensation, d'une autre image ou d'un autre groupe d'images »[91] empêche la domination des tendances d'un imaginaire déchaîné. L'illusion n'est jamais loin – c'est dans l'automatisme résurrectionnel des images qu'elle trouve son milieu favorable. Il est cependant dans la logique de l'argument positiviste et dans l'intérêt d'une théorie du savoir que l'intérêt de l'auteur porte finalement sur les cas spécifiques où ce qu'il appelle les *réducteurs* de l'image arrive finalement à redresser et à corriger les stéréotypes de l'image et de l'illusion. Dans la plupart des cas, le remède se trouve dans « l'éveil d'une sensation contradictoire »,[92] un bain froid par exemple ou l'arrivée d'un « personnage

---

sensation/image reprend la distinction empiriciste *impression/idea* qu'on trouve au début du *Treatise of Human Nature* de David Hume : « Those perceptions, which enter with most force and violence, we may name *impressions* [...] By *ideas* I mean the faint images of these in thinking and reasoning. » (David Hume, *A Treatise of Human Nature*, éd. David fate Norton/Mary Norton, Oxford, Oxford Univ. Press, 2000, p. 7. Déjà chez Hume les 'idées' se présentent souvent comme des 'impressions', il fait voir cette inversion dans son analyse des passions.
87 *De l'intelligence*, t. II, p. 13.
88 *Ibid.*, t. I, p. 124.
89 *Ibid.*
90 *Ibid.*
91 *Ibid.*
92 *Ibid.*

imposant ou inattendu. » C'est la *sensation particulière* qui, dans tous ces cas, fonctionne comme *réducteur spécial de l'illusion*.[93] Taine cite comme exemple les hallucinations d'un consommateur de haschisch qui disparaissent quand on allume la lumière. Le mécanisme de l'image et de sa réduction va fonctionner d'une manière quelque peu cachée dans l'évolution du savoir et de sa théorie – la formule bien connue de Karl Popper, « conjectures and refutations »,[94] peut être lue comme une reprise tardive de la dualité de l'image et de son réducteur. Evidemment, la prétention d'établir et de justifier le savoir des sciences contre les illusions de la vie quotidienne constitue l'intérêt principal des analyses dans *De l'intelligence*. Là encore, le concept de la *Lebenswelt*, qui enracine le savoir objectif dans des certitudes pré-objectives, constitue l'inversion précise de l'arrangement positiviste du savoir. De l'autre côté, on ne doit pas oublier que Taine évoque aussi la puissance de l'*image volontaire*[95] qu'il trouve dans les productions des poètes et des artistes (il cite comme exemple Balzac, Poe et Nerval), dont la minutie et l'intensité font éclater le schématisme répétitif de l'illusion. Dans la sphère esthétique, on sort du schématisme de l'image et de sa réduction pour se retrouver dans un champ de la lutte des images qui, elles aussi, transcendent les illusions naturelles de la conscience.

6. Le vrai positiviste

Flaubert n'est pas seulement le destinataire d'un questionnaire positiviste sur le caractère des images chez l'artiste. Il s'intéresse aux progrès de la « science de l'homme ». A son avis, comme il écrit en 1859 dans une lettre à Mlle Leroyer de Chantepie, « le matérialisme et le spiritualisme » empêchent encore l'étude impartiale des phénomènes : « Nous sentons *des forces* et puis c'est tout.»[96] Il recommande « les beaux travaux de Renan »,[97] entre autres. Mais il ne s'agit pas seulement des études historiques qu'il faut approfondir. Il manque encore « l'anatomie du cœur humain ».[98] A plusieurs reprises il déclare être revenu sur les « études psycho-médicales », pour *Salammbô* par exemple : « [...] je me suis occupé d'hystérie et d'aliénation mentale. Il y a des trésors à découvrir dans tout

---

93 *Ibid.*
94 Karl Popper, *Conjectures and Refutations. The Growth of Scientific Knowledge*, London, Routledge and Kegan Paul, 1963.
95 *De l'intelligence*, t. I, p. 116.
96 *Correspondance*, t. III, p. 16.
97 *Ibid.*, p. 17.
98 *Ibid.*, p. 16.

cela ».⁹⁹ Il s'agit donc d'un savoir anthropologique qui est en rapport, en même temps, avec les questions de poétique du roman.

Dans la correspondance de Flaubert, la terminologie de la psychologie positiviste revient assez régulièrement, surtout quand il parle des effets de l'œuvre de l'art. Il écrit par exemple à son ami Ernest Feydeau à propos du roman *Daniel* qui paraît en 1859 pour critiquer le manque d'intensité de certains passages.¹⁰⁰ On connaît d'autre part l'importance du concept de l'illusion dans la conception flaubertien de l'art romanesque, autour duquel gravitent des images poétologiques comme l'idée de l'*exaltation vague*. Déjà dans une lettre à Louise Colet du 16 septembre 1853, où Flaubert insiste d'une manière emphatique que « tous les livres de premier ordre [...] sont criants de vérité », on trouve l'assertion catégorique : « La première qualité de l'Art et son but est l'*illusion*. »¹⁰¹ Quelques années plus tard, après avoir choisi le sujet de *Salammbô*, Flaubert parle de *Madame Bovary* comme d'une « histoire *totalement inventée* », qui n'a « rien de vrai », et dont « l'illusion (s'il y en a une) vient au contraire de *l'impersonnalité* de l'œuvre. »¹⁰² Vers la fin de sa vie alors qu'il est en train d'écrire *Bouvard et Pécuchet*, Flaubert oppose dans une lettre du 9 août 1878 à Guy de Maupassant un certain réalisme à la présence fondamentale et inévitable de l'illusion dans la perception : « Avez-vous jamais cru à l'existence des choses ? Est-ce que tout n'est pas une illusion ? Il n'y a de vrai que les 'rapports', c'est-à-dire la façon dont nous percevons les objets. »¹⁰³ Il n'y a donc, à ce qu'il paraît, que la concurrence des illusions, la rivalité des sensations et leurs transformations en images. Flaubert envisage, en même temps qu'il dénonce le caractère illusoire de la perception, le caractère supérieur de l'illusion esthétique, le seul principe qui compte : « Pour un artiste, il n'y en a qu'un : tout sacrifier à l'Art. »¹⁰⁴ Les illusions sont des versions idiosyncratiques de la réalité, il y a comme une volonté de puissance qui alimente leur lutte, avec l'illusion esthétique dans une position hors d'atteinte, parce qu'elle est en même temps supérieure et autoréflexive. Est-ce aller trop loin ?

Le propre de l'image, selon Taine, c'est son intensité et son automatisme. « Chacun connaît la puissance de l'image, surtout quand elle est étrange ou ter-

---

99 *Ibid.*, p. 18.
100 *Ibid.*, p., 12 : « Dans la scène du pavillon, il y a des mollesses, des longueurs. Ça n'est pas assez *intense* ».
101 *Ibid.*, t. II, p. 432s.
102 *Ibid.*, p. 691 (lettre à Mlle Leroyer de Chantepie du 18 mars 1857).
103 *Ibid.*, t. V, p. 416.
104 *Ibid.* – Deux semaines plus tôt il avait écrit à Taine : « Moi aussi, je trouve comme vous que nous faisons un dur métier ! [...] Quoi qu'il en advienne il (i.e. le livre, *Bouvard et Pécuchet*, H.P.) il prouvera de ma part, une forte volonté et une jolie santé » (*Ibid.*, p. 409).

rible ».[105] « Au maximum de l'attention et de l'automatisme, l'hallucination est parfaite [...] ».[106] Le « maximum d'intensité » de l'image semble se trouver dans les « troubles provoqués par l'opium et le haschisch », dans ces cas l'image paraît une « répétition ou résurrection de la sensation ».[107] Et surtout dans la maladie, « l'événement interne » de l'image apparaît « à l'état de simulacre coloré, intense, précis et situé. »[108] Des « impressions fugitives, qu'on n'a point remarquées », peuvent surgir de nouveau, « avec une puissance étrange et une exactitude automatique. »[109] Il peut y avoir une « résurrection complète » de « l'image d'un objet ou d'un événement ».[110] On pourrait multiplier les exemples de cette « renaissance spontanée »[111] de l'image. Mais quel est le dynamisme derrière cette insistance de l'image comme illusion ? Pourquoi Taine ne cesse-t-il pas d'évoquer une présence écrasante de l'image, dans le mode de l'illusion ou de l'hallucination, parmi l'ensemble hétérogène des événements de la conscience ? Certainement il ne s'agit pas en premier lieu de démontrer que les images sont les moteurs efficaces de nos actions, comme cela va être le noyau de la conception politique de l'image esquissée quarante ans plus tard dans les *Réflexions sur la violence* de Georges Sorel. On a affaire plutôt à une version actualisée de la *psychomachia* médiévale, oublieuse du soubassement théologique et transformée par la révolution darwinienne. Les images, pour le philosophe positiviste, sont l'espèce la plus importante de la conscience, et il y a entre elles une lutte acharnée pour la vie, ce qui veut dire : une lutte pour la présence dans la conscience, pour la puissance souveraine parmi les rivalités des autres représentations, etc. On assiste donc à une « lutte pour vivre [...] entre toutes nos images », et dans une note à propos du *Struggle for life* darwinien Taine propose le commentaire surprenant : « Nulle part l'idée du grand naturaliste anglais ne s'applique plus exactement qu'en psychologie. »[112]

Flaubert lui-même, dans une lettre à Edma Roger des Genettes, fait l'éloge du philosophe, psychologue, et sociologue anglais Herbert Spencer, qu'il appelle « un vrai positiviste »[113] – chose qui serait rare en France et en Allemagne. Il ajoute que les « Positivistes français » tournent au matérialisme à la d'Holbach,

---

105 *De l'intelligence*, t. 1., p. 85.
106 *Ibid.*, p. 99.
107 *Ibid.*, p. 126s.
108 *Ibid.*, t. 2, p. 13.
109 *Ibid.*, t. 1, p. 133.
110 *Ibid.*, p. 136.
111 *Ibid.*, p. 130.
112 *Ibid.*, p. 138.
113 *Correspondance*, t. V, p. 426.

tandis que la « la théorie de l''évolution' nous a rendu un fier service ! Appliquée à l'Histoire elle met à néant les Rêves sociaux ».[114] Est-ce qu'on peut surestimer de telles remarques ? Il est en tout cas significatif que l'idée d'un vrai positiviste – avec toutes les résonances qu'elle peut évoquer à propos de l'économie mentale suggérée par ce terme – est associé avec le nom de Herbert Spencer, c'est-à-dire l'auteur dans l'œuvre duquel on trouve l'association la plus étroite de la psychologie positiviste et de la théorie de l'évolution darwinienne. L'*agon* des images, de l'illusion et de la contre-illusion, devient, dans la poétique et dans la théorie esthétique, la dimension essentielle de l'évolution de la littérature et des arts. Un dynamisme du *Struggle for life* revitalise l'association rhétorique de l'*enargeia* comme *energeia*. L'aporie épistémologique de la sensation dans le milieu positiviste provoque le déchaînement de l'illusion qui devient une notion dont le cheminement oscille entre les images subjectives, les discours sociaux et la réflexivité esthétique.

---

114 *Ibid.*, p. 347 (à Edma Roger des Genettes, 12 janvier 1878).

Dagmar Stöferle
Grands spirituels ou grands sots ? Les modèles de Port-Royal selon Sainte-Beuve et Flaubert

1. Réprobation et fascination

Soixante-neuf notes témoignent de la lecture par Flaubert du *Port-Royal* de Sainte-Beuve. Ces soixante-neuf notes, que Liana Nissim a publiées en 1980, se réfèrent à 69 passages de la deuxième édition de l'ouvrage datant de 1860.[1] Les notes flaubertiennes se répartissent plus ou moins régulièrement sur tout le texte. Il y a des pauses de 100 à 150 pages entre une note et l'autre, mais elles sont disposées de manière chronologique et se réfèrent très souvent non au texte principal de Sainte-Beuve mais à une note, ce qui laisse supposer que Flaubert a lu le texte soigneusement et en entier. Dans sa présentation des notes, Liana Nissim a relevé qu'en lisant l'œuvre de Sainte-Beuve, Flaubert avait été particulièrement intéressé par certains faits excessifs, extravagants des Messieurs de Port-Royal, mais qu'en fin de compte, l'œuvre n'avait pas suscité un intérêt particulièrement poussé dans l'esprit de Flaubert.[2] Dans ce qui suit, nous aimerions montrer qu'il existe, au contraire, un fort intérêt de Flaubert pour l'ouvrage monumental de Sainte-Beuve. Outre qu'on ne lit pas 2 500 pages si l'on n'y porte pas un intérêt particulier, Flaubert partage le point de vue adopté par Sainte-Beuve quand il analyse le 'fait' de Port-Royal, c'est-à-dire celui de l'amateur des lettres. Port-Royal est, selon Sainte-Beuve, ce fond religieux qui a promu la littérature française à des hauteurs encore jamais atteintes jusque-là : « [...] n'admirons-nous pas que sortent également de Port-Royal [...] Racine et Pascal, la perfection de la poésie française et la perfection de la prose ! »[3] Flaubert, quant à lui, compte parmi ceux qui ne cessent de polir et de perfectionner leur manière d'écrire, leur style. Outre leur intérêt pour la littérature, Flaubert et Sainte-Beuve partagent une opinion ambiguë au sujet de Port-Royal. On connaît la lettre de Flaubert à Sainte-

---

[1] « Un manoscritto inedito di Gustave Flaubert : Notes sur le *Port-Royal* de Sainte-Beuve », éd. Liana Nissim, dans : *Studi francesi* 70 (1980), p. 453–478.
[2] « Notes sur le *Port-Royal* de Sainte-Beuve », p. 454.
[3] Charles Augustin de Sainte-Beuve, *Port-Royal*, 3 tomes, éd. Maxime Leroy, Paris, Gallimard, 1952–1955, ici : tome II, p. 753, 776. La référence au tome et à la page suivra directement les citations.

Beuve dans laquelle il défend son roman *Salammbô*, que celui-ci avait jugé trop violent :

> Je regarde des Barbares tatoués comme étant moins antihumains, moins spécieux, moins cocasses, moins rares que des gens vivant en commun et qui s'appellent jusqu'à la mort *Monsieur* ! – Et c'est précisément parce qu'ils sont très loin de moi que j'admire votre talent à me les faire comprendre. – Car j'y crois, à Port-Royal, et je souhaite encore moins y vivre qu'à Carthage.[4]

Flaubert critique les Messieurs de Port-Royal, il éprouve même un profond dégoût pour leur style de vie. En même temps – il suffit de penser à la correspondance de Flaubert où il prend lui-même des allures de solitaire, de père de l'Église – en même temps, il admire l'attitude des port-royalistes dont témoigne surtout la dernière note sur l'ouvrage de Sainte-Beuve :

> Jolie page de regret sur P. Royal. Si l'élément janséniste eût pris rang dans le tempérament moral de la société française il y eût plus de fermeté, d'idées, & un sens du droit qui lui manque [.][5]

Ce qui est mentionné ici, c'est une certaine attitude de conviction et de croyance qui est considérée comme révolue, comme perdue au XIXe siècle, au temps de Flaubert et de Sainte-Beuve, époque qui a éliminé le religieux du domaine public et du politique. En fait, si l'on compare le début du cours donné par Sainte-Beuve à Lausanne (en 1837–1839) à la fin du grand ouvrage qui date de 1859, on remarque une contradiction analogue qui s'exprime sous forme de désillusion. Dans son « Discours prononcé dans l'Académie de Lausanne à l'ouverture du cours sur Port-Royal », Sainte-Beuve décrit assez pathétiquement que son histoire de Port-Royal cherchait à dégager la *poésie* de ces saints de Port-Royal ainsi qu'à rendre le *fabuleux* de leur manière de vivre. De cette idéalisation, il ne restait plus grand-chose à la fin de l'œuvre. Au lieu de trouver cette poésie, « la religion seule s'est montrée dans sa rigueur, et le Christianisme dans sa nudité », lit-on dans la « Conclusion » (III, 673). Une fermeté, une rigueur qui risque à tout moment de sombrer dans la terreur, tel nous semble être le point central de *Port-Royal* de même que de la lecture qu'en donne Flaubert.

---

[4] Gustave Flaubert, *Correspondance*, tome III (janvier 1859 – décembre 1868), éd. Jean Bruneau, Paris, Gallimard, 1991, p. 283.
[5] « Notes sur le *Port-Royal* de Sainte-Beuve », note 69, p. 478.

2. L'échec de l'épopée des modèles

Qu'est-ce que Port-Royal selon Sainte-Beuve ? Que signifie la phrase flaubertienne selon laquelle il *croit* à Port-Royal ? Sainte-Beuve n'écrit pas l'histoire du jansénisme même s'il développe en détail les doctrines du théologien Cornelius Jansen et l'histoire de leur condamnation. Il n'écrit pas non plus l'histoire de cette abbaye cistercienne qui vécut un renouveau sous la direction de Jacqueline-Marie Arnauld et qui sera détruite en 1708 sur les ordres de Louis XIV. Même si Wolf Lepenies parle d'un « portrait de groupe » et d'une « galerie de portraits »,[6] il vaudrait mieux concevoir ces images comme des *modèles* que Sainte-Beuve crée aux marges de l'histoire religieuse et littéraire. Nous suivons ici le concept d'une « science des modèles » (« Vorbild-Wissenschaft ») telle que Thomas Macho la postule dans son récent ouvrage.[7]

Sainte-Beuve donne à son histoire de Port-Royal la forme – ou bien disons *le genre* – d'une épopée qui se déroula *parallèlement* à l'histoire de l'État. En racontant les origines, en partie légendaires, du monastère il conclut : « Port-Royal [...] a donc eu sa page prophétique, son baptême mythologique aussi ; il l'a eu comme Rome. » (I, 117) Et quand Jacqueline-Marie Arnauld, devenue coadjutrice en 1599, rompt avec son père en lui interdisant l'entrée du couvent, Sainte-Beuve compare cette glorieuse « Journée du Guichet » (1609), date fondatrice du nouveau Port-Royal, à la « Journée des Dupes » (1630), dont le cardinal Richelieu sortit vainqueur, devenant le précurseur de l'absolutisme monarchique. On peut donc constater que Sainte-Beuve conçoit la religion au XVIIe siècle comme étant un domaine équivalent, égal au politique. Il nous présente le jansénisme du XVIIe siècle comme le dernier courant spirituel dans l'histoire de France à posséder une valeur publique et à représenter un trait constitutif de la société. Pour lui, cette histoire positive du jansénisme se termine avec la destruction de Port-Royal, le jansénisme des XVIIIe et XIXe siècles n'étant plus à ses yeux qu'une dépravation politique du mouvement religieux. Il condamne vivement la politisation du jansénisme qui, après 1713, protestait contre la bulle Unigenitus. Dans ce qu'il nomme « la lie janséniste convulsionnaire » (III, 531), il ne voit plus qu'un danger pour l'État. Cette cohabitation du religieux et du politique au XVIIe siècle, Sainte-Beuve la considère comme exceptionnelle et, le XIXe siècle se caractérisant par une dissociation des deux domaines, sans aucun doute, comme un phénomène révolu. En ce qui concerne les raisons pour lesquelles Port-Royal est une épopée

---

[6] Cf. Wolf Lepenies, *Sainte-Beuve*. Auf der Schwelle zur Moderne, Munich, Hanser, 1997, p. 366 et 376.
[7] Thomas Macho, *Vorbilder*, Munich, Fink, 2011.

du passé, une épopée qui comprend un essor, un âge d'or et un déclin, les indications de Sainte-Beuve ne sont pas cohérentes. D'une part, il réfute les opinions selon lesquelles les jansénistes menaçaient la monarchie absolue (selon lui les port-royalistes n'étaient justement pas des politiques, mais de purs esprits spirituels). Dans cette perspective, la décision de Louis XIV de détruire le monastère n'est pas compréhensible parce qu'elle provoque l'effet contraire de l'extermination envisagée des jansénistes. D'après Sainte-Beuve, les adversaires de Port-Royal n'avaient pas assez de patience pour attendre la mort de « ce qui allait naturellement mourir » (III, 221). D'autre part, Sainte-Beuve parle de deux générations de Port-Royal dont la deuxième, celle qui a succédé à la mort de Saint-Cyran, n'avait plus la pureté ni le rigorisme de la première. Ce n'est pas un hasard si Pascal occupe la place centrale des deux générations en tant que figure théologique *et* littéraire par excellence. Figure de transition, Pascal marque en même temps pour Port-Royal l'apogée et le début de la fin. Selon Sainte-Beuve, c'est avec la première *Lettre provinciale* que Pascal devint un *écrivain* : « C'est la première fois qu'il songeait au style » (II, 74). Mais avec ce changement d'écriture, ce glissement du traité théologique vers la satire littéraire, il aurait tué celui qu'il voulait défendre contre les attaques de la Sorbonne : « A force de tuer du coup la Sorbonne, Pascal tue à jamais, avec sa façon, le docteur de Sorbonne par excellence, son illustre ami en personne, Antoine Arnauld » (II, 91). En *tuant* les théologiens, Pascal fonde une autre communauté : « *Les Provinciales* ont créé les amis de Port-Royal, comme Mme de Sévigné, par exemple, comme La Fontaine ». Et dans une note, il ajoute : « Comme vous peut-être qui me lisez, comme moi peut-être qui écris » (II, 91). La nouvelle communauté serait alors également celle des lecteurs (et lectrices) du XIXe siècle.

Le jugement de Sainte-Beuve sur la signification de ce Port-Royal fondateur pour la république des lettres du XIXe siècle reste profondément ambigu – rien d'étonnant à cela si l'on considère que le rôle du jansénisme pour les Lumières reste un sujet controversé jusqu'à nos jours.[8] Le schéma comprenant essor, âge d'or et déclin final révèle qu'il écrit une épopée du passé, une épopée de l'échec des modèles. Ses personnages – Pascal, les Arnauld, Saint-Cyran et tous les autres Messieurs ou Mesdames – sont des anti-héros dans la mesure où ils transgressent le rigorisme janséniste : « Port-Royal eut le tort [...] de ne pas se retirer, se taire [...] » (I, 105). En même temps, c'est justement cette transgression qui fait

---

[8] Cf. le débat entre Dale K. Van Kley, *The Religious Origins of the French Revolution. From Calvin to the Civil Constitution 1560–1791*, New Haven, Yale University Press, 1996, et Catherine Maire, *De la cause de Dieu à la cause de la Nation*, Paris, Éditions Gallimard, 1998, qui montre que la politique et la religion doivent être considérées comme des sphères de transition.

d'eux des *modèles d'écriture* qui préfigurent l'écrivain du XIXe siècle. La littérature est la mesure avec laquelle Sainte-Beuve classifie les spirituels du XVIIe siècle. Quand il amorce un nouveau portrait, il qualifie la personne tout d'abord en tant qu'homme (ou femme) de lettres : Saint François de Sales est, dans son *Traité de l'Amour de Dieu*, « le Lamartine abondant, exubérant, immodéré [...] » (I, 268) ; Saint-Cyran est « une espèce de Ronsard de la spiritualité » (I, 305) ; Lancelot « est un innocent *René* » (I, 431) etc.

Sainte-Beuve explique la spiritualité à travers la littérature de même qu'il explique la littérature à travers la spiritualité. Il semble que la transmission et la contre-transmission soit parfaite. Ce geste de fondation opéré par Sainte-Beuve s'inscrit dans la logique d'une société qui n'avait plus ni de rois ni de *poeta laureata*. Avec Pascal, Sainte-Beuve voit donc triompher une « morale des honnêtes gens » (vs. « morale chrétienne »), laquelle serait inférieure à la morale chrétienne, mais « supérieure à la fausse et odieuse méthode jésuitique », une morale qui représenterait un « juste milieu » et un « Christianisme rationalisé ou plutôt *utilisé*, passé à l'état de pratique sociale utile » (II, 247sq.). Sainte-Beuve s'en prend violemment à ce « juste milieu actuel de la société » (II, 249) qui ne survit à aucune crise grave. Pourtant, c'est précisément un milieu *moral* qu'il veut dégager quand il adapte les sources littéraires, biographiques et historiques pour ranimer par ce biais les port-royalistes. Comme Flaubert l'indique dans la note citée plus haut, son but est de créer des exemples pour le « tempérament moral de la société ». Ici, l'ambiguïté des port-royalistes saint-beuviens ne se distingue guère des personnages flaubertiens et de ce qu'on rencontre chez Flaubert sous le nom de bêtise et de haine de la bourgeoisie. Ces personnages représentent tantôt des modèles fictifs à réaliser dans l'avenir tantôt des exemples rigoureux qui font peur et qu'on souhaite morts à jamais.

Selon Thomas Macho, les modèles (« Vorbilder ») sont toujours entraînés dans un transfert entre corps et médium : « Sie [die Vorbilder ; DS] sind Anlass und Ergebnis von Beseelungs- und Verwandlungsprozessen. [Ils sont raison et résultat des processus d'animation et de transformation.] ».[9] Il ne s'agit pas forcément d'images peintes ou sculptées, mais d'images évoquées par n'importe quel médium. Or, leur trait caractéristique réside dans le fait de constituer un relais entre un passé révolu et un temps à venir. De même qu'il y a des images des morts – masques mortuaires ou représentations des ancêtres – qui commémorent des exemples à suivre (les saints et les héros), il y a des images-modèles orientées vers un futur à concevoir, à modeler, à créer d'après un idéal préformé. En se référant à l'anthropologie de l'image d'après Hans Belting, Thomas Macho

---

9 Macho, *Vorbilder*, p. 15.

relève l'idéalisme platonicien comme tournant dans l'histoire de l'image : Platon donne la priorité au corps vivant (au lieu de l'image morte / *le corps mort*) et à l'image mentale (au lieu de l'image matérielle / *le média : peinture, texte, film etc.*).[10] Selon cette anthropologie de l'image, l'optimisme de l'image – *l'idéalisme platonicien* – représente une rupture radicale avec l'ancienne culture qui se penchait plutôt sur la commémoration du passé et sur un culte des morts que sur la production d'un nouvel homme et d'un nouvel avenir. On voit très bien le parallèle de cette rupture épistémologique antique avec les changements discursifs aux XVIIIe et XIXe siècles. Avec leur intérêt pour Port-Royal, Sainte-Beuve et Flaubert encadrent pour ainsi dire ce que Michel Foucault a appelé l'âge de la représentation.[11] Dans *Les mots et les choses*, la théorie du signe de la *Logique de Port-Royal* joue justement un rôle charnière pour le développement de l'histoire du savoir. Celle-ci est caractérisée par une abstraction des images matérielles (ou bien signes matériels) : « Désormais c'est à l'intérieur de la connaissance que le signe commencera à signifier : c'est à elle qu'il empruntera sa certitude ou sa probabilité ».[12] Port-Royal marque un seuil parce que leur théorie du signe constitue et déconstruit en même temps le nouveau régime de la représentation. C'est le signe eucharistique qui empêche la séparation absolue des mots et des choses.[13] En cela, Sainte-Beuve et Flaubert représentent les héritiers des Messieurs de Port-Royal. Leurs méthodes – la reconstruction historico-biographique chez l'un, la fiction romanesque chez l'autre – les distinguent de l'ordre du savoir (régi par le principe de la représentation) ; leurs modèles – les port-royalistes – sont condamnés à échouer. Ni le *Port-Royal* de Sainte-Beuve ni les romans de Flaubert ne réussissent à fournir des modèles à suivre, mais ils créent une fiction littéraire qui imagine une ressemblance de la connaissance avec ce qui lui est extérieur (c'est ce qu'on appelle le « réalisme » du XIXe siècle). Ils sont à la recherche d'une logique, d'un système « Port-Royal » à l'aide d'une langue sans images, rationnelle. Mais au lieu d'une logique ils ne rencontrent rien d'autre que des images, des images déformées, persistantes, archaïques, voire traumatiques. Quant à Flaubert, il suffit de rappeler qu'il se sert surtout du concept de bêtise pour maintenir une exigence morale extrêmement élevée vis-à-vis de la littérature. L'ambiguïté des portraits port-royalistes de Sainte-Beuve, à leur tour, se révèle surtout dans la

---

10 Cf. Macho, *Vorbilder*, p. 55–71.
11 Michel Foucault, *Les mots et les choses*, Paris, Gallimard, 1966.
12 Foucault, *Les mots et les choses*, p. 73.
13 Louis Marin, *La critique du discours. Sur la Logique de Port-Royal et les Pensées de Pascal*, Paris, Minuit, 1975. (Voir particulièrement le chapitre IV « La critique pascalienne : le problème du propre », p. 113–150.) (« Toute la critique pascalienne consiste alors à mettre en mouvement le point de vue fixe de la représentation. » p. 117)

conclusion de l'ouvrage, où l'auteur s'adresse pathétiquement aux absents pour contester leur statut de modèle :

> Directeurs redoutés et savants, illustres solitaires, parfaits confesseurs et prêtres, vertueux laïques qui seriez prêtres ailleurs et qui n'osiez prétendre à l'autel, vous tous, hommes de bien et de vérité, quelque respect que je vous aie voué, quelque attention que j'aie mise à suivre et à marquer vos moindres vestiges, je n'ai pu me ranger à être des vôtres. [...] J'ai été votre biographe, je n'ose dire votre peintre, hors de là, je ne suis point à vous. (III, 673s.)

Au terme d'un travail de plus de 20 ans, Sainte-Beuve renonce à avoir été le peintre de Port-Royal, celui qui aurait fait des images parlantes et exemplaires. Personnages auxquels on préfère à la fin ne pas s'identifier, les portraits des Messieurs de Port-Royal oscillent étrangement entre saints et monstres, spirituels et imbéciles. Mais regardons les protagonistes d'un peu plus près pour saisir mieux cette ambiguïté. Qu'est-ce qui les rend exemplaires ? En quoi les port-royalistes représentent-ils des modèles ? (3) Dans une deuxième étape, on interrogera la relation maître-disciple en l'appliquant à l'écrivain et au critique littéraire. (4)

3. Exemples de grâce – modèles surnaturels

Qui parmi les port-royalistes a la croyance ? Cette croyance pure, sans attitude, cette grandeur souveraine et indépendante des hommes ? Qui a la grâce ? Dans l'épopée de Sainte-Beuve, il y a sans aucun doute deux protagonistes : Saint-Cyran (1581–1643) et la Mère Angélique de Saint-Jean (1624–1684), la fille du grand Arnauld Andilly et nièce de la grande Mère Angélique. « [N]ul caractère dans notre sujet ne nous apparaît plus véritablement grand et plus *royal* qu'elle, – elle et Saint-Cyran », remarque Sainte-Beuve lors de la description du décès de la première (II, 649). Flaubert semble être d'accord sur ce point quand il note un peu moins pathétiquement : « [...] la gdeur a manqué à tous ces bonhommes, sauf à St Cyran peut-être [...] ».[14] Sur la Mère Angélique, point de jugement général, mais il cite un mot d'elle : « P. ne pas s'affaiblir dans les gdes afflictions il ne [faut] point rabaisser les yeux qu'on a élevés sur les montagnes ».[15]

1) Prenons d'abord l'exemple de la Mère Angélique : Sainte-Beuve développe son caractère lorsqu'elle fut emprisonnée au couvent des Annonciades et forcée de signer le Formulaire d'Alexandre VII pour réfuter les cinq propositions de Jansénius. C'est face à la répression que se montre pour Sainte-Beuve sa croyance

---

14 « Notes sur le *Port-Royal* de Sainte-Beuve », note 20, p. 465.
15 « Notes sur le *Port-Royal* de Sainte-Beuve », note 69, p. 471.

absolue. A la fin vainquirent, écrit-il, une « *foi aveugle*, indépendante de toute expérience » (II, 720) et « la doctrine de la Grâce telle qu'elle s'exprime en cette circonstance dans toute sa pureté, dans toute sa nudité, par la bouche et par la conduite de la mère Angélique » (II, 721). En outre, Sainte-Beuve insiste sur la « destitution d'appareils divins ou d'appuis humains » comme les sacrements, les directeurs ou les confesseurs.

Avec la notion de grâce, Sainte-Beuve introduit un sujet théologiquement éminemment controversé (pas seulement au XVIIe siècle), sans prétendre pourtant à une perspective strictement théologique.[16] Si nous ne pouvons ici entrer dans les détails, il convient toutefois de retenir que l'augustinisme exacerbé des jansénistes revient sans cesse chez Sainte-Beuve dans l'opposition entre la nature et la grâce. En ce qui concerne Pascal, qui occupe le troisième des six livres de *Port-Royal*, Sainte-Beuve le dépeint comme un anti-Montaigne, c'est-à-dire comme anti-nature, car

> [...] Montaigne, c'est tout simplement la nature :
> La nature pure, et civilisée pourtant, dans sa large étoffe, dans ses affections et dispositions générales moyennes, aussi bien que dans ses humeurs et ses saillies les plus particulières, et même ses manies ; – *la Nature au complet sans la Grâce*. (I, 836)

Pour Pascal en revanche, l'état de nature est considéré comme une maladie et la grâce une chose nécessaire pour être guéri.[17] Or, il est intéressant que Sainte-Beuve caractérise souvent les port-royalistes en décrivant la façon dont la grâce agit par leur intermédiaire. Quant à la mère Angélique, il parle d'une grâce pure qui se serait totalement substituée à la personne et à la nature de la religieuse. Le caractère souverain de la mère Angélique résiderait donc dans le fait que la grâce (quoi que cela puisse être effectivement) aurait totalement remplacé la personne et la nature de la religieuse.

2) La mère Angélique est le plus grand modèle féminin, mais en tant que tel, elle est forcément surpassée par le maître masculin : c'est Saint-Cyran qui est dépeint comme le vrai chef de Port-Royal, le vrai maître de la Grâce ; aussi comprend-on mieux la note de Flaubert : « [...] la gdeur [sic] a manqué à tous ces

---

[16] Sainte-Beuve souligne sa perspective non-théologique qui est, à la limite, celle d'un amateur de théologie. Voir p.ex. le livre 3 où il analyse les *Provinciales* de Pascal et où il développe les querelles théologiques (II, 39–222).

[17] Sainte-Beuve cite Pascal : « Ne me plaignez point ; *la maladie est l'état naturel des Chrétiens*, parce qu'on est par là comme on devroit toujours être, dans la souffrance des maux, dans la privation de tous les biens et de tous les plaisirs des sens, exempt de toutes les passions qui travaillent pendant tout le cours de la vie, sans ambition, sans avarice, dans l'attente continuelle de la mort » (II, 301).

bonhommes, sauf à St Cyran peut-être [...] ». Sainte-Beuve le représente comme directeur littéralement absolu de toute autre autorité qui désigne le 'vrai' Port-Royal, c'est-à-dire le Port-Royal mâle et rigide. Chez lui, la grâce devient impitoyable, la guérison mortifère. Sainte-Beuve mentionne un écrit précoce de l'abbé sur le problème politique de la souveraineté, la *Question royale, où est montré en quelle extrémité, principalement en temps de paix, le sujet pourroit être obligé de conserver la vie du Prince aux dépens de la sienne*. Dans ce petit livre, Saint-Cyran aurait imaginé 34 situations où le sacrifice du sujet pour le souverain s'impose. (I, 307sq.) Cet intérêt pour l'analyse du pouvoir restera, selon Sainte-Beuve, également son intérêt primordial pour le domaine du religieux. Il nous le présente comme un souverain spirituel tout autant fanatique que tyrannique. S'il attribue souvent aux spirituels de Port-Royal une affinité avec la littérature, Sainte-Beuve la nie complètement dans le cas de Saint-Cyran : « M. de Saint-Cyran n'accorde rien à la *littérature*. » (I, 363) En revanche, il met en valeur sa conception du sacerdoce. Celle-ci sépare Saint-Cyran du calvinisme, car selon Sainte-Beuve, il attribuait au prêtre un plus grand pouvoir qu'au souverain politique.

> Il [Saint-Cyran] se rappelait souvent et surtout qu'il fallait bien se donner de garde de cette ambition secrète qui porte insensiblement à vouloir dominer sur les âmes et à se les *approprier* ; qu'elle était infiniment plus grande et plus périlleuse que celle des princes de la terre qui ne dominent que sur les biens et sur les corps ; que l'orgueil de ceux-ci était un orgueil des enfants d'Adam, mais que l'orgueil des autres, étant plus spirituel, tenait plus de celui du Démon, de l'ange (*superbia vitae*). (I, 373sq.)

« Le Prêtre, selon lui [Saint-Cyran], est Roi et plus que Roi sur la terre ; il est Sacrificateur. » (I, 448) Pour pouvoir exercer la prêtrise, il faut être doté d'une grâce particulière et très rare. Parmi les fonctions du prêtre, Saint-Cyran relève celle de la prédication. Il l'élève même au rang de l'Eucharistie. Sainte-Beuve cite Saint-Cyran :

> Car la Prédication, dit-il, n'est pas moins un mystère terrible que l'Eucharistie, et elle me semble même beaucoup plus terrible, car c'est par elle qu'on engendre et qu'on ressuscite les âmes à Dieu, au lieu qu'on ne fait que les nourrir par l'Eucharistie ou, pour mieux dire, guérir ... Et moi j'aimerais mieux dire cent messes que faire une prédication. C'est une solitude que l'autel, et la Chaire est une assemblée publique où le danger d'offenser le Maître est plus grand. (I, 449)

Le prêtre imite Jésus-Christ dans l'Eucharistie où il renouvelle son sacrifice, et il l'imite dans la prédication où il *interprète* la signification de ce sacrifice. Quant à la prédication, Saint-Cyran insiste sur le fait qu'il ne faut pas nécessairement une érudition profonde pour l'exercer. Au contraire, il met en garde contre trop d'érudition, trop de science qui n'est pas guidée par l'amour de Dieu (cf. note 5 de

Flaubert). Ce qui est beaucoup plus important, c'est de dire le mot juste au bon moment. Sainte-Beuve rapporte le fait que Saint-Cyran conseilla au prêtre de se retirer et de ne voir personne ni avant ni après la prédication : « Accoutumez-vous à cela et à vous remettre à Dieu ... et laissez penser aux autres ce qu'ils voudront. » (I, 450). On voit dans quelle mesure Sainte-Beuve réduit l'abbé au seul pouvoir du mot parlé qui soumet le sujet. Chez Saint-Cyran, la grâce, qui se serait montrée une fois pure et nue dans l'acte de résistance de la Mère Angélique contre le Formulaire, se pérennise paradoxalement en une parole qui devient loi. Parmi ses mots apodictiques rapportés par Sainte-Beuve Flaubert extrait celui selon lequel le don gratuit de la charité du Christ se transforme en un droit de propriété qui ne laisse aucune liberté au sujet :

> « Ce corps est moins à l'homme qu'il n'était avant l'incarnation parce que J.C. se l'est approprié de nouveau en le rachetant » de St Cyran [.][18]

Pour Sainte-Beuve, la primauté de la prédication signifie en effet presque « une nouvelle grâce à part » (I, 449). Cette « grâce » est d'ailleurs conçue de telle façon qu'elle élimine systématiquement tout élément féminin. C'est pourquoi l'association du sacerdoce avec la Vierge Marie faite par Saint-Cyran est jugée « étrange et hardie » et admise par Sainte-Beuve que dans une note et non dans le texte principal.[19] La « grâce », dont personne ne sait ce que c'est littéralement, théologiquement et étymologiquement, avance à un terme indispensable pour la description des port-royalistes. La grâce, *gratia* en latin, *cháris* en grec, c'est selon l'Épître aux Romains le don gratuit de la rédemption par Jésus-Christ (cf. Rom 3, 24), mais c'est aussi, d'après le dictionnaire, la miséricorde, la bonté, la bienveillance et – en français et en anglais – une attitude aimable ('Anmut'). Sainte-Beuve fait de ce terme chargé de sens un véritable langage pour décrire l'homme.[20] Ce qui est théologiquement opposée à la nature (du moins selon les jansénistes) devient l'attribut principal, qui rend les spirituels de Port-Royal « surnaturels ».[21] Traduit dans un langage sémiologique, on pourrait dire que les personnages deviennent

---

18 « Notes sur le *Port-Royal* de Sainte-Beuve », note 3, p. 460.
19 « Il se sert encore d'une comparaison étrange et hardie pour exprimer et rehausser ce mystère du Sacerdoce : la Vierge, au jour de sa consécration, ayant reçu le corps du Fils de Dieu, et l'ayant reçu en le formant et formé en le recevant, moyennant de simples paroles, peut être appelée, à la façon de Platon, *l'Idée des prêtres ipsa Sacerdos*. » (I, 449).
20 Que le terme soit la source de tout un langage classificatoire, cela vaut déjà pour la théologie où l'on distingue maintes grâces (efficace et suffisante, créée et incréée, ex opere operato, ex opere operans, gratis data, gratum faciens ...).
21 Bernhard Teuber m'a fait observer que Sainte-Beuve n'est pas le seul à avoir un intérêt particulier pour la « Grâce ». Baudelaire aussi met l'accent sur le « surnaturel » et un pouvoir « trans-

des signes équivoques. On peut même établir un parallèle avec ce côté anti-représentatif que Louis Marin a relevé à l'intérieur de la théorie janséniste du signe.[22] Sainte-Beuve crée ses modèles port-royalistes selon une logique eucharistique. Avec Saint-Cyran et la Mère Angélique il nous montre « comment un corps peut être signe et véritable signe, et comment, à l'inverse, un signe peut être corps et corps réel ».[23]

3) Il y a un troisième exemple, celui de M. Hamon, un solitaire auquel se réfèrent les notes 47 et 48 de Flaubert et qui représente un mélange des autorités de Saint-Cyran et de la Mère Angélique. Flaubert note les phrases suivantes :

> Mr Hamon représente l'ascète oriental (192.) il se promenait sur un âne & avait ajusté à la selle un pupitre sur lequel il lisait des livres saints.
> Tout médecin qu'il fut, on se méfiait tellement de la nature, qu'il avait peine à voir les religieuses malades, suffisamment. – Antiphysis ![24]

Sainte-Beuve l'appelle « un des *grands Spirituels* du dix-septième siècle » (II, 755). Il n'est pas prêtre, mais le médecin excentrique des religieuses de Port-Royal. Après avoir pris ses degrés en médecine, il ressent un besoin spirituel, s'installe comme solitaire à Port-Royal des Champs et devient le médecin et directeur des religieuses, « l'humble pénitent laïque » (II, 774), médecin physique et aussi médecin des âmes, « *Lucas bis medicus*, comme on le disait aussi de saint Luc » (II, 753), « *directeur malgré lui* » (II, 776). C'était le « solitaire préféré » de Racine qui, l'admirant beaucoup, voulait être enterré à ses pieds. Selon Sainte-Beuve, Hamon « exerçait son art avec le scrupule et l'autorité d'un sacerdoce » (II, 758). Il se distingue des autres Messieurs de Port-Royal par sa féminité et son étrangeté qualifiée d'orientalisme par Sainte-Beuve :

> « M. Hamon pousse si loin cette manière de ne voir partout dans le monde extérieur qu'apparence indifférente et phénomène, qu'il a quelque chose d'idéaliste et de mystique à la façon de l'Orient et du très-haut Orient. Il a du Brame ; sa religion donne quelquefois l'idée du Bouddhisme, aussitôt réduit sans doute au Christianisme, mais on est sur la pente, et on croit sentir par moments qu'il n'y a qu'une mince cloison qui en sépare. – M. Hamon est le plus oriental des nôtres. » (II, 770)

---

figuratif » de la poésie. Le transfert du vocabulaire théologique dans le domaine de la littérature caractérise sans doute toute cette époque littéraire.
22 Voir particulièrement Marin, *La critique du discours*, p. 74–77 (« Le modèle théorique du signe et le signe eucharistique »).
23 Marin, *La critique du discours*, p. 77.
24 « Notes sur le *Port-Royal* de Sainte-Beuve », note 47 et 48, p. 472.

Hamon incarne la dialectique chrétienne en ce qu'il maîtrise l'art de transformer l'apparence des choses. « Le Christianisme ainsi entendu n'est que la bonne magie. M. Hamon est un mystique. » (II, 761) Son trait marquant (d'après Sainte-Beuve) nous semble résider dans l'appropriation d'une féminité qu'il identifiait à l'essence de Jésus-Christ et qu'il assuma, en tant que laïque, au lieu du sacerdoce. Sainte-Beuve se sert aussi de la notion de la Grâce pour le caractériser :

> « Je ne dis pas qu'il l'explique [dans ses écrits], mais il l'exprime. Il la rend dans tout son complexe, d'autres diraient dans toute son inintelligibilité. M. Hamon, sans dispute, sans contention, a senti et paraît comprendre autant qu'aucun grand chrétien ce qu'à son point de vue on pourrait appeler l'*organisme de la Grâce*, le *vitalisme de la Grâce*. » (II, 771)

Chez lui, la Grâce devient inintelligible d'une part, organique de l'autre. Ce qui est le plus intéressant dans cette description, c'est qu'elle ne fait que résumer la méthode de Sainte-Beuve lui-même. « De même que sa médecine était une théologie continuelle », écrit-il à un endroit, « sa théologie devient comme une physiologie de la foi. » (II, 767). Cette phrase ne concerne pas seulement la médecine de Hamon mais aussi la représentation de Sainte-Beuve. Les portraits avec leurs diverses manifestations de la Grâce sont bel et bien une « physiologie de la foi ». Dans le cas de Hamon, l'équivoque du signe eucharistique tend vers la charlatanerie (la laïcité, l'orientalisme, l'efféminé, le comique) : il sait transformer tout en tout. Pour lui aussi, Sainte-Beuve n'oublie pas la comparaison avec la littérature. Hamon n'est pas le Monsieur Untel de la poésie, mais représente l'écrivain potentiel, l'étant « involontairement par endroits » (II, 768).

4. Maître et disciple – Sainte-Beuve et Flaubert, Flaubert et Sainte-Beuve

« L'épopée » de Port-Royal est conçue de manière généalogique. Sainte-Beuve écrit l'histoire de ce qu'il appelle « la famille de Port-Royal » en l'arrangeant autour des figures fondatrices de Saint-Cyran et de la Mère Angélique. Ses personnages, Sainte-Beuve les classifie selon leur rôle dans cette famille spirituelle : il y a les prêtres, solitaires, pénitents, confesseurs, directeurs, théologiens, maîtres ; mais il y a aussi les amis, les disciples et les amateurs de Port-Royal (Sainte-Beuve va jusqu'à parler de « cousins-germains » ou d'« alliés libres »). Par ailleurs, les liens de parenté entre les membres de la famille ne sont pas seulement de nature spirituelle. Port-Royal, c'est aussi, et peut-être en premier lieu, l'autre nom d'une famille au sens propre, l'autre nom de la famille des Arnauld. Un « tableau généalogique de la famille Arnauld » qui accompagne le texte de Sainte-Beuve tend à éclaircir la nature généalogique des rapports entre les protagonistes. De fait, si on lit l'ouvrage on se perd aussitôt parmi tous ces frères et sœurs, ces mères et pères. Dans la superposition des rapports spirituels et parentaux, les relations de succession s'effacent. Non seulement les noms changent tandis que les personnes restent les mêmes, il s'agit aussi du contraire : les personnes changent tandis que les noms restent les mêmes. Jacqueline Arnauld (1591–1661), fille de l'avocat Antoine Arnauld (1560–1619) devient la « Mère Angélique » du couvent. Sa nièce, fille de Robert Arnauld d'Andilly (1588–1674), sera Angélique de Saint-Jean (1624–1684) et, à son tour, la « Mère Angélique ». Isaac Le Maître de Saci (1613–1684) est le neveu d'Antoine Arnauld (« le Grand Arnauld », 1612–1694) ; celui-ci est le frère biologique de Jacqueline, la « Mère Angélique », son aînée de 21 ans … Antoine le Maître (1608–1658) assiste à la prise d'habit de sa mère (après le décès de son mari), et tous deux ont comme directeur et confesseur respectivement leur frère et fils cadet Isaac Le Maître de Saci (1613–1684) …[25] Port-Royal trouble l'ordre de la représentation en ce qu'il ne cesse de renvoyer au corps (mort) et aux images matérielles.

La réflexion de Sainte-Beuve ne porte pas explicitement sur la nature des signes, mais sur la nature de l'homme. Son histoire de Port-Royal est, au premier abord, une histoire naturelle de la spiritualité dont la méthode principale réside dans le fait de différencier et de classifier.[26] La méthode va de pair avec une impulsion iconoclaste. Ainsi les moments qui témoignent d'une vénération des images et des objets matérielles auprès des port-royalistes sautent-ils particulièrement aux yeux. C'est bien sûr cette épine sainte de la couronne du Christ qui aurait guéri la nièce de Pascal d'un ulcère lacrymal (« si grand qu'il lui avait pourri l'os du nez », II, 177).[27] Ce sont aussi les reliques : le poète Santeul, un hôte de Port-Royal qui offre aux religieuses la Cuculle de saint Bernard (III, 225), ou bien le démembrement du cadavre de Saint-Cyran pour la distribution du cœur, des entrailles et des mains parmi les port-royalistes.[28] C'est finalement la Mère

---

25 Cf. I, 402sq. et 769. Isaac le Maître de Saci, le traducteur de la Bible, « ne s'appelait de la sorte que par une façon d'anagramme de son nom de baptême *Isaac* [le même prénom que portait son père ; DS] » (I, 762). – Le philologue et orientaliste Antoine-Isaac Silvestre de Sacy (1758–1838) ne serait pas de la famille Arnauld/Le Maître, mais portait l'ajout « de Sacy » également par transformation du nom d'Isaac. De plus, il aurait été également « janséniste »…
26 Cf. le chapitre « Ordnung der Natur und menschliche Moral » chez Lepenies, *Sainte-Beuve*, p. 466–472.
27 Flaubert note le fait qu'après le miracle, Pascal « change ses armes sur son cachet & fait mettre un *oeil* (sic) *dans une couronne d'épines* ! ». (« Notes sur le *Port-Royal* de Sainte-Beuve », note 26, p. 467.)
28 Sainte-Beuve rapporte que d'Andilly voulait avoir son cœur, que ses entrailles étaient apportées à Port-Royal de Paris, que Lancelot coupait les mains et que le reste était enterré à l'église

Angélique qui fait des petites figures en cire, des sculptures de châsse, mais seulement parce que, suppose un Sainte-Beuve rationaliste, une artiste se cacherait sous son habit (II, 725).

La différence la plus abstraite que Sainte-Beuve opère dans son système classificatoire est la distinction entre « natures primaires » et « natures secondes ». Claude Lancelot (1615/6–1695) est le meilleur représentant de ces dernières : il n'était pas prêtre (mais seulement sous-diacre), biographe de Saint-Cyran et instituteur des enfants dans les Petites Écoles. En effet, les maîtres des enfants représentent le type d'une nature seconde : « car [...] leur double trait moral est ceci : modestie et fermeté ; se mettre les premiers sous la règle, et doucement, près des petits, la prescrire » (I, 442). Puis il généralise leur nature :

> Dans le monde, dans les divers ordres de talent et d'emploi, ces natures, que j'ai appelées *secondes*, existent, et avec toutes sortes de délicatesses ; chacun en a pu rencontrer le long du chemin : elles ont besoin de suivre et de s'attacher. Ce sont des Élisée en peine qui cherchent leur Élie, et qui, sous lui, si elles le trouvent, dirigent les moindres. (I, 442)

Flaubert a trouvé cette observation jolie.[29] Toutefois, Sainte-Beuve n'admire ces natures secondes qu'à condition qu'elles aient de bons directeurs (comme Saint-Cyran, « ce grand distributeur et *nomenclateur* des âmes », I, 444), sinon il déplore leur manque d'orientation. Sous les traits d'un « nomenclateur », Saint-Cyran semble marquer la position de la souveraineté : créateur du système, sujet étant en même temps à l'intérieur et à l'extérieur de celui-ci, sa partie la plus forte, la plus masculine. Il n'est pas écrivain mais maître de la parole (Sainte-Beuve lui atteste un style rude et rapporte une liste de citations tranchantes de lui).

On se sera rendu compte que l'idéal d'une nature dite primaire ressemble beaucoup à cette souveraineté, voire 'divinité' de l'écrivain telle que Flaubert la développe dans ses lettres. On se sera également rendu compte que l'enjeu dans la lecture flaubertienne du *Port-Royal* est, last not least, celui du rapport entre deux écrivains. D'une manière générale, Flaubert honore indirectement avec sa lecture et ses notes celui qu'il aurait peut-être appelé une nature seconde. Hommage indirect qui ne se donne pas à lire ouvertement mais dans les traces intertextuelles de ses *propres* œuvres littéraires. Il y a sans aucun doute des ressemblances entre les portraits des spirituels sainte-beuviens et les personnages des romans de Flaubert. Mais la ressemblance n'atteint que rarement des dimensions

---

Saint-Jacques-du-Haut-Pas (I, 665sqq.)
[29] « Notes sur le *Port-Royal* de Sainte-Beuve », note 6, p. 461.

intertextuelles. Le risque de l'erreur, la peur de l'illusion non de l'image, mais de la lettre, est, dans ces moments-là, de notre côté à nous, les lecteurs modernes. Concluons avec deux exemples qui vont en ce sens : le premier se trouve dans la biographie d'Isaac Le Maître de Sacy, où Sainte-Beuve insiste sur les scrupules énormes que celui-ci éprouvait à la perspective de recevoir la consécration sacerdotale. M. Singlin qui voulait qu'il succède au défunt directeur de Port-Royal (M. Manguelen) dut le forcer en reprenant les mots de Jean-Baptiste. Il lui dit donc en lui montrant M. Manguelen mort : « *Illum oportet crescere, me autem minui* ; il faut que celui-ci grandisse et que je m'efface. [...] L'humble clerc [Sacy] n'eut plus de réponse et reçut la consécration avec une joie grave et tremblante. » (I, 768). On pense ici, bien sûr, à la fin de *Hérodias*, où les relations de prédestination et de succession sont étrangement déformées, ce qui est d'ailleurs déjà le cas ici, chez de Sacy qui endosse après coup le rôle d'un Jean-Baptiste censé grandir son précurseur (Manguelen) en se 'diminuant' comme prêtre et directeur. La deuxième référence concerne bizarrement le perroquet, image magique de la croyance dans *Un cœur simple*. Il s'agit d'une anecdote rapportée par Sainte-Beuve dans une note sur la biographie de Mme de Sablé, grande et extravagante amie de Port-Royal. Elle hébergea quelque temps l'une des pensionnaires et novices de Port-Royal, la sœur Catherine :

> Quand elle rentra au cloître, la sœur Angélique de Saint-Jean disait : « Elle a été si longtemps à l'école de la tendresse, qu'il lui en coûtera plus qu'à une autre pour apprendre le langage de l'Évangile. » – On lui permettait d'écrire de temps en temps des lettres à Mme de Sablé ; on ne la mortifiait pas trop sur ces lettres ; mais un jour qu'elle y parlait d'un perroquet qu'elle avait laissé, la sœur Angélique châtia ce passage « qui confondoit le saint avec le profane ; car la charité doit subsister toujours, mais le jeu n'est plus de saison ». (III, 79)

Le passage est énigmatique et Flaubert ne le cite pas dans ses notes. La sœur Catherine serait-elle un modèle de Félicité ? Madame de Sablé et la Mère Angélique des modèles de Madame Aubain ? On connaît le climat marécageux, humide et malsain de Port-Royal dû à l'étang tout proche.[30] Aurait-il ici un rapport avec la maison de Madame Aubain qui « sentait un peu le moisi, car le plancher était plus bas que le jardin » ?[31] On pourrait alors rapprocher l'Institut de Saint-Sacrement transféré à Port-Royal en 1646[32] du jour du décès de Félicité, cette Fête-Dieu où on porte le Saint-Sacrement dans les rues. Par ailleurs, Sainte-Beuve explique l'indé-

---

30 Sainte-Beuve le décrit avec des couleurs vives dans le premier livre et évoque aussi une étymologie du lieu qui remonterait à la mauvaise qualité du sol (I, 116).
31 Gustave Flaubert, *Trois Contes*, éd. Samuel S. de Sacy, Paris, Gallimard, 1973, p. 20.
32 Sainte-Beuve, *Port-Royal*, I, 742.

pendance dont la Mère Angélique de Saint-Jean a témoigné pendant sa captivité comme celle d'un 'cœur simple' : « Descendons dans ce grand cœur entr'ouvert qui n'est qu'un simple cœur chrétien, et qui, par moments, est tenté de redevenir un simple cœur humain naturel. » (II, 712)

Malgré les pistes proposées l'allusion au perroquet reste énigmatique, au moins jusqu'à des recherches supplémentaires. Les « modèles » de Port-Royal ont, comme tous les modèles (« Vorbilder »), tendance à effacer leur origine.

Françoise Gaillard
Les Dieux ont faim, les Dieux ont soif.
Flaubert ou le sacrifice sans sacré

> « *Les dévots criaient : – 'Seigneur ! mange !* »... *les victimes à peine au bord de l'ouverture disparaissaient comme une goutte d'eau sur une plaque rougie et une fumée blanche montait dans la grande couleur écarlate. Cependant l'appétit du Dieu ne s'apaisait pas. Il en voulait toujours.* »
> Gustave Flaubert, *Salammbô*

> « *N'entendez-vous pas la* terre *qui crie et qui demande du sang ?* »
> Joseph de Maistre, septième entretien des *Soirées de Saint-Pétersbourg*

> « *Aux défaites des armées, aux révoltes des provinces, aux conspirations, aux complots, aux trahisons, la Convention opposait la terreur. Les dieux avaient soif.* »
> Anatole France, *Les dieux ont soif*

Pas de culte sans sacrifice

Dans le roman d'Anatole France, *Les dieux ont soif*,[1] c'est à une divinité toujours altérée et non moins sanguinaire que Moloch : la République, que les membres du Comité de Salut Public donnent à boire, sacrifiant par charrettes entières aristocrates, bourgeois, gens du peuple, riches et pauvres, femmes et hommes mêlés. Le sang gicle sous le couperet de la guillotine. Dégoutte des corps coupés en deux. Coule en hideux ruisselets de pourpre que les sols détrempés de la place de la Révolution, puis du Faubourg Saint Antoine, ne peuvent plus absorber. Des flaques se forment. Et pourtant la République a toujours soif.

« *Noyons-nous dans le sang et sauvons la patrie* ». Immolons encore. Immolons sans faiblir. Sacrifions « *quelques centaines de têtes* ».[2]

Cela ne suffit pas. La République a encore soif. Elle demande toujours à boire. Et les grands prêtres de la déesse potomane ne cessent de verser sur ses autels des libations sanglantes.

---

[1] *Les dieux ont soif* a paru en 1912.
[2] *Les dieux ont soif*.

Mais le peuple, lui, commence à avoir son content : « *...au passage des charrettes, on murmurait. Quelques voix, dit-on, avaient crié : 'assez !'* ».[3]

Assez. Assez d'horreurs ? Ou assez d'offrandes ? Comment interpréter le cri poussé par ces quelques voix populaires ? Comme l'expression d'un sentiment de répulsion : il faut en finir parce que ce carnage est devenu humainement insupportable ? Ou comme celle d'un sentiment d'accomplissement : il faut en finir parce que les résultats espérés par toutes ces immolations ont été atteints ?

Dans ce dernier cas le caractère sacrificiel des exécutions capitales n'est pas remis en cause, seule l'est la prolongation quasi sacrilège du sacrifice. Ces cérémonies sanglantes auxquelles le peuple participe demeurent dans l'ordre du religieux.

Dans le premier cas elles relèvent de l'ordre profane, et ce qui le prouve c'est que les exécutions ne sont plus considérées que comme des tueries collectives.

En effet, lorsque dans le sacrifice n'est plus perçu que la barbarie de l'acte sacrificiel, c'est que le sacrifice est sorti de la sphère du sacré. Et hors de la sacralité, le sacrifice n'est plus qu'un meurtre et les décapitations qui se faisaient en son nom, des massacres. Une telle désacralisation représente pour la jeune République le moment de tous les dangers.

La République a besoin d'un habillage religieux qui la transforme en une divinité pour ancrer dans l'imaginaire collectif sa transcendance, dont l'abstraction ne parle pas à ces esprits frustes que sont les masses populaires. Et qui dit divinité, dit sacrifices.[4] Les dieux ne les ont-ils pas toujours exigés ainsi que le rappellent Henri Hubert et Marcel Mauss dans leur « Essai sur la nature et la fonction du sacrifice » : « On leur doit le culte, comme dit le rituel hébreu ; on leur doit leur part, comme disent les Hindous ».[5]

C'est pourquoi, dans leur désir d'installer la République dans la sphère du sacré, les conventionnels ont spontanément redécouvert le parti à tirer du plus ancien des actes religieux : le sacrifice. Leur rhétorique, non sans un certain cynisme, en exploite tout le paradigme lexical. Je n'en veux ici pour preuve que ces propos de Jean-Baptiste-André Amar, l'un des plus farouches partisans de l'envoi à la guillotine de victimes par charretées entières : « *Allons au pied du grand autel voir célébrer la messe rouge* ».

---

3 *Ibid.*
4 Cf. ce que Chateaubriand, pour qui le sacrifice est la grandeur de la religion, écrit dans *Le Génie du christianisme* : « *Pas de culte sans sacrifice* ».
5 Henri Hubert et Marcel Mauss, « Essai sur la nature et la fonction du sacrifice », *Année sociologique* 2 (1899), p. 29–138.

Reste que le propre d'un sacrifice c'est de se terminer, surtout lorsque ses effets utiles se sont produits. Ce qui semble bien être le cas à en croire l'hymne de Gamelin :

> Terreur salutaire, ô sainte terreur ! L'année passée à pareille époque, nous avions pour défenseurs d'héroïques vaincus en guenilles ; le sol de la patrie était envahi, les deux tiers des départements en révolte. Maintenant nos armées bien équipées, bien instruites, commandées par d'habiles généraux, prennent l'offensive, prêtes à porter la liberté par le monde. La paix règne sur tout le territoire de la République... Terreur salutaire, ô sainte terreur ! Aimable guillotine ! L'année passée à pareille époque, la République était déchirée par les factions ; l'hydre du fédéralisme menaçait de la dévorer. Maintenant l'unité jacobine étend sur l'empire sa force et sa sagesse... .[6]

Le moment serait donc venu d'arrêter d'abreuver la déesse et de mettre un terme au sacrifice propitiatoire. Et pourtant l'effusion de sang continue. Comme si rien ne pouvait désormais y mettre fin. Quel dérèglement s'est introduit dans le cérémonial sacrificiel qui rend impossible la sortie du sacrifice ?

Pour comprendre l'habile utilisation que les thermidoriens sauront faire de l'habillage religieux que la Terreur avait su donner à son œuvre de mort, un petit rappel de la logique propre au sacrifice s'impose. Finir un sacrifice ce n'est pas arrêter le bras du sacrificateur. C'est permettre à tous ceux qui ont pris part au sacrifice, officiants ou assistants (sacrificateurs ou sacrifiants), de sortir de l'espace religieux dans lequel le sacrifice les a fait pénétrer et de retourner dans le monde profane. Pour cela il y a des rites à respecter à la lettre et dans l'ordre prescrit.

Tous les historiens des religions et tous les anthropologues qui depuis le XIXe siècle se sont intéressés à la question, s'accordent à dire que le respect du rituel de sortie est d'autant plus important que, comme le soulignent Henri Hubert et Marcel Mauss, « au cours des cérémonies sacrificielles, des fautes ont pu être commises qu'il faut effacer avant de revenir à la vie commune ordinaire ».[7] Sans compter que les germes de violence qui ont pu se déposer chez tous les acteurs au cours de la cérémonie, risquent de contaminer l'ensemble de la cité, et c'est ce risque qu'il faut prévenir. On connaît les belles pages de René Girard sur la question.[8]

---

6 *Les dieux ont soif.*
7 Henri Hubert et Marcel Mauss, *op.cit.*
8 René Girard, *La violence et le sacré*, Paris, Grasset, 1972.

Dans *Les dieux ont soif* tout ce passe comme si le sacrifice, échappant à la logique sacrificielle, appelait le sacrifice sans que rien ne semble pouvoir mettre un terme à cet engrenage fatal. Que s'est-il passé ? Il n'y a qu'une seule explication possible que les Thermidoriens sauront exploiter politiquement : les sacrificateurs et les sacrifiants se sont substitués à la déesse République. Ce sont eux qui en proie à une soif inextinguible réclament du sang alors que celle-ci, repue, se détourne des hideuses flaques pourpres qui souillent ses autels. Elle n'a plus soif. Ce sont eux qui veulent se repaître du sang destiné aux libation de la déesse. Sacrilège !

Que dit le rituel dans le cas d'un tel sacrilège ? Il dit qu'il faut un dernier sang versé, un dernier sacrifice accompli dans l'esprit de religiosité et de sacralité des cérémonies sacrificielles pour ré-enchaîner à l'ordre du monde les forces disruptives déchaînées par le sacrilège et pour mettre un terme, dans l'espace profane de la cité, aux pulsions paranoïaques des sacrificateurs emportés par un délire d'épuration ou une folie criminelle.

Sortir du sacrifice par le sacrifice, qu'attendre d'une telle circularité sinon qu'elle enferme encore plus dans un processus sacrificiel sans fin ?

Comment un sacrifice peut-il briser ce cercle ? Pour le comprendre il faut faire retour à la logique sacrificielle. L'efficace de cet ultime sacrifice vient de ce que, transformant en sacrilèges tous les sacrifices antérieurs ainsi que tous ceux qui y ont pris part, il rétablit le rituel dans son ordre – ordre dont la sortie du sacrifice fait partie.

Le politique a toujours été très habile à manipuler les représentations et les schèmes de pensée archaïques solidement enracinés dans la culture collective. Le roman d'Anatole France, *Les dieux ont soif*, en propose une magnifique illustration.

Comment sortir de la Terreur sans renoncer à (et sans dénoncer) le modèle sacrificiel qui avait servi aux Jacobins à ancrer la République dans un imaginaire collectif fortement structuré par le religieux ? Cette question débouche sur une autre : comment instrumentaliser ce modèle au profit de leur cause ?

Tel est le double problème auquel furent confrontés les Thermidoriens. La logique du sacrifice qui avait fait accepté la Terreur leur fournit, paradoxalement, la solution.

Elle leur permit tout d'abord d'exonérer la déesse République des crimes commis en son nom. Ce n'est pas elle qui réclamait sans cesse à boire, mais ces Jacobins du Comité de Salut Public ; ces vampires, ces assoiffés, ces sacrilèges qui s'abreuvaient du sang versé sur les autels de la divinité.

Elle leur permit surtout de se débarrasser de leurs adversaires politiques en transformant leur mise à mort en immolation sacrificielle réclamée par leur sacrilège : n'ont-ils pas faussé le jeu sacré du sacrifice en sacrifiant, non à la République, mais à leurs propres passions sanguinaires ?

Faire rentrer leur exécution qui risquerait d'attiser les factions, dans le régime de sens du sacrifice et dans la sphère du sacré, est des plus habile. Cela permet de ressouder la communauté. Or, tel n'est-il pas le propos du religieux en son sens premier ?

Sauf qu'à y bien regarder leur supplice est moins un sacrifice expiatoire qu'un châtiment, mais, comme l'ont bien mis en évidence Henri Hubert et Marcel Mauss, il y a une forte similitude entre les rites de la peine et ceux du sacrifice, et le politique a toujours su en jouer à son profit.

L'utilisation cynique de la mystique du sacrifice faite par les Thermidoriens fait écho à celle d'Hamilcar dans *Salammbô*.

Le sacrifice est un phénomène religieux

Qu'ils aient nom Moloch, Patrie, ou République, les dieux ont soif, les dieux ont faim. Il faut donc perpétuellement les nourrir afin de ne pas déchaîner leur ire. À en croire les anthropologues et les spécialistes de l'histoire des religions, c'est cette soif et cette faim qui seraient à l'origine des sacrifices. Ceux-ci auraient, en effet, eu pour fonction première de désaltérer les dieux et de les rassasier. Telle est la thèse défendue entre autres par M. Ghillany dans son essai qui fit date « Les sacrifices humains » et qui parut en traduction française dans une ouvrage collectif : « *Qu'est-ce que la bible d'après la nouvelle philosophie allemande* » en 1850 : « On a dit : le sacrifice sanglant a pour but de réconcilier l'homme avec les dieux. C'est une idée qui n'entre que plus tard. L'idée primitive est : donner à manger aux dieux *(j'ajouterai pour ma part : et à boire !)* ; c'est peu poétique mais c'est naturel et vrai. ».

Cette conception alimentaire du sacrifice traverse tout le siècle et on la retrouve chez de nombreux savants allemands (Wilken), anglais (Frazer, Tylor), français (Marillier), qui, à partir de cette genèse étudient l'évolution historique des pratiques sacrificielles, de l'immolation sanglante de victimes humaines des religions archaïques, jusqu'aux formes symboliques du sacrifice de l'eucharistie dans le culte catholique.

Peu de questions, au cours du XIXe siècle, ont autant intrigué les historiens des religions et les sociologues que celle du sacrifice. Pour les premiers parce que c'est un acte religieux ; pour les seconds parce qu'en tant qu'acte religieux, c'est-à-dire en tant qu'acte qui lie, relie, resserre le lien communautaire toujours menacé de rupture, c'est un fait social.

C'est d'ailleurs en tant que fait social que le sacrifice intéresse Émile Durkheim dans *Les formes élémentaires de la vie religieuse*.⁹ C'est toujours en tant que fait social qu'il intéresse Henri Hubert et Marcel Mauss lesquels, dans l'essai déjà cité, écrivent : « On comprend... ce que peut être la fonction du sacrifice, abstraction faite des symboles par lesquels le croyant se l'exprime à lui-même. C'est une fonction sociale parce que le sacrifice se rapporte à des choses sociales ». L'idée que le sacrifice a une fonction sociale et joue un rôle fondateur dans les sociétés humaines ne fait que reprendre des intuitions plus anciennes.[10]

Ce qui est plus novateur dans le travail de Henri Hubert et de Marcel Mauss, c'est leur utilisation du sacrifice comme clef permettant de comprendre certains comportements collectifs dont la barbarie, de la part d'individus civilisés, serait autrement inexplicable. Rejetant comme peu éclairantes les tentatives de classification des sacrifices en sacrifices expiatoires, propitiatoire ou d'action de grâce, faites par les savants anglais ou allemands, ils se sont attachés à en chercher le sens dans ce qu'il y avait de constant dans le rituel et dans sa fonction sociale. Il leur est ainsi apparu qu'au cours de tout sacrifice un objet (quel qu'il soit : victime humaine ou animale, prémices de la récolte, etc.) passait du domaine commun dans le domaine religieux, c'est-à-dire quittait le monde profane pour entrer dans la sphère du sacré, et que c'est dans ce passage que résidait la puissance du sacrifice et son efficace sociale qui est, comme nous l'avons déjà dit, de ressouder la communauté en proie à des divisions génératrices de violences (religare).

Le sacrifice, en sa nécessaire relation triadique entre le sujet sacrificateur, la victime sacrifiée et la divinité, se présente donc comme un processus hautement symbolique dont le principe essentiel est de communiquer avec le dieu par le rétablissement de la liaison rompue entre les différents ordres de réalité : le profane et le sacré.

Flaubert ou la désacralisation du sacrifice

C'est la découverte de cet invariant, qui, comme je l'ai déjà souligné, a permis à Henri Hubert et Marcel Mauss de poser en principe que le sacrifice est un acte

---

9 Émile Durkheim, *Les formes élémentaires de la vie religieuse*, Paris, Alcan, 1912.
10 Henri Hubert, Marcel Mauss, Durkheim ont étudié le sacrifice en dehors de tout credo religieux. Leurs travaux s'inscrivent dans le droit fil des tentatives de rationalisation des historiens des religions de l'école positiviste, à ceci près que leur point de vue n'étant ni historique, ni mythographique, ni philologique, mais anthropologique et sociologique ils ont surtout fait ressortir la fonction sociale des sacrifices.

religieux. Si j'insiste sur le caractère religieux du sacrifice, c'est parce que c'est précisément cette dimension qui est la grande absente du récit que Flaubert (par ailleurs fidèle aux sources dont il disposait)[11] fait de l'immolation des enfants des riches carthaginois au dieu Moloch dans *Salammbô*. Une telle absence ne peut manquer de faire sens. Pas dans la perspective d'un éclaircissement de cette énigme qu'est, pour les modernes, le sacrifice, mais dans celle de l'intelligence de la conception que se fait Flaubert de l'Histoire et de l'humanité.

J'entends par absence de dimension religieuse, le regard en extériorité, et qui plus est souvent narquois, que Flaubert porte sur le cérémonial.

Il ne suffit pas, en effet, de raconter la cérémonie avec un luxe de détails qui fait honneur à l'érudition de l'écrivain autant qu'il révèle son humour morbide, non dénué d'un certain sadisme (ce que confirme nombre de passages de la correspondance), pour approcher de l'intelligibilité de l'acte sacrificiel. Aussi la reconstitution antiquaire à laquelle se livre Flaubert rate-t-elle sa cible – du moins si son propos était de nous faire pénétrer au cœur du sacrifice, dans cet univers sacré où les gestes du cérémonial n'apparaissent plus comme des gesticulations ridicules ou abominables, mais comme les signes de la restauration de l'alliance avec les dieux.

Flaubert a raté sa cible si son propos était de représenter cet irreprésentable qu'est, non pas l'acte immolatoire qui, lui, se prête fort bien à la description comme le texte le montre, mais ce que Joseph de Maistre appelle sa vertu, laquelle, tout en lui étant consubstantielle, n'est pas en lui et ne saurait donc se confondre avec lui.

Flaubert a-t-il eu conscience de ce ratage ? On serait enclin à répondre par l'affirmative si on se réfère à ce qu'il écrivait à son ami Jules Duplan en mai 1857 : « Je crois enfin pouvoir tirer des effets neufs de tout ce tourlourou antique. Quant au paysage c'est encore bien vague. <u>Je ne sens pas le côté religieux</u>. La psychologie cuit doucement, mais c'est une lourde machine à monter ».[12]

Ôtez au sacrifice la dimension religieuse, et il ne reste qu'une pulsion aussi frénétique qu'incompréhensible qui pousse à l'immolation de l'homme par l'homme.

---

[11] Pour ce qui est des sources de Flaubert, on se reportera aux remarquables travaux d'Agnès Bouvier sur le Molochisme et tout particulièrement à son article parue dans la *revue Flaubert* mis en ligne en 2009 et intitulé : « Moloch en expansion », voir Agnès Bouvier, « Moloch en expansion », *Flaubert* [En ligne], 1 | 2009, mis en ligne le 19 janvier 2009, URL : http://flaubert.revues.org/384.

[12] C'est nous qui soulignons. Gustave Flaubert, *Correspondance*, 5 vol., éd. Jean Bruneau/Yvan Leclerc, Paris, Gallimard, 1980–2007, t. II, p. 726.

Ôtez au sacrifice le sacré, comme le fait Flaubert, et il n'apparaît plus que comme un acte de sauvagerie collective. Un accès de folie inintelligible. Un de ces moments de déraison de et dans l'Histoire.

En dehors de la sphère religieuse où il prend sens, le sacrifice n'est plus que cette horrible boucherie et ce déchaînement de violence que dépeint Flaubert dans le chapitre 13 de *Salammbô*.

Mais si le propos de Flaubert était justement de ne pas donner au sacrifice un sens qui en transcende l'horreur, mais de le peindre dans une nudité qui en accuse autant la folie que la barbarie ?

Et s'il était de traiter du sacrifice comme il traite de la révolution de 48 (et, plus largement l'Histoire) dans *L'Éducation sentimentale*, c'est-à-dire en procédant à une dé-finalisation de sa geste ? Ce qui revient, pour pasticher Shakespeare, à en faire « un conte plein de rage et de fureur raconté par un idiot ».

Et s'il était de montrer l'existence en l'homme d'une violence et d'une cruauté originaires que dans les temps anciens le religieux échouait à canaliser puisque les habitants de Carthage, comme excités par l'horreur de la scène, se ruent sauvagement les uns contre les autres, et que, dans les temps modernes, la civilisation ne parvient pas à éradiquer, comme en témoignent les atrocités auxquelles se livrent les différentes couches sociales en 48 :

> C'était un débordement de peur [...] l'égalité (comme pour le châtiment de ses défenseurs et la dérision de ses ennemis) se manifestait triomphalement, une égalité de bêtes brutes, un même niveau de turpitudes sanglantes [...] l'aristocratie eut les fureurs de la crapule, et le bonnet de coton ne se montra pas moins hideux que le bonnet rouge. La raison publique était troublée comme après les grands bouleversements de la nature. Des gens d'esprit en restèrent idiots pour toute leur vie.[13]

Parmi les sacrifices, s'il en est un, pour reprendre les termes de Joseph de Maistre, qui, dans ce XIXe siècle civilisé, « fait pâlir d'horreur à sa seule idée », c'est le sacrifice humain. Comment comprendre cette « horrible énigme » ?[14] D'abord en la repoussant au plus lointain de la civilisation. Il va, en effet, de soi qu'une telle barbarie ne peut être le fait que de sociétés primitives. D'ailleurs n'est-ce pas dans les époques fort reculées et chez les peuples les plus archaïques qu'on en trouve la trace ? Les travaux des savants confirment cet éloignement temporel et géographique par quoi l'homme moderne s'exonère de cette sauvagerie originelle.

---

[13] Voir *L'Éducation sentimentale* dans Gustave Flaubert, *Œuvres complètes*, éd. A.Thibaudet/R. Dumesnil, Paris, Gallimard, 1952, t. I, p. 368.
[14] L'expression est de Joseph de Maistre.

Anthropologues et historiens des religions usant de méthodes comparatistes et historiques, s'entendent donc pour construire une histoire de l'évolution des pratiques sacrificielles qui présente l'avantage idéologique d'être en consonance avec celle du développement des sensibilités.

Si cette construction doit plus à une logique inductive et à des convictions idéologiques qu'à des réalités historiquement attestées, c'est parce qu'elle participe du grand mythe moderne du progrès.

Humaine aux temps les plus anciens, la victime sacrifiée serait devenue animale, avant d'être remplacée par la simple offrande d'objets. La dernière étape dans cette évolution du sacrifice vers sa forme la plus évoluée serait la transaction abstraite et purement symbolique telle qu'elle se pratique au cours de l'eucharistie. L'histoire de l'agneau que Yahvé substitue au dernier moment au fils d'Abraham déjà couché sur l'autel du sacrifice, témoignerait du passage du sacrifice humain, devenu sans doute insupportable, au sacrifice animal.

Faut-il voir comme un souvenir de ce moment charnière dans cette scène où, dans *Salammbô*, les prêtres de Moloch procèdent à une animalisation des victimes humaines avant de les offrir au dieu : « Les bras d'airain allaient plus vite. Ils ne s'arrêtaient plus. Chaque fois que l'on y posait un enfant, les prêtres de Moloch étendaient la main sur lui, pour le charger des crimes du peuple, en vociférant : "Ce ne sont pas des hommes, mais des bœufs !" et la multitude à l'entour répétait : "Des bœufs ! des bœufs !" ».[15] Comme si le sacrifice des enfants n'était acceptable que sous condition de cette métamorphose.

Inutile d'épiloguer sur ce que cette construction évolutive doit à la croyance en un progrès moral de l'humanité dont *Salammbô* et *L'Éducation sentimentale* dénoncent l'illusion. Car s'il est bien une religion en laquelle Flaubert ne croit pas, c'est bien en celle-là ! Ses lettres fourmillent de passages qui l'attestent. Je ne retiendrai que ces lignes écrites à Amélie Bosquet, en pleine rédaction de son roman pourpre : « il ne ressort du livre qu'un immense dédain pour l'humanité ».[16]

L'auteur de l'*Éclaircissement sur les sacrifices*, ne suit pas le modèle évolutionniste qui relègue le sacrifice humain au plus loin de nous. Pour Joseph de Maistre, en effet, le christianisme ne doit pas être considéré comme la religion qui, en dé-substantialisant le sacrifice, en achèverait l'histoire, mais comme celle qui

---

15 Voir *Salammbô*, chapitre 13, Flaubert, *op.cit.*, t. II, p. 949.
16 Lettre du 24 août 1861, *Correspondance*, *op.cit.*, t. III, p. 172.

opère un dépassement de la barbarie païenne par une christologie de la souffrance.

Que l'exposé de la théorie chrétienne des sacrifices dont les trois principes sont la culpabilité originelle, la réversibilité et la rédemption par le sang, soit le véritable but poursuivi par l'ouvrage, n'est pas ce qui importe ici : « Il n'y a rien qui démontre d'une manière plus digne de Dieu ce que le genre humain a toujours confessé, avant même qu'on ne lui apprenne : sa dégradation radicale, la réversibilité des mérites de l'innocence payant pour le coupable et le salut par le sang ».[17] Ce qui en revanche importe c'est que le profond sentiment religieux dans lequel Joseph de Maistre, à la différence de Flaubert ou d'Anatole France, approche le sacrifice tout au long de son essai, lui permet de déceler les traces résiduelles des pratiques sacrificielles païennes dans certaines de nos pulsions meurtrières toujours actuelles, et donc de rapporter des folies collectives meurtrières comme la guerre, à des schèmes archaïques toujours présents en nous. Impossible de comprendre la guerre, cette irruption de la déraison dans l'Histoire, si on ne la considère pas comme un gigantesque holocauste offert à la terre, cette divinité cosmique primitive à laquelle nous autre, civilisés, continuons de sacrifier. Comme aux jours anciens où les dieux demandaient à manger, « la terre demande du sang » et « Le sang des animaux ne lui suffit pas... ».[18]

La terre a soif. La guerre lui donne à boire. Qu'un sang impur abreuve nos sillons ! Comment, en dehors de la rémanence de la logique sacrificielle la plus archaïque, comprendre ce moment de démence qu'est la guerre où l'on voit « l'homme saisi tout à coup d'une fureur divine étrangère à la haine et à la colère, sans savoir ce qu'il veut ni même ce qu'il fait » se jeter sur son semblable pour l'égorger : « La terre entière, continuellement imbibée de sang, n'est qu'un autel immense où tout doit être immolé sans fin... » ?[19]

Revenons un instant à la thèse qui fait remonter l'origine du sacrifice à la conception anthropomorphe que les hommes se faisaient de leurs dieux. Ces dieux, aux passions et aux besoins semblables à ceux des hommes, avaient besoin de se nourrir, et il revenait aux hommes de leur fournir leur nourriture. Comme le rappellent Henri Hubert et Marcel Mauss : le dieu « était censé manger réellement et substantiellement la chair sacrifiée ; c'était "sa viande". Les poèmes homériques

---

[17] Joseph de Maistre, *Les Soirées de Saint-Pétersbourg, ou Entretiens sur le Gouvernement Temporel de la Providence.*
[18] *Ibid.*
[19] *Ibid.*

nous montrent les dieux s'asseyant aux banquets sacrificiels. La chair cuite, réservée au dieu, lui était présentée et était placée devant lui ».[20]

Que très vite ce service ait été pris dans une relation contractuelle, une sorte de *donnant-donnant* entre les dieux et les hommes, et que le don se soit transformé en offrande expiatoire ou propitiatoire ; que très vite il ne ce soit plus seulement agi de nourrir le dieu mais d'apaiser sa colère ou de se concilier ses faveurs en lui offrant les mets qui lui plaisait, est une fiction anthropologique rationnalisante qui passe à côté de ce qu'il y a de sacré dans le sacrifice et qui, comme Joseph de Maistre l'a bien compris, est l'immolation.

Si dans le sacrifice, nous dit ce dernier, il ne s'agissait que d'offrandes destinées à nourrir le dieu « Les hommes auraient envoyé chercher à la boucherie les chairs qui devaient être offertes sur les autels. ».[21] Il s'agit donc de tout autre chose que d'offrandes nourricières. « *Il s'agit de sang* ». Il s'agit de sang versé non sous forme de libation, ce qui reconduirait dans la finalité du sacrifice, la fiction du festin des dieux, mais de sang versé sans autre fin que celle de l'immolation elle-même. En d'autres termes, ceux de Joseph de Maistre, dans le sacrifice, ce dont il s'agit c'est de « l'immolation proprement dite ». Autrement dit de l'immolation pour l'immolation.

L'immolation est la clé de l'efficace du sacrifice.

C'est en elle que réside la cause des effets attendus. L'énigme du sacrifice n'en est pour les modernes que plus grande. « Comment les hommes de tous les temps et de tous les lieux (ont) pu s'accorder à croire qu'il y avait, non pas dans l'offrande des chairs (il faut bien observer ceci), mais dans l'effusion du sang, une vertu expiatrice utile à l'homme... ?»,[22] se demande Joseph de Maistre dont tout l'essai a pour finalité de répondre à cette question.

C'est dans cette énigme qu'il faut chercher la raison de l'irreprésentabilité du sacrifice en régime de sens réaliste.

On peut, comme le fait Flaubert, décrire avec un luxe de détails destinés à soulever le cœur du lecteur bourgeois, le massacre des enfants arrachés à leurs parents et les scènes d'hystérie collective de la foule, et cependant échouer à restituer au sacrifice sa valeur sacrificielle. Car si le sacrifice réside dans la « vertu expiatrice » de « l'effusion de sang », ce n'est pas un spectacle dont on peut racon-

---

20 Henri Hubert et Marcel Mauss, *op. cit.* Henri Hubert et Marcel Mauss, s'empressent toutefois de préciser que cette reconstitution de la cérémonie sacrificielle archaïque est hypothétique car disent-ils : « Nous n'apercevons plus les anciens rites qu'à travers des documents littéraires, vagues et incomplets, des survivances partielles et menteuses, des traditions infidèles ».
21 *Les soirées de Saint-Pétersbourg.*
22 *Ibid.*

ter les différentes phases. C'est un moment de communion sacrée entre les dieux et les hommes. On ne saurait donc en approcher le mystère que de l'intérieur de la sphère où il opère : celle du religieux.

Or c'est précisément ce à quoi se refuse Flaubert par conviction idéologique et par choix esthétique.

Il n'est donc pas étonnant que parmi les textes de l'antiquité qui décrivent les rituels sacrificiels, il choisisse de préférence ceux qui présentent le sacrifice comme un festin des dieux. Ce qui lui plait dans cette explication c'est qu'elle est la plus éloignée de la conception mystique du sacrifice, et qu'à la limite (limite qu'il franchit dans *Salammbô*) elle se prête le mieux à sa désacralisation. Le vecteur de la transcendance y est des plus prosaïques : une fumée appétissante qui monte des chairs grillées, jusqu'à l'Olympe.

Pas d'odeur plus agréable pour des dieux, dont la sensualité très matérialiste consonne mal avec ce qu'il y a de profondément mystique dans le sacrifice. C'est du moins ce que pensent les Grecs qui croient, ou feignent de croire (car, pour pasticher Paul Veyne les Grecs ont-ils jamais réellement cru à l'efficace de ces grillades ?), que c'est en leur chatouillant les narines de ce fumet délicieux qu'on se les rendait favorables.[23]

Avec la « grillade des moutards »,[24] Flaubert achève la désacralisation du sacrifice. Plus de fumée odorante qui monte vers le ciel comme pour (r)établir par ce lien impalpable, l'alliance entre les dieux et les hommes. Pas d'élévation. Mais une sorte de vapeur comme il s'en dégage d'une plaque chauffée à blanc sur laquelle on pose des corps principalement constitués d'eau : « Les victimes à peine au bord de l'ouverture disparaissaient comme une goutte d'eau sur une plaque rougie, et une fumée blanche montait dans la grande couleur écarlate ».[25]

Rien de mystique. Juste un phénomène qui relève de la physique des solides.

Pas de transcendance. Juste un cérémonial barbare vu en extériorité.

Des sensations visuelles ou auditives : des braises ardentes, un grand rougeoiement, les grésillements de la graisse, des cris, des rugissements.

Le sacrifice se transforme en un monstrueux barbecue humain autour duquel, mus par un instinct de destruction, les habitants de Carthage se ruent les uns contre les autres. « Quelques-uns qui avaient des couteaux se précipitèrent

---

[23] Henri Hubert et Marcel Mauss expliquent, dans leur « Essai » que « les portions consacrées au dieu lui parvenaient sous la forme d'odeurs agréables », id., *op. cit*,.
[24] Formule utilisée par Flaubert dans une lettre à Jules Duplan datée du 25 septembre 1861 très souvent citée : « Je finis maintenant le siège de Carthage, et je vais arriver à la grillade des moutards. », *Correspondance, op. cit.*, t. III, p. 176.
[25] Voir *Salammbô*, chapitre 13, Flaubert, *op.cit.*, t. II, p. 949.

sur les autres. On s'entrégorgea. ».[26] Même les Barbares qui campent au pied des murs n'en reviennent pas : « [...] ils regardaient béants d'horreur ».[27]

Salammbô ou le sacrifice comme spectacle

Dans *Salammbô* le sacrifice est un spectacle, pas un mystère. Un spectacle monstrueux comme le Grand Guignol lui-même n'osera en inventer, mais dont l'effroi qu'il suscite le rapproche de ce genre plus que de la tragédie. Le seul mystère c'est la contagion de violence et la fureur meurtrière qui s'emparent des participants à la cérémonie. Mais ce « mystère », qui n'a rien de religieux, est sans mystère pour qui fut, comme Flaubert, témoin des atrocités commises par les deux camps lors des journées de juin 1848. Le peuple est féroce, c'est lui qui est assoiffé de sang, c'est lui qui réclame le sacrifice au dieu Moloch, moins pour le salut de Carthage, auquel d'ailleurs il ne s'intéresse que pour autant que son propre sort y est engagé, que pour la volupté du spectacle : « La férocité du peuple en était d'avance alléchée. ».[28] C'est lui qui n'est jamais rassasié : « À mesure que les prêtres se hâtaient, la frénésie du peuple augmentait ; le nombre des victimes diminuant, les uns criaient de les épargner, les autres qu'il en fallait encore [On aurait dit que les murs chargés de monde s'écroulaient sous les hurlements d'épouvante et de volupté mystique.] Puis des fidèles arrivèrent dans les allées, traînant leurs enfants qui s'accrochaient à eux et ils les battaient pour leur faire lâcher prise et les remettre aux hommes rouges ».[29]

---

26 *Ibid.*, p. 950.
27 *Ibid.*, p. 950.
28 *Ibid.*, p. 937.
29 *Ibid.*, p. 949.
Le fait que Flaubert ne retient des nombreux récits attestant des sacrifices d'enfants au dieu Moloch que ce qui en accentue la cruauté et la barbarie va dans le sens de notre thèse.
De nombreuses sources, dont celle de Plutarque, précisent que les enfants étaient déjà morts, tué par leurs parents, avant d'être déposés entre les bras de Moloch et engloutis dans la fournaise. Dans *Salammbô*, Flaubert, veut pour renchérir sur l'horreur de la scène que ceux-ci soient jetés vivants dans la cavité brûlante : « Enfin un homme qui chancelait, un homme pâle et hideux de terreur, poussa un enfant ; puis on aperçut entre les mains du colosse une petite masse noire ; elle s'enfonça dans l'ouverture ténébreuse. Les prêtres se penchèrent au bord de la grande dalle, – et un chant nouveau éclata, célébrant les joies de la mort et les renaissances de l'éternité. Ils montaient lentement, et, comme la fumée en s'envolant faisait des hauts tourbillons, ils semblaient de loin disparaître dans un nuage. Pas un ne bougeait ? Ils étaient liés aux poignets et aux chevilles ; et la sombre draperie les empêchait de rien voir et d'être reconnus. [...] », Flaubert, *op. cit.*, t. II, p. 948.

Hors de la sphère du sacré, la loi d'immolation de l'homme par l'homme est totalement incompréhensible. Elle n'est que la manifestation de la déraison dans l'histoire. Flaubert, comme je l'ai rappelé en a donné d'autres exemples dans *L'Éducation sentimentale*.

Arrachez le sacrifice à l'espace sacré où s'opère son mystère ; arrachez le à sa temporalité, le temps religieux du rituel, pour le situer, comme le fait Flaubert, dans le temps profane et linéaire du temps historique, et il ne reste qu'un moment d'hystérie collective.

Le sacrifice emplit les esprits d'une terreur sacrée : « Le peuple de Carthage haletait dans le désir de sa terreur. ». La grillade des moutards, elle, fait simplement frissonner d'horreur, d'une horreur dont la surenchère dans la cruauté voulue par Flaubert pour, soi disant, faire une bonne blague au bourgeois,[30] finit par émousser les effets avec le risque que le lecteur se mette à en rire ; à en rire d'un de ces mauvais rires qui traduisent et trahissent le malaise.

Je ne suis pas sûr que l'amusement fût, comme il s'en vante, au rendez-vous de la rédaction des chapitres qui décrivent les tueries dans le défilé de la Hache ou l'immolation des enfants, jetés vivants en pâture au dieu Moloch. Derrière ces scènes où l'humanité se révèle dans sa barbarie intrinsèque, passent le spectre de 48 et le souvenir du traumatisme qui s'en suivit : « On ne voit partout que bêtes sauvages, barbares ».

On sait que devant les horreurs de la Commune Flaubert regrettait qu'on n'eût pas mieux lu et compris *L'Éducation sentimentale*, entendant par là que certains actes de sauvagerie auraient pu être évités. La remarque vaut pour la lecture de *Salammbô*.

Il peut paraître surprenant d'avoir convoqué l'auteur de l'*Éclaircissement sur les sacrifices* quand on sait, par sa correspondance et par ses notes, dans quelle détestation Flaubert le tenait. À preuve ce qu'il écrit à George Sand : « En fait de lectures, je viens d'avaler *tout* l'odieux Joseph de Maistre. Nous a-t-on assez scié le dos avec ce monsieur-là ! »,[31] ou encore les termes dont il use pour parler de lui à Edma Roger des Genettes : « *hideux* », « exécrable Monsieur de Maistre ».

Tout les sépare, à commencer par le point de vue théologique adopté par Joseph de Maistre dans son ouvrage conçu pour s'achever sur la grandeur de la théorie chrétienne des sacrifices alors que c'est dans une « rage anti religieuse »

---

30 « J'écris des horreurs et cela m'amuse » peut-on lire dans la lettre de Flaubert à Amélie Bosquet datée 24 août 1861, *Correspondance*, *op.cit*. t. III, p. 172.
31 Lettre du 3 février 1873, *Correspondance*, *op. cit*., t. IV, p. 642.

(ce sont ses propres mots) que Flaubert s'est attelé à la rédaction de Salammbô et qu'elle ne l'a pas quitté.

Comment aurait-il pu souscrire à la théorie de maistrienne du sacrifice, c'est-à-dire à la réversibilité de la souffrance (l'innocent peut payer pour le coupable) et à la rédemption par le sang, qui suppose une conception sacrée du sacrifice, lui qui, avec *Salammbô* s'est employé à détricoter le sacrifice du sacré, pour en faire ressortir la féroce absurdité.

Rien n'est plus étranger à Flaubert que l'anthropologie chrétienne qui sert de cadre conceptuel à Joseph de Maistre.

Et pourtant il y a deux raisons à cette convocation.

L'une tient à leurs sources documentaires communes. Ces sources antiques, directes ou indirectes, que Flaubert utilise pour la description de la « grillade des moutards » : Plutarque, Tertullien, Diodore de Sicile et même Platon qui, dans le livre VII de *La République* mentionne un récit de Pausanias évoquant un sacrifice d'enfant fait à Zeus.

L'autre, la plus importante pour mon propos, tient à la parenté de leur expérience de l'Histoire, celle de la révolution de 48 pour Flaubert, celle de l'épisode sanglant de la Terreur

pour Joseph de Maistre, dont il dresse cet effrayant tableau dans *Les Soirées de Saint-Pétersbourg* : « Une illustre nation parvenue au dernier degré de la civilisation et de l'urbanité, osa naguère, dans un accès de délire dont l'histoire ne présente pas un autre exemple, suspendre cette loi (*d'amour*) : que vîmes-nous ? en un clin d'œil, les mœurs des Iroquois et des Algonquins [...] le sang innocent couvrant les échafauds qui couvraient la France : des hommes frisant et poudrant des têtes sanglantes, et la bouche même des femmes souillée de sang humain ».[32]

Il peut paraître encore plus surprenant d'avoir fait un long détour par le roman d'Anatole France pour parler de la question du sacrifice chez Flaubert.

Si j'ai longuement, trop longuement évoqué *Les dieux ont soif*, c'est que ce roman est un bon analysant tant pour *Salammbô* que pour *L'Éducation sentimentale*.

Le sacrifice est un acte religieux qui n'a de sens que s'il est accompli dans un fervent sentiment religieux. Or, est-ce jamais le cas ? Ce que nous montre Flaubert dans *Salammbô*, c'est la ruse du chef qui triche avec le dieu en substituant au sien le fils d'un esclave ; c'est l'égoïsme des riches qui cherchent à se défiler ; c'est le fanatisme imbécile du peuple ; Le tout sur fond d'idéologie utilitariste.

---

32 *Les soirées de Saint-Pétersbourg.*

La religion du bien public qui pourrait justifier le sacrifice est une blague, un Moloch en fer blanc qu'on sort de temps en temps de sa boîte et dont on fait semblant de rougir les entrailles.

> Il fut un temps où le patriotisme s'étendait à la cité. Puis le sentiment, peu à peu, s'est élargi avec le territoire (à l'inverse des culottes. C'est d'abord le ventre qui grossit). Maintenant l'idée de patrie est, Dieu merci, à peu près morte et on en est au socialisme, à l'humanitarisme (si l'on peut [s]'exprimer ainsi). Je crois que, plus tard, on reconnaîtra que l'amour de l'humanité est quelque chose d'aussi piètre que l'amour de Dieu. On aimera le Juste en soi, pour soi, le Beau pour le Beau. Le comble de la civilisation sera de n'avoir besoin d'aucun bon sentiment, ce qui s'appelle [sic]. Les sacrifices seront inutiles, mais il faudra pourtant, toujours un peu de gendarmes ![33]

Finis les sacrifices ?

Non il reste un dieu sur les autels de qui sacrifier et se sacrifier : l'art. L'art qui *« suppose une dévotion comme la religion »*.

---

33 Voir la lettre de Flaubert à Louise Colet datée 26 mai 1853, *Correspondance*, op.cit., t. II, p. 336.

Gisèle Séginger
Alfred Maury : la genèse des symboles religieux

Célèbre en son temps, lu par Freud, Bergson, Proust et par les surréalistes, Alfred Maury n'a pas conservé la célébrité d'un Renan, d'un Taine, d'un Littré ou d'un Max Müller. Il n'est plus guère cité à l'exception de quelques rares travaux sur l'inconscient et le rêve, ou sur les symboles religieux qui rappellent son importance au XIXe siècle. Sa notoriété reste limitée aux cercles de quelques chercheurs[1] et érudits. Un seul ouvrage lui a été consacré au XXe siècle, qui fait peu de place à l'érudition religieuse.[2] Pourtant, l'influence de Maury a été considérable à l'époque de Flaubert, non seulement à cause de sa visibilité institutionnelle,[3] mais aussi parce que ses intérêts éclectiques[4] (médecine,[5] archéologie, droit, histoire des religions, géographie, ethnologie, philologie) l'orientent vers une approche pluridisciplinaire de certains phénomènes humains, de la production des symboles religieux notamment, ce qui lui permit à la fois d'appuyer ses travaux sur une synthèse des connaissances de son temps et d'avancer des hypothèses transdisciplinaires novatrices. C'est le cas, dans le domaine de la symbolique chrétienne et païenne lorsqu'il met au service de l'histoire des religions la philologie, la psychopathologie, la philosophie esthétique et même la géographie. Aujourd'hui connu pour avoir ébauché une science des rêves et de

---

[1] L'un des articles les plus récents est celui de Florence Vatan : « Lectures du merveilleux médiéval : Gustave Flaubert et Alfred Maury », *Savoirs en récits I. Flaubert : la politique, l'art, l'histoire*, textes réunis par Anne Herschberg-Pierrot, Presses Universitaires de Vincennes, 2010, p. 87–109.
[2] *Alfred Maury, érudit et rêveur. Les sciences de l'homme au milieu du XIXe siècle*, textes réunis par Jacqueline Carroy, coll. « Carnot », Presses Universitaires de Rennes, 2007.
[3] Sous-bibliothécaire à l'Institut en 1844, il est élu en 1857 à l'Académie des inscriptions et des belles lettres, puis engagé par Napoléon III en 1860 pour la bibliothèque des Tuileries. Il est élu en 1862 au Collège de France sur la chaire d'histoire et de morale qu'avait occupée Michelet, et en 1868 il devient directeur des Archives impériales puis nationales (charge qu'il conservera jusqu'en 1888).
[4] Il s'est engagé dans des études de médecine, de droit, d'archéologie, chaque fois interrompues au profit d'un nouveau domaine.
[5] Il s'était lié dès ses années d'études en médecine avec les docteurs Louis-Francisque Lelut (1804–1877), Jules Baillarger (1809–1890), Jacques-Joseph Moreau de Tours (1804–1884). Il publie plusieurs articles dans les *Annales médico-psychologiques* (revue créée en 1843), et il fréquente la Société médico-psychologique dont il est l'un des membres fondateurs (en 1852).

l'inconscient à laquelle Freud s'est référée,[6] Alfred Maury a marqué son temps par une conception des phénomènes religieux et de l'histoire des symboles qui a influencé l'historien Michelet – en particulier dans *La Sorcière*[7] – mais qui a été aussi productive dans le domaine de la fiction pour un écrivain comme Flaubert.

Dans les années 1843–1845, Maury débute sa carrière en publiant des études sur l'histoire des croyances et des études médico-psychologiques. C'est cette double perspective qui donne à ses travaux une spécificité par rapport à la théorie hégélienne des symboles, par rapport au naturalisme matérialiste de Dupuis[8] ou à la mythologie comparée de Creuzer et de son adaptateur Jean-Daniel Guignaut. Stigmatisé à son époque pour son entreprise de désacralisation,[9] Maury développe une approche de la religion qui possède une double particularité : d'une part il reconnaît une certaine *réalité* aux phénomènes religieux et d'autre part il concilie une perspective critique – que certains ont pu considérer comme un positivisme primaire (la religion n'a rien de surnaturel, le mysticisme est une pathologie)[10] – avec un sens du mystère qui laisse entrevoir des abîmes en l'homme. On comprend que ce positivisme paradoxal qui veut éradiquer le mystère religieux mais en suggère un autre dans la nature humaine et souligne l'irréductible besoin de croire (qui frappera aussi Zola)[11] ait retenu l'attention de Flaubert, lui-même fortement agacé par les excès d'un certain positivisme fran-

---

6 Freud cite plusieurs fois Maury dans *L'interprétation des rêves*, en particulier pour évoquer un passage de son livre *Le Sommeil et les rêves* qui aborde les désirs contradictoires.

7 Il cite à plusieurs reprises les analyses médicales de Maury lorsque lui-même explique par l'hystérie ou l'épilepsie le comportement des possédés. Voir G. Séginger, « Alfred Maury. Religion et médecine », *Les Religions du XIXᵉ siècle*, IVᵉ congrès de la SERD (Fondation Singer Polignac, BNF & INHA, 26–28 novembre 2009), éd. Sophie Guermès et Bertrand Marchal (mise en ligne septembre 2011), http://etudes-romantiques.ish-lyon.cnrs.fr/religions.html

8 Son ouvrage *L'origine de tous les cultes, ou la religion universelle*, publié pendant la Révolution (1795), a un tel succès que les rééditions sont nombreuses et que l'on tire de ce livre un abrégé (1798), lui-même réédité plusieurs fois au début du XIXᵉ siècle. Dans *Isis* (*Les Filles du* Feu), Nerval cite Dupuis (avec Volney) comme l'un des grands désenchanteurs du siècle.

9 Il est l'une des cibles de Monseigneur Dupanloup, lorsque celui-ci, luttant pour empêcher l'élection de Littré à l'Académie française, publie en 1863 un *Avertissement à la jeunesse et aux Pères de famille sur les attaques contre la religion par quelques écrivains de nos jours*, Paris, Douniol, 1863.

10 C'est cette dimension positiviste de l'œuvre de Maury qu'a retenue Florence Vatan, lorsqu'elle montre comment le merveilleux flaubertien s'oppose à la déconstruction du merveilleux chez Maury, et lorsqu'elle cite ce jugement de l'érudit sur l'écrivain qui se piquait d'érudition : Flaubert n'aurait été qu'un « dilettante épicurien » (*Les Souvenirs d'un homme de lettres*, manuscrit, Institut de France, cité dans « Lectures du merveilleux médiéval », *Savoirs en récit I*, textes réunis par Anne Herschberg-Pierrot, Presses Universitaires de Vincennes, p. 105).

11 Ce sera le sujet de son roman *Lourdes* (1894) dans le cycle des *Trois Villes*.

çais.¹² Si Maury se place pourtant bien dans la lignée physiologiste (propre au positivisme français) qui se rattache à Cabanis, toutefois il en infléchit l'orientation en soulignant beaucoup plus l'influence du moral sur le physique trop peu abordé selon lui.¹³ Cette prévalence de la tendance médico-psychologique (plutôt que strictement physiologique) réoriente l'approche de la symbolique. Bien qu'il ait collaboré avec Guignaut pour l'adaptation en français de l'œuvre de Creuzer, Alfred Maury ne s'en tient pas à une approche comparatiste de la symbolique comme produit historique et syncrétiste d'échanges et d'emprunts liés à des rencontres et influences entre civilisations. Il prend en compte le fonctionnement psychique, l'imaginaire et la pratique langagière, sans renoncer pour autant à la perspective historique. En effet, on verra que son approche philologique des croyances et ses considérations sur le nom des dieux tiennent compte de la dimension temporelle.

Rationaliste, en lutte contre les aberrations que constituent les superstitions, Maury défend une connaissance positive de l'homme afin que celui-ci puisse se réapproprier ses propres créations involontaires dans le domaine de la religion, et trouver la clé de ses rêves non seulement personnels mais aussi collectifs. Or, les études qu'il publie dans cette perspective attirent l'attention sur la puissance de l'imagination, de l'inconscient, de la sexualité, des profondeurs mystérieuses de l'homme.¹⁴ Loin d'adhérer aux certitudes positivistes qui font parfois du progrès un dogme, Alfred Maury – comme Flaubert – fait la distinction entre le progrès technique et scientifique et le progrès moral et historique¹⁵ auquel il ne croit guère. L'histoire des religions fournit plutôt des arguments à la thèse inverse. Même si Alfred Maury cède parfois à un hégélianisme et cherche une évolution des symboles orientaux jusqu'à l'anthropomorphisme grec, même s'il rêve – à ses débuts surtout – de remplacer la foi par la raison,¹⁶ il ébauche par ailleurs une

---

12 C'est en lisant Spencer qu'il écrira en 1878 : « Les Positivistes français se vantent : ils ne sont pas positivistes ! Ils tournent au matérialisme bête, au d'Holbach ! Quelle différence entre eux et un H. Spencer ! Voilà un homme, celui-là ! – De même qu'on était autrefois trop mathématicien, on va devenir trop physiologiste. » (lettre à Edma Roger des Genettes du 12 janvier 1878, *Correspondance*, coll. « Bibliothèque de la Pléiade », éd. J. Bruneau et Y. Leclerc, Paris, 2007, t. V, p. 347).
13 Sur ce point, voir Gisèle Séginger, « Alfred Maury. Religion et médecine », *op. cit.*-
14 Voir en particulier *Le Sommeil et les rêves*, Didier, 1861.
15 Voir l'article « Âge » de l'*Encyclopédie moderne* (dirigée par Léon Renier, Paris, Firmin-Didot, 1847).
16 C'est une évolution qu'il esquisse dans l'Introduction de son premier livre, l'*Essai sur les légendes pieuses du moyen-âge* (1843) en traçant à grands traits l'invasion du rationalisme menaçant la théologie, jusqu'au XVIIIᵉ siècle où il embrasse tout, la métaphysique, la religion, la politique et la morale grâce à « l'école de Voltaire », à Lessing et Kant (*ELP*, XIX).

histoire des religions qui montre plutôt le renforcement de la faculté d'illusion au fur et à mesure que l'humanité acquiert une capacité d'abstraction. C'est ce que montre son approche philologique de la symbolique.

La symbolique : une maladie de l'intelligence

C'est en abordant la symbolique chrétienne à partir des martyrologues et des légendes des saints dans son premier livre – *Essai sur les légendes pieuses du moyen-âge* (1843) – qu'Alfred Maury se trouve confronté à un mélange de récits, les uns authentiques, les autres fabuleux et d'une moralité blessante « pour les sentiments les plus simples d'humanité et de justice » (*ELP*, II).[17] De cette difficulté naît chez lui le désir de trouver une méthode générale d'analyse de la symbolique : « un système critique applicable à la majeure partie de ces légendes », et qui permette « de discerner la vérité du mensonge, en éclairant ce chaos obscur où j'apercevais la possibilité de l'ordre et de la régularité » (*ELP*, II). Il cherche « les bases de la critique » des textes légendaires (*ELP*, II). La préface présente synthétiquement trois « principes élémentaires » qui caractérisent la production des symboles et des légendes :

> 1° Assimilation de la vie du saint à celle de J.-C.
> 2° Confusion du sens littéral et figuré, entente à la lettre des figures de langage.
> 3° Oubli de la signification des symboles figurés et explication de ces représentations par des récits forgés à plaisir ou des faits altérés. (*ELP*, III)

Soucieux de scientificité, Alfred Maury formule des lois capables d'expliquer avec une certaine régularité la production de la symbolique chrétienne, voire de toute symbolique religieuse.

Il développe la première loi dans le chapitre initial de l'*Essai sur les légendes pieuses*, et la généralise en un principe d'imitation largement observable. Ainsi il signale l'imitation des miracles relatés par la Bible, l'imitation par les saints non seulement de Jésus mais aussi de Marie qui devient en quelque sorte la « quatrième personne de la Trinité » (*ELP*, 34). L'imitation est aussi stimulée par les représentations artistiques – il signale le rôle des tableaux de Murillo dans l'imitation mariale (*ELP*, 37) – mais aussi par l'existence de mythes orientaux similaires comme ceux d'Isis et de Maya[18] qui confèrent à la Vierge-Mère la puissance d'une figure d'autant plus enviable et imitable qu'elle semble correspondre à un

---

[17] *Essai sur les légendes pieuses du moyen-âge*, Ladrange, 1843 (abrégé en *ELP*).
[18] Elle allaite le Sauveur comme Isis Horus, comme Maya Boudda (*ELP*, p. 38 et 305).

modèle universel. Le besoin de similitude devient une sorte de loi anthropologique qui fonde la production des symboles, des légendes, leurs similitudes, et qui explique aussi le désir des hommes de se conformer à des modèles religieux.

Cette loi d'imitation formulée par Maury dès 1843 sera importante dans ses travaux médico-psychologiques[19] lorsqu'il s'agira d'expliquer non plus la production des légendes mais la pathologie mystique, la production d'hallucinations et de symptômes psychosomatiques : les stigmates proviennent d'une sorte d'autosuggestion d'un dévot qui souhaite imiter le Christ, et la vie monacale, les privations qui affaiblissent le corps (c'est le côté physiologique) ne font que le rendre plus faible et sensible aux influences morales. Michelet se souviendra de sa thèse dans *La Sorcière* où il cite Maury à plusieurs reprises : il applique pour sa part cette explication aux phénomènes de possession collective, et il souligne l'émulation et la jalousie des ordres religieux qui veulent tous avoir leurs saints et leurs démons.

La seconde loi à l'œuvre dans l'invention de la symbolique chrétienne, Alfred Maury la résume ainsi : « La confusion du sens figuré et du sens littéral, la tendance du vulgaire à rapporter à la vie matérielle et terrestre, ce qui n'avait été dit que de la vie morale et céleste, deviennent la source d'un grand nombre de légendes embellies ensuite pas l'imagination, altérées par les fraudes pieuses » (*ELP*, 45). Il s'agit d'un phénomène langagier. Alfred Maury évoque l'évolution de l'homme d'abord proche de la brute et vivant dans la nature comme par instinct, sans idées métaphysiques et abstraites, tout entier absorbé par une existence matérielle et sensible. Puis à chaque phase de son développement son intelligence se fortifiant, des idées métaphysiques et abstraites surgissent alors que le langage est déjà formé et de manière peu adéquate pour les exprimer :

> Que fit alors ? Il fait choix de mots dont la signification littérale présentait avec les idées nouvelles une plus ou moins grande analogie, et il les détourna de leur sens habituel pour les appliquer à ces conceptions nouvelles ; il créa enfin les figures dans le langage. Et comme l'abstraction devait naissance à la comparaison d'êtres, d'objets, de faits différents, ayant un élément constitutif de commun qui en avait été dégagé et avait reçu une existence propre, le discours, pour traduire cet élément à l'intelligence, se servit du même mot qui caractérisait un des objets, un des faits dans lequel l'élément était renfermé, en imprimant, dans cette circonstance, à ce mot lui-même ; une signification plus étendue et plus intime. Ainsi à l'origine, les idées abstraites et métaphysiques durent se présenter toutes sous des figures et des allégories, c'est-à-dire sous des dehors empruntés, et ce ne fut que bien plus tard que les langues furent assez avancées, les intelligences assez faites, pour que ces sortes d'idées s'offrissent d'elles-mêmes dans leur nudité abstraite, avec leur caractère vague et

---

[19] Voir par exemple l'article « Les mystiques extatiques et les stigmatisés », *Annales médico-psychologiques*, 1855.

absolu. Encore les langues conservent-elles néanmoins, aujourd'hui, une foule d'expressions qui rappellent l'ancien système idéographique. (*ELP*, 46)

La symbolique vient du « système idéographique » (*ELP*, 46) qui est lui-même fondé sur un processus métaphorique (« comparaison »). L'abstraction nécessite la métaphore parce que le langage disponible appartient à une époque plus ancienne de l'histoire de l'homme. Les dieux sont nés d'un effort d'abstraction qui a mal tourné, et qui a fait tomber les hommes dans l'idolâtrie. Tel est le paradoxe que Maury souligne dans son étude des symboles et légendes religieuses. Or, c'est une perspective philologique qui le conduit à cette conclusion sur la symbolique. Maury analyse la genèse de la symbolique en relation avec l'histoire du langage. Si au départ les hommes ne prennent pas au pied de la lettre les allégories qu'ils ont créées par commodité pour pallier les limites de leur langage et son incapacité à exprimer les idées abstraites, cette situation ne dure pas. Très vite leur intelligence se fatigue de l'effort nécessaire pour maintenir la distinction et réussir malgré le langage figuré de l'allégorie à se tenir dans le domaine de l'abstraction. Elle « retombe alors dans la sphère d'où elle était un moment sortie, et n'y trouvant plus que la forme [...], elle s'y attache, se prend à croire à son existence » (*ELP*, 47). L'intelligence oublie la fonction métaphorique des allégories et se met à croire à leur existence réelle : « Tout le langage figuré disparaît alors d'un coup pour elle : un sens littéral est attribué aux figures de sa pensée. » (*ELP*, 47). L'origine de la symbolique, Alfred Maury l'explique par une sorte de maladie de l'intelligence : « l'intelligence se fatigue » (*ELP*, 47), elle est « épuisée, éblouie, énervée » tout à la fois (*ELP*, 47) et « l'humanité fait un pas rétrograde dans la voie du vrai » (*ELP*, 47). Les mythes religieux ou les légendes sont des ratées de l'intelligence, et l'élan religieux est en fait toujours une chute dans le matérialisme des formes et des symboles. Loin d'aller vers un progrès, les hommes ont oublié peu à peu que les dieux n'étaient d'abord que de simples métaphores pour désigner des phénomènes naturels que le manque d'abstraction de la langue ne permettait pas de décrire.

La troisième loi énoncée par Maury explique la légende comme une production secondaire qui pallie la perte du sens figuré et abstrait par l'invention d'un récit. De ce point de vue, Maury n'observe aucun progrès de l'antiquité au christianisme. Le processus de désappropriation puis de réappropriation légendaire et d'aliénation religieuse est le même. L'antiquité a « oublié la signification des images emblématiques qu'elle adore ». De même, au moyen âge « tout l'enseignement figuré que le christianisme avait reçu de l'Orient, ne devint plus, mal compris, qu'une source de récits incroyables, de fables singulières [...] » (*ELP*, 48). Ainsi Maury désacralise-t-il l'un des dogmes les plus importants du christianisme et qui a produit de nombreuses représentations : la résurrection de Jésus, qui n'aurait été à l'origine qu'une métaphore morale de la vie nouvelle dans le christianisme. Dans la même optique, il montre comment une légende peut naître d'un nom dont le sens figuré et spirituel a été perdu. C'est le cas de la légende de saint Christophe. Le « nom de Christophe, qui porte le Christ », écrit Maury, « renferme tout le germe » de la légende (*ELP*, 55). Le nom résumait un précepte abstrait du christianisme : il faut toujours porter dans son coeur la pensée du Christ. Offerus ne portait que métaphoriquement le Christ, mais on oublie finalement l'origine métaphorique du mot « christophorus », et la légende brode son récit à partir de ce seul mot, réinvente le personnage sous les traits d'un géant, prenant Jésus sur ses épaules et lui faisant passer une mer rouge, qui à l'origine « avait aussi une signification mystique » (*ELM*, 55). Le mot « christophorus », qui synthétisait métaphoriquement un enseignement moral abstrait, donne naissance à une histoire qui resémantise le mot, mais le sens est désormais littéral. Maury multiplie les exemples qui expliquent comment l'imagination s'empare de la moindre figure du langage « de manière à faire croire à quelque nouveau prodige » (*ELP*, 77). Certaines analyses étymologiques et philologiques de Maury montrent, bien avant Max Müller (qui le citera mais en oubliant l'essentiel de son apport théorique)[20], le rôle du langage dans la naissance des légendes. Aussi l'étymologie des noms de dieux ou de saints peut-elle nous renseigner sur la naissance de leur légende. Dans son cours de 1863, Max Müller empruntera à Maury[21] son analyse du nom « Cristophorus », tandis que Maury, pour sa part, la même année, dans *Croyances et légendes de l'antiquité*, cite son *Essai de mythologie comparée*.[22] Sans doute Maury retrouve-t-il chez Max Müller un écho de ses propres thèses, développées en 1843 : ne parvenant pas à rendre compte abstraitement des phénomènes naturels, les hommes les allégorisent avant de se prendre au piège de leur production métaphorique.

---

[20] Dans le chapitre II de ses *Essais sur la mythologie comparée* (« Mythologie grecque »), il cite un certain nombre de spécialistes de la mythologie grecque, parmi lesquels Alfred Maury – auteur d'une *Histoire des religions de la Grèce antique* – dont il limite l'importance : « Il n'a pas la prétention d'ajouter beaucoup de conclusions nouvelles et personnelles à ce qui était déjà connu sur les différents sujets dont il traite » (seconde traduction en 1873 par G. Perrot, Didier, p. 188). Par contre il dit toute son admiration pour l'étude de Friedrich G. Welcker (*Griechische Götterlehre* [*Mythologie grecque*], 1857) et sa pratique de la philologie comparée.
[21] *Influence du langage sur la pensée mythologique ancienne et moderne*, dans *Nouvelles leçons sur la science du langage*, trad. G. Harris et G. Perrot, Paris, A. Durand et Pedone Lauriel, t. 2, p. 314.
[22] *Essays on Mythology, Traditions and Customs*, préfacé par Renan dans la version française (Paris, Auguste Durand, 1859), cité par Maury dans *Croyances et légendes de l'antiquité*, 1863, p. 130.

Dans le cas du christianisme, qui prétendait pourtant se libérer du paganisme, Maury en montre le retour, l'action des mêmes processus de symbolisation. Il s'intéresse à ce paradoxe – qui fascinera aussi Flaubert – d'un désir de conceptualisation, de pensée pure, qui vire au matérialisme, au symbolisme dans ses formes les plus aberrantes. C'est ce mouvement que l'auteur de *La Tentation de saint Antoine* représentera aussi dans l'épisode des Gnostiques qui prétendent s'élever jusqu'à la vraie connaissance et chutent dans l'idolâtrie la plus grossière, allant jusqu'à adorer un serpent réel dans le cas des Ophites, un animal phallique avec lequel la danseuse ophite s'enlace, comme le fera encore plus tard Salammbô. Même dans l'orthodoxie chrétienne, Alfred Maury souligne la dérive de la religion qui se veut « spirituelle par son principe même » (*ELP*, 88) mais qui s'égare au cours de son histoire dans la tendance inverse : « Au moyen âge, époque sans doute d'une foi vive et sincère au christianisme, religion pourtant spirituelle par son principe même, tout s'était matérialisé dans les dogmes qu'il enseignait » (*ELP*, 88). Il réfléchit aussi sur l'égarement des mystiques qui veulent « saisir l'immatériel », c'est-à-dire ce qui dépasse leur entendement et se le représentent finalement par des « objets sensibles ». L'histoire collective des légendes et les phénomènes mystiques vécus par les individus ont un point commun : une confusion entre le figuré et le littéral, telle est la constante qui caractérise à la fois la maladie de l'intelligence et la pathologie des mystiques.

Dès 1843, Maury esquisse une étude médico-psychologique du mysticisme et il y aborde la croyance aux noces mystiques. L'« union allégorique » (*ELP*, 91) dans le cas de sainte Catherine est vécue par d'autres religieuses comme une union plus ambiguë et sensuelle avec Jésus. Maury cite le cas de sœur Cornuau de Jouarre qui a tendance à oublier la nature métaphorique des noces et fait d'étranges confidences à Bossuet (*ELP*, 91) sur les caresses de l'âme et l'Époux, dans un langage sensuel, qui dénote l'origine pathologique de ce mysticisme. L'incapacité d'abstraction n'est plus seulement une faiblesse de l'intelligence, elle est liée à une sensualité débordante et à ses manifestations physiologiques, que Maury abordera de nouveau dans « Les mystiques extatiques et les stigmatisés », publié en 1855 dans les *Annales médico-psychologiques*, et encore en 1860 dans *La Magie et l'astrologie dans l'antiquité et au moyen âge* qui revient à la fois sur les causes physiologiques et morales du mysticisme et sur la confusion entre le sens métaphorique et le sens littéral que l'on remarque chez une sainte Catherine de Sienne, ou une sainte Christine, toutes deux persuadées de s'être réellement unies au Christ.[23] Rédigeant *Salammbô*, Flaubert se souvient sans doute du modèle légendaire des noces mystiques analysé par Maury, lorsqu'il imagine avec

---

[23] Paris, Didier, 1860, p. 399.

ironie des noces réelles sous la tente, et suggère tout au long du roman l'origine pathologique du mysticisme de Salammbô et sa frustration sexuelle.[24]

Pour expliquer le développement de la symbolique religieuse et du merveilleux chrétien, Maury croise deux types d'explication : l'une traite de l'histoire du langage, l'autre se fonde sur un savoir médical. L'*Essai sur les légendes pieuses du moyen âge* se termine sur le rôle de « l'état morbide du cerveau », des « phénomènes psychologiques et physiologiques » dans « la formation du merveilleux » (252). Alfred Maury ne cache pas qu'il n'est pas le premier à aborder de manière médicale les croyances : il cite des médecins, Lelut (*Analogie de la folie et de la raison*), Leuret et Bourdin (pour la catalepsie), le docteur Théophile Archambault[25] qui attribue à l'austérité les hallucinations d'Antoine, et au docteur Dubois d'Amiens, auteur d'une *Histoire philosophique de l'hypocondrie et de l'hystérie*. Mais dans les deux cas – de la réflexion sur le langage ou de l'analyse médicale – Maury revient sans cesse sur l'incapacité d'abstraction et l'empire des images. Flaubert n'oubliera pas cette faiblesse de la nature humaine lorsqu'il donnera à Emma Bovary le goût des images, à Salammbô le désir de posséder la forme de Tanit, à Félicité une incapacité à sentir autrement l'Esprit-Saint qu'en l'incarnant sous la forme visuelle et dérisoire du perroquet. Mais tandis que la science semble offrir cette désymbolisation tant espérée par Maury, chez Flaubert elle n'échappe pas à la production d'images et aux récits. Antoine, Bouvard et Pécuchet n'en finissent pas de voir, de se faire des récits, de se représenter de manière figurative les idées, d'inventer des mythologies scientifiques, comme celle de la création du monde et des cataclysmes après la lecture de Cuvier. Tandis que pour Maury, la science moderne doit remonter à l'origine de la symbolique pour libérer l'homme des illusions qu'il a lui-même inventées et auxquelles il s'est pris, Flaubert montre inlassablement la renaissance des illusions, le goût des images et des récits.

La philologie comparée au service de l'histoire des religions

Dans un article de 1857 pour la *Revue des deux Mondes*, intitulé « La philologie comparée, ses principes et ses applications nouvelles », Maury défend l'intérêt de la philologie pour une connaissance positiviste de l'évolution de l'humanité et des migrations des peuples : « Une science nouvelle a pris place de nos jours entre la psychologie et l'ethnologie : cette science est la philologie comparée,

---

24 Voir G. Séginger, « Alfred Maury. Religion et médecine », *op. cit.*
25 Il renvoie à l'introduction de sa traduction de l'ouvrage de W. C. Ellis sur l'aliénation mentale : *Traité de l'aliénation mentale*, traduit en 1840, Paris, J. Rouvier.

que l'on pourrait appeler la physiologie du langage ».[26] La philologie comparée – science relativement moderne – constitue l'étude des formes grammaticales et des mots dans leurs échanges entre les langues, tandis qu'autrefois, écrit Maury, on ne pratiquait que la traduction, sans chercher à réfléchir sur les rapports entre les langues. Il montre les avantages de la nouvelle approche pour une connaissance historique de l'humanité. Le texte de Maury nous laisse entrevoir les deux fondements épistémologiques de la philologie comparée : elle repose sur une conception de la « vie du langage »[27] et elle transplante dans la connaissance du langage un modèle naturaliste et une perspective historique. Il précise surtout la finalité de cette science nouvelle, qu'il situe entre la psychologie et l'ethnologie : « La philologie comparée a pour but d'établir, par la comparaison des mots et des formes grammaticales, les lois de développement de la faculté qu'on nomme la parole, et, dans les divers modes d'application de ces lois, elle arrive à reconnaître sans peine l'âge d'une langue comme le degré de civilisation qu'elle représente ».[28] Il renvoie à l'étude de Jacques Grimm (*Mémoire sur l'origine du langage*) et aux « lois curieuses de la transformation graduelle des langues ».[29]

L'article synthétise les découvertes les plus récentes de la philologie comparée (il cite Humboldt, Burnouf, Renan, Rémusat), et il reprend une conception de l'évolution du langage en trois états, « en quelque sortes trois règnes dans l'existence linguistique : « monosyllabisme, agglutination, flexion ».[30] Toutefois, on sent assez vite que l'intérêt de Maury pour la philologie comparée (qui n'est pas sa discipline) est lié au désir de fonder sur cette « physiologie du langage »[31] (et cela dans une perspective ostensiblement positiviste comme en témoigne les métaphores naturalistes et physiologiques) une mythologie comparée, l'étude des fictions collectives nécessitant un ancrage scientifique d'autant plus solide que le domaine étudié est celui de la fiction. Dans un même groupe de langues, la philologie comparée établit des similitudes, retrouve des racines. Par la similitude constatée entre racines de mots, la philologie comparée donne accès à une histoire des migrations[32] et des « croisemens [sic] multiples ».[33] Le rapport entre peuples d'une même famille étant établi par la « physiologie du langage », Maury

---

26 15 avril 1857, p. 905.
27 *Ibid.*, p. 914.
28 *Ibid.*
29 *Ibid.*, p. 908.
30 *Ibid.*, p. 909.
31 *Ibid.*, p. 905.
32 « L'histoire des langues indo-européennes est [...] le guide le plus sûr que nous puissions suivre pour reconstruire l'ordre des migrations qui ont peuplé l'Europe. » (p. 918).
33 *Ibid.*, p. 912.

glisse dans le tableau des connaissances vers la mythologie comparée, pour y
« confirmer, dit-il, les inductions tirées des faits précédents », à savoir l'origine
asiatique des peuples européens.[34] Maury renoue alors avec les réflexions de son
Essai historique sur la religion des Aryas, publié quelques années auparavant
(1853), et par la suite encore repris au début de *Croyances et légendes de l'antiquité* (1863).

L'*Essai historique sur la religion des Aryas* établit un rapport entre langue et
religion, les deux témoignant d'une même forme d'intelligence : « Des langues
affines enfantent des poésies de même caractère, et une analogie de formes poétiques et imaginatives conduit à des conceptions analogues » (*EHRA*, 2).[35] Maury
se penche donc sur les Védas pour y trouver le fondement des ressemblances
observées entre les religions occidentales (hellénique, latine, gauloise et slave).
La mythologie comparée et la philologie comparée ont donc un but unique : comprendre la similitude « de génie et de facultés intellectuelles » (*EHRA*, 2). Or, il
faut noter que Maury trouve dans les Védas un naturalisme originel qui semble
légitimer son espoir d'une désymbolisation moderne, comme s'il s'agissait –
après une période de dégradation –, de réaliser une *réforme*, pour retrouver l'esprit perdu dans la lettre :

> Ce que les érudits appellent aujourd'hui *le symbole* n'y paraît point, ou, si l'on veut, ce
> symbole n'est encore qu'une simple métaphore dont le sens tropique est rappelé par celui
> même qui en fait usage. L'allégorie garde constamment dans les chants religieux des Aryas
> une naïveté, une simplicité qui en rend l'interprétation évidente. Il suffit de lire le Rig-Véda
> pour reconnaître tout de suite que le *naturalisme*, c'est-à-dire la divinisation de la nature
> physique constituait le fondement du culte des Aryas. Ce naturalisme est le reflet de l'admiration qu'a inspirée de bonne heure à l'homme le spectacle de la nature, l'œuvre sublime
> de la création (*EHRA*, 1).

L'origine semble avoir touché à un mystère que le scientifique doit retrouver
d'une autre façon : la religion védique, « c'est la révélation de la nature » (*EHRA*,
1). L'histoire des religions a perdu le sens de la nature au profit des dieux, et le
passage de l'allégorie au symbole en est le symptôme : « Les Védas sont donc
une source abondante et précieuse d'études pour celui qui veut rechercher les
origines des religions des peuples indo-européens, car ils lui fournissent le type
des idées et des symboles, dépouillé de ces ornements postérieurs, de ces adjonctions de fantaisie ou fortuites qui en ont dénaturé, altéré la forme première. »

---

34 *Ibid.*, p. 918.
35 *Essai historique sur la religion des Aryas pour servir à éclairer les origines des religions hellénique, latine, gauloise et slave*, Revue archéologique, 9ᵉ année, Paris, A. Leleux, 1853, abrégé en *EHRA*.

(*EHRA*, 1). La désymbolisation retrouvera donc le *naturalisme* d'avant le symbole, mais sans opérer tout à fait un retour à l'origine, puisque la science atteint un degré d'abstraction qui lui permet – selon Maury – de dépasser à la fois le symbole et l'allégorie.

Dans l'Essai de 1853, Alfred Maury, met au point une analyse philologique du nom de Dieu que lui empruntera par la suite Max Müller. Elle lui permet de prouver l'origine commune de plusieurs religions :

> Inhabile à se préserver des influences atmosphériques, l'Arya était sous la dépendance immédiate et constante des météores ; ce fut donc vers eux que se tourna d'abord son culte. C'est vers le firmament qui déroulait au-dessus de sa tête sa vaste nappe d'azur, vers ces feux mystérieux qui en semaient le fond transparent, qu'il éleva les bras et la voix, comme vers des êtres supérieurs dont il était le sujet et l'enfant. Il les appela des *devas*, c'est-à-dire des resplandissants. Ce nom, disons-le tout de suite, confirme d'une manière frappante l'origine commune que les considérations rappelées il y a un instant nous ont fait assigner aux religions des peuples indo-européens. Ce radical *div*, briller, se retrouve dans la plupart des noms employés dans les langues de ces peuples pour désigner la divinité : le grec θέος, le latin *Deus*, le lithuanien *Diewas*, l'irlandais *Diai* (*EHRA*, 3).

Une note développe un peu plus encore les considérations philologiques, en renvoyant à l'ouvrage de Christian Lassen, *Indische Alterthumskunde* [*Archéologie indienne*][36] :

> Dans les langues germaniques, le mot dérivé de *div* a perdu son acception générale pour ne plus s'appliquer qu'à un dieu particulier, *Zio*, appelé par les Goths *Tius*, et qui est devenu le Tyr de l'Edda. Dans ce poème, le pluriel *Tivar* signifie les dieux et les héros tous ensemble. Dans le grec Ζεύς, éolien Δεύς [...] on retrouve le sanscrit *Djaus*, ciel, auquel se rattache les formes *div* et *djou*. C'est aussi la même racine qu'il faut rapporter le génétif *Jovis* et le nom de dieu ombrien *Diovis* [...]. Le sanscrit *Deva* est encore usité quelquefois dans les Védas et même dans le Bhagavad Gita avec le sens de *brillant*. Lassen, *Ind. Alterth.*, p. 756.[37]

Grâce à la philologie comparée Maury établit le rapport entre les dieux principaux des religions, il trouve l'étymologie commune de leurs noms et il prouve qu'ils renvoient allégoriquement à l'éclat de la lumière. Les religions anciennes de l'Europe ont gardé dans le nom de leurs dieux la trace du naturalisme originel,

---

[36] Le renvoi est au tome I, p. 756 de la première édition de 1847 (Bonn, H. B. Koenig), à l'analyse que Lassen fait du mot « Dêva ». Cité dans *Essai historique sur la religion des Aryas*, *op. cit.*, note 2, p. 3.

[37] *Ibid.*, note 2, p. 3. Maury cite souvent le tome I de l'ouvrage de Lassen dans ses notes. Paru en 1847, il sera suivi jusqu'en 1861 de quatre autres tomes. Maury cite aussi l'ouvrage d'un disciple allemand de Burnouf, Rudolf von Roth, spécialiste du védisme.

d'un esprit commun sensible à la nature. Dans son essai *Comparative mythology* (1858), traduit en 1859 sous le titre *Mythologie comparée* (et préfacé par Renan),[38] Max Müller produira une analyse similaire du nom de Zeus, dérivé du sanskrit « dyaus », qui « indique une ancienne personnification du ciel ».[39] Maury, qui évidemment ne peut qu'être d'accord, la cite en 1863 dans la nouvelle version de son *Essai historique sur la religion des Aryas* qu'il place au début de son ouvrage *Croyances et légendes de l'antiquité*. Cette analyse valut à Müller une célébrité quelque peu usurpée, et devint exemplaire d'une alliance de la philologie et de la mythologie. Or, on oublie qu'il n'en était pas l'inventeur et que Maury avant lui – et s'appuyant aussi sur le travail d'un prédécesseur, l'allemand Lassen – l'avait déjà développée.

Dès 1853, Maury constate que dans les Védas « tous les dieux principaux se résolvent en quelque sorte les uns dans les autres » (*EHRA*, 22) et il explique l'existence du polythéisme indien par la poésie qui « qui donne à chaque apparence lumineuse, à chaque phase solaire une personnification nouvelle » (*EHRA*, 22). La philologie comparée et la mythologie comparée s'allient chez lui pour montrer l'unité qui est à l'origine de la religion, une allégorisation de la lumière par l'esprit poétique propre aux indo-européens : « Les noms qui, dans le principe, n'étaient que des épithètes données à un même être, sont passés à l'état de substantifs propres et ont désigné ces divinités » (*EHRA*, 22). Le polythéisme est né d'une confusion grammaticale, et d'un abus de l'allégorie, car Maury signale que même les prières prononcées en l'honneur des dieux sont transformées en « épouses de ceux-ci » (*EHRA*, 39), de même que les prémisses des sacrifices qui deviennent les « déesses filles de la terre » (*EHRA*, 40), tandis que le sacrifice lui-même – médiateur entre le ciel et la terre – devient un dieu incarné, Soma.

Le scientifique condamne ces excès du langage poétique : « la théogonie primitive [...] accuse une époque primitive, où le sentiment religieux et l'imagination, livrés à eux-mêmes, n'ont point été encore réglés par l'esprit de méthode et

---

[38] Renan indique dans cette préface qu'il n'est pas le traducteur mais qu'il a participé à cette publication française en retranchant les passages « les moins intéressants pour le lecteur français » (Paris, A. Durand, p. V).

[39] L'analyse de Max Müller se trouve dans l'*Essai de mythologie comparée* (trad. Ernest Renan, p. 55). Il ne renvoie alors ni à Maury ni à Lassen, d'ailleurs cité une seule fois dans l'ouvrage de Müller lorsqu'il commente, dans *Zur Litteratur und Geschichte des Weda. Drei Abhandlungen*, l'étymologie de « Duhitar » (celle qui trait) donnée à la fille de maison (l'étymologie garde la trace de la vie pastorale), p. 20. Pour sa part, Maury ajoute la référence à Max Müller dans la version remaniée de son *Essai historique sur la religion des Aryas pour servir à éclairer les origines des religions helléniques, latine, gauloise et slave* qu'il avait publié en 1853, et qu'il reprend dans *Croyances et légendes de l'antiquité* (Paris, Didier, 1863, p. 19).

de classification, qui s'empare de l'intelligence à un âge plus avancée de la vie intellectuelle » (*EHRA*, 54). Maury périodise l'histoire des religions : les Védas appartiennent à l'époque *odique* (de la célébration des forces de la nature) où le sentiment religieux n'est pas encore dominé par l'imagination, qui l'emportera à l'époque théologique des religions bien constituées. « D'images, de simulacres, ces peuples n'en connaissent pas encore », écrit Maury (*EHRA*, 76), car, en effet, l'anthropomorphisme demeure cantonné au niveau des figures de style et de leur poésie, dont les Aryas n'étaient pas encore les dupes. Malgré sa critique Maury ne peut se défendre d'une certaine admiration pour cette période de poésie : « Ce polythéisme si poétique n'a pas la sécheresse et la stérilité du monothéisme hébraïque » (*EHRA*, 55). La remarque est proche des réflexions de Renan et de son dualisme[40] qui oppose le polythéisme à la sécheresse de l'esprit sémite et du monothéisme. Les considérations philologiques et mythologiques rejoignent une conception des races dominante à l'époque.[41]

* * *

La philologie comparée sert à déconstruire – d'une autre manière que les études psycho-médicales – le merveilleux religieux, en montrant que les symboles ne renvoient à aucune révélation religieuse mais à une révélation naturelle, oubliée dans un second temps à cause d'un mauvais usage du langage : confusion entre épithètes et substantifs, abus de l'allégorie dès la période odique, puis confusion du sens figuré et du sens littéral à la période théologique. Les symboles proviennent d'une maladie de l'intelligence plus que du langage, ce qui explique qu'elle frappe aussi le christianisme et pas seulement l'antiquité païenne. Tandis que Max Müller préservera le christianisme de la désacralisation philologique, Maury n'hésite pas à lui appliquer les mêmes méthodes, montrant que les noms de saints et les symboles religieux chrétiens sont produits de la même manière que les dieux et symboles de l'antiquité.

Dans son *Essai sur les légendes pieuses du moyen âge*, Maury cite l'anathème de Saint Paul contre la science dans l'épître aux Corinthiens et il constate l'échec de la guerre lancée par le christianisme contre une science qui triomphe finalement : « C'est en son nom que tout se fait, que tout s'édifie ; elle est devenue la clé des intelligences, le levier de l'esprit humain » (*ELP*, VIII), et il se méfie des « pièges de l'imagination » (XXIV). *La Magie et l'astrologie dans l'antiquité et au moyen âge* défend la même perspective, et Maury s'insurge contre le surnaturel

---

40 Voir son *Histoire des langues sémitiques* (1855).
41 On la retrouve chez Michelet, dans *Histoire romaine*, puis surtout en 1864 dans *La Bible de l'humanité*.

lié « à la servitude des sens, celle des sens pervertis et hallucinés ». Il reconnaît le besoin de merveilleux, mais il compte sur la connaissance scientifique pour le satisfaire : « L'homme ne s'élève réellement au-dessus de sa condition, il n'entre de fait dans la sphère du surnaturel qu'alors que, dégagé des illusions qu'elle a traversées, son intelligence peut planer sur la nature, en saisir la magnifique harmonie, en comprendre la parfaite coordination. Aucun miracle, aucun prodige n'égale assurément en grandeur le spectacle des lois générales de la création ; aucune apparition, aucune vision ne prouve, plus que la révélation de l'univers, l'existence de l'Etre infini qui engendre, entretient et résume toutes choses » (*MA*, 446). Ce « spectacle » sans images et sans symboles se déploie abstraitement pour les yeux de l'esprit. Maury semble bien représentatif de ce mouvement de désymbolisation – qui se manifeste diversement au XIXe siècle de Hegel à Hugo en passant par Michelet, ou Quinet, et qui semble souvent lié à une conception du progrès qui relègue dans le passé les symboles et les monstruosités des religions.[42] Pourtant, d'une part Maury a une position très nuancée à l'égard de l'idée de progrès et il constate, en particulier dans *La Magie et l'astrologie*, la survivance des légendes et superstitions à l'époque moderne, et d'autre part, il manifeste une indéniable fascination à la fois pour la production des symboles et légendes religieuses et pour les rêves. On sent une tension dans son travail. Il affiche assez souvent un positivisme sans faille, par exemple lorsqu'il présente *La Magie et l'astrologie* : dans cet ouvrage, il veut, dit-il, présenter « en aperçu l'histoire de ce grand mouvement de l'esprit humain qui nous éleva graduellement des ténèbres de la magie et de l'astrologie aux lumineuses régions de la science moderne ».[43] Il reconnaît toutefois des points de résistance : l'observation fait progresser la connaissance des lois de la nature, limitant ainsi le domaine de la magie mais elle résiste cependant encore dans le domaine de la psychologie et de la physiologie « dont les lois plus obscures se laissent moins facilement pénétrer ».[44] Et Maury en vient même à penser que la superstition est une maladie incurable de l'esprit humain.

Plus curieusement encore, cet homme de progrès manifeste parfois un insolite regret des temps passés, lorsqu'il évoque la disparition de formes sociales plus archaïques, par exemple des « races sauvages que la civilisation hindoue a

---

[42] Sur la désymbolisation voir l'article de Frank Paul Bowman, « Symbole et désymbolisation », *Romantisme*, n° 50, 1985, p. 53–60. Voir également G. Séginger, « Religions et religion », dans *Naissance et métamorphose d'un écrivain. Flaubert et Les Tentations de saint Antoine*, Champion, 1997, p. 77 à 114.
[43] *Ibid.*, p. 5. Et Frank Paul Bowman le place bien dans ce camp (*op. cit.*).
[44] Paris, Didier, 1860, p. 2.

repoussées devant elle, et que la société chinoise a rejetées aux extrémités méridionales de son empire ».⁴⁵ Et la réflexion du positiviste tourne alors à la méditation mélancolique et à la déploration :

> Il en est des races d'hommes comme des races d'animaux, que la Providence crée et qu'elle abandonne ensuite à la destruction. De même que partout où l'Européen pénètre, les animaux féroces disparaissent, les forêts vierges sont abattues, la nature abrupte et primitive fait place à la culture uniforme de nos champs ; partout où une race plus forte, plus intelligente et plus active s'établit dans un pays, elle déposséde forcément les anciens habitants, elle les détruit, les disperse, quand elle ne les assimile pas. Qui pourrait compter combien de races ont déjà disparu, que de populations dont nous ignorons l'histoire, l'existence même, sans y laisser au moins leur nom pour trace !⁴⁶

Le progrès se ferait-il aux dépens de la diversité, et l'intelligence produirait-elle l'uniformité ? Il échappe parfois à Maury des demi-aveux qui nous laissent entrevoir des aspirations contradictoires, et suggèrent que son intérêt pour la forêt des superstitions, des croyances et des rêves n'est peut-être pas seulement motivé par le désir positiviste de défricher et nettoyer l'esprit humain.

---

45 *Les Populations primitives du Nord de l'Hindoustan*, extrait du *Bulletin de la Société de géographie*, Paris, Martinet, 1857, p. 39.
46 *Ibid.*, p. 40.

Notice biobibliographique

PIERRE-MARC DE BIASI est chercheur, écrivain et plasticien. Président de la commission Littérature classique du Centre National du Livre, directeur de recherche au CNRS, il a dirigé de 2006 à 2014 l'Institut des Textes et Manuscrits modernes (ITEM UMR 8132 – www.item.ens.fr/) un laboratoire qui regroupe, à l'ENS de Paris, vingt équipes engagées dans l'approche génétique des archives de la création littéraire, artistique et scientifique. Il a publié une trentaine d'ouvrages (essais et éditions critiques) et deux cents articles scientifiques sur Flaubert, la critique génétique, la médiologie, les processus d'invention, le papier, le lexique, l'histoire des idées, l'édition numérique. Son œuvre de plasticien a donné lieu à une cinquantaine d'expositions et à six commandes publiques. Il est producteur délégué à France Culture et auteurs de plusieurs films pour la chaîne de télévision franco-allemande Arte. (Site : www.pierre-marc-debiasi.com) Parmi ses nombreuses publications figurent les *Carnets de travail de Gustave Flaubert*, Balland, 1988 (Prix Biguet de l'Académie française, 1989) ; *G. Flaubert, Voyage en Egypte*, Grasset, 1991 ; *Flaubert. Une manière spéciale de vivre*, essai biographique, Grasset, 2009 (Prix Le Point de la Biographie, 2010 et Prix de la Critique de l'Académie française, 2010) et *Le papier, une aventure au quotidien,* coll. « Découvertes », Gallimard, 1999, trad. en italien.

JÖRG DÜNNE est professeur de romanistique à l'Université d'Erfurt.
Parmi ses principaux champs de recherche comptent la relation entre littérature et cartographie, l'écriture de soi et le catastrophisme spectaculaire dans la littérature moderne. Publications choisies : *Asketisches Schreiben*, Tübingen, Narr, 2004 ; *Raumtheorie*, Francfort/Main, Suhrkamp, 2006 (anthologie dirigée avec Stephan Günzel), *Die kartographische Imagination*, Munich, Fink, 2011 ; *Scénarios d'espace*, Clermont-Ferrand, PUBP, 2014 (volume dirigé avec Wolfram Nitsch).

PHILIPPE DUFOUR est professeur à l'université de Tours. Rédacteur en chef de *Flaubert. Revue critique et génétique*, membre du conseil de rédaction de la revue *Poétique*, il est l'auteur de différents ouvrages sur le roman du XIXe siècle : *Flaubert et le pignouf* (PUV, 1993), *Flaubert ou la prose du silence* (Nathan, 1997), *Le Réalisme. De Balzac à Proust* (PUF, 1998), *La Pensée romanesque du langage* (Seuil, 2004), *Le Roman est un songe* (Seuil, 2010).

FRANÇOISE GAILLARD est spécialiste du XIXe siècle sur lequel elle a écrit de très nombreux articles, notamment sur Balzac, Flaubert, Zola. Elle enseigne l'histoire des idées à l'Université de Paris 7 Denis Diderot et à New York University (New York). Elle est chercheur à l'Institut de la Pensée Contemporaine et membre de diverses revues scientifiques ou généralistes parmi lesquelles *L'agenda de la pensée contemporaine, Médium* (anciennement *Cahiers de Médiologie), Esprit*. Elle a publié *La modernité en question* (en collaboration avec Jacques Poulain) aux éditions du CERF (1993), *Diana crash* aux éditions Descartes & Cie (1998), *Cachez ce sexe que je ne saurais voir* aux éditions Dis Voir (2003). Elle travaille actuellement à un livre sur la pensée française des années 60-70 dont le titre provisoire est : « nos années théorie ».

FRANCISCO GONZÁLEZ, maître de conférences à l'Université d'Oviedo (Espagne), a centré ses recherches dans le domaine de l'épistémocritique. Il est l'auteur de nombreux articles sur la littérature du XIXe et du XXe siècles, notamment consacrés à Flaubert et Proust, et d'ouvrages comme *La scène originaire de Madame Bovary* (Ediuno, 1999), *Literatura francesa del siglo XX* (Síntesis, 2006) et plus récemment *Esperando a Gödel. Literatura y Matemáticas* (Nivola, 2012).

ANNE HERSCHBERG PIERROT, professeur à l'université Paris 8, est responsable de l'équipe Flaubert de l'Institut des Textes et Manuscrits modernes, du séminaire Flaubert (ENS-ITEM-Paris 8) et coresponsable de la revue en ligne *Flaubert. revue critique et génétique*. Sa recherche sur Flaubert porte notamment sur *Bouvard et Pécuchet*, dont elle prépare l'édition avec Jacques Neefs pour le tome V des *Œuvres complètes* dans la « Bibliothèque de la Pléiade ». Elle a dirigé le numéro d'*Œuvres et critiques*, « Écrivains contemporains, lecteurs de Flaubert » (XXXIV, 1, 2009) ; *Savoirs en récits I. Flaubert : la politique, l'art, l'histoire* (PUV, 2010), *Flaubert. Éthique et esthétique* (PUV, 2012), *Flaubert, l'empire de la bêtise* (Éditions nouvelles Cécile Defaut, 2012). Elle a coédité avec Jacques Neefs le dossier *Bouvard et Pécuchet* (*Flaubert. Revue critique et génétique*, n° 8, 2012), et avec Pierre-Marc de Biasi et Barbara Vinken, les volumes *Flaubert et les pouvoirs du mythe*, et *Flaubert : genèse et poétique du mythe* (Éditions Archives Contemporaines, 2014).

GESINE HINDEMITH, Dr., Assistante en littérature romane à l'Université d'Erfurt, Publ.: *Sonographie. Akustische Texturen im französischen Autorenkino*, Tübingen 2013. Elle travaille actuellement sur un projet d'habilitation intitulée « Souveraineté faible – corps de la (dis)grâce ».

JACQUES NEEFS, James M. Beall professeur de littérature française à l'université Johns Hopkins, professeur émérite à l'Université Paris 8 et membre de l'I.T.E.M.-C.N.R.S., a édité, au Livre de poche Classique, *Madame Bovary* (1999) et *Salammbô* (2011), publié récemment « Colères de Flaubert », dans *Colères d'écrivains* (dir. Martine Boyer-Weinmann et Jean-Pierre Martin), Éditions Cecile Defaut, 2009, et « Flaubert et la bêtise », *Salammbô. Love, Gods, Wars, a Modern Epic*

Prose, Flaubert Lectures II, August Verlag, 2011, et « Stupeur et bêtise », dans *Flaubert et l'empire de la bêtise*, (dir. Anne Herschberg Pierrot), Éditions Cecile Defaut, 2012 ; il a édité *Savoirs en récits II Éclats de savoirs : Balzac, Nerval, Flaubert, Verne, Les Goncourt* (PUV, 2010), trois numéros de *Modern Languages Notes* partiellement consacrés à Flaubert (vol. 128/4 « *Salammbô* 150 ans », septembre 2013, vol. 125/4 « Flaubert », septembre 2010, vol. 122/ 4, « *Madame Bovary*, The Novel as a modern Art »), et co-édité, avec Anne Herschberg Pierrot, Bouvard et Pécuchet, *Archives et interprétation*, Éditions Cécile Defaut, 2014. Il prépare, avec Claude Mouchard l'édition de *La Tentation de saint Antoine* et avec Anne Herschberg Pierrot celle de *Bouvard et Pécuchet*, pour le tome V de la nouvelle édition des *Œuvres complètes* de Flaubert, Gallimard, Bibliothèque de la Pléiade.

MARY ORR est professeur de littérature et culture française et directrice de recherche à Institut de Langues et de Cultures à l'université de Southampton. Spécialiste de Flaubert, de l'intertextualité, et des rapports entre les sciences et les lettres, elle a publié plusieurs monographies sur Flaubert, dont la plus récente – *Flaubert's* Tentation : remapping nineteenth-century history of religion and science (Oxford University Press, 2008) relie ensemble tous ces intérêts. Elle prépare une première étude sur Sarah Bowdich (1791–1856), voyageuse scientifique, ichtyologue, et biographe de Cuvier.

PAULE PETITIER est professeur de littérature française à l'Université Paris-Diderot et responsable du Centre de ressources Jacques Seebacher. Spécialiste du XIXe siècle, elle a consacré de nombreux travaux à l'historien Jules Michelet (Jules Michelet, *L'Homme histoire*, Grasset, 2006 ; réédition de *l'Histoire de France* aux éditions des Équateurs, 2008–2009). Elle prépare actuellement avec une équipe d'historiens et de littéraires une nouvelle édition critique de *l'Histoire de la Révolution française* dans la collection « La Pléiade », chez Gallimard. Elle a créé avec Claude Millet, en 2008, la revue *Écrire l'histoire*, espace de réflexion interdisciplinaire sur la pensée et la représentation de l'histoire. Elle anime, avec Stéphanie Smadja, le projet « La Science en langue commune » (séminaire interdisciplinaire sur l'écriture de la science) dans le cadre de l'équipe CERILAC et de l'Institut des Humanités de Paris.

HELMUT PFEIFFER est professeur de littératures romanes et de littérature comparée à l'Université Humboldt de Berlin depuis 1993 ; thèse de doctorat sur le roman français du milieu du XIXe siècle en 1981 (Constance) ; Habilitation en 1991 avec une thèse sur la culture de soi pendant la Renaissance française et italienne. Il travaille sur l'histoire fonctionnelle de la littérature, la théorie du discours et de la fiction, sur la relation entre littérature et anthropologie, ainsi que sur l'histoire littéraire de la Renaissance, du siècle des Lumières, du XIXe et du XXe siècle. Publications récentes : (Éd. avec E. Décultot et V. de Senarclens), *Genuss bei Rousseau*, Würzburg : Königshausen & Neumann 2014 ; « Manieren der Aufklärung. Zur Formierung der Kulturkritik zwischen Sozialbeschreibung und Kunstkritik », dans : *Manierismus*, B. Huss/Ch. Wehr (Éds.), Heidelberg : Universitätsverlag Winter 2014, p. 337-356 ; « Der Skandal der natürlichen Religion », dans : *Skandale zwischen Moderne und Postmoderne. Interdisziplinäre Perspektiven auf Formen gesellschaftlicher Transgression*, A. Gelz/D. Hüser/S. Ruß-Sattar (Éds.), FRIAS-Schriftenreihe « linguae & litterae », Volume 32, Berlin/Boston : De Gruyter 2014, p. 21-56.

Ancienne élève de l'École Normale Supérieure de Fontenay-aux-Roses, GISÈLE SÉGINGER est professeur à l'université Paris-Est Marne-la-Vallée, directrice de programme scientifique à la Fondation Maison des Sciences de l'Homme de Paris et responsable de la série *Gustave Flaubert* (Éditorat des Lettres Modernes/ Éditions Garnier). Elle est l'auteur de plusieurs livres sur Flaubert : *Naissance et métamorphoses d'un écrivain* (Champion, 1997), *La Poétique de l'histoire* (Presses universitaires de Strasbourg, 2000), *Une éthique de l'art pur* (SEDES, 2000), d'une édition de *Salammbô* (Flammarion 2001), d'une édition des manuscrits de Flaubert de la Fondation Bodmer (*Fiction et documentation*, Bâle, Schwabe, 2010). Elle a participé à l'édition des *Œuvres complètes* dans la Bibliothèque de la Pléiade (2013) et elle est responsable de l'édition d'un dictionnaire *Flaubert* aux Éditions Champion.

DAGMAR STÖFERLE, post-doctorante et enseigneur-chercheur à l'Université de Munich, a étudié les langues et littératures françaises et allemandes à Constance, Berlin et Rennes. Actuellement, elle prépare une étude sur le rôle du mariage dans la littérature du XIXe siècle (Goethe, Manzoni, Hugo). Choix de publications : *Agrippa d'Aubigne – Apokalyptik und Selbstschreibung*, München : Fink 2008 ; *Flaubert et l'histoire des religions*, éd. par Agnès Bouvier, Philippe Dufour, Dagmar Stöferle, *Flaubert. Revue critique et génétique* 4 (2010).

BARBARA VINKEN, Prof. Dr. phil., Ph.D., est titulaire de la chaire de littérature française et de littérature comparée à la Ludwig-Maximilians-Universität de Munich. Thèses de doctorat à Constance et Yale, chaires de littérature à Hambourg et Zurich, postes de professeur invité à Paris, Bordeaux, New York, Johns Hopkins et Chicago. Elle est l'auteur de plusieurs ouvrages sur la Renaissance, les Lumières et le XIXe siècle, notamment sur Flaubert : *Flaubert. Durchkreuzte Moderne* (2009). Elle a publié un grand nombre de travaux traitant de questions sociales et de l'égalité des genres et contribué à implanter la théorie de la mode en tant que thème de recherche scientifique en Allemagne. Son récent best-seller Angezogen : Das Geheimnis der Mode (2013) lui est consacré. Barbara Vinken écrit régulièrement pour DIE ZEIT, NZZ et CICERO.

Cornelia Wild, Dr., Assistante en littérature française au Département des langues romanes de l'Université de Munich, Membre du Junges Kolleg de la Académie des sciences bavaroises, Publ.: (Ed.), *Arsen bis Zucker. Flaubert-Wörterbuch* (avec Barbara Vinken), Berlin 2010, (Ed.), *Jean Starobinski, Geschichte der Melancholiebehandlung*, Berlin 2011.

www.ingramcontent.com/pod-product-compliance
Lightning Source LLC
Chambersburg PA
CBHW070608170426
43200CB00012B/2617